Tehmina Durrani
und William und Marilyn Hoffer

MEIN HERR UND GEBIETER

Ich war die Begum des Löwen vom Punjab

Aus dem Englischen von
Almuth Dittmar-Kolb,
Annette Meyer-Prien
und Barbara Vogt

Hoffmann und Campe

Die Originalausgabe erschien unter dem Titel
My Feudal Lord *beim Verlag Fixot, Paris.*

Die Deutsche Bibliothek – CIP-Einheitsaufnahme
Durrānī, Tahmīna:
Mein Herr und Gebieter : ich war die Begum des Löwen vom Punjab /
Tehmina Durrani und William und Marilyn Hoffer.
Aus dem Engl. von Almuth Dittmar-Kolb ... – 4. Aufl. - Hamburg:
Hoffmann und Campe, 1994
Einheitssacht.: My feudal lord <dt.>
ISBN 3-455-08598-9
NE: Hoffer, William [Bearb.]

Schutzumschlaggestaltung: Lo Breier
unter Verwendung eines Fotos von Sylvie Lancrenon
Satz: Alphabeta Gerds GmbH, Hamburg
Druck und Bindung: Franz Spiegel Buch GmbH, Ulm
Printed in Germany

Inhalt

Anmerkung der Autorin

Einen typischen Feudalherrn stellen wir uns als hochgewachsenen, gutaussehenden Mann vor, dunkel und exotisch, mit blitzenden Augen und ein paar Spritzern feurigen Zigeunerblutes in seinen Adern. Der Gedanke an die Behendigkeit, mit der er im Zweikampf die Degenhiebe auch der gefährlichsten Gegenspieler pariert, und seine Vorliebe, auf einem temperamentvollen Roß dem Sonnenuntergang entgegenzureiten, lassen die Herzen pubertierender Mädchen höher schlagen. Und selbstverständlich ist er ein leidenschaftlicher und ein wenig ungehobelter Draufgänger, genau der Typ Macho, den eine Frau einfach lieben muß, auch wenn er sie schlecht behandelt.

Aber die Phantasie hat mit der Realität nie sehr viel zu tun, und mein Heimatland Pakistan muß sich der Realität stellen, wenn es jemals zu Größe und Wohlstand gelangen will.

Als ich mich entschloß, dieses Buch zu schreiben, war mir bewußt, daß ich nicht ungestraft die Einzelheiten meines Privatlebens den Blicken einer von Männern dominierten, muslimischen Gesellschaft aussetzen würde. Aber persönliche Bedenken müssen zurückstehen, wenn es ein höheres Ziel zu verfolgen gilt. Das feudale Wertesystem krankt an einem tiefverwurzelten Defekt; dieses Leiden muß diagnostiziert werden, bevor man es heilen kann.

Ich widme dieses Buch:

Dem pakistanischen Volk, das immer wieder seinen politischen Führern vertraut und sie unterstützt hat. Zum Dank dafür haben dieselben Führer die elenden, unterdrückten und Hunger leidenden Massen dazu mißbraucht, ihre persönlichen Interessen voranzutreiben. Ich möchte den Menschen meines Landes vor Augen führen, was sich in Wirklichkeit hinter all den schönen Worten verbirgt, so daß sie lernen können, sich nicht mehr von der Fassade blenden zu lassen.

Den fünf geschiedenen Frauen Mustafa Khars, die Schmerz und Erniedrigung schweigend ertragen haben, während er ungestraft davonkam. Als die sechste seiner Frauen ziehe ich ihn dafür zur Rechenschaft.

Mustafa Khar selber. Dieses Buch sei ihm ein Spiegel, in dem er sich als Mann und Ehemann, Herrscher und Freund erkennt.

Meinen geliebten Kindern, die die schweren Prüfungen werden erleiden müssen, die in unserer Gesellschaft jede Familie erwarten, die sich der Öffentlichkeit preisgibt. Ich vertraue darauf, daß dieses Buch ihnen helfen wird, Kraft und Mut aufzubringen, diesem Trauma ohne absehbares Ende die Stirn zu bieten. Sie sollen alles Falsche von sich weisen, das Richtige aber anerkennen. Ich hoffe und bete, daß ihre Wertvorstellungen sich an den wahren islamischen Prinzipien orientieren werden und nicht an entstellenden und eigennützigen Interpretationen. Mögen meine Söhne niemals die Schwachen unterdrücken. Und mögen meine Töchter lernen, gegen Unterdrückung anzukämpfen.

Meiner Großmutter. Niemand hätte meine Geschichte besser verstehen können. Möge ihre Seele, wo immer sie auch sei, wissen, daß ich überlebt habe.

Danksagung

Beim Schreiben dieses Buches haben mir vier ganz besondere Menschen geholfen, meine kaum erfüllbar scheinende Aufgabe zu Ende zu führen. Sie wußten, wie riskant es ist, die Tabus einer restriktiven Gesellschaft rückhaltlos zu brechen, und haben das Projekt dennoch unbeirrbar vorangetrieben.* Ein außergewöhnlicher Mann und zwei Frauen haben mich ermutigt und mir geholfen, die Traumata der Vergangenheit noch einmal zu durchleben. Eine vierte Person hat das Manuskript getippt. Alle mußten Sicherheitsvorkehrungen treffen. Ich kann es nicht verantworten, diese Menschen beim Namen zu nennen, aber ich stehe tief in ihrer aller Schuld.

Meine besondere Wertschätzung gilt Bernard Fixot und Antoine Audouard von meinem französischen Verlag, die meine Geschichte in die Welt hinausgetragen haben.

* Zur Entstehungsgeschichte dieses Buches siehe auch S. 404 u. 405.

Erster Teil

Der Löwe vom Punjab

Kapitel eins

Mein Sari aus blaßgrünem Chiffon raschelte sanft bei jeder Bewegung, und über meinen Rücken fiel mein rotbraunes Haar in einem langen Zopf hinunter bis zu den Kniekehlen. Ohrringe und Halskette aus Diamanten waren aufeinander abgestimmt. Während ich meine Erscheinung in einem Standspiegel musterte, erglühte mein Gesicht vor selbstgefälliger Freude.

Es war im Frühling 1974 in Lahore, der zweitgrößten Stadt Pakistans. Der Empfang, zu dem der Honorarkonsul von Spanien die Spitzen der Gesellschaft von Lahore gebeten hatte, fand im großen Saal des Punjab-Clubs statt. Man feierte den »Tag der Rose und des Buches«. Anees, mein Mann, und ich waren von meinem Onkel eingeladen worden, ihn zu begleiten. Da wir uns erst seit einer Woche in Lahore aufhielten, war dies unsere erste Gelegenheit, die Elite der Stadt kennenzulernen. Anees fühlte sich geschmeichelt und war hoch erfreut, daß man ihn offenbar dazuzählte. Er arbeitete als mittlerer Verwaltungsangestellter bei der staatlichen National Shipping Corporation, aber das hier waren die wirklich wichtigen Leute, die, die man kennen mußte, und er wollte dazugehören. Und ich – welche dumpfe Vorahnung hätte mich wohl darauf vorbereiten können, daß mir die entscheidendste Begegnung meines Lebens bevorstand?

Anees ging auf eigene Faust herum, um Kontakte zu knüpfen, und überließ mich mir selbst, so daß ich mich plötzlich sehr unbehaglich fühlte. Diese völlig fremde Umgebung war zuviel für meine gerade einundzwanzig Jahre. Überall in den weiten Hallen und schattigen Innenhöfen des Punjab-Clubs umgab mich die Atmosphäre des Raj, der britischen Kolonialherrschaft, die siebenundzwanzig Jahre zuvor mit der Unabhängigkeit und der Aufteilung Britisch-Indiens in zwei getrennte Staaten zu

Ende gegangen war. Das hier war Pakistan, mein Land, und jenseits des Grenzübergangs, gleich außerhalb von Lahore, lag Indien, unser übermächtiger Nachbar. Die beiden Länder sind einander in einer schicksalhaften, zuweilen sogar blutigen Haßliebe verbunden, denn sie blicken weitgehend auf dasselbe kulturelle Erbe zurück und sprechen dieselbe Sprache; viele Familien diesseits und jenseits der Grenze haben gemeinsame Wurzeln.

Ich suchte mir einen Platz zum Sitzen und nahm ein Getränk, das mir von einem Träger angeboten wurde, wie die Kellner hier genannt werden. Sie sind darauf gedrillt, den Mitgliedern dieses exklusiven Clubs jeden Wunsch von den Augen abzulesen, ob nun, wie früher, den Kolonialherren oder der heutigen einheimischen Elite. In ihrer Kostümierung wirken sie wie Überbleibsel aus längst vergangenen Zeiten: lange weiße, vorn durchgeknöpfte Mantelkleider über weiten Pluderhosen, auf dem Kopf ein zu Phantasiegebilden geschlungener, gestärkter Turban. Während ich mich umsah, tauschte ich ein Höflichkeitslächeln mit meiner Nachbarin. Sie sprach mich an, und bald stellte ich erfreut fest, daß ich eine Freundin für den Abend gewonnen hatte. Dr. Shahida Amjad war Ärztin und sehr bewandert im Lieblingsspiel der guten Gesellschaft: Sie kannte jeden. Ich erzählte ihr, daß ich erst seit kurzem in Lahore sei und mich noch recht verloren fühlte. Und so deutete sie kaum merklich mit den Augen, denn sie war natürlich zu wohlerzogen, um mit dem Finger auf jemanden zu zeigen, auf verschiedene Personen und ließ mit gedämpfter Stimme ihren Blicken jeweils eine kleine Kurzbiographie folgen.

Lahore nennt sich stolz das kulturelle Zentrum Pakistans. Bis vor zwanzig Jahren wurde es diesem glanzvollen Ruf auch noch spielend gerecht. Die jahrhundertealte, von einer Mauer umgebene Altstadt mit ihren vor Leben überströmenden Basaren und den herrlichen, wenn auch ein wenig heruntergekommenen Stadthäusern der alten Familien, den breiten, von altehrwürdigen Bäumen gesäumten Kanälen und den schattigen Alleen war noch nicht vom unaufhaltsam dichter werdenden, wimmelnden Verkehr verseucht. Die vor Jahrhunderten von den Großmoguln angelegten Landschaftsgärten waren zwar schon in öffentliche Parks umgewandelt worden, aber sie wurden noch nicht wie heute zu jeder Stunde des Tages von Tausenden von Besuchern heimgesucht. Entlang der Mall, der Hauptstraße von Lahore, stehen die stattlichen Gebäude aus der Kolonialzeit: der Gouverneurspalast, das Aitchinson-College, der Gerichtshof – und der Punjab-Club, dessen Mitglieder mit ihrer vorzüglichen Ausbildung und den erlesenen Umgangsformen sich an diesem Abend hier zusammengefunden hatten. Die Herren trugen Anzüge nach westlichem Zuschnitt oder die traditionellen *achkans,* schwarze oder weiße Gewänder mit durchgehender Knopfleiste aus Seide oder feinstem Wollstoff. Alkoholische Getränke wie Whisky Soda oder Gin Tonic, die inzwischen als sündig und als Zeichen westlichen Sittenverfalls verboten sind, wurden in aller Offenheit herumgereicht. Die Damen standen höflich plaudernd, zwar nicht gerade isoliert, aber doch ein wenig abseits, in Gruppen zusammen. Sie waren in elegant drapierte Saris gehüllt, für die sechs Meter lange Stoffbahnen aus Seide oder Chiffon benötigt wurden, in leuchtenden Farben und nicht selten goldbestickt. Diese anmutigen Gewänder wiederum werden heutzutage als »indisch« abgelehnt und sind deshalb sehr selten geworden.

Während Shahida immer weiterredete, blieb mein Blick an einem großen, dunklen, gutaussehenden Mann im schwarzen Anzug hängen. Das makellose Weiß seines gestärkten Hemdes wurde durch eine weinrote Krawatte mit passendem Einstecktuch noch zusätzlich betont. Er wirkte auf mich wie ein Lebemann, dämonisch und auf eigenartige Weise anziehend. Um sich hatte er eine kleine Herde von Frauen geschart, die nur so an seinen Lippen zu hängen schienen. Aber seine Worte wurden vom vornehm gedämpften Summen der Gespräche ringsumher, vom leisen Klirren der Eiswürfel und dem artig hinter sorgsam gepflegten Händen verborgenen Lachen verschluckt, so daß ich nichts verstehen konnte. Ich fragte meine neue Freundin, wer er sei.

»Der Herr dort drüben? Heißt das, Sie wissen nicht, wer das ist?« Shahida war ehrlich erstaunt.

Meine Neugierde muß unübersehbar gewesen sein, denn sie erlöste mich unverzüglich aus meiner Unwissenheit: »Das ist Mustafa Khar«, sagte sie, indem sie die beiden Worte zu einem einzigen zusammenklingen ließ. »MUS-sta-fa-khar«.

»Oh«, machte ich nur.

Die Asche seiner Davidoff würde jeden Moment auf den kostbaren Teppich fallen, aber das schien ihn nicht zu kümmern. Mit einer langsamen und eleganten Bewegung hob er sein Glas an die Lippen. Doch anstatt wirklich daraus zu trinken, berührte er nur ganz leicht seinen Mund unter dem gepflegten Schnurrbart. Seine Augen funkelten wie die einer Kobra, bereit zum Angriff. Ganz offensichtlich weidete er sich im Bewußtsein seiner hypnotischen Wirkung auf diese Begleiterinnen aus feinster Gesellschaft.

Eine sehr attraktive junge Frau in einem orangefarbenen Chiffonsari glitt an uns vorüber. Auch ihr Auftreten spiegelte unerschütterliche Selbstgewißheit. Ich fragte Shahida auch nach ihr.

»Das ist Shahrazad«, war die Antwort. »Sherry. Mustafa Khars Frau.«

»Oh.« Und ich dachte: MUS-sta-fa-khars Frau ist sehr schön.

Ich bat Shahida, mir mehr über diesen Mann zu erzählen, und so erfuhr ich, daß er gerade von seinem Posten als Regierungschef des Punjab zurückgetreten sei. Das war sehr aufschlußreich. Der Punjab ist die größte Provinz des Landes und noch immer stark von den Launen der feudalen Großgrundbesitzer abhängig, die ganze Landstriche ihr eigen nennen und deren Vasallen wählen, wie ihnen befohlen wird. Der Punjab war von großem politischen Einfluß innerhalb der Bundesregierung; sein Regierungsoberhaupt mußte also ein bedeutender Mann sein.

Shahida sagte, daß dieser Mustafa Khar hier im Club ein außerordentlich gerngesehener Zeitgenosse sei, schließlich habe er sich den Spitznamen »Löwe vom Punjab« verdient, und manche behaupteten sogar, er sei einmal der zweitmächtigste Politiker von ganz Pakistan gewesen, über sich nur noch Staatspräsident Al Zulfiqar Ali Bhutto. Aber das war längst nicht mehr so. Der Löwe vom Punjab war bei seinem Mentor Bhutto in Mißkredit geraten, weil er die Krallen zu weit ausgefahren und sich zu einer unübersehbaren Bedrohung entwickelt hatte. Mustafa Khar hatte ein politisches Programm verkündet, das eine reale Möglichkeit bot, die nicht enden wollenden Probleme des nach Millionen zählenden gemeinen Volkes des Punjab erfolgreich anzugehen, das in Armut und Analphabetentum lebte. In der gesamten Geschichte Pakistans ist es für den Staatschef eine politische Notwendigkeit gewesen, den Führer des Punjab außer Gefecht zu setzen, damit er nicht allein schon durch die Anzahl seiner Anhänger die Oberhand gewinnen kann.

Shahida wußte genau, daß ich vor Neugierde schier platzte. »Kommen Sie«, schlug sie vor, »ich werde Sie Sherry vorstellen. Sie wird Ihnen gefallen.«

Wir bahnten uns einen Weg durch die reiche, satte Crème de la Crème der Gesellschaft von Lahore. Shahida machte mich mit Sherry bekannt, und das Gespräch wandte sich wie selbstverständlich unseren Familien zu. Als Sherry hörte, daß ich die Tochter von Shakirullah Durrani sei, fragte sie mich halb im Scherz, ob ich nicht ihren Mann kennenlernen wolle. Und ob ich wollte! Zu der Zeit, als Bhutto meinen Vater ins Gefängnis geschickt hatte, war Mustafa Khar zwar die rechte Hand des Präsidenten gewesen, aber ich konnte Sherry versichern, daß ich ihrem Mann aber keinerlei Ressentiment entgegenbrachte.

Wenige Sekunden später stand ich dem Löwen höchstpersönlich gegenüber. Der Boden unter meinen Füßen fing nicht an zu schwanken. Bei der Vorstellung erwähnte Sherry meinen Vater.

»Ich hoffe, Ihren Eltern geht es gut«, sagte er freundlich. »Die Politik kann sehr ungerecht sein. Was Ihrem Vater zugestoßen ist, richtete sich nicht gegen ihn persönlich. Und wo leben Ihre Eltern jetzt?«

»Es geht ihnen gut«, sagte ich und erzählte ausführlich, wie mein Vater, nachdem er aus dem Gefängnis entlassen und rehabilitiert worden war, eine Stellung bei einer Bank in New York City angenommen hatte und ein Jahr später nach London gegangen war, um dort einen Posten bei einer anderen Bank zu übernehmen. Dort lebten nun meine Eltern, mein jüngerer Bruder und meine drei jüngeren Schwestern (eine ältere Schwester war verheiratet).

Anees tauchte plötzlich an meiner Seite auf und wurde nun seinerseits vorgestellt. Später gab er mir zu verstehen, daß er offenbar einen vorteilhaften Eindruck auf unseren Gastgeber gemacht habe, denn er hatte uns schließlich eingeladen, auch noch zum Dinner zu bleiben. Irgend etwas sagte mir, wir sollten besser ablehnen, aber Anees wollte nichts davon hören.

Mustafa Khar gehörte zu den Männern, die sich ihren Platz am Tisch nach Belieben aussuchen können, und er wählte einen Stuhl direkt mir gegenüber. Wir unterhielten uns miteinander über die Salzfäßchen hinweg. Er erkundigte sich noch einmal nach meinen Eltern, wie es ihnen ging, wo sie lebten, was sie taten. An seinen Worten war nichts Fesselndes, aber mit den Augen schlug er mich in seinen Bann. Sie sprachen Bände, funkelten und blitzten unaufhörlich, suchten über den Tisch hinweg meinen Blick, so daß ich mir bald wie hypnotisiert vorkam. Ihre Botschaft war mehr als eindeutig. Vielleicht hätte ich davor zurückschrecken sollen, aber statt dessen fühlte ich mich angezogen wie eine Motte vom Licht.

Nach dem Abendessen gingen wir in einen anderen Salon hinüber, wo Cognac und Likör gereicht wurden. Die Herren rauchten, und einige der Damen taten es ihnen nach. Mustafa war eindeutig der Mittelpunkt der Gruppe, wir anderen nichts als unbedeutende Staffage. Als er den letzten Schluck seines Brandys trank, traten sofort drei Männer vor, um das Glas wieder aufzufüllen. Mit geübten Fingern rollte er seine Zigarre, und im selben Moment, als er sie an die Lippen führte, tauchte von irgendwoher ein Zigarrenabschneider auf. Kaum hatte er seine Vorbereitungen beendet, schnappten sechs Feuerzeuge gleichzeitig. Mustafa nahm diese Unterwürfigkeit wie selbstverständlich hin.

Ich saugte sie förmlich in mich auf.

Ich war das ideale Opfer.

In meinem Haus in Lahore hängt das Bild einer atemberaubend schönen Frau in einem smaragdgrünen Sari. Jeder einzelne ihrer Züge ist so vollkommen, als habe der Künstler ein Idealbild aus seinen Träumen auf die Leinwand gebannt.

Ihr durchscheinender elfenbeinfarbener Teint wurde von riesigen braunen, mandelförmigen Augen mit schweren Lidern und langen Wimpern unterstrichen, und obwohl sie sechs Kinder geboren hatte, behielt sie ihre schmale Taille und ihr weiches, unschuldiges Gesicht, das nicht einmal vermuten ließ, welch herrschsüchtiger Charakter sich dahinter verbarg. Das Bild wird dem Original nicht gerecht. Ich muß es wissen, denn es ist das Bild meiner Mutter Samina.

Sie kam aus der Familie der Hayat vom Stamme der Khattar, der in Wah im nördlichen Winkel des Punjab nahe der Nordwestprovinz angesiedelt war. Für ihre treuen Dienste gegenüber der Krone hatten die britischen Kolonialherren der Familie ausgedehnte Ländereien übertragen. Die Hayats hatten an der Seite der Mauren in Spanien gekämpft und führten das vielgerühmte gute Aussehen der Familie auf Eheschließungen einzelner Mitglieder mit spanischen Frauen zurück.

Die Familie meiner Mutter hatte sich der englischen Lebensart angepaßt und war aktiv an der Politik der Fürstentümer beteiligt gewesen, die vor der Unabhängigkeit vom Britischen Commonwealth über ganz Indien verstreut waren. Ihr Vater, Nawab Sir Liaqat Hayat Khan, war Premierminister des indischen Staates Patiala und ihr Onkel, Sir Sikandar Hayat Khan, Gouverneur des damals noch nicht geteilten Punjab gewesen. Beide Brüder wurden in den Adelsstand erhoben. In dem Haus, in dem meine Mutter ihre Kindheit verbrachte, wurde der britische Lebensstil auf geradezu sklavische Weise imitiert. Die Männer vertrieben sich die Zeit mit den typischen seichten Vergnügungen der Schönen und Reichen. Man legte Wert auf äußerste Eleganz der Erscheinung und trug nur klassische Kleidung von den besten Schneidern, man spielte Polo, lernte die neuesten Tänze, ging zur *shikar* (auf Jagdausflüge) und gab rauschende Feste. Die schönen Frauen der Familie kleideten sich zwar nach wie vor in exotische östliche Gewänder, aber sie sprachen und benahmen sich wie Engländerinnen und wurden deshalb von den »Eingeborenen« als »leichtlebig« oder gar ein wenig »frivol« angesehen. Sie hatten sich »vom Schleier befreit«.

Erst nach langer Zeit sollte mir klarwerden, was für ein Schock ich für meine Mutter gewesen war. Sie war eine hellhäutige Schönheit und stolz darauf. In Mutters Familie hatte man einen blassen Teint und fühlte sich schon allein deshalb anderen überlegen. Ein farbiges Kind war automatisch dazu verurteilt, vernachlässigt zu werden. Und doch, als ich 1953 zur Welt kam, ließ es sich nicht leugnen: Meine Haut war dunkel getönt. Meine Mutter zeigte in ihrem ganzen Verhalten, daß sie mich als häßlich empfand und daß es ihr eher peinlich war, mich Freunden oder Verwandten vorzuführen. Ich fühlte meine Unzulänglichkeit schon als Baby. Meine Umgebung lehnte mein Aussehen unumwunden ab, und so zog ich mich bereits sehr früh, vermeintlich »von der Natur verdammt«, in mich selbst zurück. Ich kann mich nicht erinnern, während meiner Kinderzeit jemals von meiner Mutter umarmt oder geküßt worden zu sein.

Einem Außenstehenden muß meine Kindheit, unabhängig von meinen zunehmenden, tief in mir verwurzelten inneren Konflikten, außergewöhnlich verlockend vorgekommen sein. Unser Haus war stets in einem so tadellosen Zustand der Ordnung und Sauberkeit, als sollte es jeden Moment fotografiert werden. Wir gaben eine wahre Bilderbuchfamilie ab, mit Kindern, die anderen, weniger wohlerzogenen Nachkommen als leuchtende Beispiele vorgehalten werden. Wir wurden mit Luxus und Privilegien überschüttet und bereisten die ganze Welt.

Mein Vater ist ein Pathane, ein Nachfahre der Familie Ahmed Shah Durranis aus Afghanistan. Er hatte meine Mutter nach ihrer Scheidung vom ältesten Sohn des Nawabs (Nawab: Mitglied einer einflußreichen Familie, vergleichbar einem Khan) von Tank kennengelernt, einem abgelegenen Stammesgebiet an der nordwestlichen Grenze. Als die beiden zum erstenmal aufeinandertrafen, war mein Vater Hauptmann bei der Armee und Adjutant des Gouverneurs von West-Pakistan.

Er war über einen Meter achtzig groß und hatte das Auftreten eines Filmstars; sein gutes Aussehen konnte sich mit der Schönheit meiner Mutter messen. Zusammen gaben sie ein geradezu blendend schönes Paar ab. Vater nahm seinen Abschied von der Armee und wurde Banker. Jahre später avancierte er zum Präsidenten der State Bank of Pakistan und Leiter der nationalen Luftfahrtgesellschaft, der PIA.

In unserem Bekanntenkreis in Karachi, der gigantischen Metropole an der Südspitze Pakistans, war meine Mutter berühmt für ihre schicken Abendgesellschaften, bei denen Dichter ihre Werke rezitierten und andere Intellektuelle Vorträge hielten. Sie hatte ein sehr feines Gespür dafür, wer demnächst »in« sein würde. Die Gäste repräsentierten eine sorgfältige Auslese all derer, die in Pakistan Rang und Namen hatten. Für diese Anlässe hielt sich meine Mutter ein ganzes Gefolge von Dienstboten und zusätzlich noch eine Handvoll sozusagen hausgemachter Hilfskräfte: ihre Kinder. Wir lernten, wie man das Silberbesteck für ein formelles Abendessen richtig arrangiert, wurden darauf abgerichtet, fünfgängige Menüs korrekt zu servieren und dabei immer das richtige Geschirr von Rosenthal oder Wedgewood zu benutzen; wir wußten genau, auf welche Weise das lauwarme Wasser der Fingerschalen mit Rosenblättern bestreut werden muß – und daß man dabei niemals die Zitronenscheibe vergessen darf. Und natürlich wußten wir, wo man die Salz- und Pfefferstreuer und die Gewürzmenageren vor jedem einzelnen Gedeck plaziert.

Meine Mutter verlangte absoluten Gehorsam, und obwohl ich mich dieser Forderung immer unterwarf, entdeckte sie doch schon früh Anzeichen der Rebellion sowohl in meiner Mimik als auch in meiner Körpersprache. Ich gehorchte, aber ich hatte die ungeheure Frechheit, dabei nicht gehorsam auszusehen. Ich war verstockt, und sie verübelte mir meine Übellaunigkeit. Natürlich wurde darüber niemals offen gesprochen. Ihr Mißfallen zeigte sich in zusammengepreßten Lippen und einem eiskalten, intensiven Blick, der jeden Widerstand in mir, so gut wie in jedem anderen auch, augenblicklich zu nichts zerfallen ließ und völlige

Unterwerfung zur Folge hatte. Jedes Wort meiner Mutter war ein Befehl, und wir hatten ihre Anweisungen schweigend und ohne Widerrede auszuführen.

Auch die Mahlzeiten waren vor allem eine Gehorsamkeitsprüfung. Meine Mutter saß makellos gepflegt und aufs sorgfältigste gekleidet am Kopfende des Tisches und erteilte mit leiser, eindringlicher und unpersönlicher Stimme ihre Lektionen. Sobald sie schwieg, war nur noch das gedämpfte Konzert sacht gegen feinstes Knochenporzellan klickenden Silberbestecks zu hören, dessen Tempo vom Ticken der alten Standuhr bestimmt wurde.

In diesem Haus wurde nie gespielt und selten gelacht, ein kindlicher Freudenausbruch wurde mit hochgezogenen Augenbrauen bedacht. Unordentlichkeit war ein Verbrechen.

Mutter bekam, was sie wollte, ohne je die Hand gegen uns zu erheben. Wenn wir tatsächlich einmal ungehorsam gewesen waren, wurden wir einer strengen Strafpredigt unterzogen, auf die wir weder etwas entgegnen noch sonst irgendwie reagieren durften. Sie war eine Meisterin in der Kunst, einen gegen den anderen auszuspielen, und machte uns damit sämtlich zu kleinen Spionen. »Mir entgeht nichts«, pflegte sie voller Stolz zu sagen. Den »Fürsten« von Machiavelli hat sie sicher nie gelesen, aber mit ihrer ausgeklügelten und wohlbedachten Strategie des »Teile und herrsche« brachte sie uns alle erfolgreich und nachhaltig aus dem Gleichgewicht.

Die Lektion war unmißverständlich, und ich nahm sie mir zu Herzen: Um Zustimmung zu erlangen, mußte man sich blind fügen. Wer eine eigenständige Persönlichkeit zeigte, handelte sich nichts als Tadel ein. Ich trug meine Unterwürfigkeit wie eine Tarnkappe, denn man war nur dann einigermaßen mit mir zufrieden, wenn ich nicht ich selber war – wer immer das auch sein mochte. So entwickelte ich eine Persönlichkeit, die zu meiner wahren Natur in krassem Gegensatz stand, dafür aber mit der meiner Mutter vereinbar war. Doch in meinem Inneren herrschte Verwirrung, und ich schämte mich manchmal dafür, daß mein eigentliches Ich augenscheinlich mißraten und für andere unannehmbar war.

Mutter versuchte gar nicht erst zu verbergen, daß sie ihre hellhäutigen Kinder vorzog. Ihre Vorliebe für ihren Sohn Asim, ihre Tochter Minoo und vor allem Adila, die Mitte der sechziger Jahre noch ein Baby war, ließ sich von jedem einzelnen ihrer Worte und Taten ablesen. Rubina, Zarmina und ich, ihre dunkler geratenen Töchter, schienen ihr nie etwas recht machen zu können. Bei Zarmina war das besonders schwer zu verstehen, denn sie war das süßeste, aufmerksamste und liebenswerteste Kind, das man sich überhaupt vorstellen konnte.

Auch Shamshad, meine Großmutter mütterlicherseits, betrachtete dunkle Haut schlichtweg als Strafe Gottes. Sie selber hatte auf himmelschreiende Weise meine Mutter ihrer dunkleren Schwester Samar vorgezogen. Und doch liebte meine Großmutter Zarmina und mich so sehr, daß sie unablässig versuchte, uns von unserem Fluch zu befreien. Unsere schlammfarbenen Gesichter wurden mit Gurkensaft, Zitronen, frischer Sahne und einem Bleichmittel namens Amex eingerieben, das einem mit widerlich beißendem Geruch in die Nase fuhr.

Als wir älter wurden, erwies uns die Natur endlich die Gnade, die nötig ist, um von der Hayat-Sippe akzeptiert zu werden: Sie ließ unsere Pigmentierung bleicher werden. Es war, als hätte ich meine dunkle Haut abgestreift wie einen Kokon, um als gesellschaftsfähiger Schmetterling zu entschlüpfen. Manchmal fragte ich mich, ob es nicht vielleicht doch meine Großmutter gewesen war, die diese Verwandlung zuwege gebracht hatte, ob nun mit ihren Elixieren oder ihren Gebeten. Meine Mutter aber schien die Veränderung gar nicht zu bemerken, und wenn sie es tat, änderte das nichts an ihrem Verhalten.

Unserer ältesten Schwester Rubina oblag es in einer Art Übungsprogramm für ihre spätere Rolle als Ehefrau und Mutter, für die drei jüngeren Mädchen zu sorgen. Mir selber wurde im Alter von zwölf Jahren die Stellung einer Kammerzofe zugewiesen. Ich hatte mich um das Schlafzimmer meiner Mutter zu kümmern und darauf zu achten, daß ihre überaus luxuriöse Garderobe stets in Ordnung gehalten wurde. Trotz unseres modernen Lebensstils verschmähte meine Mutter jegliche westliche Kleidung und verlangte von der ganzen Familie, daß wir uns östlichen Kleidervorschriften unterwarfen. Jeden Morgen vor der Schule legte ich ihr also ein passendes Morgengewand heraus, nicht ohne die dazugehörigen Schuhe und alle anderen Accessoires zusammenzustellen. Sie trug am liebsten Saris aus Baumwolle oder zarte, um die Brust geschlungene Chiffongewebe. Aus ihrer Kollektion von erlesenem und kostbarem Schmuck mußte ich die einzelnen Stücke mit viel Bedacht so auswählen, daß sie mit dem gesamten restlichen Ensemble unbedingt harmonierten. Erst wenn die Morgentoilette beendet war, durfte ich in die Schule gehen.

Nach der Schule wiederholte sich das Ritual mit der Abendgarderobe. Mutter holte nie eigenhändig etwas aus den Schränken oder Kommoden. Sie streckte einfach die Hand aus, und ich hatte immer parat zu halten, was sie gerade brauchte, damit sie sich auf das Bürsten ihrer langen Haare konzentrieren konnte oder darauf, ihre Augen mit Kajal zu umranden und Rouge aufzulegen. Schweigend stand ich hinter ihr.

Jedesmal wenn sie endlich das Zimmer verließ und ich wußte, daß sie nun bis zur Schlafenszeit nicht mehr zurückkehren würde, seufzte ich erleichtert auf und begann, ihre Nachtgewänder auszusuchen. Dann stellte ich ihre Slipper an die Stelle, wo sie sie selbstverständlich zu finden erwartete, und machte Ordnung im Bad und im Ankleidezimmer. Später würde dann ein Diener das Bett abdecken und die Nachttischlampen anzünden, eine Karaffe mit Wasser und Gläser aufstellen und die Vorhänge zuziehen.

Wenn ich an die beständige Angst jener Zeit denke, daß ich einmal etwas verlegen oder vielleicht den Schlüssel zum Schrank oder zur Schmuckschatulle nicht würde finden können, verkrampfen sich mir noch heute die Nacken- und Schultermuskeln. Ein solches Vorkommnis hätte in ihren Augen nur meine Unzulänglichkeit bewiesen und eine derartige Wut ausgelöst, daß die Möglichkeit, bei dieser scheinbar doch so einfachen Aufgabe einen Fehler zu begehen, mich wie eine Zwangsvorstellung verfolgte. Ich geriet in panische Zustände, in denen der Gedanke an den Aufbewahrungsort der Schlüssel alles andere in meinem Hirn verdrängte. Schularbeiten und andere Aufgaben verblaßten dagegen völlig.

So etwas wie mütterliche Zuwendung habe ich nur von meiner Großmutter erfahren. Sie verhätschelte mich derart, daß ich mich schließlich wehren mußte. Zum Beispiel drängte sie mir unablässig Essen auf, weil ich so mager war. Mit ihren ständigen Bemerkungen über mein Äußeres brachte sie mich schier um den Verstand. »Eltern mögen hübsche Kinder«, pflegte sie zu sagen. »Wenn du nett aussiehst, wird deine Mutter dich auch mehr lieben.« Wenn ich mich wieder einmal einem ihrer Verschönerungsvorhaben widersetzte, fuchtelte sie voller Verzweiflung mit den Händen, ihre gutgemeinten Ratschläge bekam ich trotzdem zu hören. »Streich dir das Haar hinter die Ohren. Das sieht besser aus.« – »Du solltest deine Augen mit Kajal betonen, das läßt sie größer erscheinen.« Meine arme Großmutter hat nie begriffen, daß sie durch ihre ständigen Kommentare zu meinem Äußeren mein Bewußtsein für meine eigene Häßlichkeit, das mein ganzes Leben beeinflussen sollte, nur noch verstärkte.

Eine weitere zwanghafte Angstvorstellung meiner Großmutter hing damit zusammen, daß ich gerne malte. Sie war fest davon überzeugt, daß alle Künstler Exzentriker sind und eines Tages als Wahnsinnige enden. Also versteckte sie meine Farben, damit ich mich nicht weiter einer Beschäftigung hingeben könne, die mich über kurz oder lang in den Irrsinn treiben würde.

Mit dreizehn bekam ich eine Gehirnhautentzündung, die Großmutter und mein Vater angeblich der Überanstrengung durch meine Aufgabe als Mutters Kammerzofe zuschrieben. Niemand rechnete mehr mit meinem Überleben, und sollte ich wider Erwarten doch nicht sterben, mochten die Ärzte nichts anderes voraussagen, als daß ich gelähmt oder geistig behindert sein würde. Mein Vater ließ mich rund um die Uhr von Krankenschwestern betreuen und verwandelte das Gästezimmer in eine richtiggehende Krankenstation. Sechs lange Monate wurde das Haus von einer seltsam unwirklich zwischen Leben und Tod schwebenden Atmosphäre beherrscht, und auch nachdem ich längst außer Gefahr war, behandelten mich meine Eltern weiter als kränklich und irgendwie labil.

In diese Zeit hinein wurde meine Schwester Adila geboren.

◇

Männer waren fremde Wesen, und ich wurde von klein auf darauf getrimmt, ihnen aus dem Weg zu gehen. Über meiner Kindheit lastete eine endlose Liste von Verboten, die alle dazu geschaffen waren, die tiefe Kluft zwischen meiner Welt und der der Männer unberührt zu erhalten: Trage niemals Make-up oder Nagellack. Wenn du einem Jungen begegnest, sieh ihn nicht an. Vermeide den Kontakt mit modernen Mädchen und befreunde dich nicht mit solchen, die einen älteren Bruder haben. Besuche eine Freundin nie ohne ausdrückliche Erlaubnis und auch dann nur in Begleitung deiner Nanny. Gehe nie ans Telefon. Mache nie eine Ausfahrt nur mit dem Chauffeur. Stehe niemals mit den männlichen Dienstboten in der Küche herum.

Und dabei war ein Mann selbstverständlich das einzige, was die Zukunft einem pakistanischen Mädchen zu bieten hatte! Meine alleinige Lebensaufgabe bestand darin, eine Ehe einzugehen, und zwar eine vorteilhafte. Mutter hatte feste Vorstellungen vom idealen Mann für jede von uns. Unser Ehemann würde das einzige männliche Wesen sein, dem wir uns jemals nackt zeigen würden. Natürlich wäre sein Auftreten durch eine Mischung aus östlichen und westlichen Eigenarten geprägt; er würde aus einer guten und vornehmen Familie kommen und eine ausgezeichnete Ausbildung genossen haben, vorzugsweise in Oxford oder Cambridge. Unsere Eheschließungen waren dazu da, den gesellschaftlichen Status unserer Eltern zu verbessern, jeder Gedanke an persönliches Glück war überflüssig, eine angenehme Dreingabe, aber ohne jede Bedeutung. Damit sie über jeden unserer Schritte informiert blieb und wir keine Geheimnisse vor ihr hatten, wiegte Mutter uns in dem Glauben, daß sie sich keiner Verbindung mit einem Mann widersetzen würde, den wir wirklich heiraten wollten, solange wir sie nur unverzüglich über unser

Vorhaben informierten. Obwohl meine Mutter selber sich von ihrem ersten Mann hatte scheiden lassen, wurde uns beigebracht, die Ehe sei eine heilige und unwiderrufliche Institution. Wenn ein Mann sich als brutaler Rohling erwies, war es die Pflicht der Frau, standhaft auszuharren, bis sie seinen Charakter geändert hatte. In einer zerbrochenen Ehe spiegelte sich ausschließlich die Niederlage der Frau.

Mit der Zeit wurde mir klar, daß wir systematisch zur Schizophrenie erzogen wurden. Ein künstliches Ideal war gefragt, nicht etwa Charakter; Selbstfindung stand gar nicht erst zur Debatte; Identität und Individualität wurden systematisch unterdrückt. Dabei konnte sich nur schwer eine eigenständige Persönlichkeit entwickeln.

Der einzig bleibende Freiraum waren meine Gedanken, in denen ich mich heimlichen Fluchtphantasien hingab, wie ich diesem Elternhaus entkommen konnte. Aber auch dafür gab es wieder nur eine einzige reale Möglichkeit: die Ehe.

1968 heiratete meine Schwester Rubina mit Einwilligung ihres Vaters, des ersten Mannes meiner Mutter, einen Piloten bei einer Handelsfluggesellschaft. Sie war erst siebzehn und ging noch zur Schule. Obwohl Mutter darüber entsetzt und äußerst irritiert war, fand sie sich rasch und ohne viele Worte mit dem Ereignis ab, um einen Skandal zu vermeiden.

Die Natur richtete es gnädig so ein, daß ich mich mit sechzehn zu einer anmutigen jungen Dame entwickelt hatte. Die Leute sagten, ich sei schön, und ich hätte gar nicht genug davon hören können, wenn diese Äußerung in unserem Hause nicht so eine zweischneidige Angelegenheit gewesen wäre. Fast immer wurde ein Kompliment mit dem Nachsatz garniert: »Wie siehst du deiner Mutter ähnlich«, und dieser Vergleich gefiel mir nur bedingt. Meine Mutter sah einfach überwältigend aus, aber ich wollte auf meine Weise schön sein und nicht jedesmal an ihr gemessen werden, denn dabei blieb für mich immer nur der zweite Platz. Ich war überzeugt, daß ich mich nicht mit ihr auf eine Stufe stellen konnte, darum entwertete der Vergleich jedes Kompliment: »Wie sieht sie ihrer Mutter nur ähnlich – aber natürlich kann sie ihr nicht das Wasser reichen.« Auch Mutter mochte im stillen von solchen Nebeneinanderstellungen nichts hören. Für sie würde ich immer das häßliche Entlein bleiben, schon allein, weil sie gar nicht daran dachte, ihren Ehrenplatz als Bannerträgerin der Schönheit in unserer Familie aufzugeben.

Dennoch wurde mir zunehmend Aufmerksamkeit gezollt. Hochzeiten und andere gesellschaftliche Feste eigneten sich wunderbar als Heiratsmärkte, auf denen die Frauen die Zukunft ihrer Töchter meistbietend verschacherten. Mutter beteiligte sich wie jede pakistanische Frau mit fünf Töchtern, die an den Mann gebracht werden müssen, eifrig an diesem Gesellschaftsspiel, während meine Schwestern und ich uns nur mit den Augen verständigen durften.

Um an einer solchen Hochzeit teilzunehmen, flogen wir in den Norden, nach Lahore, und dort begegnete ich Anees Khan, der damals siebenundzwanzig Jahre alt war. Seine Mutter unterzog mich einer eingehenden Prüfung, die zu ihrer Zufriedenheit ausgefallen sein muß, denn er näherte sich mir und fragte:

»Gehen Sie noch zur Schule?«

»Ja.«

»Und wo?«

»In Murree. Im Kloster.«

»Oh.«

Dann fragte er: »Und in welcher Klasse sind Sie?«

»Im letzten Schuljahr«, war meine Antwort.

Nachdem ich in das römisch-katholische Internat zurückgekehrt war, das ich in Murree besuchte, einem Sommerferienort im Gebirge, dachte ich kaum mehr an Anees, bis meinen Klassenkameradinnen und mir eines Sonntags erlaubt wurde, einen Spaziergang durch das Einkaufszentrum zu unternehmen. Wir waren auf der Hut, denn wir wußten genau, daß dort lauter Möchtegern-Romeos auf Beutezug herumstrichen, die sich nur uns zu Gefallen wie die Pfauen produzierten. Wir beobachteten sie unauffällig und kicherten untereinander. Ich war völlig überrascht, als ich plötzlich Anees unter den Männern entdeckte, und noch viel schockierter, als er auch noch auf mich zukam.

Anees lud meine Freundinnen und mich zum Tee bei »Sam's« ein, dem berühmten Restaurant von Murree. Die Mädchen und ich tauschten nervöse Blicke aus. »Sam's« Torten und Kuchen sind der Traum einer jeden Internatsschülerin, und so trafen unsere Mägen die Entscheidung. Doch während wir die herrlichen Schokoladeneclairs verzehrten, schielten wir immer wieder nervös zur Uhr und ergriffen dann in wenig würdevoller Hast bei der ersten Gelegenheit die Flucht. Anees winkte zum Abschied und erzählte mir noch, daß er am nächsten Tag nach Karachi abreisen werde.

Statt dessen blieb er, und es traf mich erneut wie ein Schlag, als ich ihn am nächsten Tag vor dem Schultor herumstreifen sah. Ich dachte nur immer: Er muß doch wissen, daß wir uns nicht mit Männern unterhalten dürfen. Anees versuchte denn auch nicht, mich direkt anzusprechen, sondern schmuggelte mit Hilfe einer externen Schülerin eine Nachricht zu mir hinein. Darin stand: »Ich bin nicht nach Karachi zu meiner Arbeit zurückgefahren, weil ich in Ihrer Nähe sein will. Ich werde in Murree bleiben, denn hier kann ich Sie wenigstens, wenn auch nur von ferne, ab und zu sehen.«

Ich war verliebt.

Irgendwie brachte Anees es fertig, mir in den nächsten zwei Wochen täglich einen Brief zukommen zu lassen, und ich hütete sie wie einen Schatz. Als ich in die Sommerferien nach Hause flog, nahm ich diese Briefe mit und war fest entschlossen, meiner Mutter mitzuteilen, daß dies der Mann sei, den ich heiraten wollte. Anees und ich reisten im selben Flugzeug, aber wir wagten nicht, nebeneinander zu sitzen oder gar das Wort an den anderen zu richten.

Kaum war ich zu Hause in Karachi angekommen, begann meine Entschlossenheit sich merklich zu verflüchtigen. Auch wenn ich meinen ganzen Mut zusammennahm, brachte ich es einfach nicht fertig, meiner Mutter mein Anliegen persönlich vorzutragen, und so schrieb ich ihr schließlich, daß ich einen Mann getroffen habe, der mich heiraten wolle, und legte die Nachricht unter ihr Kopfkissen. Dann betete ich inständig zu

Allah. (Die Erziehung in der katholischen Schule hat noch nie die Treue ihrer Schülerinnen zum islamischen Glauben nachhaltig beeinträchtigen können.) Auf dem Gebetsteppich empfand ich mich wie in persönlicher Verbindung mit Gott. Ich vertraute mich Allah an und bat ihn, das Herz meiner Mutter zu erweichen.

Kurz darauf unterbrach Mutter mich in meinen Gebeten, indem sie, blaß vor Wut und meine Nachricht schwenkend, in mein Zimmer gestürzt kam und mit allem Nachdruck verlangte, auf der Stelle über alle »schmutzigen« Einzelheiten informiert zu werden. Ich sagte ihr, daß es keine Einzelheiten zu berichten gebe, ich hätte nur Briefe bekommen. Auf ihre strenge Aufforderung hin übergab ich ihr meine Schätze, um dann mit gesenktem Kopf und rot vor Scham vor ihr zu sitzen, während sie sie las.

Mutter setzte mich in dürren Worten davon in Kenntnis, daß Anees' Mutter eine Verbindung zwischen uns bereits vorgeschlagen, sie selber diese Bewerbung aber aufgrund meiner Jugend zurückgewiesen habe. Was sie in Wirklichkeit dazu bewegt hatte, abzulehnen, war ihre Überzeugung, daß Anees nicht gut genug für mich war, geschweige denn für sie. Seine Familie war weder besonders angesehen noch besonders wohlhabend und er nur ein Angestellter mit einem geradezu lächerlichen Einkommen von 800 Rupien im Monat. In den Augen meiner Mutter genügte das, um ihn als potentiellen Mitgiftjäger abzukanzeln. Mutter nahm sich nur wenig Zeit für das Gespräch. Schon nach wenigen Augenblicken teilte sie mir in drohendem Ton mit, sie werde mit Anees und seiner Mutter sprechen, um ihnen ein für allemal klarzumachen, daß eine solche Heirat überhaupt nicht in Frage kam.

Ich blieb beschämt, desillusioniert und hoffnungslos zurück. Der erste ferne Glanz möglicher Freiheit war allzu schnell verblaßt. Während der gesamten vier Wochen meiner Ferien war ich eine Gefangene in meinem eigenen Elternhaus, ich durfte nicht ausgehen oder mich dem Telefon auch nur nähern. Mutter richtete kaum das Wort an mich, und wenn sie es tat, erreichte sie jedesmal, daß ich mich schmutzig fühlte.

Als die Ferien vorüber waren, begleitete Mutter mich zurück zur Schule, um ein ernstes Wort mit den Nonnen zu reden, die in Zukunft gefälligst besser auf mich aufpassen sollten. Schließlich brachte sie sie sogar dazu, meine Post zu kontrollieren. Tief deprimiert versuchte ich mich aufs Lernen für die bevorstehenden Abschlußprüfungen zu konzentrieren, aber in Wirklichkeit drehte sich mein ganzes Denken um die Kassiber, die Anees noch immer irgendwie zu mir durchschleuste. Ich geriet in Panik bei dem Gedanken, den Mann zu verlieren, den die Liebe so weit geblendet hatte, daß er in mir eine große Schönheit sehen konnte. Mein mangelndes Selbstvertrauen ließ mich befürchten und schließlich für völlig unmöglich halten, daß ein solcher Irrtum ein zweites Mal vorkommen könnte. Kein anderer Mann würde je auf die Idee verfallen, mich liebenswert zu finden.

Ich ließ meiner romantischen Ader freien Lauf und begann, im Duft der Pinien und dem Geräusch der in einer kühlen Nacht auf ein Blechdach prasselnden Regentropfen nach Zeichen von Anees Ausschau zu halten, sah mich mit ihm durch die Berge reiten und schmale gewundene Lehmwege entlanggehen. Murree erinnerte an die Schweiz, ich hätte hier viel lieber meine Hochzeitsreise verbracht, anstatt fürs Examen zu büffeln.

Er gab den Kampf nicht auf. Seine Mutter sprach wiederholt bei meiner Mutter vor, dann fing er seinerseits an, sie aufzusuchen. Sie ließ beide stundenlang warten und begegnete Mutter und Sohn mit arroganter Herablassung, wenn sie sie dann endlich empfing. Sie nahmen diese Behandlung geduldig und voller Gelassenheit hin.

Ich bestand mein Abschlußexamen und kehrte, versehen mit der für eine gute Partie notwendigen Ausbildung, nach Hause zurück. Inzwischen war Anees achtundzwanzig und ich sechzehn. Im Grunde kannten wir uns gar nicht, aber wir waren überzeugt, daß wir uns mit aller Kraft liebten. Es gab andere Bewerber, von denen mehr als einer meiner Mutter besser gefallen hätte, aber ich hatte mich stillschweigend zur Sturheit entschlossen. Zum erstenmal in meinem Leben ließ ich mir meine Auflehnung anmerken. Anees war der erste Mann, der sich in mich verliebt hatte, und ich sah in ihm gewissermaßen meine einzige Chance für Glück und ein schnelles Entkommen. Ich sagte meiner Mutter, wenn ich Anees nicht heiraten dürfe, würde ich überhaupt nie irgendeinen Mann heiraten. Es war ein bitterer Zweikampf zwischen uns, aus dem kein Ausweg möglich schien.

Aber meine Mutter war in einer Zwickmühle. Die Familie meines Vaters begann sich besorgt zu fragen, ob ich am Ende gar eine alte Jungfer werden würde. Mit siebzehn hätte ich längst verlobt sein müssen. Daß ich immer noch ledig war, war die größte Blamage, die einer Pakistani überhaupt zustoßen konnte. In der Familie meines Vaters brachte man zudem meiner Hauttönung womöglich noch mehr Widerwillen entgegen als in der meiner Mutter. Die Pathanen sind eine sehr helle Rasse, und ein Pathane mit dunkler Haut so wie ich war eine Seltenheit und fiel deshalb nur um so unangenehmer auf. Und obwohl ich inzwischen »aufgehellt« war, entsprach ich noch immer nicht den konventionellen Vorstellungen von Schönheit. Meine Familie hoffte überhaupt nur, einen vorzeigbaren Mann für mich zu finden, weil mein Vater Präsident der Luftfahrtgesellschaft und Bankdirektor war, ein Vorteil, der dringend genutzt werden mußte, solange er diese Position noch innehatte.

Horrorszenarien von einem Skandal suchten die Phantasie meiner Mutter heim, den Gedanken an das Stigma, das eine unverheiratete Tochter mit sich brachte, konnte sie nicht ertragen. Als ich eines Tages ihren Toilettentisch aufräumte, hörte ich zufällig, wie ihre beste Freundin zu ihr sagte: »Samina, sie ist nicht gerade die schönste von deinen Töchtern. Es wird nicht einfach für sie sein, einen jungen Mann zu finden, der sie ebenso liebt, wie Anees es offenbar tut. Du solltest der Verbindung zustimmen, um so leichter wirst du dich bei deinen drei anderen Töchtern durchsetzen.« Die Antwort meiner Mutter konnte ich nicht hören. Anees' Liebe und seine überschwenglichen Komplimente hatten in mir eine zarte Pflanze des Glaubens an meine eigene Schönheit gesät. Nun verdorrte sie wieder mit einem einzigen Schlag. Ich hatte das Urteil ja gehört. Es tat weh, aber ich war restlos überzeugt, daß es zutraf. Als mein Blick auf den Toilettenspiegel fiel, sah mich ein häßliches Entlein an, kein Schwan.

Endlich willigte Mutter in meine Heirat mit Anees ein, und nachdem sie diesen Entschluß einmal getroffen hatte, verwandelte sie sich unverzüglich in die strahlende Mutter der zukünftigen Braut. Der Verlobungsempfang von Shakirulla Durranis Tochter wurde ein großes Ereignis. An Freunde und Verwandte wurden Körbe voll Konfekt verschickt. Den Dekorateur ließ Mutter aus dem Libanon einfliegen.

Und dann griff die Politik Pakistans in mein Leben ein. Etwas früher, 1971, als Pakistan von Unruhen erschüttert wurde und ständig an der Schwelle zu einem Krieg mit Indien stand, war Bhutto mit einem speziellen Ansinnen an meinen Vater herangetreten. Damals war Pakistan ein geteiltes Land, dessen Gebiet von den tausend Meilen indischer Landmasse durchschnitten wurde, und Ost-Pakistan versuchte sich abzuspalten, um den unabhängigen Staat Bangladesh zu gründen. Als Leiter der State Bank of Pakistan fiel meinem Vater eine Schlüsselposition in der Wirtschaftsdiplomatie zu. Bhutto, Führer der Pakistan People's Party (PPP), der Pakistanischen Volkspartei, wollte West-Pakistan eine Vormachtstellung verschaffen, um die Separationsbestrebungen des Ostens zu unterlaufen. Er forderte meinen Vater auf, heimlich staatliche Gelder aus Ost-Pakistan zurückzuziehen. Obwohl mein Vater mit Bhuttos Zielen sympathisierte, weigerte er sich, etwas so Unmoralisches zu tun. Eine Abfuhr, die Bhutto ihm nicht verzeihen sollte. Als die Wogen sich geglättet hatten und Bhutto Ende des Jahres Staatspräsident geworden war, war es eine seiner ersten Amtshandlungen, meinen Vater seines Postens bei der State Bank zu entheben. Unter der frei erfundenen Beschuldigung, er habe mit dem CIA kollaboriert, ließ er meinen Vater festnehmen und in eine kakerlakenverseuchte Zelle sperren. Nach sechs Monaten wurde er in einem Gerichtsverfahren von allen Anschuldigungen freigesprochen und aus dem Gefängnis entlassen. Bhutto versuchte das Unrecht wiedergutzumachen, aber mein Vater fühlte sich nur angeekelt und erniedrigt und verließ das Land. Damals nahm er den Posten bei der First National City Bank in Amerika an.

Meine Eltern bereiteten sich darauf vor, in eine Suite im New Yorker Waldorf Astoria zu ziehen, aber wo sollten sie mit mir hin? Also beschloß Mutter kurzerhand, daß es wohl das beste wäre, mich so schnell wie möglich und in einer unaufwendigen Zeremonie zu verheiraten.

Irgendwann dämmerte mir, auf was ich mich eingelassen hatte. Drei Tage vor der Hochzeit wurde mir klar, daß Anees mich, obwohl wir uns doch bisher nur selten gesehen hatten, schon jetzt langweilte. Ich liebte ihn nicht genug und wollte ihn nun ganz bestimmt nicht mehr heiraten. Plötzlich sah ich eine Alternative darin, mit meinen Eltern nach Amerika zu gehen. Vielleicht würde ich dort mehr Freiheiten genießen und mehr Möglichkeiten haben, zu finden, was ich suchte, was immer es auch war. Ich schloß mich in meinem Zimmer ein und heulte laut vor Verzweiflung, während meine Großmutter mich von draußen anflehte, doch wenigstens etwas zu essen.

Allmählich beruhigte ich mich wieder und faßte schweren Herzens einen Entschluß. Ich rief Anees an und beichtete: »Wahrscheinlich liebe ich dich nicht wirklich. Was ich geliebt habe, war nur der Zustand des Verliebtseins. Ich wollte meiner Familie entfliehen.«

Er war bestürzt, versuchte aber dann, mich zu überzeugen, daß ich nur unter einem ganz gewöhnlichen Anfall von vorehelichem Lampenfieber litt. »Alles wird gut werden«, sagte er beschwichtigend. »Du bist nur nervös.«

Was mein Vater zu meinem Trost vorzubringen hatte, klang ganz ähnlich. Als ich ihn umarmte und mich an seiner Schulter ausweinte, dozierte er mit leiser Stimme: Töchter müssen ihr Heim verlassen und sich in einer fremden Umgebung zurechtfinden. Eine Ehe, so sagte er, sei immer ein Zusammenspiel von glücklichen und kummervollen Momenten. Er verstehe ja, welchen Schmerz und welch widersprüchliche Gefühle ich bei dem Gedanken empfinde, ihn verlassen zu müssen, aber in Zukunft müsse ich nun mal mein eigenes Leben führen.

Jetzt war mir endgültig klar: Es ist zu spät. Niemand glaubt dir, daß du nicht heiraten willst. Sie denken alle, das ist nur ein Fall von Panik in letzter Minute.

Als ich drei Tage später getraut wurde, war ich so verwirrt, wie es eine Braut nur sein kann.

◇

Zweieinhalb Jahre vergingen. Meine Ehe mit Anees hatte sich auf einer Ebene milder Gleichförmigkeit eingependelt, in der es weder Höhen noch Tiefen gab. Ich wußte, daß in meinem Leben irgend etwas fehlte, aber ich hatte nicht die leiseste Ahnung, was das sein könnte. Obwohl ich nun von meinen angeheirateten Verwandten innig geliebt und mit Komplimenten überhäuft wurde, litt meine Seele nach wie vor unter den Verletzungen meiner Kindheit. Es gelang mir nicht, damit abzuschließen. Dabei hätte ich nicht einmal genau benennen können, womit ich eigentlich abschließen mußte. Manchmal hatte ich das Gefühl, gar nicht richtig zu existieren, meine quälende Selbstverachtung ließ mich nicht mehr los. Mutter war nicht mit mir zufrieden und liebte mich nicht, was konnten Anees' unbedeutende Meinung und die seiner gesellschaftlich so tief unter mir stehenden Familie dagegen schon ausrichten?

Ich schenkte Anees 1973 unsere Tochter Tanya, die ich innig liebte, aber Anees selbst liebte ich immer noch nicht. Hätte ich das getan, wäre mir Mustafa Khar vielleicht weniger faszinierend erschienen, und vielleicht hätte er mich dann nicht so schnell aus der Ruhe bringen können.

Kapitel zwei

Die Männer vom Stamm der Kharral sind bekannt für ihre überdurchschnittliche Größe, ihre scharf geschnittenen Gesichtszüge und ihre Energie und Ausdauer. Ein Schriftgelehrter beschrieb sie einst als »verschwenderisch in der Ausübung ihrer ehelichen Pflichten, gastfreundlich zu Reisenden, heimtückisch und mit wenig Liebe zur Landwirtschaft«. Einem persischen Sprichwort nach sind sie »aufrührerisch und sollten alle erschlagen werden«. Ihre Wurzeln lassen sich bis in die Region von Neli Bar in Indien, in der Nähe von Kamalia, zurückverfolgen. Es kam zu einer Auseinandersetzung mit den britischen Kolonialherren, als die Kharral sich weigerten, Abgaben zu zahlen. Nach mehreren blutigen Gefechten entschlossen sie sich, weiter nach Westen zu ziehen. Sie metzelten ihre Frauen und Kinder nieder, die auf der Reise nur hinderlich gewesen wären, luden ihre immensen Goldvorräte auf und machten sich auf den Weg in den Punjab, wo sie sich an den Ufern des Indus ansiedelten.

Für die Tatsache, daß ein Zweig der Kharral den Namen in jüngerer Zeit abkürzte und sich nur noch Khar nannte, gibt es mehrere Erklärungen. Der einen Version nach geht der Name auf das aufgebrachte Opfer einer ihrer Plünderungen zurück, das sie als »Khar« betitelte – im Persischen das Wort für »Esel«! Die wahrscheinlichere Erklärung ist allerdings, daß sie aus religiöser Überzeugung darauf verzichtet haben, den vollen Namen zu benutzen, als ein Zeichen der Verehrung für ihren mystischen Führer, Pir Chishtian Sharif, der selbst ein Kharral war.

Mustafas Großvater, Malik Gulam, stieg zu einem der reichsten Großgrundbesitzer in der Region um Muzzaffargarh im Punjab auf, indem er systematisch die Töchter von Stammesoberhäuptern heiratete. Im Feudalsystem ist Reichtum gleichbedeutend mit Macht und Ehre, und so bekam Mustafas Vater, Mohammad Yar Khar, 1940 von der britischen Krone den Titel Khan Sahib verliehen.

Als Mohammad Yar Khar seine dritte Frau heiratete, ein sechzehnjähriges Mädchen aus Multan, das Mustafas Mutter werden sollte, war er vierundsechzig Jahre alt. Von den insgesamt sechzehn Kindern, die Khan Sahib zeugte, gebar ihm Mustafas Mutter sieben Söhne und eine Tochter. Die sieben Brüder wuchsen in dem abgelegenen Dorf Kot Addu recht freizügig auf, weder der ältliche Vater noch die unterwürfige Mutter achteten auf eine gebührend strenge Erziehung. Mustafa wurde wie seine Brüder von zwei Nannies großgezogen, die ihm bis ins sechste Lebensjahr hinein die Brust gaben. Der Speiseplan dieser Frauen wurde sorgsam überwacht, und solange sie als Amme dienten, durften sie nur unter Aufsicht mit ihren Männern verkehren, damit sie ja nicht schwanger wurden. Auf diese Ernährung in frühester Jugend führen die Khar-Brüder ihre überbordende Lebenskraft zurück.

Als junge Männer machten Mustafa und seine Brüder sich wenig Gedanken um Gesetze und gesellschaftliche Regeln, sie waren schließlich die Herren. Das Feudalsystem ist ein Relikt aus der Zeit, als die Briten den gesamten Süden Zentralasiens beherrschten. Mit nur wenig Aufwand gelang es den »weißen Herren«, die Kontrolle über die großen Massen zu erlangen, indem sie wenigen »loyalen« Männern ganze Gebiete und die absolute Macht über Land und Leute überschrieben. Mit der Zeit vervielfachten die wenigen Auserwählten ihren Reichtum, indem sie, ganz wie es feudalen Praktiken entspricht, ihren Bauern Pachtzahlungen auferlegten und willkürlich Steuern erhoben. Das Feudalsystem war eine Lizenz zum Plündern, Vergewaltigen, ja sogar zum Morden. Die Reichen wurden immer reicher; den Armen blieb nur die Verzweiflung.

In den Gebieten, die später zu Pakistan gehören sollten, benutzten einige der feudalen Familien den islamischen Glauben als Machtwerkzeug. Die Patriarchen wurden wie Heilige verehrt, man glaubte, sie stünden mit Allah in direktem Kontakt. Und tatsächlich waren in früheren Zeiten viele von ihnen rechtschaffen und fromm. Doch mit den Generationen wurde das Szepter der feudalen Macht an ältere Söhne weitergereicht, die weder Frömmigkeit noch Moral kannten und dennoch von ihrem unwissenden Volk als »Sendboten Allahs« vergöttert wurden.

Der Feudalherr besaß die absolute Macht, denn er konnte jede seiner Taten rechtfertigen, indem er sich auf seine eigene Koranauslegung berief, die natürlich immer zu seinen Gunsten ausfiel.

Als am 14. August 1947 die britische Herrschaft zu Ende ging, war das Feld für mindestens ein halbes Jahrhundert der Unruhen und Tumulte gründlich bestellt. Die ehemaligen Commonwealth-Gebiete wurden nach religiösen Gesichtspunkten aufgeteilt, und so entstand aus der Hochburg der Hindus das Land Indien, während das muslimische Pakistan sich einer auf der ganzen Welt einzigartigen Situation gegenübersah: ein in zwei Teile aufgespaltenes Land, gelähmt durch die dazwischenliegende, riesige Landmasse Indiens. Mit der Durchsetzung der Demokratie brach das Feudalsystem in Indien zusammen. In Pakistan dagegen heuchelten die Feudalherren zwar Sympathie für demokratische Prinzipien, behaupteten aber ihre Machtposition. Sie entschieden, wer in der Nationalversammlung sitzen würde und wer im Haus des Staatspräsidenten residieren durfte.

In der Familie Khar war man seit jeher nicht besonders an Politik interessiert. Mustafa und seine Brüder lebten für *shikar,* die Jagd. Meist zu Pferde, manchmal aber auch zu Fuß verschwanden sie auf tagelange Jagdausflüge. Wenn sie erfolgreich waren, warteten sie nicht erst bis zur Rückkehr, sondern bereiteten ihre Jägermahlzeit am liebsten gleich selbst zu. Das Fleisch mußte noch fast roh sein und blutig. *Shikar* war Mustafas Lehrmeister. Mut, Beharrlichkeit, Geduld und sein Verständnis für Strategie und Taktik gründeten auf dieser Erfahrung. Außerdem lernte er, wie man seine Beute anlockt und ködert, um im richtigen Moment die Falle zuschnappen zu lassen.

Mit kaum siebzehn wurde Mustafa von seinem Vater mit seiner Cousine Wazir verheiratet, die weder lesen noch schreiben konnte und außerdem viele Jahre älter war als er. Sie wurde sofort schwanger. Mustafa rannte vor seinem Schicksal davon und floh in die große Stadt Lahore. Er war fasziniert von den Wundern, die ihm hier begegneten. Da gab es Frauen mit modernen Frisuren, die völlig unbeteiligt und lässig hinter dem Volant eines auf Hochglanz polierten Autos saßen. Noch fehlten ihm die nötigen gesellschaftlichen Umgangsformen, um sich einer solch entrückten Sirene zu nähern: In seinem Dorf mochte er ein Herrscher sein; für die kultivierte Gesellschaft der Stadt war er nicht viel mehr als ein ungehobelter Bauernjunge.

Fürs erste blieb ihm nur, aus der Entfernung zu schmachten.

In Murree, dem Ferienort in den Bergen, begegnete Mustafa Frauen, die sich ihre Gunstbezeigungen bezahlen ließen, und er entdeckte, daß professioneller Sex seinen Neigungen durchaus entgegenkam. Es war wie auf dem Markt: Er inspizierte die Ware und bezahlte für die gebotene Dienstleistung. Die Frauen ihrerseits waren fasziniert von diesem reichen und jungen Feudalherrn, der seine erzwungene Ehe beweinte.

Unterdessen litt Wazir zu Hause still vor sich hin. Ihre Erniedrigung war komplett, als die Familienältesten ihre Ehe mit Mustafa auflösten und sie mit ihrem noch viel jüngeren Schwager verheirateten. Immerhin wurde ihr die Schmach erspart, als geschiedene Frau in ihr Elternhaus zurückkehren zu müssen, in dieser feudalen Welt das trostloseste aller Schicksale. Dann brachte sie Abdur Rehman, Mustafas ersten Sohn, zur Welt.

Zur selben Zeit freundete sich Mustafa in Murree mit einem Mann namens Shafi und dessen recht gebildeter Geliebten Firdaus an. Als Firdaus schwanger wurde, suchte Shafi das Weite und überließ es Mustafa, ihr die nötige starke Schulter zum Ausweinen zu bieten. Für ihn war Firdaus ein Opfer der Gesellschaft. Er heiratete sie aus einer plötzlichen Laune heraus.

Nach einiger Zeit gebar Firdaus einen Sohn, der Mustafas Namen trug, und innerhalb eines Jahres kam Billoo, ein zweiter Sohn, zur Welt. Das war zuviel der Verantwortung für Mustafa, der nun beschloß, daß er offenbar Zuneigung mit Liebe verwechselt hatte. Die Scheidungspapiere wurden Firdaus noch in ihrem Wochenbett im Krankenhaus zugestellt.

Sozusagen vom Leben geläutert, kehrte Mustafa in sein Dorf zurück, und ganz wie es feudalen Gepflogenheiten entspricht, wurde ihm alles, alles verziehen.

Über Generationen hinweg waren die Männer der Familie Khar durchaus zufrieden mit ihrem weltabgelegenen Hoheitsgebiet und sahen keinerlei Grund, warum sie ihren Horizont erweitern sollten, bis das seit Urzeiten gültige gesellschaftliche Gefüge von Macht und Verehrung sich plötzlich verlagerte und sie aus ihrem Dornröschenschlaf aufgeweckt wurden. Mushtaq Ahmed Gurmani wurde Gouverneur des Punjab. Das Gebiet des Gurmani-Clans schloß direkt an die eigene Region an, und nun, da die Gurmanis überraschend so wichtig geworden waren, bekam man ihre Gegenwart unangenehm zu spüren. Mit der Zeit begann sich der bürokratische Apparat in der üblichen Weise zu drehen. Die örtlichen Beamten fühlten sich nur noch den neuen Herren verpflichtet; wenn ein Mitglied des Gurmani-Clans ein Verbrechen gegen einen Khar beging, drückte die Polizei beide Augen zu; die kostbare Wasserversorgung wurde umgeleitet. Und vielleicht das schlimmste von allem: Die Bauern begannen, mehr auf die neuen politischen Führer zu hören als auf ihre angestammten Herren. 1962 ging den Khars auf, daß sich ihre feudale Welt nicht länger aufrechterhalten lassen würde, wenn sich die Familie nicht auch politisch Gehör verschaffte. Nur die Politik konnte noch Legitimität, Macht und Schutz gewährleisten.

Als er für einen Sitz in der Nationalversammlung kandidierte, war Mustafa vierundzwanzig Jahre alt. Ein Anfänger, aber voller Energie. Geduldig fuhr er von Familie zu Familie und sprach von seiner Sorge ob des Verfalls der traditionellen Machtstrukturen innerhalb der Region. Dabei stellte er zu seiner großen Freude fest, daß die Legharis, ein anderer Clan von Großgrundbesitzern, sich ebenso bestürzt über die politische Anmaßung der Gurmani-Sippe zeigten, und brachte ein starkes Bündnis zustande, das schließlich in den Wahlen siegte. Als erster aus der Familie der Khar sollte Mustafa zur hochangesehenen Nationalversammlung reisen.

Voller Begeisterung über diesen Erfolg, schenkte Mustafas Vater ihm ein kleines Vermögen, das Mustafa umgehend in eine Reihe neuer glänzender amerikanischer Straßenkreuzer umsetzte. Wenn er dann mit einem seiner neuen Spielzeuge ins Parlament fuhr, gab er bisweilen den Chauffeuren Anweisung, mit den anderen Wagen hinter ihm herzufahren, und machte damit aus seinem Eintreffen eine wahre Parade.

In der Nationalversammlung selber dagegen hielt Mustafa sich äußerst zurück, denn er war sich seiner Stellung als Neuling vom Lande vollauf bewußt. Aber er hörte aufmerksam zu und sog alles beflissen in sich auf. Zufällig war sein Platz direkt neben dem von Ghulam Mustafa Khan Jatoi, einem nur wenige Jahre älteren Mann von sehr distinguiertem Äußeren, der aus einer der größten und reichsten Familien des Sind stammte, der Provinz in der südlichen Hälfte West-Pakistans. Die Freundschaft mit Jatoi sollte sich für Mustafa als sehr wichtig erweisen, die beiden Männer blieben einander sechsundzwanzig Jahre lang verbunden und teilten über weite Strecken das gleiche politische Schicksal.

Jatoi stellte Mustafa dem dynamischen damaligen Außenminister Al Zulfiqar Ali Bhutto vor, und zwischen den beiden entwickelte sich eine schwierige Beziehung, die zwischen Liebe und Haß changierte. Wie viele junge Leute dieser Zeit verfiel Mustafa ganz dem magischen Zauber dieses hart arbeitenden, linksorientierten Politikers, dessen Ruf nach sozialer Gerechtigkeit immer lauter wurde. Bhutto seinerseits zeigte sich beeindruckt von Mustafas Qualitäten, seiner Verwurzeltheit im Punjab, er sah in ihm einen Mann, der dem Volk direkt ins Herz sehen konnte.

Nach dem Friedensabkommen von Taschkent (1966), das den indisch-pakistanischen Krieg beendete, trat Bhutto in der festen Überzeugung, Präsident Ayub Khan habe den Krieg zwar auf dem Schlachtfeld gewonnen, aber am Verhandlungstisch verloren, von seinem Posten als Außenminister zurück. Von Stund an war er ein politischer Paria, und als er den Zug besteigen wollte, um heim nach Karachi zu fahren, fand sich niemand ein, um ihn zu verabschieden – außer Mustafa Khar. Es war ein Akt offener Mißachtung des Establishments und eine Brüskierung des tyrannischen und feudalistischen Gouverneurs des Punjab, des

Nawabs von Kalabagh; ein frühes Zeichen für die Richtung, die seine politische Karriere einschlagen sollte: immer auf Konfrontationskurs gegen das Establishment. Der zukünftige Löwe vom Punjab hatte das erste leise Brüllen hören lassen. Und der kluge und gerissene Politiker Bhutto sah sofort, daß mehr in Mustafa steckte als ein alberner Vierundzwanzigjähriger, der mit einem Autokorso vor dem Parlament erschien. Er äußerte sich anerkennend über Mustafas Mutbeweis, und Mustafa antwortete mit seinem geheimnisvollen Lieblingsspruch: »Die Weisheit ist ein Kind der Zeit.«

◇

Frauen traten in Mustafas Leben und verließen es ebenso schnell wieder, wie sie gekommen waren. Das junge Mitglied der Nationalversammlung suchte nach wie vor nach dem unbestimmbaren Ideal, besaß aber noch immer nicht das nötige Selbstbewußtsein, um Damen der guten Gesellschaft den Hof zu machen, und begnügte sich fürs erste mit Begleiterinnen von zweifelhaftem Ruf.

Auf einem seiner zahlreichen Flüge zu einer Parlamentssitzung in Ost-Pakistan entbrannte er in Liebe zu einer überirdisch wirkenden Erscheinung ganz in Grün, der Stewardeß, die ihm sein Essen servierte. Safia kam aus der unteren Mittelschicht und arbeitete, um zum Lebensunterhalt ihrer Familie beizutragen. Kaum irgendwo sonst konnte ein Angehöriger der feudalen Schicht mit solch einer »emanzipierten« Frau zusammentreffen, der Duft nach Abenteuer umschwebte Safia wie ein Parfüm. Sie verbrachten die folgenden Tage miteinander und heirateten.

Nach der Hochzeit besann sich Mustafa sofort wieder auf die strikten Standesregeln seiner feudalen Herkunft. Er pflückte Safia vom Himmel und sperrte sie in einen Käfig. Seine einstmals moderne Frau verschwand hinter dem Schleier und wurde zu einem Schattendasein in seinem Heimatdorf Kot Addu verurteilt, mit der einzigen Bestimmung, seinen seltenen Besuchen entgegenzuharren.

Damals gab es in Kot Addu weder Elektrizität noch fließend Wasser, und die Frauen der Familie waren völlig von der Außenwelt isoliert. Das einzige, was Safia hier vom Himmel zu sehen bekam, war der kleine Ausschnitt über dem umzäunten Grundstück ihres neuen Heims. Keine anderen Männer als ihr Schwiegervater und die Brüder ihres Mannes kamen je hinter diese hohen Mauern. Die Gegend war berüchtigt für ihre Unfruchtbarkeit und die trockene Hitze. Safia fügte sich in ein Leben in der Einöde und wurde zu einem Teil der *zannana* (Frauengemächer), wo der Mann der uneingeschränkte König war und die Frau seine willenlose Dienerin.

Hier gebar Safia Mustafa seinen Sohn Bilal und eine Tochter, die an einer Durchfallerkrankung starb, weil die medizinische Versorgung der Gegend unzureichend war.

◇

In seiner Stellung als Feudalherr innerhalb des Jirga-Systems mußte Mustafa einer besonderen Pflicht nachkommen und als Friedensrichter Auseinandersetzungen zwischen seinen Vasallen schlichten. Der Fall zweier Liebender wurde ihm vorgetragen, und Mustafa hörte sich aufmerksam die vorgebrachten Beschuldigungen an. Ayesha, die Frau, war etwa Mitte Zwanzig und von einer Schönheit, die an die amerikanische Filmdiva Ava Gardner erinnerte, groß gewachsen und majestätisch, mit schimmernder brauner Haut und tiefschwarzen Augen. In Kot Addu war sie für ihr mutwilliges und überschäumendes Temperament bekannt, was ihr einen Ruf als »Flittchen« eingetragen hatte. Angeblich machte sie den jungen Männern im Dorf »schöne Augen« und versuchte unablässig, alle Aufmerksamkeit auf sich zu ziehen. Sie hatte einen schwachen Stand in dieser Sache: eine verheiratete Frau, die sich in einen anderen Mann verliebt hatte, der seinerseits verheiratet war. In einem Augenblick des Überschwangs hatten sie Konvention und Religion über Bord geworfen und waren durchgebrannt. Nun mußte Mustafa eine angemessene Strafe über die beiden verhängen. Er brauchte nicht lange zu überlegen. Ayesha, so entschied er, war rechtmäßiges Eigentum ihres Mannes und mußte deshalb zu ihm zurückkehren.

Die Liebenden hatten daraufhin Zuflucht in einer geheiligten Stätte in der Nähe von Multan gesucht, wurden aber aufgegriffen und Mustafa vorgeführt. Ayesha flehte ihn an, sie nicht gewaltsam zu ihrem Mann zurückzuschicken, und bettelte geradezu darum, statt dessen für Mustafa und seine Familie arbeiten zu dürfen.

Weil sie es gewagt hatten, sich ihm zu widersetzen, ließ Mustafa Ayeshas Liebhaber in eine Irrenanstalt einweisen, wo er schon nach kurzer Zeit wirklich verrückt wurde und bald darauf starb. Ayesha wurde als Bilals *dai* (Kinderfrau) aufgenommen, eine Bezahlung erhielt sie nicht. Dafür gewährte Mustafa ihrer Familie jährlich eine kleine Zuteilung Weizen. Von nun an kannte man sie nur noch als Dai Ayesha, eine Haussklavin wie viele andere auch.

◇

Mustafa war von Bhutto als dessen Protegé auserwählt worden und zog zu ihm nach Karachi in sein großes Haus an der Clifton Road Nr. 70, um seine eigentliche politische und gesellschaftliche Erziehung anzutreten. Safia blieb im Dorf zurück.

Ein Teil der täglichen Routine bestand im Erlernen der komplizierten Technik, einen aufwendigen Lebensstil mit politischen Ambitionen zu verbinden. Eine von Bhuttos Leitfiguren war der indonesische Präsident Sukarno, der die Auffassung vertrat, Dritte-Welt-Völker seien ungebildet und gefühlsbetont und bräuchten nichts weiter als leicht einprägsame Wahlsprüche, um treu zu ihrer politischen Führung zu stehen. In seinen Augen fühlten sich die romantisch verblendeten Massen zu schillernden Führungspersönlichkeiten hingezogen, deren Machenschaften weniger großzügig übersehen als vielmehr selbstverständlich erwartet wurden. Gestützt auf diese Philosophie, führte Sukarno ein Privatleben voller romantischer Intrigen. Für Bhutto gehörte das Recht, sich über moralische Gesetze hinwegzusetzen, zu den Privilegien der Macht. Mustafa zeigte sich auch darin als sein gelehriger Schüler. Sukarno zitierend, betonte Bhutto oft, herausragende Männer bräuchten außergewöhnliche Frauen, Frauen voller Hingabe und Verständnis für die Launen ihrer Ehemänner. Als Standardbeispiel diente ihm die Verbindung zwischen Hitler und Eva Braun.

In Nusrat, einer gebürtigen Iranerin, besaß Bhutto tatsächlich eine außergewöhnliche Gefährtin. Über Jahre hinweg mußte sie sich damit abfinden, daß ihr Mann vor aller Augen eine Affäre mit einer geschiedenen Frau, der schönen und lebhaften Husna Shaikh, unterhielt. Bhutto war in leidenschaftlicher Liebe entbrannt, aber Husna, die dem Ruf ihres Verehrers als notorischer Playboy mißtraute, spielte die Spröde, und so wurde Mustafa nun auch noch Bhuttos Vertrauter in Liebesdingen und fuhr seinen Mentor zu heimlichen Treffen mit der Angebeteten.

Eine weitere Passion Bhuttos galt persischen und chinesischen Teppichen. Er konnte Unsummen ausgeben, wenn ihm ein Stück gefiel. Erregte ein Teppich im Hause eines Freundes seine Begierde, ging er nicht, bevor man nicht handelseinig geworden war. Außerdem liebte Bhutto, ganz wie Indiens Premierminister Nehru, Rosen und züchtete eigenhändig preisgekrönte Gewächse für seinen Garten.

Der Lehrer hegte seinen Schüler so sorgsam wie seine kostbaren Rosen, gab ihm Unterricht im politischen wie privaten Umgang mit Menschen und hielt ihm Vorträge über die nicht zu unterschätzende Bedeutung der Kleidung, die bei Bhutto selber meistens ein wenig dandyhaft ausfiel, und schon bald trug Mustafa Anzüge im selben Stil und die gleichen Hemden von Turnbull & Asser. Der wertvollste Besitz in Bhuttos Bibliothek, die zu den bestsortierten Asiens gehörte, war seine Sammlung über Napoleon Bonaparte. Der kleine Korse, der die Kühnheit besessen hatte, sich eigenhändig zum Kaiser von Frankreich zu krönen, faszinierte ihn. Bhutto gab Mustafa eine Liste mit Buchempfehlungen und fragte ihn hinterher über den Inhalt aus.

Doch ganz unterwarf sich Mustafa nicht. Er versuchte seine

Identität und seine Erdverbundenheit zu wahren, und so gaben die beiden manchmal ein seltsames Paar ab. Beim Frühstück beispielsweise machte Bhutto sich über seine Spiegeleier und Baked beans her, während Mustafa, der sich viel auf sein kulinarisches Erbe zugute hielt, keinen Schritt von den traditionellen Speisen des Punjab abwich. Für ihn gab es *lassi,* ein Getränk aus Joghurt, *paratha,* dünne, flache, in Butter gebackene Brotfladen, und ein Omelett mit grünem Paprika und Tomaten.

Es war eine Freundschaft zu gegenseitigem Vorteil. Bhutto erkannte in Mustafa die hohe Intelligenz und ein angeborenes, wenn auch noch ungeschultes Talent zur Intrige. Dieser junge Mann hatte ein natürliches Verständnis für die Misere der analphabetischen, mittellosen Massen. Während beide Männer sich den Verlockungen von Macht und Prestige hingaben, brannten sie doch darauf, Pakistan ins 20. Jahrhundert zu führen. Es dauerte nicht lange, bis Mustafa sich der Ironie hinter ihren politischen Bestrebungen bewußt wurde, denn wenn sie Pakistan wirkliche Demokratie und Gleichheit und damit den Fortschritt ermöglichen wollten, mußten sie einen Weg finden, das archaische Feudalsystem zu zerstören, und das bedeutete, daß sie die Grundlage ihrer eigenen Macht vernichten mußten.

Mustafa führte auch weiterhin ein Leben im Luxus mit Bhuttos glanzvollen Abendgesellschaften als Dreh- und Angelpunkt. Jede einzelne davon wurde von Pakistans gesellschaftlicher und kultureller Elite als besonderer Höhepunkt betrachtet. Bhutto, der sich auch noch in den entlegensten Feinheiten der Kochkunst auskannte, bestimmte jedes Detail des zu servierenden Menüs. Als ausgezeichneter Weinkenner wählte er die Getränke mit größter Sorgfalt. Geschirr und Silber suchte er selber aus, kontrollierte die Kleidung der Dienerschaft und sorgte für einen reibungslosen Ablauf des Abends. Selbst die Blumenarrangements überwachte er höchstpersönlich.

Als 1967 Bhuttos Pakistanische Volkspartei gegründet wurde, die sich dem Kampf für Freiheit und Fortschritt verschrieb, zählte Mustafa zu den Gründungsmitgliedern. Dem einfachen Mann klang die machtvolle Botschaft der PPP angenehm im

Ohr, aber für einige Jahre hatte die sozialistische Partei einen schweren Stand. Ihre Führer bereisten auch noch die entlegensten Gebiete Pakistans, um die Menschen zu erreichen, die sie für die wahre Macht im Lande hielten. Bhuttos Eifer und Tatkraft machten sich nach und nach fast überall bemerkbar, und schon bald wurde seine harte Arbeit belohnt. Der Ruf der Volkspartei nach Reformen war unüberhörbar geworden. Mustafa stand längst in den Startlöchern. Wenn die Ereignisse seinen Weg an die Macht ebneten, würde er seine Chance nicht verpassen.

Pakistan war ein Land im Umbruch, sein politisches Leben voller Aufruhr. Bei den Wahlen von 1970 erreichte die Pakistanische Volkspartei eine überwältigende Mehrheit der Stimmen in West-Pakistan, aber die separatistische Awami-Liga gewann einhundertfünfzig von einhundertdreiundfünfzig Sitzen in Ost-Pakistan (und damit die Mehrheit der Parlamentssitze im Gesamtstaat). Die Nation war uneiniger denn je und versank in einer tiefen Krise. Schwere Unruhen im Osten zielten auf die endgültige Ablösung von West-Pakistan.

Durch den regionalen Triumph der Volkspartei wurde Mustafa mit einem Schlag prominent und sah sich plötzlich von machtgierigen Speichelleckern umschwärmt. Es gab ebenso verschwenderische wie freizügige Parties, bei denen Frauen gleichsam als Teil des Menüs zum Nachtisch gereicht wurden. Bei einer Veranstaltung dieser Art machte Mustafa die Bekanntschaft von Naubahar, einer professionellen Tänzerin, die Gesicht und Körper einsetzte, um das Herz des jungen Politikers gefangenzunehmen. Er machte sie zu seiner Mätresse und richtete ihr ein Haus in Lahore ein. Dann heiratete er sie, ungeachtet der Tatsache, daß zu Hause in Kot Addu bereits eine Ehefrau auf ihn wartete. (Der Koran erlaubt einem Mann bis zu vier Ehefrauen gleichzeitig, allerdings nur unter der kaum erfüllbaren Bedingung, daß er sie alle gleichermaßen liebt.) Naubahar mußte ihm geloben, daß die Heirat ihr Geheimnis bleiben würde.

Binnen eines Jahres war die Schlacht um die Befreiung Bangladeshs, zusätzlich angefeuert durch die feindliche ausländische Presse, in vollem Gange. Im Dezember 1971 schlugen die indischen Truppen Profit aus der Situation und marschierten unter dem Vorwand, Flüchtlinge schützen zu wollen, nach Ost-Pakistan ein. Die beiden vorangegangenen Kriege zwischen Indien und Pakistan waren ohne eindeutigen Sieger geblieben, dieses Mal aber gewann die indische Armee die Oberhand. Bangladesh wurde unabhängig.

Aus West-Pakistan war schlicht und einfach Pakistan geworden. Eine Koalition aus Militärs beschloß, daß es an der Zeit sei, eine neue politische Führung einzusetzen, wenn dieser Rückschlag möglichst schnell überwunden werden sollte, und ernannte Bhutto zum Staatspräsidenten und militärischen Oberbefehlshaber. Islamabad wurde Hauptstadt des neuen Pakistan. Bhutto erreichte eine Entspannung zwischen Pakistan und Bangladesh und die Freilassung von 93 000 Pakistani aus indischer Kriegsgefangenschaft. Dann machte er seinen nächsten wichtigen Schachzug. Er war sich bewußt, daß er seine junge Macht dem Militär verdankte und auch weiterhin den Generälen unterstehen würde, die ihn eingesetzt hatten, also zwang er sie zum Rücktritt und ersetzte sie durch eigene Anhänger.

Seinen jungen Protegé ernannte Bhutto zum Gouverneur und militärischen Befehlshaber vom Punjab, ein Moment höchsten Triumphs, der ironischerweise gleichzeitig Mustafas heimliche Ehe ans Tageslicht brachte. Als sie hörten, wie berühmt Mustafa geworden war, tanzten die Prostituierten in den engen alten Gassen des Punjab und feierten ihren eigenen Triumph: Eine der Ihren war die Frau des neuen Gouverneurs! Als sich Mustafa nach der Vereidigungszeremonie mit einer seiner prunkvollen Dienstlimousinen seinen Weg durch das Rotlichtviertel bahnte, um sich mit Naubahar im Haus ihrer Familie zu treffen, wurde er von Verehrerinnen nur so bedrängt.

Als Bhutto davon hörte, rief er Mustafa zu sich und machte ihm unmißverständlich klar, daß er sich in seiner Position keine Unüberlegtheiten erlauben könne. Der Gouverneur vom Punjab konnte unmöglich eine gewöhnliche Tänzerin zur Frau haben. Mustafa wurde mit dem Auftrag entlassen, seinen Fehler unverzüglich zu korrigieren.

Er ließ Naubahar zu sich kommen. Während sie geduldig vor ihm saß und wartete, was er ihr wohl zu sagen haben würde, paffte er mit auf dem Tisch übereinandergeschlagenen Beinen an seiner Zigarre und starrte sie zwischen seinen Füßen hindurch an. Ohne alle Umschweife teilte er ihr mit, daß sie, so wie die Dinge sich entwickelt hätten, zu einer Belastung für ihn geworden sei und ihre Ehe beendet werden müsse. »Ich kann mir das in meiner Position nicht leisten«, war sein ganzer Kommentar. Naubahar schrie dem neuen Gouverneur ihren Schmerz entgegen, aber er ließ alles stoisch über sich ergehen. Dann flehte sie ihn an, das Ganze noch einmal zu überdenken, doch er lehnte einfach ab. Schließlich stand Naubahar auf, sah ihrem Mann direkt in die Augen und belegte ihn mit einem Fluch: »Mustafa Khar, mögest du ebensolchen Schmerz erleiden, wie du mir zugefügt hast. Mögest du am eigenen Leibe erfahren, was es heißt, verstoßen zu werden. Die Straßen dieses Landes sollen erfüllt sein von deinen Kindern. Darum bete ich zu Gott. Du wirst deine Kinder finden unter jedem Stein, den du aufhebst. Niemals wirst du Ruhe finden.« Und dann sprach sie die Worte, die sich unauslöschlich in seine Erinnerung brannten: »Eine Frau wird dich zerstören, so wie du mich zerstört hast.«

Naubahar war nicht mehr Teil seines Lebens, aber ihr Fluch ging Mustafa nicht aus dem Kopf. Safia wurde aus ihrem Exil in Kot Addu zurückgeholt, um im Gouverneurspalast den ihr gebührenden Platz als legitime und ehrbare Ehefrau einzunehmen. Doch aus dem Traum von einer heilen Ehe gab es ein böses Erwachen, als Mustafas Brüder ihm die ungeahnte Wahrheit enthüllten: »Du bist jetzt Gouverneur. Es ist eine Frage der Ehre. Deine Frau hatte ein verbotenes Verhältnis mit deinem jüngeren Bruder Ghulam Murtaza. Wir können dir diese Tatsache nicht länger verschweigen.«

Niemanden interessierte, daß Mustafa Safias Leben zerstört hatte, daß er außerdem Naubahar geheiratet und auch ihr Leben zerstört hatte, es wollte auch niemand etwas davon wissen, daß er in den sieben Jahren ihrer Ehe insgesamt nur wenige Stunden mit Safia verbracht hatte, daß er sie nicht liebte. Nach feudalem

Recht darf ein Mann all dies tun, wenn aber eine Frau ihren Mann betrügt, ist das eine Todsünde. Für Mustafa brach eine Welt zusammen. Er war ein Hahnrei, ein Mann, über den hämisch getuschelt wurde. Er schlug Safia gnadenlos und brach ihr dabei mehrere Rippen. Eine Dienerin mußte der Kinderfrau Dai Ayesha rotes Chilipulver in die Vagina streuen, zur Strafe dafür, daß sie ihm nichts gesagt hatte.

Dann flog er nach Islamabad und suchte Trost bei seinem Mentor. Der Staatspräsident von Pakistan und der Gouverneur vom Punjab tranken bis tief in die Nacht, während ihre Unterhaltung immer philosophischere Züge annahm. Mustafa versank in Selbstmitleid und wurde pathetisch. Er sagte Bhutto, er wolle zurücktreten, er könne sich nicht auf die Staatsgeschäfte konzentrieren. Dieser ungeheure Verrat hatte seine Achtung, sein Vertrauen in sich selbst zerstört.

Angetrunken, wie er war, legte Bhutto den Arm um Mustafas Schulter und sagte: »Ich finde, wir sollten beide zurücktreten. Diese ganze Regierung einfach sausenlassen. Das Leben ist doch nichts als Kummer und Verrat. Wenn Sie zurücktreten, gehe ich auch. Alleine kann ich nicht arbeiten. Ich habe das gleiche durchgemacht wie Sie. Gehen wir einfach irgendwohin, verdammt noch mal, Hauptsache, weg von hier.«

Im nüchternen Licht des nächsten Morgens jedoch rief Bhutto Mustafa gehörig zur Ordnung. Er solle doch nicht so dumm sein und ausgerechnet unter Gefühlen zusammenbrechen. Schließlich habe das Schicksal Großes mit ihnen vor. Sie waren die Auserwählten, nur sie konnten ihrem Land Pakistan den Wandel bringen. Die Geschichte würde es ihnen nie vergeben, wenn sie jetzt schwach wurden, noch dazu nur wegen einer Frau. Dann setzte Bhutto eine treuherzige Miene auf und machte Mustafa den völlig ernstgemeinten Vorschlag: »Sagen Sie mal, warum legen Sie sie nicht einfach um?«

Mustafa ließ diese Anregung auf sich beruhen. Nach seinem feudalen Ehrenkodex erlaubt der Islam einem Mann zwar, seine untreue Ehefrau im Affekt zu töten, ein wohlüberlegter Racheakt aber kann nicht toleriert werden. Also ließ er sich ganz einfach von Safia scheiden und verbannte den zweiten Missetäter, seinen jüngeren Bruder, nach England. (Etwa zur gleichen Zeit heiratete ich Anees.)

Bhutto wollte unbedingt, daß Mustafa eine neue Ehe einging, und so machte man sich schon bald auf die Suche nach einer modernen Frau, die die ideale Gastgeberin im Gouverneurspalast abgeben würde. Als Mustafa schließlich Shahrazad kennenlernte, eine angeheiratete Nichte von Bhuttos Erziehungsminister, war der Präsident gerade im Begriff, die erste Reise in die Vereinigten Staaten in seiner Eigenschaft als Staatsoberhaupt Pakistans anzutreten. Sherry war eine auffallende Schönheit und zudem angenehm verwestlicht. So wie er es in diesen Dingen immer tat, handelte Mustafa unter dem Druck des Augenblicks. Er sollte mit Bhutto nach Amerika reisen, und dazu brauchte er schnellstmöglich eine charmante, wohlerzogene und, was am allerwichtigsten war, eine hinreißend schöne Frau, die an seinem Arm die Stufen zum Weißen Haus emporschreiten würde.

Bhutto war gegen diese Verbindung, denn Sherry kam aus einer bürgerlichen Aufsteigerfamilie, die sich der englischen Lebensform angepaßt hatte, und würde deshalb Mustafas feudale Wesensart nicht begreifen können.

Aber Mustafa machte seinem charismatischen Präsidenten unmißverständlich klar, daß er nicht gewillt war, seinen Ratschlägen einfach blind zu folgen. Was später immer offensichtlicher zutage treten sollte, war schon jetzt deutlich genug: Niemals würde Mustafa irgendeine Einmischung in sein Privatleben dulden. Diese Haltung sollte den großen Zwiespalt in seinem Charakter bilden. Er schrieb Bhuttos Einwände in den Wind und machte seinen Heiratsantrag. Sherry sagte ja und wurde schon neun Tage später, in Anwesenheit des Präsidenten, Mustafas fünfte Frau.

◇

Ein Jahr lang tat Mustafa seinen Dienst als Gouverneur. Dann, nachdem 1973 eine neue Verfassung verabschiedet wurde, erhielt Bhutto den neugeschaffenen Titel des Premierministers, und Mustafa durfte sich fürderhin Regierungschef (oder Chefminister) des Punjab nennen. Er machte sich einen Namen als erfolgreicher Verwaltungsmann, und aufgrund seiner engen Verbindung mit Bhutto hielt man ihn für mächtig genug, jede Opposition im Keim zu ersticken, was er dann auch tatsächlich tat. Die wunderbare neue Idee einer Herrschaft des Volkes geisterte durch die Köpfe, und Mustafa glaubte aufrichtig an den Wahlslogan seiner Partei: »Das Volk ist der Quell aller Macht.« Als die Polizei in Streik trat, nannte Mustafa das Meuterei und rief das Volk dazu auf, Recht und Gesetz selbst in die Hand zu nehmen, Männer für die Polizeistationen abzustellen und eigenhändig den Verkehr zu regeln. Die Sache funktionierte, und so hatte Mustafa die nötige Rückendeckung für sein Ultimatum an die Polizeikräfte. Wer nicht binnen vierundzwanzig Stunden an seinen Arbeitsplatz zurückgekehrt war, würde entlassen. Natürlich kamen alle wieder.

Mit der ihm eigenen Umsicht in diesen Dingen nutzte Mustafa seine Position, um sich finanziell zu sanieren. Über die Jahre hatte er große Teile seines Landbesitzes der Verwirklichung seiner politischen Ambitionen geopfert, und zu dem Zeitpunkt, als er Gouverneur wurde, gehörte ihm deshalb nur noch ein unbedeutender Teil von Kot Addu. Aber nun war seine Zeit gekommen, und die ehemaligen Käufer seiner Ländereien fanden sich unter fadenscheinigen Anschuldigungen in den Fängen der Polizei wieder, so daß ihnen kein anderer Ausweg blieb, als das Land zurückzugeben. Auf diese Weise hatte Mustafa im Handumdrehen fast seinen gesamten Besitz wieder beisammen.

Mustafa unterdrückte jede Opposition mit der Unerbittlichkeit eines Feudalherrschers. Als die Studenten der Universität vom Punjab bei einem Streik den Lehrbetrieb lahmlegten und randalierend umherzogen, soll Mustafa sie hinterher zur Strafe nackt durch die Straßen geschickt haben. So mancher politische Gegenspieler wurde angeblich im Gefängnis vergewaltigt. Man verglich Mustafa mit dem ehemaligen Gouverneur Nawab von Kalabagh. Sein Geschick in Verwaltungsdingen sprach für ihn, aber die Grausamkeit seines Vorgehens ließ sich nur negativ beurteilen. Andererseits wiederum standen die Türen des Gouverneurspalastes und später der Residenz des Regierungschefs den Menschen seines Wahlbezirks jeden Freitag weit offen. Das Volk, für das er einzutreten hatte, bekam Vorrang vor allen anderen, seine Probleme besaßen Priorität.

Die Beziehung zwischen Bhutto und Mustafa wurde allmählich immer angespannter. Der Regierungschef des Punjab war zu einem eigenständigen Politiker herangereift und aus dem Schatten seines Mentors getreten. Bhutto wußte, daß der Punjab als größte Provinz Pakistans über die meisten Wählerstimmen verfügte und deshalb das Rückgrat der Volkspartei bildete. Er konnte es sich einfach nicht leisten, dieses enorme Anhängerpotential an seinen eigenen Schüler zu verlieren. Wo auch immer Mustafa sich zeigte, wurde er als *Sher e Punjab* (Löwe vom Punjab) angerufen, und er spielte die Rolle des zweiten Mannes im Staate, was er in der Tat auch war. Bhutto machte sich so seine Gedanken, ob Mustafa nicht in seiner Selbstgewißheit politisch schon bald eigene Wege gehen würde, und mehr noch: Wenn er sich selber schon als zweiten Mann im Staate betrachtete, blieb nur noch ein einziger Posten, den er anstreben konnte.

Die Sorge war nicht unbegründet, denn Bhutto hatte viele Feinde. Die Vertreter des rechten Glaubens betrachteten seine Theorien von einem islamischen Sozialismus als unbedingt fluchwürdig, und sie hatten erkannt, daß er stürzen würde, wenn man den Punjab seinem Einfluß entzog. So begannen sie also systematisch, einen Keil zwischen die beiden Männer zu treiben. Schon von sich aus traf Mustafa immer häufiger folgenschwere Entscheidungen, ohne sich vorher mit dem Premierminister abzusprechen. Man war in politischen Fragen uneins, und auch die Ämterverteilung wurde zum Problem. Wenn Bhutto Mustafas Anwärter ablehnte, war der Jüngere beleidigt und verwarf schlichtweg jede Alternative, die ihm geboten wurde. Mustafa hatte sich zu einer starken politischen Figur entwickelt. Ganz

Islamabad hallte wider von den Geschichten, die man sich über seinen Größenwahn erzählte. Es wurde gemunkelt, daß er sich schon als zukünftigen Premierminister bezeichnet hatte, das Volk vom Punjab würde ihn schon an die Macht katapultieren. Bhuttos Berater gaben ihm zu verstehen, daß in einer Scheide für zwei Schwerter kein Platz sei.

Bhutto liebte seinen Schüler wie einen eigenen Sohn und versuchte es deshalb zunächst mit einer väterlichen Ermahnung. Mustafa verteidigte sich nach Kräften. Er argumentierte, sein Auftreten als eigenständiger Führer könne Bhuttos Herrschaft nur unterstützen. Der Premierminister könne schließlich nicht überall gleichzeitig sein, weshalb die Volkspartei unbedingt eine starke Führung auch in zweiter Linie brauche. Mustafa betonte wiederholt seine Loyalität sowohl Bhutto als auch der Partei gegenüber und versicherte, daß er zu jeder Form der Unterstützung bereit sei. Er bezeichnete sich sogar als Bhuttos Prellbock. »Ich stehe in der Schußlinie und fange die Kugeln ab und die Kritik«, verkündete er, »und Sie bekommen nichts davon zu spüren.« Aber all die schönen Versprechungen kamen zu spät. Bhutto wußte, daß Mustafa schon längst an seinem Fundament nagte, gierig darauf aus, einen Kuchen zu verteilen, den ein anderer gebacken hatte.

Bei einer Kabinettssitzung in Karachi kam es schließlich zum offenen Eklat. Auf Mustafas Anweisung hin legte ein Regierungsbeamter aus dem Punjab ein Papier vor, das die Notwendigkeit erörterte, die Wasservorräte der Provinz vor fremdem Zugriff zu schützen. Bhutto unterbrach den Vortrag und schäumte: »Niemand macht mir Vorschriften, wie ich den natürlichen Reichtum unseres Landes zwischen den Provinzen aufzuteilen habe. Wenn es mir Spaß macht, kann ich alles nach Larkana umleiten. *Ich* habe das Mandat des Volkes.«

»Das, Sir, stimmt nicht ganz«, antwortete Mustafa. »Sie sind gewählt worden, damit Sie dem ganzen Land und dem ganzen Volk dienen, nicht nur Ihrem Dorf Larkana. Solange ich Regierungschef des Punjab bin, werde ich die Interessen meiner Provinz auch vertreten.«

Bhutto warf die Papiere vor sich auf den Tisch und stürmte aus dem Sitzungszimmer, während er noch in sich hineinmurmelte: »Entweder ich bleibe Premierminister von Pakistan, oder du wirst hier der Premierminister.«

Sofort wurde Mustafa von seinen Kollegen umringt, die ihn warnten, daß er nun wirklich seine Befugnisse überschritten hätte und sich unbedingt entschuldigen müsse. Also ging Mustafa Bhutto gleich hinterher und tat, was nötig war. Bhutto nahm die Entschuldigung entgegen, fügte dann aber noch hinzu: »Sie laufen langsam aus dem Ruder. Ich werde eine solche Unverschämtheit in aller Öffentlichkeit nicht noch einmal hinnehmen. Sagen Sie mir, was Sie zu sagen haben, das nächste Mal unter vier Augen.«

Nach diesem Zwischenfall steigerte sich die Spannung ins Unerträgliche. Bei einem im Punjab stattfindenden Gipfeltreffen der islamischen Völker, an dem neben König Faisal von Saudi-Arabien, Oberst Gaddafi und PLO-Chef Jassir Arafat viele andere einflußreiche islamische Führer teilnahmen, präsidierte Mustafa neben Bhutto und Scheich Mujibur Rahman, dem damaligen Staatsoberhaupt von Bangladesh. Bei diesem Gipfeltreffen im Februar 1974 erkannte Pakistan die Unabhängigkeit des früheren Ost-Pakistan an. Gleich danach reichte Mustafa seinen Rücktritt ein und zog aus der Residenz des Regierungschefs in ein Mietshaus um.

Und bald darauf traf ich ihn im Punjab-Club in Lahore.

Kapitel drei

Am Morgen nach dem Empfang im Punjab-Club rief ein Freund von Mustafa Khar bei uns an und lud Anees und mich zum Lunch ein. Anees hatte schon eine andere Verabredung und war schrecklich enttäuscht. Der Anrufer ließ sich nicht abweisen: »Kein Problem, dann kommen Sie eben zum Dinner.«

An diesem Abend wurden wir in den noblen Kreis aufgenommen. Alle unsere neuen Freunde hatten ein gemeinsames Interesse: Mustafa Khar. Der Löwe vom Punjab war in unser Leben getreten, und von diesem Augenblick an schwirrten wir als zwei weitere Satelliten um ihn herum. Die Schar seiner Anhänger traf sich fast täglich zum Lunch oder Abendessen.

Immer wenn das Gespräch auf Politik kam, wurde Mustafa zu einem leidenschaftlichen Redner. Er war Sozialist und wollte das Feudalsystem, das dem Fortschritt in Pakistan nur im Wege stand, am liebsten einfach hinwegfegen. Was machte es schon, daß er selber ein Feudalherr war?

»Die höheren Klassen ekeln mich an«, tobte er. »Meine Zeit ist mir zu schade für diese Leute; ihre Anerkennung interessiert mich nicht. Die sind doch nur der Abschaum der britischen Handlanger.« Er predigte, daß Pakistan längst bereit sei, aus dem eigenen Schatten zu treten. »Die Rikscha-Fahrer, die Bauern und die Fabrikarbeiter, das sind die Leute, die die Macht haben sollten.« Er konnte den Schweiß der Armen und Unterprivilegierten unserer Gesellschaft buchstäblich riechen und hatte sich selber zu ihrem Führer stilisiert.

Mustafa vertrat die Ansicht, daß die unkontrollierte Anhäufung von Reichtum ein für allemal untersagt werden müsse, und propagierte eine Art Robin-Hood-Methode, ein System, in dem jedem ungefähr die gleichen Möglichkeiten offenstanden und der Besitz gleichmäßiger verteilt würde. Gewerkschaften müßten her und andere ebenso starke Kräfte, die den Kapitalisten einen Riegel vorschieben konnten. Mit aller ihm zu Gebote stehenden Beredsamkeit verkündete er: »Die Industriellen sind für das Proletariat verantwortlich, sie müssen für die Ausbildung der

Kinder sorgen. Wir brauchen gesicherte Arbeitsplätze, soziale Einrichtungen, medizinische Versorgung und Kindergärten für berufstätige Mütter. Der soziale Wohnungsbau muß gefördert werden. Statt sich ständig selbst zu bereichern, muß die Industrie ihren Beitrag zur Gesellschaft leisten, indem sie Schulen, Universitäten, Krankenhäuser und Waisenheime baut, das ist sie Pakistan schuldig.«

Ich fand das alles herrlich aufregend. Mustafa Khar gehörte zu der Sorte Männer, die meine Eltern für ungeheuer gefährlich hielten. Ihrer Meinung nach predigten diese Extremisten doch nur Haß, schlugen ihren Profit aus den falschen Hoffnungen, die sie den Leuten machten, und vergrößerten schließlich nur die Kluft zwischen den Wohlhabenden und den Bedürftigen. Sie ließen den bösen Geist aus der Flasche, der den Menschen bisher ungekannte Erwartungen in den Kopf setzte. Mustafa formulierte Gedanken, die mir seit meiner Kindheit im Kopf herumgeschwirrt waren. Ich war selber ein Produkt der mächtigen, privilegierten Klasse, aber ich war auch immer schon ein Fremdkörper in meiner eigenen Umgebung gewesen, eine Getretene. Zugleich war ich auch eine Rebellin, der bisher nur ein lohnendes Ziel gefehlt hatte, und durch Mustafa Khar hatte ich dieses Ziel nun endlich deutlich vor Augen. Das Blut pulsierte in meinen Adern; ich fühlte mich lebendig; zum erstenmal in meinem Leben hatte meine Existenz einen Sinn bekommen. Weil ihm mein Interesse natürlich nicht entgangen war, kam Mustafa fortan bei jeder sich bietenden Gelegenheit auf Politik zu sprechen. Er spürte genau, daß ich angebissen hatte.

Den Frauen in unserer Gruppe begegnete er als perfekter Gentleman, voller Respekt, Zuvorkommenheit, ja sogar Ehrfurcht. Betrat eine Dame den Raum, stand er sofort auf und bot ihr einen Stuhl an – seine tadellosen Manieren schienen ein selbstverständlicher Teil seiner Persönlichkeit. Zwar hatte ich hier und da munkeln hören, er sei im Grunde grob und vulgär, aber ich konnte auch nicht das geringste Anzeichen von alledem ausmachen. Er war in meinen Augen geradezu der Inbegriff eines wohlerzogenen Mannes.

Ich fühlte mich wie von einem unterirdischen Wirbel erfaßt und fragte mich doch, ob ich mir das alles vielleicht nur einbildete. Meine eigene Rolle in diesem Spiel war offensichtlich: Ich gab die gelangweilte Ehefrau eines ungeliebten Mannes, die sich nach ein bißchen Aufregung sehnt. Mustafa aber war mit einer schönen Frau verheiratet, die ihm ganz und gar ergeben schien. Außerdem war er ein reifer Mann von zweiundvierzig Jahren und ich glatte zwanzig Jahre jünger. Ich kam mir vor wie ein rettungslos romantischer Teenager.

Mit jeder neuen Dinnerparty nahmen meine Gewissensbisse zu. Natürlich wußte ich, daß heimliche Liebschaften in unserer Gesellschaftsschicht gang und gäbe waren, wenn das auch nie irgend jemand offen zugegeben hätte, aber meine katholische Schulausbildung und mein muslimischer Glaube sorgten dafür, daß ein solcher Gedanke für mich absolut tabu war.

Ich beruhigte mich mit dem Gedanken, daß wir nie miteinander allein waren. In unserem neuen Freundeskreis erschien man zu den diversen gesellschaftlichen Veranstaltungen unweigerlich in Begleitung seines Ehepartners, Junggesellen oder irgendwelche Freundinnen blieben ausgeschlossen.

Wenn nicht gerade von Politik die Rede war, unterhielten sich die Männer meistens über die Jagd, planten ihre nächsten Ausflüge und ergingen sich in Jägerlatein, während ihnen die Frauen mit allen Anzeichen des Stolzes, ohne ihrer alten Geschichten je müde zu werden, aufmerksam zuhörten. Für mich war das anders. Ich mußte überrascht feststellen, wie einsam man sich auch in einer Gruppe fühlen kann. Anees verstand nichts von der Jagd, und so war es uns nicht möglich, uns an diesen Gesprächen zu beteiligen. Uns blieb nichts anderes übrig, als eifrige Zuhörer zu mimen.

So manches Mal rutschte die Konversation auch auf niedrigstes Niveau ab. Dann vergaßen die Männer einfach, daß Damen, und zwar ihre eigenen Ehefrauen, zugegen waren, und tauschten sich verzückt über die als *mujras* bekannten erotischen Tänze aus. Die Tradition stammt aus der Zeit der Großmoguln. Damals waren die Kurtisanen äußerst gebildete Frauen, die im Tanzen und Singen unterrichtet wurden und natürlich in der Kunst, den Männern zu gefallen. Die Nawabs und der Adel ließen ihre halbwüchsigen Söhne von ihnen in die Feinheiten der Etikette und die Freuden kunstvoller Unterhaltung einführen, wobei Jungfrauen stets den höchsten Preis erzielten. Der Brauch hielt sich über die Jahrhunderte, verkam aber zunehmend, so daß inzwischen anstelle der einstigen Kurtisanen recht primitive, ungebildete Bauernmädchen einfach nur noch irgendwie erotisch tanzten. Die Männer warfen ihnen trotzdem Rupienscheine zu Füßen; das schlichte Bimmeln kleiner Glöckchen an den Fesseln der Tänzerinnen war für sie erregend genug.

Die Männer in unserem neuen Freundeskreis nun ergingen sich in schwärmerischen Beschreibungen einzelner Bewegungen der Mädchen, wobei sie sich sowohl auf die Darbietungen auf der Bühne als auch im Bett bezogen, und erörterten ganz offen die verschiedenen Preise für eine Nacht. Die Ehefrauen schluckten ihre wahren Gefühle hinunter und taten so, als hielten sie die ganze Diskussion für nichts als harmlose Männerphantasien. Mir war das alles schrecklich fremd, und ich redete mir ein, daß man als Angehöriger dieser Elite seine weltmännische Einstellung eben darin zeigte, daß man auch gewagte Themen ganz offen diskutierte. Nie wäre ich auf die Idee gekommen, daß diese Männer auch hier von nichts anderem sprachen als der Jagd – nur das Wild war nicht das gleiche.

Einige unserer alten Freunde warnten Anees vor Mustafas schlechtem Ruf: »Er ist ein Frauenheld, ein unverbesserlicher Casanova. Und der Mann ist böse, er wird dich vernichten.« Aber Anees ließ sich nicht beirren, war doch Mustafa sein neuer, mächtiger Freund, aus dessen Bekanntschaft seiner Meinung nach nur persönliche und berufliche Vorteile erwachsen konnten. Anees war verzaubert und viel zu sehr damit beschäftigt, seinen gerade erst erklommenen Status zu genießen, um sich auch noch Sorgen um seine junge Frau zu machen.

Mustafa machte mir keine direkten Avancen. Er verhielt sich nicht gerade steif, aber doch äußerst formell, freundlich, aber dabei immer auf die gebotene Distanz bedacht. Kein einziges seiner Worte hätte auch nur im entferntesten als Flirten ausgelegt werden können, und doch blitzte mich aus seinen Augen die immer gleiche unmißverständliche Botschaft an. Dabei machte er keinerlei Anstalten, etwa mit mir allein zu sein. Er schien es bewußt darauf anzulegen, alle, die ihm etwas Schlechtes nachsagten, Lügen zu strafen. Aus allem, was er tat, ließ sich nur dies eine herauslesen: Ich bin kein Schürzenjäger. Wer das glaubt, versteht mich nicht.

Einem etwas sensibleren Ehemann wären die Anzeichen wahrscheinlich nicht entgangen, aber Anees ließ gar nicht erst irgendeinen Verdacht an sich herankommen. Er blieb gleichmütig und stets gefällig, was mich zu meiner eigenen Überraschung furchtbar gegen ihn aufbrachte. »Lieber Gott, laß ihn endlich etwas merken«, betete ich inbrünstig. »Mach, daß er mich zurückhält, bevor es zu spät ist!«

Ich war mir der Gefahr vollauf bewußt. Verlockend lag der Abgrund vor mir, und ich würde unweigerlich hinunterstürzen.

◇

Den ersten Hinweis, wie es um Mustafas Ehe bestellt war, bekam ich, als ich sein schäbiges, schmuddeliges, ja geradezu verwahrlostes Haus zum erstenmal sah. Auf der Veranda standen zum Teil zerbrochene Stühle, von denen die Farbe abplatzte und deren Polsterung völlig durchgesessen war. Das Wohnzimmer sah aus, als hätte man es komplett aus dem Schaufenster eines Möbelgeschäfts übernommen. Absolut alles war auf die türkisfarbenen Sofas abgestimmt, die Lampen, die Bilder, die Aschenbecher, selbst der Papierkorb. Zum Glück waren wenigstens der Teppichboden und die Wände weiß geblieben. Aber sonst war alles türkis.

Der Rest des Hauses befand sich in einem erbärmlichen Zustand. Aus der Küche roch es nach Gekochtem und vergammeltem Obst. Sherry stolzierte völlig ungerührt durch dieses Chaos, während ich mich nicht enthalten konnte, mir vorzustellen, wie das Haus aussehen würde, wenn ich hier die Herrin wäre und über die Einrichtung bestimmen könnte. Bei mir würde bestimmt kein Essen herumstehen und die Fliegen anziehen. Wie kann sie das nur durchgehen lassen? dachte ich bei mir. Hat sie denn noch nie etwas von Zimmerpflanzen gehört? Ich möchte bloß wissen, wo hier der weibliche Einfluß sein soll!

Mustafa machte diese Art zu leben nicht viel aus, solche Dinge waren ihm nicht wichtig. Aber vielleicht hatte er ja doch insgeheim gehofft, daß Sherry ein wenig Stil und Bequemlichkeit in sein Haus bringen würde. Diese Erwartung hatte sie dann jedenfalls gründlich enttäuscht. Wenn er wahrscheinlich auch gar nicht so recht wußte, wie er sich ein angenehmes Zuhause vorstellen sollte – was er bekommen hatte, war sicherlich meilenweit davon entfernt. Seine Augen sahen mich in stiller Wehklage an und trafen auf tiefstes Verständnis.

Eines Tages machten Anees und ich einen Besuch bei Mustafa und Sherry, als sie gerade die Koffer für eine Fahrt nach Murree packten. Sherry war über einen enormen Überseekoffer gebeugt, den sie pausenlos mit Mustafas Kleidern vollstopfte: eine *kurta,* ein weites Hemd aus Musselin, einen Mantel, mit dem man im Ersten Weltkrieg gut bedient gewesen wäre, T-Shirts, Safarianzüge, gestärkte Smokinghemden, gestreifte Hemden, karierte Hemden, alle möglichen Schuhe von Gummistiefeln bis zu krokodilledernen Slippers, Hosen jeglichen Zuschnitts und Anzüge für alle nur denkbaren Gelegenheiten.

»Fahren Sie für länger weg?« wollte ich wissen.

»Nein«, antwortete Sherry, ohne aufzusehen. Dann wandte sie ihre Aufmerksamkeit einem zweiten großen Koffer zu und inspizierte dessen Inhalt: Kopfschmerztabletten, Vitaminpillen, Hustensäfte, Lebertrankapseln, Tabletten gegen Übelkeit, Gurgelwasser, Jod, Abführmittel, Alka-Seltzer, Blutdruckmittel, verschiedene Sorten Aspirin, Mullbinden, Heftpflaster, eine Schere, Augentropfen, Nasentropfen, ein Fieberthermometer – es fehlte nichts.

»Ist Mustafa denn so krank?« fragte ich entsetzt.

Sherry blickte kurz auf und sagte geheimnisvoll: »Nein, aber man kann nie wissen, was er vielleicht haben will.«

Mit jeder neuen Information über sein Privatleben wuchs mein Verständnis für Mustafas augenscheinliche Unfähigkeit, eine dauerhafte Ehe zu führen. Natürlich hatte er einfach nicht die richtige Frau zum richtigen Zeitpunkt gefunden, sonst wäre sicher ein guter Ehemann aus ihm geworden. Er hatte nur immer aus den falschen Gründen geheiratet, weil es eben zweckdienlich war und nicht etwa aus Liebe. Für ihn schien eine Ehe nichts weiter zu sein als ein kurzes Intermezzo. Seine politische Karriere brachte ihn mit den Mächtigen dieser Welt zusammen, er mußte sich pausenlos entwickeln und in neue Richtungen denken – da war es doch kein Wunder, daß er immer wieder über seine Frauen hinauswuchs!

Neugierig begann ich seine Beziehung zu Sherry wie unter dem Mikroskop zu sezieren und kam zu dem unumstößlichen Schluß, daß mit Sherry etwas nicht stimmte. Die Stellung als seine Frau hätte eigentlich ihr Selbstbewußtsein stärken müssen, aber Mustafa behandelte sie mit solcher Herablassung, daß sie sich schließlich regelrecht devot verhielt. Er war der uneingeschränkte Boß, der Kopf, die Seele, und Sherry zitterte vor ihm. Selten machte sie eine Bemerkung, die nicht ganz und gar von seinen Gedanken durchdrungen gewesen wäre. Nie wagte sie ihm zu widersprechen, sondern schaute unablässig zu ihm hinüber, ob sie ihm auch alles recht machte. Unter dem Einfluß seiner starken Persönlichkeit hatte sie sich immer mehr zurückgenommen, bis sie nicht viel mehr als ein Gegenstand geworden war, in dem sich der Widerschein von Mustafas Licht spiegelte. Sie hatte sich ihrem Mann bedingungslos untergeordnet. Wenn sie mich fragte, war sie selber daran schuld.

Wer mit dem Rücken zur Wand steht, beißt um sich, und so versuchte Sherry, die in ihrer Ehe so völlig machtlos war, ihre Frustrationen an anderen auszulassen. Die gesamte Dienerschaft und allen voran ihr siebenjähriger Stiefsohn Bilal hatten viel unter ihrer ungerechten und feindseligen Behandlung zu leiden. Manchmal schien sie geradezu nach einem Grund zu suchen, um den Jungen in Schwierigkeiten zu bringen. Wahrscheinlich wollte sie damit Mustafas Aggressionen von sich selber ablenken und brauchte so etwas wie eine Ersatzzielscheibe. Ich jedenfalls war fasziniert von den eingespielten Verhaltensmustern in dieser Familie und blieb felsenfest davon überzeugt, daß alles nur an Sherry lag, niemals etwa an Mustafa. Sie war als Frau einfach nicht gut genug für diesen so charismatischen, machtvollen Mann.

Einmal fuhren Anees und ich mit Sherry zu einem Möbelgeschäft. Als ich auf dem Rückweg kurz zum Einkaufen anhalten wollte, wurde Sherry nervös. Verstohlen sah sie zu der wie immer anwesenden Dai Ayesha hinüber, die als Spitzel sicher mehr zu tun hatte denn als Dienerin, und sagte: »Wir können nicht anhalten.«

»Warum denn nicht?« fragte ich erstaunt.

»Weil ich Mustafa nicht gesagt habe, daß wir zum Einkaufen anhalten würden.«

»Na und?«

»Ich kann nicht«, sagte Sherry stur. »Er hat mir keine Erlaubnis dazu gegeben. Er wird furchtbar wütend sein.«

»Sagen Sie ihm einfach, ich hätte mich ganz plötzlich dazu entschlossen«, schlug ich vor.

»Nein. Er wird sehr wütend sein. Er wird mich schlagen. Er schlägt mich immer, wenn ich irgend etwas ohne seine Erlaubnis tue.«

»Dann sagen Sie es ihm doch nicht.«

»Das geht nicht«, gab sie zur Antwort und zeigte auf Dai. »Dann wird sie es tun.«

Wir hielten nicht an, um einzukaufen.

Auch in der Öffentlichkeit behandelte Mustafa seine Frau mit unverhohlener Verachtung und ließ, noch während sie direkt neben ihm saß, keine Gelegenheit aus, seine beständige Klage ins Gespräch einzuflechten, daß er die falsche Frau geheiratet habe. Rücksichtslos ließ er sich darüber aus, daß er noch zu haben wäre, wenn sich nur erst die richtige Frau für ihn fände. »Es war nur einer von vielen Fehlern«, pflegte er zu sagen. »Ich werde wieder heiraten.« Sherry lachte über seine Gemeinheiten, als machte er nur Witze, und offenbar hoffte sie genau das. Aber tief in ihrem Innern wußte sie, daß er schon wieder auf der Pirsch war und daß sie ihn weder mit Charme noch mit List würde festhalten können.

Mit der Zeit begann Sherry, sich mir mehr und mehr anzuvertrauen. Neue Facetten von Mustafas Persönlichkeit traten plötzlich zutage. So durfte sie zum Beispiel ihre Eltern nicht besuchen; außerdem erzählte sie, daß ihre Mutter, wenn sie ihrer Enkeltochter Amna etwas zum Anziehen schenken wollte, die Sachen heimlich von gemeinsamen Freunden durchschmuggeln lassen mußte. Auf meine Frage, warum sie ihre Eltern denn nicht sehen dürfe, antwortete sie: »Er sagt, daß meine Familie aus ihrer Verbindung zu ihm Profit schlägt. Sie sagten einfach, der Regierungschef wäre ihr Schwiegersohn, und schon bekämen sie, was sie wollten.«

Das war nun nichts Unübliches in Pakistan. In der Umgebung mächtiger Männer wimmelt es nur so von liebedienerischen Verwandten. Zudem kam Sherry aus einer Familie, die aus eigener Kraft niemals die Höhen erklimmen würde, in denen ihr Schwiegersohn verkehrte. Aber Sherrys Geschichten klangen zu hergesucht, um glaubwürdig zu sein, und ich fragte mich, ob sie nicht einfach maßlos übertrieb. Der Mustafa, den ich kennengelernt hatte, war so ganz anders: ein gütiger und logisch denkender Mann, mit dem man ganz offen reden konnte, der sich ruhig anhörte, was ich zu einem bestimmten Thema zu sagen hatte, und sich zu meiner großen Freude nicht selten meiner Meinung anschloß. Was ich glaubte, war folgendes: Mustafa suchte verzweifelt nach einer Gefährtin, die es mit ihm aufnehmen konnte, statt sich wie automatisch jedem seiner Wünsche zu unterwerfen.

Der Gedanke an diesen unverstandenen Mann, der immer wieder auf die falschen Frauen hereingefallen war, wollte mich nicht mehr loslassen, bis ich am Ende felsenfest überzeugt war, selber diese schwer faßbare ideale Partnerin zu sein, nach der er so verzweifelt suchte.

Ohne es recht zu merken, fing ich an, alles in mein tägliches Leben zu übernehmen, was ich im Laufe der Jahre meiner Mutter abgeschaut hatte. Ich kleidete mich wie sie, trug die gleiche Frisur, und selbst in meine Ehe schlich sich ein Ton ein, der lebhaft an sie erinnerte.

Meine Befürchtungen vor unserer Ehe hatten sich voll und ganz bestätigt. Ich sah in Anees nur noch einen unbedeutenden Langweiler ohne jedes herausragende Talent und nennenswerte intellektuelle Fähigkeiten. Er besaß weder Energie noch den nötigen Ehrgeiz, um seine Karriere ernsthaft voranzutreiben, und mußte es sich gefallen lassen, daß ich unablässig an ihm herummäkelte und prinzipiell alle seine Entscheidungen in Frage stellte. Dabei wollte ich gar keine Ehe wie die meiner Eltern, ich brauchte einfach nur einen starken Mann, der sein Berufsleben fest im Griff hatte, ohne daß ich ihn ständig antreiben mußte. Auch der Gedanke, was für eine indiskutable Person ich in den Augen meiner Mutter geworden war, ließ mich nicht mehr los, bedeutete mir ihr Urteil doch mehr als das der ganzen Welt zusammengenommen. Meine Verbindung mit Anees schwächte mich nur zusätzlich, weil er keinerlei Anstalten machte, mir den Rücken zu stärken. Folgerichtig behandelte Mutter nun uns *beide* mit der gleichen Geringschätzung, die sie früher *mir* entgegengebracht hatte.

In meinem Kopf summte es wie in einem Bienenschwarm: Anees würde viel besser zu Sherry passen, Mustafa und ich aber wären als Paar schlichtweg nicht zu übertreffen.

Nichts von alledem wurde je ausgesprochen, und dennoch knisterte die Luft zwischen uns vor Elektrizität. Ich bildete mir ein, daß Mustafa mich beobachtete, um bei seiner neuen Wahl nicht wieder einen Fehler zu machen. Manchmal war ich schon ganz verwirrt und enttäuscht, weil er sich mir nie richtig offenbarte. Ich wurde nervös ob meiner eigenen Verruchtheit. Was für Gedanken bewegte ich da eigentlich in meinem Kopf? Konnte man mir am Ende an der Nasenspitze ansehen, was sich in mir abspielte? Hatte Anees etwas gemerkt? Und *Mustafa,* wußte wenigstens er Bescheid?

Die Frauen in unserem Kreis schienen ausschließlich mit Dingen beschäftigt, die zu ihrer kleinen elitären Welt gehörten.

Unermüdlich wurden immer wieder dieselben Gesprächsthemen erörtert: die unbotmäßige Dienerschaft, Kleider, Schmuck, Inneneinrichtung, ab und an auch mal die Kinder, mit einem direkt anschließenden Lamento über den unhaltbaren Zustand an pakistanischen Schulen. Es war der Lieblingstraum aller, Söhne und Töchter später einmal nach Übersee zu schicken, damit sie eine »anständige« Ausbildung erhielten. Aber so manchen Tag im Leben dieser Frauen gab es nichts anderes zu bereden als das passende Kleid für den Abend.

Ich selber war auch nicht besser, schließlich machte ich mich nun für Mustafa schön. Außerdem war ich sowieso nach dem Grundsatz erzogen worden, daß nichts wichtiger ist als die äußere Erscheinung.

Nacheinander trug ich all die Kleider, die so lange in meinem Schrank Staub angesetzt hatten, und brachte besonders die Saris aus französischem Chiffon zum Einsatz, die zu meiner Aussteuer gehörten. Wenn Mustafa ein neues Kleid kommentierte, fühlte ich mich geschmeichelt, bemerkte er nichts, war ich tief enttäuscht.

Picknickausflüge und *shikar* entwickelten sich zu einem festen Bestandteil unseres Lebens. Gleich in den Außenbezirken von Lahore, nahe der indischen Grenze, liegt ein lohnenswertes Jagdrevier. Mit Unmengen von Proviant für die Reise ausgerüstet, drängten wir uns also in unsere Jeeps und machten uns auf die Suche nach einem ebenen und freien Plätzchen, wo wir unsere Zelte aufschlagen und Lagerfeuer anzünden konnten. Während die Männer mit Treibern aus der Gegend unterwegs waren, um die Rebhühner aus dem hohen Gras entlang der Ufer des Ravi hervorzulocken, saßen wir Frauen um die Lagerfeuer herum und wurden von Moskitos, Fliegen und unzähligen anderen Insekten belagert. In der Gegend wimmelte es von Wildenten, Wasservögeln, Wachteln und Rebhühnern, ja man konnte sogar Wildschweine jagen, deren Genuß aber vom Islam untersagt wird. Man überließ sie den Einheimischen zum Verkauf. Auch in der Nacht brannten Feuer, um Tiere und Kälte fernzuhalten, und *marasis* aus dem Ort (so werden die berufsmäßigen

Sänger genannt) ließen zur *dholki*, einer Trommel, ihr Lied erklingen. Die Männer erzählten sich noch einmal ausführlich, was sie tagsüber auf der Jagd erlebt hatten, die Frauen lauschten der Musik.

Diese Szenerie machte Mustafa sich offenbar ganz bewußt zunutze, um mich zu beeindrucken, wenn er auch sehr dezent vorging bei seinen Verführungskünsten. Von der Jagd zurück, präsentierte er mir jedesmal, Anerkennung heischend, seine Beute. Dabei sah er umwerfend aus mit seinen einfach in die Stiefel gesteckten Khakihosen, dem Gewehr in der Hand und einer Mao-Mütze auf dem Kopf. Eines Morgens stieß ich zufällig auf ihn, wie er sich zum Wasser eines Sees hinunterbeugte, um eine Wildente herauszuholen, die er gerade geschossen hatte. Die ersten Strahlen der Sonne ließen sein Profil noch markanter erscheinen. Im Aufsehen warf er mir einen so unverhohlenen Blick zu, daß mein Herz für einen Moment aussetzte.

Mustafa war ein wahrer Künstler am Herd, ein Perfektionist. Das Fleisch mußte ganz frisch sein und durfte nicht zu lange gekocht werden, damit es nicht seinen Nährwert und den besonderen Eigengeschmack verlor. Die sorgfältige Zubereitung eines Rebhuhns gehörte zu seinen Meisterstücken.

Auch dieses bisher ungekannte Talent überzeugte mich, daß inmitten des bunt zusammengewürfelten Haufens um uns herum zwei verwandte Seelen zueinandergefunden hatten. Beide waren wir Einzelgänger, unverstanden von der Welt, künstlerisch veranlagte Menschen, die nach einem Ziel suchten, dem wir uns ganz hingeben konnten. Und beide sehnten wir uns nach einem Menschen, der voller Verständnis für den Aufruhr in unseren Herzen und Seelen war, weil er ihn selber fühlte.

Irgend etwas sagte mir, daß wir füreinander geschaffen waren. Oberflächliche Menschen ohne jedes Gespür für den Mustafa Khar, wie er wirklich war, hatten ihm eine Fassade aus Rücksichtslosigkeit und Gefühlskälte aufgezwungen. Ich wollte ihm helfen, sein wahres Ich wieder dahinter zum Vorschein kommen zu lassen.

Am meisten erstaunte mich, wie wenig dieser Mann auf die

gute Meinung anderer Leute gab. Ich bewunderte ihn dafür um so mehr, als genau das für meine Familie immer von so großer Bedeutung gewesen war. Mustafa scherte sich nicht um Konventionen, erlaubte sich jede Unverschämtheit, sobald er seiner Sache sicher war, und ich hielt diese Eigenschaft für ein untrügliches Zeichen seiner Einzigartigkeit. Er war die geborene Führernatur, ein Mann, der sich seinen Weg freischlug, wenn er sich einmal zum Handeln entschlossen hatte. Im allgemeinen sind Politiker gerade in ihrem Privatleben sehr umsichtige Menschen, Mustafa aber hatte auch noch im letzten Winkel des Landes mit seinen diversen Ehen und Scheidungen Furore gemacht, ohne daß ihm dies eine unruhige Minute beschert hätte. All das glitt einfach an ihm ab – die Leute rechneten seinen politischen Scharfsinn und die romantischen Eskapaden gegeneinander auf und kamen ganz offensichtlich zu dem Ergebnis, daß letzteres seiner Bedeutung keinen Abbruch tun konnte.

Es gab nichts mehr daran zu rütteln: Wir hatten uns unsterblich verliebt. Aber Mustafa zögerte den entscheidenden Moment immer wieder hinaus. Er verlängerte das Vorspiel. Wann wird er sich nur endlich aufraffen? fragte ich mich. Wird er es überhaupt jemals tun? Im Geiste riß ich einer Margerite die Blütenblätter aus und murmelte vor mich hin: »Liebt er mich? Liebt er mich nicht?«

◇

Beim *id*-Fest schließlich, dem Ende des heiligen Fastenmonats Ramadan, passierte es. Auf Einladung des Khan Bahadur hatten wir uns in einer alten Villa aus der Zeit der britischen Herrschaft zusammengefunden. Der Ball fand in einem herrlichen Saal mit glänzendem Parkett und funkelnden Kristallüstern statt. Wir hätten uns also keine passendere Umgebung für den großen Moment aussuchen können. Anees und ich gehörten zu Mustafas Gefolge. Ich hatte mich für diesen Abend besonders schön gemacht.

Mustafa gab viel auf Körpersprache und war der Meinung,

daß man die meisten Menschen schon allein durch ein betont männliches Auftreten bezwingen kann. Er nutzte diese Erkenntnis, um ohne viele Worte zu bekommen, was er wollte. In dieser Kunst hätte ihm niemand mehr etwas beibringen können. Wie er so auf mich zukam, festen, gemessenen Schrittes, mit seinem stahlgrauen Anzug, hellblauem Hemd und schwarzen Krokodillederschuhen, sah er einfach atemberaubend aus. Er forderte mich zum Tanz auf. Was würde Anees dazu sagen? Ich zögerte, und Mustafa muß mir meine Einwände von den Augen abgelesen haben, denn plötzlich gab er Sherry den barschen Befehl, mit Anees zu tanzen. Das war die höchste Gunst, die ein Feudaler einem anderen Mann überhaupt erweisen konnte: ihn mit seiner Frau tanzen zu lassen. Geschmeichelt führte Anees Sherry auf die Tanzfläche und gab mir zu verstehen, daß ich Mustafa nicht zurückweisen dürfe.

Acht lange Monate, in denen die Vorfreude unmerklich in quälende Ungewißheit übergegangen war, hatten wir auf diesen Moment gewartet. Ich war überzeugt, daß die diamantene *tikka* auf meiner Stirn zur Feier dieses Abends besonders hell funkelte.

Die Band spielte »Strangers in the Night«.

Ich sträubte mich nicht, als Mustafa schon nach wenigen Momenten wie selbstverständlich alle gültigen Gesetze übertrat und mich an den Rand der Tanzfläche führte, wo er mir ins Ohr flüsterte: »Willst du mich heiraten?«

Völlig aus der Fassung geraten durch diesen plötzlichen Vorstoß, stammelte ich nur: »Aber . . . ich bin doch verheiratet.«

»Das kannst du getrost Allah überlassen.«

Plötzlich wurde ich mir wieder all der anderen Paare im Raum bewußt und bildete mir ein, daß jeder einzelne von diesen Leuten unser Gespräch mit angehört hatte. Ich wurde puterrot und löste mich mitten im Tanz ruckartig aus Mustafas Armen, um wieder zu Atem zu kommen. Scheinbar nervös, aber auch erleichtert, daß er sich mir endlich erklärt hatte, geleitete er mich zu meinem Platz zurück.

Von da an führten wir stundenlange Telefongespräche, von der festen Überzeugung geleitet, daß meine Ehe mit Anees beendet war und ich fortan nur noch ihm gehören würde. Wir trafen uns, sooft wir konnten, nicht selten auch in einem Gartenhaus auf seinem Grundstück. Am Haupthaus wurde gerade gebaut. Dieses Gartenhaus war Mustafas Höhle, seine Lasterhöhle, um genau zu sein. Ich ließ mich von meinen Gefühlen leiten und warf alle Regeln der Vernunft über Bord. Was sollten mir jetzt noch Vorsicht, Moral und Anstand?

Nach den Regeln des *hudud* kann eine Frau zur Strafe gesteinigt werden, wenn sie Ehebruch begeht, aber die Realität sieht anders aus: Der Koran schreibt vor, daß vier Zeugen im Moment der Penetration zugegen gewesen sein müssen oder einer der Beteiligten öffentlich gestehen muß. Aber wie dem auch sei – ich machte mir keine Gedanken um mein Leben. Es hatte doch gerade erst begonnen.

◇

Obwohl ihr Verhältnis nun von distanzierter Höflichkeit bestimmt wurde, hielten Bhutto und Mustafa nach außen hin ihre Freundschaft aufrecht. Wer genauer hinschaute, konnte die Kluft, die sich zwischen ihnen aufgetan hatte, nicht übersehen, viele andere aber hielten Bhuttos scheinbare Feindseligkeit für reine Pose. Alle Welt bezeichnete ihr Verhalten als *noora kushti*, eine Art Ringkampf mit festen Regeln, und so blieben Mustafas Anhänger ihm weiterhin treu und machten es dem neuen Regierungschef vom Punjab, Hanif Ramey, schwer, Unterstützung zu finden.

Ramey ging schließlich zum Angriff über, indem er die Presse mit allen möglichen Greuelmärchen über die Untaten des Ex-Regierungschefs versorgte. Zum Beispiel hatte Mustafa irgendwann bei einer Entführungsgeschichte interveniert, und nun wurde seine Rolle in der ganzen Affäre so verfälscht dargestellt, daß er plötzlich als *badmaash*, als Sexbesessener, dastand. Den Ehefrauen und Töchtern des Punjab wurde eingebläut: »Fürchtet den Tag, an dem Mustafa Khar zurückkehrt!«

Und der ließ nicht lange auf sich warten. Nach einem kurzen

Intermezzo im politischen Niemandsland wurde Mustafa erneut zum Gouverneur vom Punjab ernannt, während Ramey allerdings den sehr viel einflußreicheren Posten als Regierungschef beibehielt. Jedenfalls fürs erste, denn Bhutto hatte Mustafa eine dreimonatige Probezeit auferlegt: Wenn er sich in dieser Zeit Bhuttos Wünschen fügte, würde er wieder Regierungschef. Als er seine Machtstellung zurückbekam, verkündete Mustafa triumphierend, daß Bhutto ihn niemals wieder eingesetzt hätte, wenn an diesen schändlichen Verleumdungen auch nur irgend etwas dran gewesen wäre.

Anees und ich waren zur Vereidigung in den Palast des Regierungschefs geladen. Vor den riesigen Toren wurden wir von bewaffneten Wachen in weißen Uniformen angehalten, die mit ihren hohen, gestärkten Turbanen Zeugnis für den nicht enden wollenden Einfluß des britischen Raj ablegten. Erst nach einigem Hin und Her wegen unserer Identität und langer Überprüfung der Einladungskarte wurden wir durchgewunken.

Über eine geschwungene Auffahrt näherten wir uns einem der eindrucksvollsten architektonischen Relikte der Kolonialherrschaft, das von Lord Montgomery, einem früheren Gouverneur, entworfen worden war. Wie ein Symbol für den Herrschaftswillen des Raj über Lahore lag das strahlendweiße Gebäude inmitten eines weit über hundert Hektar großen Parkgeländes. Herrliche Gärten, hier und da ein trauerweidenbestandener See, Volieren, Tennisplätze, von Zypressen gesäumte Spazierwege – eine ganze Inszenierung zum reinen Privatvergnügen der Herren des Subkontinents.

Die Gästeapartments mit ihrer Teakholztäfelung und den hohen Wänden zählten nach Dutzenden.

Anees und ich gingen in den als *darbar* (»Hof«-Saal) bekannten Bankettsaal, einen Raum von riesigen Ausmaßen im Zentrum des Gebäudes, in dem mehr als fünfhundert Gäste gleichzeitig tafeln konnten. Die Wände zierten Porträts der Herren und Meister vom Punjab, die mit einem Fingerzeig über Wohl und Wehe von Millionen entscheiden konnten.

Auf den Balkonen rings um den Palast paradierten Dudelsackpfeifer und spielten Lieder aus dem fernen Glencoe, Kilarney und von den Shetlandinseln. Sherry, als Ehefrau des Gouverneurs, wurde von Gratulanten belagert, bis das Eintreffen von Mustafa in Begleitung des Präsidenten vom Obersten Gerichtshof alle zum Schweigen brachte. Ich hatte sehr zwiespältige Gefühle bei der ganzen Angelegenheit, aber als Mustafa die Hand zum Amtseid auf den Koran legte, trafen sich unsere Blicke, und im weiteren Verlauf des Tages zeigte sich, daß er meine Unsicherheit und mein Mißbehagen nicht übersehen hatte: Er sagte mir, daß keine Gouverneursstellung dieser Welt jemals wichtiger sein könne als seine Liebe zu mir.

Und er ging daran, diese Äußerung mit allen seinen Taten unter Beweis zu stellen. Als wollte er Sherry und Anees, ja sogar die ganze Welt, absichtlich auf uns aufmerksam machen, dachte er gar nicht daran, den heimlichen Liebhaber zu spielen. Eines Tages rief er mich an und eröffnete mir, er müsse mich sofort sehen und würde jetzt herüberkommen. »Aber das ist unmöglich«, sagte ich. »Anees ist hier.«

»Mach dir darüber keine Sorgen«, war seine Antwort.

Zwei Minuten später klingelte das Telefon erneut. Anees nahm ab und lauschte aufmerksam. Als er eingehängt hatte, lächelte er mich an und verkündete: »Ich muß in den Gouverneurspalast. Mustafa möchte mich sehen. Der Gouverneur hat etwas mit mir zu besprechen!« Und schon war er unterwegs.

Als Anees im Gouverneurspalast eintraf, kam Mustafa ihm mit der Nachricht entgegen, er sei wegen einer dringenden geschäftlichen Angelegenheit abberufen worden, aber Anees möge doch bitte so lange auf ihn warten und vielleicht inzwischen ein bißchen im Swimmingpool baden. Mustafas Freund Rauf Khan gab Anees eine Badehose und blieb mit ihm am Pool, um den ahnungslosen Ehemann zu bewachen.

Mustafa und ich waren noch zusammen, als Rauf Khan irgendwann anrief und Bericht erstattete: »Sir, wenn wir ihn noch länger im Wasser halten, wird er vor Erschöpfung ohnmächtig werden. Er sieht jetzt schon ganz unterkühlt und verzweifelt aus.«

»Lassen Sie ihn in fünf Minuten raus, und sagen Sie ihm, ich hätte gerade angerufen. In einer Viertelstunde bin ich zurück.« Kaum daß Mustafa aufgelegt hatte, brachen wir in erbarmungsloses Gelächter aus.

◇

Dann riefen die Staatsgeschäfte, Mustafa reiste mit Bhutto durch den Punjab, und ich blieb allein bei Anees in Lahore zurück.

Wo immer sie hinkamen, wurden die beiden Staatsmänner mit Spruchbändern begrüßt, auf denen *»Mustafa Khar Zindabad«* stand, »Lang lebe Mustafa Khar!«, oder *»Sher-e-Punjab Zindabad«*, »Lang lebe der Löwe vom Punjab!«.

Als die Menschen sich bei einem Auftritt am Schrein des Heiligen Data Gangh Buksh in Scharen um den Gouverneur drängten, sah Mustafa, wie Bhutto erbleichte. Das hier war offenbar zuviel für den Premier.

In der Zwischenzeit ergriff ich die Gelegenheit, mein turbulentes Doppelleben wieder in geregeltere Bahnen zu lenken. Ich wollte dieses ganze Intrigenspiel hinter mir lassen, an einen Ort gehen, der für Mustafa unerreichbar war, und ausprobieren, ob ich nicht auch ohne ihn leben konnte. Darum fuhr ich mit Tanya zu Verwandten nach Kasowal, dem idealen Ort für mein Vorhaben, denn hier gab es weder Telefon noch Elektrizität. Insgeheim wollte ich Mustafa natürlich auch herausfordern und sehen, ob seine Versprechungen nicht doch nur Lippenbekenntnisse gewesen waren. Würde er mich vermissen? Würde er mir nachfahren?

Bei seiner Rückkehr nach Lahore stellte Mustafa bestürzt fest, daß ich die Stadt verlassen hatte. Natürlich erfuhr er, wo ich mich aufhielt. Sofort schickte er einen Fahrer in seinem Dienstmercedes 500 SEL mit der Instruktion nach Okara, dort auf das Eintreffen seines Flugzeugs zu warten. Rauf Khan wurde eingeweiht und mußte Anees mit einem »Spezialauftrag höchster Geheimhaltungsstufe« nach Peshawar schicken, um dort ein »streng geheimes« Schreiben entgegenzunehmen. Rauf sollte Anees zum Flughafen begleiten und sicherstellen, daß er auch wirklich abflog. Mustafa selber ließ sich indessen von seinem Piloten nach Okara fliegen, wo er sich ans Steuer seines Mercedes setzte und in Richtung Kasowal davonbrauste.

Die armen Einwohner des gottverlassenen Nestes waren aus ihrer Ruhe gerissen und tief beeindruckt, als der Gouverneur vom Punjab so unerwartet bei ihnen eintraf. Überall in den kleinen Gassen standen die Leute in Trauben zusammen und sperrten neugierig die Augen auf.

Ich wurde in dem kleinen Bauernhaus meiner Verwandten vom Geräusch der Sirenen und eines herannahenden Wagens überrascht. Kurz darauf glitt der Bambusvorhang an der Eingangstür zur Seite und enthüllte einen verschmitzt grinsenden Mustafa Khar in Safarianzug und Mao-Käppi.

Im nächsten Moment war er im Haus und rief: »Du mußt mit mir zurück nach Lahore kommen. Jetzt gleich. Ich kann ohne dich nicht leben.«

Meinen Gastgebern erzählte ich irgend etwas in der Art, daß der Gouverneur vom Punjab ein Freund meines Mannes und auf Wunsch von Anees hergekommen sei, um mich zu holen. Eine schwache, äußerst fadenscheinige Ausrede, aber sie waren so geblendet vom Glanz dieses hohen Besuchs in ihrem bescheidenen Heim, daß sie gar nicht dazu kamen, mißtrauisch zu werden.

In dieser ländlichen Gegend geht eine ehrbare Frau niemals unverhüllt aus dem Haus. Ich konnte also nicht so einfach auf die Straße laufen, sondern mußte mir erst einen *chador* umwerfen, einen Umhang, der Gesicht und Körper bedeckt. In der Eile schlang ich mir einfach ein weißes Bettuch um Kopf und Gesicht, so daß nur noch meine Augen zu sehen waren. Zusammen mit meinem Baby und dem Kindermädchen bestieg ich Mustafas Mercedes und ließ mich auf dem schnellsten Weg – Mustafa war ein sehr sicherer Fahrer und fuhr mitunter über hundert Meilen pro Stunde – nach Okara bringen. Von dort aus flogen wir zurück nach Lahore.

Wie zuvor besprochen, bestieg Mustafa bei unserer Ankunft einen Dienstwagen, während Tanya, die Nanny und ich in einer Limousine mit dunkel getönten Scheiben verschwanden. Von einer Motorradkolonne eskortiert und mit heulenden Sirenen fuhren wir zum Gouverneurspalast.

Die Presse stürzte sich auf die rührende Geschichte von Mustafas Überraschungsbesuch in Kasowal und zeichnete ein leuchtendes Bild von diesem gütigen Diener seines Landes, der als Gouverneur auch dic Belange seines noch so niedrigen Volkes nicht vergißt. Es wußte ja niemand, daß er einfach nur hinter einer Frau hergewesen war.

Tanya, das Kindermädchen und ich wurden in der Präsidentensuite des Gouverneurspalastes untergebracht. Mustafa hielt das für sehr gelungen und lächelte schelmisch, als er zum Abendessen zu mir kam. Aber ich fühlte mich gar nicht wohl in meiner Haut. Anees war zwar in Peshawar und wartete immer noch auf den Brief, aber wenn Sherry herausfand, daß ich mich unter ihrem eigenen Dach aufhielt, was dann? Mustafa meinte, ich bräuchte mir überhaupt keine Sorgen zu machen. Sherry hätte er gesagt, er müsse die *ulema*, eine Gruppe von islamischen Gelehrten, empfangen, und da bei einem solchen Anlaß die Anwesenheit einer Frau absolut undenkbar war, würde sie in ihren Privatgemächern bleiben.

Mustafa blieb lange. Als er schließlich zu seiner Frau zurückging, konnte ich nicht einschlafen.

Am nächsten Morgen stand ich früh auf, die Nanny kleidete Tanya an, und wir fuhren nach Hause.

Nur kurze Zeit später stellte Sherry fest, daß am Abend zuvor ungewöhnlich viel Milch verbraucht worden war, und beschuldigte das Personal, etwas davon für sich selber abgezweigt zu haben. Aber die beteuerten nur ihre Unschuld und erklärten, daß doch das kleine Baby alles getrunken habe.

»Wessen Baby?« fragte Sherry.

Die Dienstboten kannten meinen Namen nicht, aber mit einem einzigen Satz änderten sie mein ganzes Leben: »Das von der Begum Sahib mit den roten Haaren.«

Nun wußte Sherry Bescheid. Sie stellte Mustafa zur Rede und bekam von ihm das völlig ungerührte Bekenntnis zu hören, daß er mich liebe.

Kapitel vier

Alles blieb beim alten, und doch war nichts mehr wie zuvor.

Vor der Welt blieben Sherry und Mustafa das Gouverneursehepaar vom Punjab, hinter den Kulissen traf ich mich mit Mustafa zu immer häufigeren und riskanteren Rendezvous. Mit der abenteuerlustigen Sorglosigkeit, die die Leidenschaft wohl in jedem Menschen hervorbringt, rief Mustafa drei- bis viermal täglich bei mir an, wenn er mich nicht jeden Tag wenigstens kurz sehen konnte, so daß ich automatisch lernte, meiner Umgebung immer raffiniertere Erklärungen für meine Abwesenheit aufzutischen.

Mustafa war rettungslos romantisch. Eines Nachts wurde ich um drei Uhr morgens vom Telefon geweckt. Neben mir lag Anees in tiefem Schlaf. Schnell glitt ich aus dem Bett und nahm den Hörer vom Apparat im Flur ab.

Am anderen Ende eine bettelnde Stimme: »Tina, ich halte es nicht aus. Ich muß dich sehen.«

»Aber das geht doch nicht«, flüsterte ich. »Ich kann doch jetzt nicht weg.«

»Ich kann nicht ohne dich leben. Am liebsten würde ich alles aufgeben und nur noch mit dir zusammensein.«

»Mustafa, es ist spät. Ich kann jetzt nicht sprechen. Anees . . .«

». . . nicht auflegen«, unterbrach er mich. »Ich werde in zehn Minuten an deinem Haus vorbeifahren. Stell dich an dein Fenster. Nur für eine Minute. Ich muß dich sehen.«

Leise legte ich den Hörer auf und schlich auf Zehenspitzen zurück ins Schlafzimmer. Anees schreckte hoch, und ich sagte ihm, es habe sich nur jemand verwählt. Kurz darauf war er schon wieder eingeschlafen, und ich schlüpfte aus dem Zimmer.

In meinem Nachthemd stand ich am Fenster und wartete, bis die Scheinwerfer seines Mercedes in Sicht kamen. Dann lächelte ich in die Dunkelheit und zog die Vorhänge zu.

Die Tatsache, daß ich verheiratet war, gab unserer Beziehung dann doch einen bitteren Beigeschmack. Mustafa zuckte zusammen, wenn auch nur Anees' Name erwähnt wurde, und drängte mich zur Scheidung, ohne das Wort je direkt auszusprechen. Er wollte einen Beweis für meine Liebe, darum sollte ich den Entschluß ganz alleine fällen. Aber ich schwankte noch immer, machte mir Sorgen über gesellschaftliche Konsequenzen. Außerdem wollte ich Anees nicht weh tun.

Wenn wir in der Öffentlichkeit zusammentrafen, warf Mustafa mir immer aufreizendere Blicke zu und wurde zunehmend dreister und eindeutiger in seinen Äußerungen. Anees ignorierte sämtliche Signale, aber die Frauen um mich herum durchbohrten mich mit ihren Blicken. Die Atmosphäre hatte sich merklich abgekühlt. Ich wandte meine ganze Kraft auf, um nicht zusammenzubrechen und dem Klatsch zusätzlich Nahrung zu geben. Wie gut, daß meine Eltern in London waren, wo die Gerüchte über ihre ehebrecherische Tochter meine Mutter nicht erreichen konnten!

Die Damen hatten beschlossen, daß stillschweigende Mißbilligung noch viel zu gut für mich war. Mit Sherry als Wortführerin begannen sie mich offen zu verhöhnen und sprachen, wenn ich in der Nähe war, so laut von einer namenlosen verheirateten Frau, die sich mit einem ebenfalls verheirateten Mann eingelassen hatte, daß ich es einfach hören mußte. Sie machten sich zu Vollstreckerinnen des *hudud* und steinigten mich mit ihren spitzen Zungen und den stechenden Blicken symbolisch.

Einige Zeit lang gingen Anees und ich nicht mehr zu den Abendgesellschaften, was ihn nicht weiter störte, weil wir inzwischen so gut eingeführt waren, daß unser Fortbleiben uns nicht wirklich schaden konnte. Willig akzeptierte er jede meiner Ausreden. Aber unser Rückzug aus der Gesellschaft blieb nicht lange unbemerkt. Mustafa rief an und erkundigte sich: »Was ist los? Warum läßt du dich nicht blicken?«

Ich sagte ihm, daß die Demütigung durch Klatsch und Häme unerträglich geworden sei und daß ich meine Stellung als »die andere« nicht einmal vor meinem eigenen Gewissen rechtfertigen könne. Ich sagte ihm, daß ich es einfach nicht mehr länger aushielte.

Mustafa schäumte. *Ihm* gegenüber hatten sich diese Kreaturen loyal zu verhalten. Wie kamen sie dazu, sich auf Sherrys Seite zu stellen? Wenn er eine Wahl traf, hatten sie das Recht, seine Entscheidung stillschweigend zu respektieren, und sonst gar nichts. »Das wollen wir ja mal sehen«, schloß er. »Es wird alles wieder ins Lot kommen.«

Zu meiner großen Überraschung standen schon am nächsten Tag Sherry und ihre Freundin Kukkoo vor meiner Tür. Ich bat sie in mein Schlafzimmer, um ungestört zu sein, trotzdem fühlten wir uns alle drei sichtbar unbehaglich. Sherry war völlig verstört, sagte aber dennoch brav ihr Sprüchlein auf: »Ich weiß alles über Ihre Beziehung zu meinem Mann. Ich akzeptiere das. Ich weiß, daß mein Mann Sie liebt und Sie ihn. Er möchte, daß Sie zu unseren Dinnerparties kommen. Ich werde nichts dagegen haben. Die anderen Frauen auch nicht.« Kukkoo nickte zur Bestätigung.

Das alles war mir so entsetzlich peinlich, daß ich überhaupt nichts erwidern konnte. Ich kam mir vor wie eine Nutte.

Sherry hatte also ihren Auftrag ausgeführt wie befohlen, nun aber hob sie doch noch zu einer leidenschaftlichen Rede an: »Hören Sie«, sagte sie so nachdrücklich, wie sie nur konnte, »ich bin hier, weil Mustafa mich geschickt hat, aber ich bin sicher nicht freiwillig gekommen. Ich möchte meine Ehe retten. Ich möchte nicht, daß Sie ihn wiedersehen. Und wenn Sie es doch tun, dann . . . dann bleibt mir nichts anderes übrig, als mir das Leben zu nehmen.« Sie flehte mich an: »Gehen Sie fort aus meinem Leben! Und aus seinem! Er ist ein sehr schwieriger Mann. Ich kenne ihn. Sie wissen gar nichts von ihm. Er ist nicht gut für Sie. Er wird Ihr Leben ruinieren, so wie er meines ruiniert hat.« Sie versuchte mich zu überzeugen, daß Mustafa gewalttätig und gefährlich sei, behauptete, daß er sie schon bei der geringsten Kleinigkeit unbarmherzig schlug; wenn sie vergessen hatte, den Dienern zu sagen, daß sie heißes Wasser bereithalten sollten; wenn sie etwas verlegt hatte; wenn seine Kleider nicht rechtzeitig gebügelt waren.

Was für hanebüchene Geschichten! Mein Mißtrauen muß

unübersehbar gewesen sein. Zu mir war Mustafa nie anders als liebevoll, sanft und vor allem sehr verständnisvoll gewesen. Auf der anderen Seite wußte ich aber auch, daß solche Dinge in unserer Gesellschaft viel häufiger vorkamen, als öffentlich zugegeben wurde. Und ich wußte, daß die meisten feudalen Männer ihre Frauen geradezu *gewohnheitsmäßig* so behandelten. Das Beunruhigendste an der ganzen Unterhaltung war aber doch, daß ich so viel Mitgefühl für Sherrys Situation empfand. Ich verstand so gut, welche Qualen ihr diese Offenbarungen bereiten mußten, egal, ob sie nun erfunden waren oder der Wahrheit entsprachen.

Ich rettete mich in die Frage, warum sie denn so sehr um ihn kämpfe, wenn Mustafa wirklich so ein Teufel war.

Und nun bekannte sie: »Ich bin fest entschlossen, diese Ehe aufrechtzuerhalten. Ich werde schon damit fertig. Ich muß nur überleben. Wenn ich ihn verlasse, wird er mir meine Tochter wegnehmen. Ich kann nicht ohne sie leben. Und ihm kann ich sie erst recht nicht überlassen. Bitte helfen Sie mir. Verschwinden Sie aus meinem Leben.«

Auch das klang völlig plausibel. Eine Pakistani würde wohl beinahe jedes Opfer bringen, um ihre Ehe zu retten. In unserer Gesellschaft mag die Ehe vielleicht das Fegefeuer sein, eine Scheidung aber ist erst die wahre Hölle. Trotz meiner Liebe zu Mustafa war ich unsicher geworden.

Mein Gewissen machte mir schwer zu schaffen. Wie gerne hätte ich mich zu einem ehrenvollen Verzicht durchgerungen. In der Nacht entschloß ich mich: Das alles muß ein Ende haben. Ich werde auf Mustafa verzichten und ihn nie wiedersehen. Aber noch während ich mich diesen großmütigen Gedanken hingab, verschaffte sich eine andere, leise und dennoch kraftvolle innere Stimme Gehör, die alles andere Lügen strafte. Und diese Stimme sagte: »Ich will, daß er sich für mich entscheidet.«

Ich rief Mustafa an und sagte ihm, daß ich unsere Beziehung beenden wolle: »Es müssen einfach zu viele Menschen unter dem leiden, was wir tun.« Er war gerade politisch sehr eingespannt und mußte sich um andere Dinge kümmern, sagte aber, daß er sich so bald wie möglich bei mir melden würde. Die nächsten Tage verbrachte ich wie im Fieber. Ich hatte doch das Richtige getan. Warum war ich dann nur so unglücklich?

Vier Tage später erschien Mustafa vor meiner Tür, mit Sherry an seiner Seite. Obwohl man ihr ansah, daß sie geschlagen worden war und sie einen gebrochenen Eindruck machte, absolvierte sie ihren Text mit Bravour. Sie bat mich sehr überzeugend, in ihren Freundeskreis zurückzukehren.

Mustafa benutzte seine Frau, um seiner Geliebten den Hof zu machen! War das nun ein Zeichen für seine große Liebe zu mir, oder ließ sich darin nicht doch eher ein Hinweis auf sein perverses Verhalten ablesen, vor dem Sherry mich hatte warnen wollen? Ich wischte alle Zweifel beiseite und ließ den dunkleren, selbstsüchtigen Teil meines Ichs den Triumph genießen.

◇

Von nun an gingen Anees und ich wieder zu Gesellschaften. Niemand wagte mehr, mich offen anzugreifen, aber besonders wenn die Frauen sich zurückzogen, um die Männer ihren Gesprächen zu überlassen, schlich sich die alte Feindseligkeit wieder ein. Sherry hielt hof und ließ sich über ihre »perfekte« Beziehung mit Mustafa aus, wobei sie immer wieder kleine Sticheleien an meine Adresse in die Unterhaltung einflocht. »Mustafa sagt, daß jede Frau, die sich mit einem verheirateten Mann einläßt, eine Schlampe ist.« Solche und ähnliche Äußerungen wurden allerseits mit verächtlichem Schnauben und bedeutungsvollen Blicken bedacht.

Eines Abends machten die Frauen zweier führender pakistanischer Wirtschaftsbosse derart sarkastische Bemerkungen, daß ich zutiefst gedemütigt in Tränen ausbrach. Mustafa war außer sich, als ich ihm davon erzählte, und schwor, daß er ihnen eine Lektion erteilen werde. Am nächsten Tag befahl er die Ehemänner in den Gouverneurspalast und gab ihnen seine Anweisungen: »Ich wünsche, daß Ihre Frauen zu Tehmina gehen und sich entschuldigen. Und zwar noch heute. Wenn sie es nicht tun, werde ich das nicht so ohne weiteres hinnehmen. Sie, meine Herren, werden für ihre Beleidigungen einzustehen haben.« Wenige Stunden später tauchten die beiden Frauen bei mir auf und beteten die befohlenen Entschuldigungen herunter.

All das brachte Sherry nur noch mehr aus dem Gleichgewicht, und so beschloß sie, eine *umra*, eine Pilgerreise nach Mekka zu unternehmen. Mustafa und ich nutzten die Gelegenheit, um häufiger miteinander allein zu sein. Tagsüber war ich bei ihm, abends zählten Anees und ich zu seinen Gästen wie andere auch. Ich genoß diese gestohlene Zeit mit Mustafa, aber im Innersten war ich tief beunruhigt. Gerade jetzt war Sherry Allah so nah, während ich mich immer weniger um seine Gebote kümmerte.

Als Sherry zurückkam, atmete ihr ganzes Wesen Frömmigkeit und Ruhe. Ich fühlte mich unrein und schamlos nackt, denn es lag ja offen zutage, wofür sie gebetet hatte. Außerdem fürchtete ich, daß Gott sie womöglich erhören könnte.

Statt dessen aber beantwortete Gott in seinem unergründlichen Ratschluß meine eigenen Gebete. Und vielleicht war genau das seine Art, mich zu strafen.

◇

Inzwischen schien jeder über unsere heimliche Liebschaft Bescheid zu wissen, die Familie meines Mannes nicht ausgenommen. Selbst die Zeitungen waren schon auf uns aufmerksam geworden. Nur der arme Anees tat die Sache noch immer als üble Nachrede ohne jede reale Grundlage ab.

Schließlich fand die Nachricht von unserer Romanze sogar ihren Weg zu meiner Mutter nach London. Drohend leuchtete das Wort »Skandal« vor ihren Augen, und sie setzte sich ins nächste Flugzeug nach Pakistan, um sich Anees einmal gründlich vorzuknöpfen und ihn vor den Gerüchten zu warnen. »Du darfst dich nicht mehr mit diesem Mann treffen«, sagte sie. »Wenn du es doch tust, wirst du deine Frau verlieren.«

Anees antwortete ihr nur. »Ich verkehre, mit wem ich will. Ich habe keine Angst.«

Sie tobte. »Was für eine Art Ehemann bist du eigentlich?« wollte sie von ihm wissen. »Als du meine Tochter kennengelernt hast, trug sie noch ihre Schuluniform. Du bist verantwortlich für das, was aus ihr geworden ist. Sie ist unter dem Schutz ihres Vaters aufgewachsen, und jetzt setzt du sie einem Mann von so miserablem Ruf wie Khar aus.« Und dann schüttelte sie den Kopf und sagte: »Ich habe ja gewußt, daß es nicht gutgehen würde. Du kannst sie nicht im Zaum halten.«

Anees wußte im Grunde schon lange Bescheid. Er hatte aber schlicht beschlossen, daß er nichts wissen *wollte*. In mir regte sich ein Funken von Respekt für diesen Mann, der zum erstenmal genug Rückgrat gezeigt hatte, sich meiner Mutter zu widersetzen. Es war geradezu paradox. Er hatte seine Position behauptet und stand doch längst auf Treibsand.

Als Anees für eine Woche auf Geschäftsreise nach Singapur ging, begleiteten Tanya und ich ihn nach Karachi, der ersten Etappe seiner Reise. Mustafa benutzte irgendwelche offiziellen Verpflichtungen als Vorwand, um zu uns zu stoßen, kaum daß Anees von dort abgefahren war. Er lud mich zu einem Abendessen mit Mustafa Jatoi ein, seinem alten Freund und politischen Weggefährten, der zum damaligen Zeitpunkt Regierungschef des Sind war.

Am Abend vor dem Dinner bekam ich Besuch von einer Freundin, die mich vor Mustafas Oberflächlichkeit warnte. In mein Äußeres habe er sich verliebt, sonst nichts. »Er liebt dich nur, weil du gut aussiehst«, klagte sie ihn an. »Du schmeichelst doch nur seinem Image, weil du dich so gut anziehst. Laß ihn dich erst einmal in Lockenwicklern sehen und das ganze Gesicht voller Nachtcreme, dann wird ihm die Liebe schon vergehen. Was ihm gefällt, ist die Verpackung, die Wirklichkeit interessiert ihn nicht.«

Ich mußte unbedingt herausfinden, ob da nicht vielleicht etwas Wahres dran war, und beschloß, Mustafa auf die Probe zu stellen.

Als ich an diesem Abend in der offiziellen Residenz des Regierungschefs von Sind eintraf, sah ich aus wie eine Schießbudenfigur. Ein hellblau kariertes Kleid aus billiger Baumwolle mit drei versetzten Rüschenkränzen am Saum flatterte um mich herum, die Brustpartie von einem Sattel aus noch mehr Rüschen geschmückt. Zu allem Übel prangte auf dem Stoff ein Medaillon aus Plastik, das eine ländliche Szene mit schmuckem Bauernhäuschen und einer Kuh zu bieten hatte. Bei meiner Ankunft war Mustafa noch in seinem Gästezimmer, und ich ging zu ihm hinauf. Er sah umwerfend aus in seinem gutgeschnittenen Anzug und begrüßte mich nicht gleich, weil er damit beschäftigt war, seine Krawatte zuzubinden. Dann fiel sein Blick auf mich. Er war fassungslos. »Was zum Teufel ist das denn?« rief er entsetzt. Mein Selbstvertrauen verpuffte mit einem Schlag, aber nun war nichts mehr zu ändern. Mustafa geleitete mich zwar zu Tisch, doch er tat es mit einem leicht angewiderten, resignierten Gesichtsausdruck.

Unten empfingen mich die indignierten Blicke schöner und kultivierter Damen mit verführerisch tief ausgeschnittenen Dekolletés und unter exotischen Saris hervorblitzenden Bauchnabeln. Deplaziert, wie ich mich fühlte, klang mir das Rascheln des Chiffons wie ein Schmählied in den Ohren.

Mustafa ließ mich für den Rest des Abends einfach fallen. Er ging zwischen den anderen Frauen umher und gab sich bewußt alle Mühe, mit den schönsten von ihnen heftig zu flirten. Der eine oder andere Mann wechselte auch mit mir ein paar belanglose Worte, aber kaum daß sie der Höflichkeit Genüge getan hatten, waren sie auch schon wieder weg.

So stand ich mit einem Glas Cola vor der Brust herum und versuchte verzweifelt, wenigstens das Plastikmedaillon zu verdecken, aber wie ich das Glas auch hielt, irgendein Stück blieb immer zu sehen. Und dann schüttete ich mir vor lauter Nervosität auch noch die ganze Cola über meine lächerliche Verkleidung. Ausgerechnet Humayun Baig Mohammad, der Besitzer der örtlichen Coca-Cola-Niederlassung, eilte mir zu Hilfe. Er führte mich ins Bad, damit ich den Fleck auswaschen konnte. Dann stand ich eine mir endlos scheinende Zeitlang vor der Klimaanlage und betete, daß mein Kleid nicht einfach nur trocknen, sondern sich am besten gleich ganz in Luft auflösen möge. Aschenputtel brauchte dringend eine gute Fee, aber natürlich kam keine. Als ich dann doch irgendwann wieder zu den anderen ging, war ich immer noch naß und schrecklich verlegen.

Mustafa bat einen Freund, mich nach Hause zu fahren. So hatte meine Freundin doch recht gehabt: Er liebte nur mein Äußeres. In dieser Nacht heulte ich mir die Augen aus.

Am nächsten Morgen rief er an, und als ich ihm erklärte, diese ganze Kostümierung sei ein Test gewesen, sagte er: »Warum tust du so etwas? Du hast dir selber doch viel mehr geschadet als mir. Natürlich liebe ich dich als ganze Person. Aber du bist eine sehr reizvolle Frau, und du siehst einfach lächerlich aus, wenn du versuchst, dich absichtlich häßlich zu machen. Laß dich doch nicht von irgendwelchen Leuten zu solchen Dummheiten aufstacheln. Ich liebe dich, wie du bist. Warum solltest du dich ändern? Dann ändere ich vielleicht auch meine Meinung. Verstehst du?«

»Ja«, brachte ich wimmernd hervor.

Er unterstrich seine Erklärungen noch einmal, indem er den Spieß plötzlich umdrehte: »Hör mal«, sagte er, »wenn ich eines Tages herausgeputzt wie ein Hofnarr oder ein Zirkusclown bei dir erschiene, um dich auszuführen, würdest du das hinnehmen? Niemals! Es wäre dir peinlich. Also sei kein dummes Schaf. Bleib, wie du bist.«

Diese unvergeßliche Dinnerparty sollte auch noch aus einem anderen, viel wichtigeren Grund eine besondere Bedeutung annehmen. Jedermann hatte meine Anwesenheit registriert. Wie hätte es auch anders sein können? Jedenfalls brodelte die Gerüchteküche von Karachi. Was hatte eine junge Frau meines Standes in der Begleitung von Mustafa Khar zu suchen, während ihr Mann sich in Singapur aufhielt?

Anees hörte davon, als er zurückkehrte, und diesmal stellte er mich endlich zur Rede.

Ich konnte ihn nicht anlügen. Nur wenn ich ihn von seinem Unglück befreite, konnte ich auch das meine überwinden. Also gestand ich alles und bat um die Scheidung. Dabei ging es mir nicht unbedingt um die Heirat mit Mustafa; ich konnte nur nicht mit einem Mann zusammenleben, den ich betrogen hatte, den ich nicht respektierte und an dem ich das Interesse so schnell verloren hatte.

Selbst in diesem kritischen Moment verhielt sich Anees äußerst korrekt. Er erklärte sich mit der Scheidung einverstanden, bat sich aber als einzige Bedingung das Sorgerecht für Tanya aus. »Ich brauche sie«, sagte er. »Sie ist alles, was ich habe, und wird mich an die Frau erinnern, die ich liebe. Wenn du vor Gericht gehst, wird man sie dir überlassen (nach islamischem Recht fällt das Sorgerecht für Kinder vor der Pubertät den Müttern zu), aber bitte laß sie mir, bis ich deinen Verlust überwunden habe. Wenn mir keine von euch bleibt, werde ich zugrunde gehen. Mehr verlange ich nicht von dir.«

Diese Worte waren ergreifend. Voller Rührung erinnerte ich mich daran, was für ein guter Mensch der arme Anees doch war, und vor allem, was für ein hingebungsvoller Vater. Ich spürte, daß ich die Stärkere von uns beiden war. Ich konnte den Verlust eher verkraften. Also stimmte ich zu.

◇

Mutter war außer sich; Vater brüllte vor Wut. Einmal mehr kam meine Mutter aus London eingeflogen, im Gepäck den festen Vorsatz, mit aller Macht unter Beweis zu stellen, daß meine Vernarrtheit in Mustafa Khar nur auf einen Fall von plötzlichem Wahnsinn zurückzuführen sein konnte. Sie ließ Dr. Haroon, den bedeutendsten Psychiater von Karachi, zu einer Visite kommen und verlangte mehr oder weniger deutlich, daß er mir völlige Geistesgestörtheit bescheinigte. Wenn sie mich schon nicht überzeugen konnte, daß meine Handlungsweise auf geistige Verwirrung zurückzuführen war, würde es vielleicht dem guten Onkel Doktor gelingen. Das war zwar eine neue Variante, aber im Grunde immer noch die alte Leier: Die Meningitis in meiner Kindheit war an allem schuld. Seitdem hatte Mutter schon immer jeden Anflug von Rebellion als Irrsinn erklärt.

Sie ließ mich erst untersuchen, nachdem sie mich beiseite

genommen hatte, um mich zu warnen: »Du mußt ihm ja nicht *alles* sagen ...« Der Hinweis war deutlich genug. Für den Fall, daß es zwischen Mustafa und mir auch zu körperlichem Kontakt gekommen war, sollte ich das ja nicht zugeben.

Nach einer ausgedehnten Sitzung, bei der der Psychiater natürlich die Wahrheit herausbekam, erklärte er mich für geradezu enttäuschend normal und benannte auch gleich einen einigermaßen akzeptablen Grund für meinen »Sündenfall«: »Mustafa Khar ist ein berufsmäßiger Verführer. Ihre Tochter ist nur seinen Künsten zum Opfer gefallen.«

Diese Erklärung konnte Mutter nur ansatzweise beruhigen. Wenn man es so sah, war ich zwar keine komplette Hure, aber sie warf mir vor, daß Mustafa ja wohl niemals auch nur den Versuch unternommen hätte, mich zu verführen, wenn ich ihm nicht Hoffnungen gemacht hätte. Also war ich so oder so schuldig für die Schande, die nun mich und meine Familie befleckte. »In deinen Augen hat er es gelesen, daß du zu haben warst«, klagte Mutter mich an. »Ein Mann mit einem Sündenregister wie Mustafa Khar macht sich doch nicht an ehrbare Frauen heran. Der fühlt sich doch nur zu billigen Lebedamen hingezogen, kleinen Huren, die sich aushalten lassen. Keine meiner anderen Töchter hätte sich zu so etwas hergegeben.«

Mutter kannte nur noch ein einziges Ziel: Schadensbegrenzung. Ich sah passiv und ergeben dabei zu, ich war ja schuldig. In meinem Kopf herrschte viel zu große Unordnung, um irgendwelche eigenen Pläne zu machen. Das wenige an eigenständiger Persönlichkeit, was ich mit den Jahren entwickelt hatte, war wie fortgeblasen. Ich wurde wieder zu dem kleinen Mädchen, das unter der Fuchtel der Eltern stand, und es blieb mir auch nicht viel anderes übrig, denn meine Eltern waren die einzigen, die mir finanziell unter die Arme griffen. Mutter schickte mich zurück nach Lahore, wo meine Großmutter auf mich aufpassen sollte. Ich durfte das Haus nicht alleine verlassen, nicht telefonieren oder auch nur den Hörer abnehmen; ich durfte mich nicht mit Freundinnen treffen – ich war in einer Sackgasse gelandet und fühlte mich seelisch am Ende. Jede Erwähnung von Mustafa war absolut tabu, außerdem war er ja sowieso noch verheiratet und intensiv in seine politischen Verpflichtungen eingebunden. Selbst in meinen eigenen Augen wurde ich immer mehr zum Außenseiter. Mein Selbstvertrauen hatte einen absoluten Tiefpunkt erreicht – war ich denn nicht eine geschiedene Frau mit verheerend schlechtem Ruf, die zudem auch noch ihr Kind »verstoßen« hatte, wie es allgemein hieß? Wie automatisch fiel ich in die altgewohnten Verhaltensmuster zurück und folgte einfach nur noch Mutters Befehlen. In lichteren Momenten betete ich um Gottes Führung.

Dann wurde ich zur Familie meines Vaters in die Nordwestprovinz geschickt, eine Gegend wie im Wilden Westen. Hier sollte nun mein Onkel mich beaufsichtigen. Ich lebte bei meinen einfachen Verwandten vom Stamm der Pathanen, wo es schon ein Unding ist, von Liebe oder Scheidung auch nur zu reden. Nicht einmal die Frauen waren bereit, sich etwas darüber anzuhören. So blieb ich den ganzen Tag über in meinem Zimmer und schlief oder hörte Musik.

Eines Tages durfte Anees mich besuchen, was zunächst natürlich meine Schuldgefühle wieder verstärkte. Aber dann fing er an, mit mir über das Sorgerecht und unsere Besitztümer zu feilschen, und ich sah ihn plötzlich in einem ganz anderen Licht. Ich sollte ein Dokument unterzeichnen, daß ich all meinen Besitz für eine bestimmte Summe an ihn verkauft habe, Geld, das er selbstredend nie zahlen würde. Beim Unterschreiben fühlte ich mich, als hätte ich mich damit von einem Teil meiner Schuld reingewaschen. Ich dachte bei mir, wie wenig manche Männer doch brauchen, um wieder mit der Welt zufrieden zu sein. Bevor er abfuhr, versprach Anees, mir Tanya zu schicken.

Nach einer Zeitspanne, die man für angemessen hielt, wurde ich aus der Gefangenschaft entlassen, allerdings erst, nachdem meine Eltern sich überzeugt hatten, daß mir nicht zu helfen war und ich weiterhin den Kontakt zu Mustafa Khar suchen würde, auch wenn sie mich mit in ihr Haus nach London nähmen. Dies könnte eine böse, ansteckende Wirkung auf meine jüngeren Schwestern haben und ihre Heiratsaussichten beeinträchtigen.

So beschlossen sie, sich aus meinem Leben zurückzuziehen, und brachen jeden Kontakt zu mir ab. Mutter resümierte die ganze Situation mit den Worten: »Sie ist das schwarze Schaf in der Familie. Nun, wo sie sich einmal auf das Niveau von Mustafa Khar herabgelassen hat, kann sie nicht mehr auf das unsere zurück.«

Ich ging nach Karachi, damit Tanya zu mir zurückkommen, mit der Vorschule beginnen und gleichzeitig in der Nähe ihres Vaters sein konnte, der dorthin versetzt worden war. Dort mietete ich ein kleines Apartment, das gerade groß genug war für Tanya, das Kindermädchen und mich, und nahm einen Job im Büro einer Baufirma an, die meinem Freund Farooq Hasan gehörte. Er und seine Frau zählten zu den wenigen, die es noch wirklich gut mit mir meinten und mich unterstützten.

In Wirklichkeit war dieser Job nichts anderes als ein Freundschaftsdienst und nur zu dem einen Zweck geschaffen, mir in dieser schwierigen Zeit zu helfen. Ich richtete das Büro neu ein und tat den ganzen Morgen über kaum anderes, als zu frühstükken: Spiegeleier auf Toast mit gebackenen Bohnen und Cappuccino. Ich telefonierte stundenlang mit Freunden und ließ mich vom Firmenchauffeur ausgiebig herumkutschieren. Ab und an kam Farooq Hasan herein, wenn ich unweigerlich gerade wieder telefonierte, und erinnerte mich an einen Geschäftsanruf, den ich noch erledigen mußte. Kaum war das getan, machte ich weiter wie bisher.

Mittags holte der Fahrer Tanya von der Schule ab, und wir aßen zusammen. Danach ging ich ein bißchen einkaufen oder blätterte in Magazinen, bis der Arbeitstag vorbei war. Für diese bittere Fron wurde ich auch noch bezahlt!

Mustafa hatte nie Zeit für mich. Am politischen Horizont hatte sich ein Sturm zusammengebraut, und er befand sich genau im Zentrum des Orkans. Er wurde immer ungeduldiger mit seinem Mentor Bhutto, der seiner Meinung nach seine Verpflichtung dem Volk gegenüber aus den Augen verloren und sich immer mehr vom einfachen Mann isoliert hatte. Bhutto war nur noch von Günstlingen umgeben. Als Mustafa erneut von seinem

Posten als Regierungschef des Punjab zurücktrat, sah ich darin den eindeutigsten Beweis, daß er ein durch und durch rechtschaffener Mann war. Um seine Ideale nicht verraten zu müssen, hatte er auf alle Annehmlichkeiten seines hohen Amtes verzichtet.

Mustafa wollte sich ins Parlament der Provinz wählen lassen, aber Bhutto, der sich lebhaft vorstellen konnte, welche Schwierigkeiten der ehemalige Gouverneur im Repräsentantenhaus vom Punjab hervorrufen würde, weigerte sich, der Kandidatur zuzustimmen, und bot ihm, um ihn erst einmal loszuwerden, den Posten als Botschafter in den USA an. Damit lag der Bruch zwischen den beiden früheren Freunden offen zutage. Mustafa trat aus der Pakistanischen Volkspartei aus und kündigte an, daß nicht weniger als vierzig Parlamentsmitglieder seinem Beispiel folgen und mit ihm den Grundstock einer neuen Partei bilden würden. Aber es schlossen sich nur einige wenige seiner Sache an, und von diesen »Khar-Getreuen«, wie man sie nannte, wurden viele festgenommen und im Lager von Dalai inhaftiert.

Trotzdem wollte Mustafa nicht von seinen Plänen für eine unabhängige Kandidatur bei den Wahlen zum Provinzparlament ablassen. Er konnte sich dabei auf den langsam, aber stetig zunehmenden Unmut im Volk gegen Bhutto stützen. Bhutto hatte seine Versprechungen von besseren Lebensverhältnissen und Wohlstand für die Massen nicht eingelöst. In Mustafa nun hatten die enttäuschten Menschen einen Mann gefunden, der ihre Gedanken für sie artikulierte. Und wem konnte man seine kritischen Worte eher abnehmen als ihm, der doch immerhin einst der engste Verbündete des Premierministers gewesen war?

Bhutto verlor die Nerven und schickte eine ganze Korona von Parteifunktionären, um gegen Mustafa Stimmung zu machen. Er fühlte sich verletzt, daß ausgerechnet sein eigener Schüler ihm nun an den Kragen wollte, und titulierte Mustafa als »Brutus«. Seine Leute griffen zu immer brutaleren Methoden, je näher die Wahl heranrückte. Bei einer von Mustafas Wahlveranstaltungen in Taj Pura setzten seine Helfershelfer tödliche Giftschlangen unter den etwa 100 000 Zuhörern aus. Bei der anschließenden

Massenflucht wurden unzählige Menschen zu Tode getrampelt. Außerdem sollen Schüsse gefallen sein.

Als Mustafa von diesem Treffen zurückkam, war er tief erschüttert und verstört. Sajid, einer seiner Anhänger und Mitglied der Nationalversammlung, kam mit dem Leichnam eines jungen Mannes in Mustafas Haus, ein Beweis für Bhuttos Skrupellosigkeit. Und er hatte einen Vorschlag zu machen: Wenn Mustafa den Trauerzug anführte, würde der ganze Punjab zu ihm überlaufen. Aber Mustafa war nicht daran interessiert, die Greueltat politisch für sich zu nutzen. Statt dessen schrie er Sajid an: »Sind Sie wahnsinnig geworden? Wie kommen Sie dazu, mir diese Leiche ins Haus zu bringen? Wissen Sie denn nicht, daß ich des Mordes angeklagt werden könnte?« Traurig ging Sajid davon.

Am nächsten Tag wurde ein Arbeiterführer ermordet. Als Mustafa der Familie seinen Beileidsbesuch abstattete und ankündigte, daß er die Beisetzungsprozession anführen werde, wurde er von militanten Arbeitern attackiert und mußte von der Polizei in Sicherheit gebracht werden. Nach dieser Erfahrung bekam er Angst vor der Beisetzungsprozession und hätte sein Versprechen am liebsten wieder zurückgenommen. Aber auch ihm war klar, daß er sich wohl kaum mehr davor drücken konnte, ohne das Gesicht zu verlieren. Ein Plan mußte her. Also heckten Mustafa und seine Berater einen aus.

Noch am selben Abend wurden er und Choudry Hanif, ein Mitglied des Provinzparlaments, heimlich nach Sialkot gefahren. Der mächtige Löwe vom Punjab kroch dicht am Boden, damit ihn niemand sehen konnte.

In der Zwischenzeit hatte Sherry ihre Rolle zu spielen: Hysterisch telefonierte sie überall herum, bis sie schließlich zu Bhutto durchkam. »Wo ist mein Mann?« schrie sie dem Premierminister ins Ohr. »Sie haben ihn umgebracht, ich weiß es ganz genau. Wo ist er?«

Der unschuldige Bhutto hatte natürlich nicht die leiseste Ahnung.

Von Sialkot aus machten Mustafa und sein Gefährte sich zu

Fuß wieder nach Lahore auf. In einem Straßencafé wurde Mustafa sofort vom Besitzer erkannt, der unverzüglich die Polizei zu Hilfe holte. Da war er nun »gerettet« und wurde nach Lahore zurückgefahren.

In den Morgenzeitungen wurde die phantastische Mär verbreitet, daß Mustafa Khar gekidnappt worden war, und zwischen den Zeilen ließ sich unschwer herauslesen, wer für diese Untat verantwortlich gemacht wurde: Bhutto und seine Leute. Bei einer Pressekonferenz, die er selber einberufen hatte, erklärte Mustafa: »Ich bin ein *shikari*, ein Jäger, ich wußte nicht, wo ich war, aber die Sterne haben mir den Weg nach Hause gewiesen.«

Um wieder eine Partei als Plattform zu haben und unter ihrem Schutz zu stehen, wechselte Mustafa die politische Couleur wie ein Chamäleon. Er schloß sich der konservativen Moslem-Liga an. Meiner Meinung nach machte er damit einen großen Fehler.

Nun war er Bhuttos Feind Nummer eins, unter ständiger Bewachung des Geheimdienstes und immer kurz davor, festgenommen und inhaftiert zu werden. Es wäre in dieser Situation viel zu gefährlich gewesen, mit mir in Verbindung zu treten, daran war gar nicht zu denken.

◇

Ich war schon fünf Monate in Karachi, als ich hörte, daß Sherry schwanger war. Außerdem wurde mir zugetragen, daß Mustafa sich nebenher mit einer Sängerin amüsierte. Diese Erniedrigung machte mich so wütend, daß ich es irgendwie fertigbrachte, ihn ans Telefon zu bekommen. Er beteuerte seine Unschuld in beiden Fällen, aber mein Schmerz war zu groß, um einfach übergangen werden zu können. Ich glaubte ihm kein Wort mehr und sagte ihm, daß ich nun endgültig jeden Kontakt mit ihm abbrechen würde. Es war vorbei mit uns.

Fünf weitere lange Monate verbrachte ich in Einsamkeit, Verwirrung und voller Angst.

Schließlich machte ich mich, ganz wie Sherry es vor mir getan hatte, nach Mekka auf, um Vergebung zu erflehen.

So stand ich denn, halb weinend und halb betend, vor der Kaaba, dem Haus Gottes: Gott im Himmel, ich will nicht, daß man mich für ein Flittchen hält. Ja, ich habe gesündigt. Dafür erbitte ich Deine Vergebung. Gib mir die Kraft, wieder eine ehrbare Frau zu werden. Meine Beziehung zu diesem Mann war billig. Weise Du mir den rechten Weg, bringe diese bösen Zungen zum Schweigen. Alle Welt zeigt mit dem Finger auf mich. Laß diese Qual ein Ende nehmen.

Plötzlich kam mir die Erleuchtung: Es gab nur *einen* anständigen Weg, meinen angeschlagenen Ruf wiederherzustellen. Ich mußte den Mann heiraten. Mustafa Khar hatte mir sein Zeichen eingebrannt, das mich bis ans Ende meiner Tage als eine seiner verflossenen Mätressen kenntlich machen würde, und selbst wenn ich einen anderen Mann zum Heiraten fände, würde er mich verachten, wann immer er an den dunklen Fleck auf meiner Seele erinnert wurde. Mir blieb gar keine andere Wahl. Nur als Mustafas Frau würde die Gesellschaft mich je wieder akzeptieren. Selbst meine Eltern würden mich wieder aufnehmen, wenn ich meinen Status als ehrbare Frau zurückerobert hätte. Und Mustafa war ein Mann, der meiner Mutter schon Respekt abnötigen würde. Er war der letzte, der sich herumstoßen ließ, dazu brauchte man ihn nur anzusehen. Meine einzige Hoffnung lag nun in dieser Heirat. Ich betete zu Allah, Er möge dieses Wunder wahr werden lassen.

Direkt nach meiner Rückkehr aus Mekka bekam ich einen Anruf von Mustafa. Er würde nach Karachi fliegen, um mich zu sehen.

Im Fond eines Wagens verkrochen, um seinen Aufpassern zu entgehen, kam er bei mir an. Daß der mächtige Mustafa Khar sich um meinetwillen so weit erniedrigte, fand ich ungeheuer schmeichelhaft. Er bat mich, seine Frau zu werden. Jetzt gleich. Ein Nein käme gar nicht in Frage. »Ich fliege zurück nach Lahore und warte dort auf dich«, sagte er. »Du kommst nach, und dann lassen wir uns sofort trauen.«

Mit dem Versprechen, sie in drei Tagen nachzuholen, ließ ich Tanya bei Anees zurück und flog nach Lahore. Mustafa und ich reisten in sein Heimatdorf Kot Addu, und am 25. Juli 1976 wurden wir dort von einem zuverlässigen, treuen Mullah in aller Heimlichkeit getraut.

Nach der Zeremonie nahm Mustafa meine Hand und sagte ernst und sehr eindringlich:

»Tehmina, du darfst niemals Angst vor mir haben. Du kannst mit mir über alles reden, wann immer du willst. Ich werde dich ewig lieben und immer gut zu dir sein.«

Kapitel fünf

Erst als ich nach Karachi zurückfuhr, um meine Sachen zusammenzupacken, merkte ich, wie unsicher meine Lage war. Was sollte denn jetzt werden? Sicher, unsere Heirat war nach pakistanischem Recht legal und nach dem Koran auch moralisch, aber würden wir unsere Ehe geheimhalten müssen, bis die politischen Verhältnisse sich besserten? Würde ich von Mustafa getrennt leben müssen, bis er sich von Sherry scheiden ließ? Ich konnte diese Fragen nicht beantworten. Alles, was ich wußte, war, daß Bhuttos Kumpane sich geradezu mit Begeisterung auf Mustafas neueste Eskapade stürzen würden. Die Boulevardblätter würden die Geschichte nur so verschlingen, und Mustafa konnte sich gerade jetzt absolut keinen Skandal leisten.

Die Entscheidung fiel mir sehr schwer, aber dann rief ich Anees an, um ihm zu sagen, daß ich Tanya bei ihm lassen würde, bis sich alles geklärt hatte, und besprach mit ihm die Einzelheiten. Anees war der erste, der von meiner Heirat erfuhr, und es war unüberhörbar, daß ihm diese Nachricht keinerlei Freude bereitete. Aber er erklärte sich bereit, Tanya zu sich zu nehmen, bis mein Leben in ruhigere Bahnen gekommen sein würde. Dann wollte er sie mir wieder zurückgeben. Ich hoffte, daß die Situation sich schon bald klären würde, in ein, zwei Wochen vielleicht, höchstens in einem Monat.

Dann rief Mustafa an und klagte mir sein Leid: Er könne es ohne mich nicht länger aushalten. Er bat mich, meine Rückkehr nach Lahore vorzuziehen, und ich gab seiner Bitte nach.

Tanya merkte genau, was los war. Die aufmerksamen, dunkelbraunen Augen des erst drei Jahre alten, kleinen Mädchens wurden immer größer und ängstlicher, als sie mir dabei zusah, wie ich *alle* ihre Sachen in mehrere Koffer packte und ihr *ganzes* Spielzeug in Pappkartons verstaute. Als der Chauffeur die Sachen zum Auto hinaustrug, fingen die Lippen meines kleinen Mädchens zu zittern an. »Du gehst zu deinem Vater«, sagte ich und bemühte mich, dabei besonders fröhlich zu klingen. »Und in ein paar Tagen bin ich schon wieder da.«

Tanya liebte ihren Vater. Sie sah ihn ja jede Woche. Aber ihr unschuldiges kleines Herz spürte genau, daß hier etwas Ungewöhnliches vorging. Während der ganzen Fahrt schmiegte sie sich fest an mich, ohne ein Wort zu sagen.

Vor dem Haus von Anees wartete schon Tanyas Nanny. Ich öffnete die Autotür, und die Kinderfrau streckte ihr die Arme entgegen. Aber Tanya drehte den Kopf weg und klammerte sich an meinen Kleidern fest. Sie schrie und brüllte vor Angst und Verzweiflung. In meinem ganzen Leben hatte ich noch nie ein Kind so in Panik gesehen.

»Ich bin bald wieder da, Tanya«, stieß ich unter Tränen hervor. »Wirklich, bald.«

Während die Nanny von hinten an dem Kind zog, versuchte Tanya verzweifelt, sich an mir festzuhalten, aber ich stieß sie weg.

Einen Moment später war alles vorbei. Tanya war verschwunden, und der Wagen fuhr los. Je weiter ich mich entfernte, desto schwächer wurden die Klagerufe meiner zu Tode verängstigten kleinen Tochter.

Ich brachte es nicht über mich, zurückzuschauen.

Auf dem Flug zu meinem zweiten Ehemann nach Lahore hallte Tanyas Schluchzen in meinen Ohren wider, und plötzlich überfiel mich ein niederschmetternder Gedanke: War ich meine Mutter und Tanya an meiner Stelle? Hatte ich mich vor ihr verschlossen und sie einfach weggestoßen, wie meine Mutter es mit mir getan hatte? Durch das Fenster sah ich hinaus in die Tiefe und fragte mich, was wohl aus uns werden würde.

Mustafas junger Adlatus Sajid holte mich vom Flughafen ab und erklärte mir, daß ich mich den Abend über in seinem Haus verstecken müsse. Am nächsten Tag fuhr Mustafa mich in die alte Stadt Multan, wo ich mehrere Monate über in absoluter Zurückgezogenheit leben sollte. Multan liegt etwa zwei Stunden von Mustafas Heimatdorf entfernt in einem fruchtbaren Schwemmlandgebiet, umgeben von Obstgärten und den prachtvollen Anwesen reicher Großgrundbesitzer.

Die altehrwürdige Handelsstadt wird noch heute von den

Quraishi und den Gilani beherrscht. Ursprünglich waren die beiden Clans Untertanen der mächtigen Großmoguln, dann aber schien es ihnen zweckdienlicher, ihre Loyalität der englischen Krone zuzuwenden, und dafür wurden sie mit ausgedehnten Ländereien belohnt. Die Stadt erstreckt sich rund um den wichtigsten aller Sufi-Schreine, was jedes Jahr wieder unzählige Gläubige anzieht, die ihre Huldigung unter anderem mit Millionen von Rupien zum Ausdruck bringen. Seit Generationen schon streiten die Quraishi und Gilani, wem dieser Nebenverdienst denn nun rechtmäßig zusteht, und auch heute noch wird die Lokalpolitik von dieser Fehde beeinträchtigt.

Wenn sich die Herren von Multan gerade einmal nicht in den Haaren liegen, verbringen sie ihre Zeit damit, an lauen Sommerabenden Mädchen beim Tanzen zuzusehen. Darum ist Multan auch für seine Dirnen berühmt geworden, ein absolutes Muß für jeden sinnenfrohen Landbesitzer vom Punjab.

Das war die Umgebung, in der ich versuchte, mein Haus in Ordnung zu halten. Ich mußte mich beschäftigen, um nicht unter der Sehnsucht nach Tanya zusammenzubrechen.

Mustafa besuchte mich zwar sehr häufig, aber seine Unberechenbarkeit ließ mich nicht zur Ruhe kommen. Manchmal, wenn er nach Lahore abfuhr, sagte er, er würde erst in einer Woche zurückkehren, nur um noch in derselben Nacht wieder vor der Tür zu stehen. Einerseits konnte er es sich nicht leisten, entdeckt zu werden, andererseits hielt er es fern von mir nicht aus. Er behauptete, die wenigen Augenblicke mit mir seien die sechsstündige Fahrt von Lahore nach Multan allemal wert.

Er ließ mich wieder nach Lahore kommen und brachte mich in dem Gartenhaus unter, das schon so viele unserer heimlichen Zusammenkünfte gesehen hatte. Dieser Ort war voller Erinnerungen für mich, süßer und bitterer; hier zu leben war mir alles andere als angenehm. Ich wollte endlich nicht mehr Versteck spielen müssen und Tanya wieder zu mir zurückholen. Mustafa verbrachte den Tag bei mir und die Nacht bei der anderen, ahnungslosen Frau im Haupthaus, das sich auch noch auf demselben Grundstück befand.

Eines Abends war ich eingeschlafen, nachdem Mustafa fortgegangen war. Ich war sehr überrascht, kurz darauf von ihm geweckt zu werden, und noch überraschter, als ich Sherry an seiner Seite sah. Nachdem er vergeblich versucht hatte, seine schwangere Frau von den Tatsachen zu überzeugen, hatte er sie kurzerhand hergebracht, um seine Geständnisse zu beweisen. Mein Schattendasein war vorbei, ich zog ins Haupthaus. Egal, wie es ausgehen würde, nun mußten unsere Familien und unser Bekanntenkreis unweigerlich erfahren, daß Mustafa zwei Frauen hatte, nur eines wollte er nach wie vor unbedingt vermeiden: daß die Presse irgend etwas davon mitbekam.

Mein neues Zuhause war eine Villa im spanischen Stil mit geschwungenem rotem Ziegeldach und vielen Rundbögen. In allen sechs Schlafzimmern wohnten irgendwelche Verwandten von Mustafa, also zog ich nach oben unters Dach.

Natürlich war das aufgeregte allgemeine Getuschel laut genug, um irgendwann auch nach London durchzudringen. Meine Eltern zeigten sich entsetzt. Wieder einmal hatte ihre aufrührerische Tochter Schande über ihr Haus gebracht. Aber damit war jetzt Schluß. Für Sie, so ließen sie mitteilen, lebte ich nicht mehr.

In Mustafas Umgebung dagegen wurde unsere Ehe so selbstverständlich akzeptiert, daß ich mich zu fragen begann, warum ich mir jemals Sorgen gemacht hatte. Sogar meine Großmutter war einverstanden. Als sie zu Besuch kam, sah ich zwar, daß sie sich um meine Zukunft Sorgen machte, dennoch lag in ihren Augen auch so etwas wie Zufriedenheit, eine stille Freude, daß ich am Ende doch wieder eine anständige Frau geworden war.

Das ganze war eine Komödie und eine Tragödie zugleich. Einerseits hätte ich am liebsten jede einzelne Sekunde mit Mustafa verbracht, auf der anderen Seite wieder wollte ich nicht, daß er Sherry vernachlässigte, und war peinlich berührt, wenn er in ihrer Gegenwart zu liebevoll mit mir umging. Nachts wies ich ihn manchmal einfach aus dem Zimmer und schickte ihn zu ihr hinüber. Ich wollte Sherry nicht weh tun, aber es war ganz offensichtlich, wie sehr sie litt. Und bei alldem konnte ich nie vergessen, daß sie ja schwanger war und deshalb doppelt gedemütigt.

Bei Gesellschaften traten wir als Dreiergespann auf. Während Mustafa das Ungewöhnliche der Situation mühelos überspielte und Sherry wenigstens so *tat,* als mache ihr das alles nichts aus, fühlte ich mich exponiert und aufs äußerste beschämt, wenn wir gemeinsam ein Haus betraten. Wir lebten in einer modernen Zeit, und was wir drei da den Leuten präsentierten, war der pure Anachronismus.

Mit der Zeit beobachtete ich immer wieder das gleiche eigentümliche Phänomen: Wenn Mustafa zur Jagd fuhr, fühlte ich mich unglücklich, Sherry aber schien äußerst zufrieden zu sein, daß er fort war. Je näher dann der Moment seiner Rückkehr heranrückte, je glücklicher wurde ich in meiner Vorfreude, während Sherry zunehmend aus der Fassung geriet.

Sherry vertraute sich mir immer öfter an und erzählte bald eine Geschichte nach der anderen, in der Mustafa jedesmal die Rolle eines Sadisten von grotesken Ausmaßen spielte, der seine Befriedigung daraus zog, ausgerechnet diejenigen zu demütigen, die er zu lieben behauptete. Als Grund hatte sie sich die Theorie zurechtgelegt, daß Mustafa unter einem starken Minderwertigkeitskomplex leide. Frauen unserer sozialen Schicht waren ihm verhaßt, und deshalb war er ausgezogen, uns zu unterjochen. Hinter seinem feudalen Gehabe verberge sich nur sein Klassenhaß. Sherry behauptete, Mustafa spiele seinen politischen Idealismus nur, um Zutritt zu unserer Gesellschaftsklasse zu erhalten, und sein Betroffenheitsgetue, wenn es um die Armen und Unterdrückten ging, sei reine Show. In Wirklichkeit, sagte sie, beweise das alles nur seinen abgrundtiefen Haß auf die Elite. Er wollte das System zerstören, das seine ländliche Herkunft und seine schlechten Umgangsformen mitleidig belächelte. Frauen waren wie geschaffen als seine Opfer. Er hatte eine Mission zu erfüllen. Er mußte uns zerstören.

Ein Teil meiner selbst tat solche Äußerungen als die Fieberphantasien einer rachsüchtigen, betrogenen Frau ab; ein anderer Teil speicherte sie fein säuberlich in der Erinnerung.

Ich sammelte Indizien.

In seinem Umgang mit Sherry war Mustafa in der Tat nie anders als ungeduldig und verachtend. Er beschimpfte sie mit Ausdrücken, die mir die Röte in die Wangen steigen ließen. Eines Morgens fragte er Sherry nach den Vitamintabletten, die er extra für sich aus London hatte einfliegen lassen. Sie brachte ihm eine halbleere Flasche, und Mustafa wütete sofort los: »Wo sind die anderen geblieben?«

»Ich habe sie genommen«, gestand Sherry zögernd. »Ich brauchte sie . . . weil ich doch schwanger bin.«

Daraufhin trat er kräftig nach ihr und zog seine dicken Schuhe mit den Gummisohlen aus, um sie damit zu schlagen. Als es vorbei war, stieß er sie derb aus dem Zimmer. Wie gelähmt vor Entsetzen stand ich da und brachte nicht den Mut auf, ihm zu sagen, wie abstoßend ich das alles fand.

Schon kurze Zeit darauf sollte ich erfahren, wie es sich anfühlte, wenn man selber zur Zielscheibe von Mustafas Zorn wurde. Ich mußte zum Zahnarzt, und Sherry sollte mich hinbringen. Da ich wußte, daß Mustafa unsere Ehe noch immer vor der Presse geheimzuhalten versuchte, fragte ich ihn, welchen Namen ich angeben sollte. »Begum Mustafa Khar«, antwortete er. Als ich dann aber in der Praxis ankam, tat es mir leid um Sherry, deshalb gab ich mich nicht als Mustafas Frau zu erkennen und nannte mich einfach nur Tehmina. Sherry hatte nichts Besseres zu tun, als Mustafa sofort zu hintertragen, daß ich seine Befehle mißachtet hatte. Mustafa interpretierte das, was ich doch nur aus Rücksichtnahme getan hatte, als Verrat und tobte: »Du hast dich mir nie zu widersetzen, verstehst du . . . Niemals! Du wirst gefälligst tun, was ich dir befehle!«

Ein anderes Mal erhielt ich in meinem Zimmer eine Nachricht, daß Mustafa mich auf der Veranda zu sehen wünsche. Ich zog mich erst um und brauchte deshalb ein paar Minuten, bis ich soweit war, und als ich dann ganz unbefangen auf die Veranda geschlendert kam, fand ich einen wutschnaubenden Mustafa vor. Mit böse glitzernden Augen starrte er mich an: »Wie kannst du es wagen, mich warten zu lassen?« schnauzte er. »Wenn ich dich rufe, meine ich sofort. Und das heißt, daß du alles andere stehen- und liegenzulassen hast.« Ich setzte zu einer Erklärung an, aber er winkte, immer noch zornbebend, ab.

In meinem Schlafzimmer überbrachte Sherry Mustafa und mir einmal die Nachricht, daß sie Abdur Rehman, Mustafas neunzehnjährigen Sohn aus erster Ehe, beim Rauchen im Badezimmer erwischt hatte. Sofort ließ Mustafa Abdur Rehman und das gesamte Personal zu sich rufen. Vor versammelter Mannschaft fragte er seinen Sohn, ob er geraucht habe. Der arme Junge log. Da erhob sich Mustafa von seinem Stuhl und befahl den Dienern, den Sünder auf den Boden zu zwingen und an allen vieren festzuhalten. Dann begann eine fürchterliche Szene. Mit einem Stock schlug Mustafa auf seinen unglücklichen Sohn ein, der bei jedem Hieb um Gnade schrie. Das fürchterliche Geräusch, wenn unter dem Schnalzen der Waffe die Haut aufplatzte, und der Anblick all des Blutes waren so unerträglich, daß ich mich hilflos zusammenkrümmte. Mustafa schlug mit gleichbleibend brutaler Wucht zu, bis der Stock schließlich auf dem Rücken des Jungen zerbrach. Unbeeindruckt rief Mustafa sofort nach einem neuen und prügelte weiter, bis auch dieser zweite zerbarst. Als er mit dem dritten genauso weitermachte, hielt ich es nicht mehr aus und versuchte einzugreifen, aber Mustafa stieß mich einfach zur Seite.

Ich verstand die Welt nicht mehr und war wie versteinert beim Anblick der sinnlosen und unbarmherzigen Gewalt, mit der Mustafa seinen eigenen Sohn behandelte.

An diesem Abend waren wir bei Taj ul-Mulk eingeladen, einem alten Freund und Vertrauten. Mustafa hatte mir aufgetragen, Geld mitzunehmen, und als am Abend beschlossen wurde, noch zum Essen auszugehen, fragte er mich danach. Ich erklärte, daß ich sonst nie eine Handtasche bei mir trüge und das Geld leider vergessen hätte. Daraufhin zischte er mich vor allen Leuten giftig an: »Du setzt dich jetzt ins Auto, fährst nach Hause, holst das Geld und kommst wieder zurück.« Zutiefst beschämt tat ich, was er verlangte.

Eines Tages fragte Sherry so ganz nebenbei, ob ich ihr wohl

meine »ausländischen Kleider« überlassen würde, wenn ich fortginge, denn sie könne solche Dinge hier in Pakistan ja nicht bekommen. Ich war völlig verwirrt und fragte sie, wovon sie denn überhaupt spräche. Ich wußte nichts von irgendwelchen Plänen, Pakistan zu verlassen. Nun war Sherry ihrerseits verwirrt und erklärte mir endlich, warum sie meine Gegenwart in ihrem Hause zumindest einigermaßen gelassen hingenommen hatte. Mustafa hatte ihr doch tatsächlich die ungeheuerliche Geschichte aufgetischt, er habe mich nur geheiratet, um all die bösen Zungen zum Schweigen zu bringen, die gar nicht aufhören wollten, über mich zu klatschen. Nur ein paar Monate sollte ich in seinem Haus bleiben, bis das schmutzige Gerede verstummt war, dann würde er mich nach Übersee schicken und für eine unauffällige Scheidung sorgen. Die arme Sherry hatte ihm geglaubt, weil sie ihm glauben wollte.

◇

Als die Nachricht kam, daß Sherry einen Sohn geboren hatte, waren Mustafa und ich auf einem Jagdausflug. Mustafa war vor Freude ganz aus dem Häuschen. Sobald wir wieder in Lahore eintrafen, stattete er Mutter und Kind einen Besuch ab und nahm dann das Baby mit nach Hause, um es seiner Mutter vorzuführen. Sie gab dem Kleinen Honig zu schlecken, was nach altem Brauch die guten Eigenschaften desjenigen auf das Kind übertragen soll, der das Ritual vollzieht. Dann legte sie ihre Lippen an das winzige Ohr und hob zu einem dreifachen *azaan* an: *»Allahu akbar«* (»Allah ist groß«). Darauf sprach sie die *kalima: »La Illaha Il Allah wa Mohammad Rasul Allah«* (»Es gibt keinen Gott außer Allah, und Mohammed ist Sein Prophet«). Damit war der Junge in den islamischen Glauben aufgenommen.

Mustafa brachte seinen Sohn ins Krankenhaus zurück, aber noch in derselben Nacht bekam das Kind eine Lungenentzündung und starb. Hinter vorgehaltener Hand wurde gemunkelt, Mustafa habe den Jungen eigenhändig umgebracht. Aber das war wirklich nichts als bösartiges Gewäsch. Ich hatte gesehen, wie sehr der Tod dieses Kindes ihm zu Herzen gegangen war. Wieder einmal war ihm sein schlechter Ruf vorausgeeilt: Egal, was für Schauermärchen über ihn erzählt wurden, die Leute glaubten nur zu gerne an seine Schuld.

In diesem Punkt tat sich Sherrys Familie ganz besonders hervor, und das führte schließlich zum endgültigen Bruch. Mustafa präsentierte seiner Frau die Scheidungspapiere, sprach die Formel »*talak, talak, talak*«, und damit war alles vorbei.

Sherry und ihre Mutter durften aus dem Haus mitnehmen, was immer sie wollten. Allein der Schmuck, unter anderem etwa achtzig kostbarste Geschmeide, die sie zu ihrer Hochzeit mit dem Gouverneur vom Punjab bekommen hatte, war ein Vermögen wert: ein Türkiskollier mit Zubehör vom Schah von Persien; Uhren und Juwelen vom König von Saudi-Arabien. Bhuttos Hochzeitsgeschenk war ein überwältigendes Schmuckstück aus Gold und wertvollsten Edelsteinen gewesen. Sherry packte alles zusammen und zog aus.

Nachdem sie fort war, fing ich an, das Haus neu einzurichten, das nun endlich mir allein gehörte. Ich ließ die schweren Samtportieren abhängen und machte mich daran, dem ganzen einen gewissen amerikanischen Akzent zu geben: Die hohen Decken wurden mit komplizierten Mustern in den traditionellen Farben von Multan, Mustafas Heimat, bemalt; helle Orange-, Grün- und Blautöne und strahlendes Weiß bildeten einen angenehmen Kontrast zu den gedämpften Farben der Möbel. Dann nahm ich mir die Dienerschaft vor. Sie mußten lernen, daß man Cola mit einer Zitronenscheibe auf dem Rand des Glases serviert und Tee in Silber, mit einer zu einem Dreieck gefaltete Papierserviette zwischen Tasse und Unterteller. Langsam kam Ordnung ins Haus. Meine Mutter hatte mich nicht umsonst abgerichtet.

Mustafa meinte, ich bräuchte wohl eher Regierungsbeamte und keine normalen Diener. »Diese armen, ungebildeten Burschen sind doch nicht gut genug für dich.« Er amüsierte sich königlich, als ich vor gesenkten, ungewaschenen Köpfen einen Vortrag über Sauberkeit hielt.

Nun fühlte ich die Zeit gekommen, meine Tochter Tanya

wieder zurückzuholen. Nur zogernd erlaubte Mustafa mir, Anees anzurufen, damit er mir unsere Tochter schicke, wie er es versprochen hatte. Während ich die Nummer wählte, stand Mustafa hinter mir. Die Erinnerung an die Tatsache, daß ich vor ihm schon mit einem anderen Mann zusammengewesen war, regte ihn sichtlich auf. Aber das Gespräch war nur kurz und absolut niederschmetternd. Auch Anees hatte von den Gerüchten über Mustafas angeblichen Kindesmord gehört und eröffnete mir rundheraus, daß er seiner Tochter niemals erlauben werde, unter dem Dach eines Mannes zu leben, der zu so etwas fähig war. »Du wirst in Zukunft keinen Kontakt mehr mit Tanya haben«, sagte er und hängte ein.

Trostsuchend drehte ich mich zu Mustafa um und schluchzte: »Er will sie mir nicht geben!«

Aber seine Miene brachte mich augenblicklich zum Schweigen. In seinen Augen las ich die unmißverständliche Botschaft: Ich habe dir das enorme Privileg erteilt, deinen früheren Ehemann anzurufen. Damit gib dich zufrieden. *Ich* bin der wichtigste Mensch in deinem Leben, nicht Tanya.

In dieser Nacht fand ich keinen Schlaf. Angstvoll fragte ich mich, wie meine kleine Tochter ohne Mutter zurechtkommen sollte. Am nächsten Tag würde für Tanya die Vorschule wieder beginnen, und wer half ihr beim Anziehen? Wer machte das Lunchpaket für sie zurecht?

Am Morgen fand Mustafa mich in Tränen aufgelöst. »Wenn du deine Tochter so sehr liebst, warum hast du mich dann geheiratet?« fragte er scharf. »Du hättest dir die Konsequenzen vorher überlegen sollen. Aber eins sage ich dir: Du wirst mein Leben jetzt nicht damit belasten, daß du deiner Tanya hinterherweinst. Es gibt überhaupt nichts zu weinen, ist das klar? Ich will dich nie wieder wegen Tanya heulen sehen, verstanden? – Nie wieder!« Ich sah auf und schrak zurück. Drohend schwebte sein Gesicht über mir, das sich in Wut und Erbitterung zu einer Grimasse verzogen hatte.

Kurz danach erfuhr ich, daß ich schwanger war.

Von nun an bestand Mustafa darauf, daß ich jeden Morgen

einen Haufen gebutterte Brotfladen und Eier zum Frühstück aß, die ich zudem noch mit einem halben Liter frischer Kuhmilch hinterunterspülen mußte. Abends wurde mir noch einmal ein riesiges Glas mit dieser schleimigen Flüssigkeit vorgesetzt, von der mir jedesmal übel wurde. Mustafa behauptete steif und fest, diese Form der Ernährung sei dem ungeborenen Kind besonders zuträglich. Ich aber fühlte mich von all dem fettigen Zeug schwerfällig und wie aufgeblasen und kam schließlich zu dem Schluß, daß er es in mich hineinzwängte, damit ich möglichst viel zunahm und so dick würde, daß sich kein anderer Mann mehr für mich interessierte. Das Servieren der Milch war Dai Ayeshas Aufgabe, aber vor allem mußte sie aufpassen, daß ich das Glas auch leerte.

Eines Abends fragte Mustafa mich beim Eintreten ins Schlafzimmer, ob ich meine Milch schon getrunken hätte. Das hatte ich nicht. Sofort befahl er Dai Ayesha zu sich und herrschte die verängstigte Frau wütend an: »Warum hat sie ihre Milch nicht bekommen?« Dai murmelte eine Entschuldigung: Ich hatte nicht darum gebeten, und sie hatte es vergessen. Mustafa trat ihr mit solcher Wucht in den Leib, daß sie vornüber stürzte.

Was ich bisher nur geahnt hatte, wurde nun zu schrecklicher Gewißheit. Ich war in dieselbe Falle gegangen, die seit Generationen für jede pakistanische Frau ausgelegt wird. Die Ehe ist das große Ziel, aber wenn man das einmal erreicht hat, gibt es für alle Zukunft nur noch totale Unterwerfung. Ich hatte keine Macht mehr, keine Rechte und keinen eigenen Willen.

◇

Anfang 1977, Mustafa und ich waren ein gutes halbes Jahr verheiratet, rief Bhutto Neuwahlen aus, bei denen seine Pakistanische Volkspartei gegen eine zusammengewürfelte Koalition aus gegnerischen Gruppierungen antrat, die sich den Namen Pakistan National Alliance gegeben hatte. Mustafa ging auf eine vierwöchige »Urlaubsreise« nach London, damit er der politischen Konfrontation mit seinem verflossenen Freund aus dem

Weg gehen konnte. Die Pakistanische Volkspartei gewann mit großer Mehrheit, aber die Opposition erklärte das Ergebnis für ungültig und bezichtigte Bhutto und seine Gefolgsleute, Wahlfälschung im großen Stil betrieben und Stimmen gekauft zu haben. Empörte Menschenmengen rotteten sich auf den Straßen zusammen, eine wahre Epidemie von Streiks und gewaltsamen Zwischenfällen brachte empfindliche wirtschaftliche Einbrüche. Pakistan schien auf dem Weg, sich selbst zu zerstören.

Die Oppositionsführer witterten bereits Morgenluft, ihr Sieg schien kurz bevorzustehen, als sie zudem auch noch einen starken Verbündeten fanden: Bhuttos eigenwillige Außenpolitik und sein unbeirrtes Vorantreiben eines umstrittenen Atomprogramms hatten den USA seit längerem Anlaß zur Sorge gegeben. Die Vereinigten Staaten fürchteten, daß die sogenannte »islamische Bombe« ihren Weg auch in die Hände von Staaten wie Libyen oder Syrien finden könnte, ganz zu schweigen von terroristischen Organisationen. Es hieß, die Opposition gegen Bhutto werde durch US-Dollars finanziert. Außerdem wußte man, daß die obersten Militärs von Pakistan bereits in Alarmbereitschaft waren. Sie fürchteten, daß eine Entwicklung zur Atommacht Kürzungen bei den regulären Truppen nach sich ziehen und damit ihren eigenen Einfluß empfindlich beschneiden würde. Bald überschlugen sich die Ereignisse. Die Streiks und Demonstrationen weiteten sich dermaßen aus, daß Bhutto in drei Städten die Armee zu Hilfe rufen mußte.

Als Mustafa und ich aus London zurückkamen, kämpfte Bhutto verzweifelt um sein politisches Überleben. Nur die Unterstützung des Punjab konnte ihn noch retten, und Mustafa war der einzige Mann auf der Welt, der das für ihn erreichen konnte. Also schluckte der Premierminister all seinen Stolz hinunter und lud Mustafa nach Islamabad ein, zurück in den Schoß der Volkspartei.

Sorgfältig das Für und Wider einer Rückkehr in die Partei abwägend, verhandelte Mustafa über die Bedingungen. Auch an ihm gingen diese anstrengenden Zeiten nicht spurlos vorüber, und die Anspannung in ihm wurde immer größer, bis sie sich schließlich in sinnlosem Zorn entlud. Weil er sich nicht in der politischen Arena abreagieren konnte, suchte er seine Opfer unter den Menschen, die ihm am nächsten waren.

Der Diener hatte sich fünf Minuten mit dem Essen zum *iftaari* verspätet, der Mahlzeit, mit der bei Sonnenuntergang das heilige Fasten im Ramadan unterbrochen wird. Mustafa war hungrig und explodierte, als es schließlich aufgetragen wurde. In Gegenwart seiner Mutter, die bei uns lebte, schlug er so lange auf den armen Mann ein, bis der fast die Besinnung verlor. Dann nahm er wieder am Tisch Platz und kommandierte: »Aufessen.« Seine Mutter begann zu essen, aber ich murmelte, ich hätte keinen Appetit mehr. Daraufhin starte Mustafa mich haßerfüllt an und überschüttete mich mit obszönen Schimpfworten. So schnell ich konnte, fing ich an, mein Essen hinunterzuwürgen.

In den folgenden vier Stunden verschlechterte sich Mustafas Laune zusehends, und als wir uns schließlich zurückzogen, hing die drohende Gewalt wie eine schwarze Wolke zwischen uns. Im Ankleidezimmer warf ich mir mein hellblau kariertes Katastrophenkostüm über, das immerhin noch gute Dienste als Nachtgewand tat. Auf halbem Wege zum Bett stellte sich Mustafa mir in den Weg. Ein kalter Schauer lief mir den Rücken hinunter. Mustafa befahl mir, mich auf die Bettkante zu setzen, und nahm dann neben mir Platz. Dann fing er an, mich über meine Ehe mit Anees auszufragen. Wie hatten wir uns kennengelernt? Und wo? Das war nicht leicht zu beantworten, aber nach und nach wurden seine Fragen immer zudringlicher. Je länger das Verhör dauerte, desto verärgerter wurde sein Tonfall, sein Atem ging zunehmend unruhig. Er wurde so wütend, daß ihm die Knochen weiß unter der angespannten Gesichtshaut hervortraten. Mit jeder neuen Frage schlug mein Herz schneller. Er wollte *alles* über unsere Hochzeitsnacht wissen.

»Können wir das nicht vergessen, Mustafa?« fragte ich sanft. »Das ist doch längst vorbei. Müssen wir denn jetzt darüber reden?«

»Ich habe dir eine Frage gestellt«, zischte er. »Antworte!«

Ich war schrecklich verängstigt und konnte nur stammeln.

»Du verschweigst mir etwas«, behauptete er. »Da ist noch mehr geschehen.«

»Nein, wirklich nicht. Ich habe dir doch schon alles gesagt. Ich denke, wir sollten das jetzt wirklich nicht mehr diskutieren. Es regt dich zu sehr auf.«

»Wer hat dir erlaubt zu denken? Ich habe dir eine Frage gestellt, und ich will eine Antwort!« Er griff nach meinem rechten Handgelenk und verdrehte es so lange, bis ich vor ihm am Boden kniete. Ich stieß einen Schrei aus und befahl mir im selben Moment, leise zu bleiben, damit nicht die Diener, oder gar seine Mutter, etwas von dieser Szene mitbekommen würden.

Er lockerte seinen Griff, so daß ich mich wieder aufrichten konnte. Ich schnappte nach Luft und rieb mir vorsichtig den mißhandelten Arm. Dann befahl er mir, mich wieder auf das Bett zu setzen, und fuhr in seinem Kreuzverhör fort: »Hast du etwas gefühlt, wenn du mit Anees geschlafen hast?«

Ich jammerte nur: »Ich war doch erst achtzehn. Ich war noch gar nicht interessiert an Sex.«

»Lügnerin!« brüllte er, während sich sein Körper spürbar straffte. Sein Atem ging immer schwerer, selbst im Dunkeln wußte ich instinktiv, daß seine Augen vor Wut hervortraten und er die Hände zu Fäusten geballt hatte. Dann fragte er mit schneidender Bosheit: »Wenn du keinen Sex mit Anees wolltest, wie ist es denn dann zu Tanya gekommen?«

Egal, was ich darauf antwortete, nichts konnte mich von meiner Schuld befreien, ich wußte keinen Ausweg mehr. Aus heiterem Himmel warf er mich über das Bett und sprang mit einem Satz auf mich. Er saß rittlings auf meinem Bauch und schlug mir mit der offenen Hand ins Gesicht, hin und her, hin und her. Die Schläge hallten so laut in meinem Kopf wider, daß sie, jedenfalls bildete ich mir das ein, unmöglich außerhalb des Zimmers ungehört bleiben konnten. Als er mir in die Haare griff, um meinen Kopf immer wieder von einer Seite auf die andere zu schleudern, wandte ich meine ganze Kraft auf, um meine Schreie zu dämpfen. Plötzlich sprang er von mir herunter, packte mit festem Griff meinen langen geflochtenen Zopf und zog mich daran vom Bett auf den Fußboden. Etwas Warmes lief naß an meinen Beinen hinunter, aber ich kam gar nicht dazu zu registrieren, daß meine Blase diesem Terror nicht standgehalten hatte, da warf er mich auch schon gegen die Wand, zog mich wieder hoch und schleuderte mich gegen eine andere Wand, und noch einmal und noch einmal, immer wieder. Ich wußte längst nicht mehr, wie mir geschah. Dann spürte ich einen unerträglichen Schmerz in den Augen. Irgend etwas war geplatzt. Etwas anderes riß. Alles schwoll an, bis meine Schmerzen schließlich zu einem einzigen tiefen, alles überwältigenden Gefühl der Pein zusammenschmolzen.

Ich wußte nicht, wie lange er schon auf mich einschlug. Vielleicht zehn Minuten? Zwei Stunden? Auf jeden Fall eine Ewigkeit. Und dann war es ganz überraschend vorbei. Seine bestialische Wut war verraucht.

Mit schwacher Stimme bat ich ihn: »Bitte, ich muß . . . o Gott, ich muß . . . auf die Toilette.« Er erlaubte mir, ins Badezimmer zu stolpern.

Dort klammerte ich mich ans Waschbecken und versuchte wieder zu Atem zu kommen. Nach einiger Zeit sah ich vorsichtig auf in den Spiegel und schrak entsetzt zurück. Eine Fratze starrte mir aus dem Glas entgegen. Ein Schauer durchlief mich, und meine Zähne schlugen hart aufeinander. Ich begann am ganzen Körper zu zittern. Mein langes Haar hatte sich aus dem Zopf gelöst und stand wild und zerzaust um mich herum. Ich sah aus wie eine Hexe. Die rechte Hälfte meiner Nase war vollkommen zugeschwollen, darunter wölbten sich die zu einem grotesk übertriebenen Kußmund aufgeworfenen geplatzten Lippen. Meine Augen, das eine war blutunterlaufen und tat erbärmlich weh, traten hinter riesigen purpurroten Veilchen zurück. Ein brüllender Schmerz durchzog das eine Ohr. Die linke Seite meines Kopfes war blutverkrustet. Als ich das Blut abzuwischen versuchte, lösten sich ganze Haarbüschel unter meinen Fingern.

Außerdem schmeckte ich Blut. Ich spülte mir den Mund aus, und es wurde nicht besser.

Plötzlich bekam ich panische Angst, daß ich womöglich zu

lange im Bad geblieben war. Zittrig, durchnäßt und dem Zusammenbruch nahe, schleppte ich mich ins Schlafzimmer zurück. In meinem Rücken schmerzte es wie von Messerstichen. Mustafa saß mit gebeugtem Kopf auf dem Bett und hielt sich mit offenen Händen die Schläfen. Dann sah er zu mir hoch. Er war am Boden zerstört, das wilde, rachsüchtige Ungeheuer hatte sich in ein schwaches, verängstigtes Kind verwandelt. Schluchzend sank er zu meinen Füßen nieder und bettelte unter Tränen um Verzeihung: »Es tut mir leid! Es tut mir leid! Es tut mir so leid! Was habe ich dir nur angetan?« Dann fing er an, nach Erklärungen zu suchen. Er müsse von einem bösen Geist besessen gewesen sein; er habe mir bestimmt nicht weh tun wollen; er könne gar nicht begreifen, wie es dazu habe kommen können – vielleicht die Eifersucht auf einen anderen Mann in meinem Leben, vielleicht weil dieser Gedanke so unerträglich war, so unerträglich, weil er mich doch so unendlich liebe. Er hatte einfach die Kontrolle verloren, ja, so mußte es sein, er konnte den Gedanken an seine Frau mit einem anderen Mann nicht ertragen, auch wenn es nur ein längst vergessener Ehemann war.

Am meisten überraschte mich bei alledem meine eigene Reaktion, fühlte ich mich doch tatsächlich von einer unerklärlichen Welle des Mitleids für diesen Mann ergriffen, der da, die Stirn auf meine Füße gesenkt, meine Zehen mit seinen Tränen benetzte.

Ich wollte ihm verzeihen, aber die Schmerzen waren zu stark, um das Geschehene einfach zu vergessen. Die ganze Nacht über wälzte ich mich voller Qualen in meinem Bett, während Mustafa an meiner Seite saß und sein Bestes tat, um meine Beschwerden zu lindern.

Wir wußten beide, daß ich ärztliche Hilfe brauchen würde, aber für Mustafa stellte das natürlich ein großes Problem dar. Wie ich aussah, würde es sich nicht verbergen lassen, daß ich brutal zusammengeschlagen worden war. Er bat mich, meine Schmerzen auszuhalten, um den Schein zu wahren. Ungelegener hätte die ganze Sache für ihn nicht kommen können, denn er mußte nach Islamabad, um sich mit Bhutto zu treffen, und war besorgt, daß womöglich die Diener oder seine Mutter reden würden, wenn sie sahen, wie schwer ich verletzt war. »Wenn das hier an die Öffentlichkeit dringt, werden die Leute unsere Ehe in den Dreck ziehen«, warnte er mich. »Dann wird deine Stellung um keinen Deut besser sein als die meiner anderen Ehefrauen. Ich will nicht, daß man dich erniedrigt, darum soll niemand behaupten können, daß ich es je gewagt hätte, die Hand gegen dich zu erheben. Ich will, daß die Leute dich respektieren, aber wenn sie erst erfahren, daß ich selber keinen Respekt vor dir hatte, warum sollten sie es dann tun?«

Damit hatte er meinen wunden Punkt getroffen. Wenn die Sache unter uns blieb, war meine Demütigung immer noch geringer, als wenn ich alles ausposaunte. Allein der Gedanke, daß es publik werden könnte, ließ mich erstarren, in mir krümmte sich alles aus Angst vor öffentlicher Bloßstellung. Mein Leben lang hatte man mir beigebracht, daß das äußere Ansehen wichtiger ist als alles andere. Das hier war eine Privatsache, die niemanden etwas anging außer meinem Mann und mir. Wir würden das schon wieder hinbiegen. Hauptsache, es erfuhr niemand etwas davon, am allerwenigsten meine Mutter.

»Ich werde in meinem Zimmer bleiben, bis du zurückkommst«, versprach ich. »Sag allen, ich hätte dich begleitet.«

Mustafa war sichtlich erleichtert. Nur Dai Ayesha sollte eingeweiht werden. Sie würde mir Essen aufs Zimmer schmuggeln und Umschläge gegen die Schwellungen machen.

Mustafa reiste also nach Islamabad, wo Bhutto ihn zu seinem Assistenten für besondere Aufgaben und Chefberater in politischen Fragen im Range eines Kabinettsmitglieds ernannte und ihn umgehend in den Punjab weiterschickte, um die Spannung dort einzudämmen. Bei einer Massenveranstaltung in Rawalpindi trat Mustafa mit seinem Markenzeichen, der Mao-Mütze, auf dem Kopf vor die begeisterte Menge, hob wie ein Geistlicher die Hand zum Segen und begann seine Rede. Er beschwor die Leute, die Opposition solle besser endlich zur Kenntnis nehmen, daß Bhutto und die Pakistanische Volkspartei bisher ungeheure Selbstbeherrschung bewiesen hätten. »Aber wir werden Vergeltung suchen, wenn man uns weiter in dieser Weise herausfordert«, schwor er den Massen. »Sie rufen nach Blut? Dann werden wir ihnen an den Kragen gehen. Wir werden Feuer mit Feuer bekämpfen.« Noch einmal segnete er die Menge mit derselben Hand, die mein Gesicht verwüstet hatte. Brüllende Zustimmung schwoll ihm entgegen. Der Löwe vom Punjab war zurückgekehrt.

In der Zwischenzeit verbrachte ich vier stille Tage in meinem Schlafzimmer und tat so, als wäre ich nicht anwesend. Je länger ich mich versteckte, desto überzeugter wurde ich, daß ich wie Sherry enden würde, wenn die Brutalität meines Mannes ans Licht käme. Zu viele Leute warteten nur darauf, mir meine Fehler nachzuweisen und mich in meiner Entwürdigung zu verspotten. Meine Ehe würde jede Glaubwürdigkeit verlieren, und Mutter hätte einen weiteren Grund, mich minderwertig zu finden. Mustafa hatte ganz recht, wenn er sagte: »Wenn ich dich nicht respektiere, warum sollten die anderen es dann tun?« Je mehr ich mir meine eigenen Fehler und Unzulänglichkeiten vor Augen führte, desto blasser wurde die Erinnerung an jene schreckliche Nacht. Ich wollte sie so schnell wie möglich vergessen.

Erst nach mehr als zwei Wochen, als mein Gesicht wieder einigermaßen hergestellt war, hielten wir es für unbedenklich, einen Arzt aufzusuchen. Ich ging zu einem Ohrenspezialisten, einem Physiotherapeuten und einem Augenarzt, der mir mitteilte, daß die geplatzte Kapillarvene in meinem rechten Auge mir wohl für den Rest meines Lebens Schwierigkeiten bereiten dürfte. Und tatsächlich kommt auch heute noch ein rotes Netzwerk feiner Äderchen zum Vorschein, sowie meine Augen nur ein wenig müde werden.

Das schlimmste aber waren die psychischen Folgen. Ich zitterte inzwischen vor Angst, wenn Mustafa nur nach Hause kam. Was auch immer er gerade sagte, war absolutes Gesetz, und ich hatte mich widerstandslos zu fügen. Meine Liebe zu diesem Mann war in Furcht umgeschlagen, denn ich wußte nur zu gut, daß alles, was ich sagte oder tat, ihn wütend machen konnte.

Manchmal reichte sogar ein trauriger Blick, um ihn loswettern zu lassen. »An wen denkst du?« rief er dann. »An einen Liebhaber vielleicht? Anees?« Ich hatte schon einmal einen Ehemann betrogen. Meine vergangenen Sünden machten mich verdächtig und verurteilten mich zugleich.

Ich begann, unablässig still vor mich hin zu beten: Schenke ihm mehr Ausgeglichenheit; erweiche sein Herz für mich; laß ihn mich lieben. In meinen Gedanken war für nichts anderes mehr Platz, nichts anderes hatte noch irgendeine Bedeutung.

Eines Tages verbot Mustafa mir, Zeitungen zu lesen. Ich gehorchte, ohne auch nur an Protest zu denken. Fortan fühlte ich mich schon ertappt, wenn er mich in einem Zimmer antraf, in dem Zeitungen herumlagen, und betete, er möge nur nicht denken, ich hätte womöglich versucht, darin zu lesen. Fast unweigerlich, wenn er eine Zeitung sah, fragte er: »Hast du Zeitung gelesen?« Dann antwortete ich schlotternd: »Nein.« Und schon brüllte er: »Lüg mich nicht an!« Mehr brauchte er nicht zu sagen. Den Rest übernahmen seine Fäuste.

Es gab überhaupt keinen Tag mehr, an dem Mustafa mich nicht aus irgendeinem Grund schlug: Das Essen wurde verspätet serviert; es gab kein heißes Wasser; seine Kleider waren nicht gebügelt. Ich zuckte innerlich zusammen, als mir klar wurde, daß ich ein ebensolches Häuflein Elend geworden war wie die inzwischen abgeschobene Sherry. Und das Tragischste daran war vielleicht, daß ich wie sie aufgehört hatte, seine brutalen Ausfälle noch irgendwie in Frage zu stellen. Ich beschäftigte mich allein damit, ihn möglichst wenig zu provozieren, denn wenn ich auch nur irgendeinen schwachen Einwand vorbrachte, schlug er mich nur noch mehr. Jetzt endlich begriff ich, in welchem Dilemma Sherry gesteckt hatte – und ich wurde ihr von Minute zu Minute ähnlicher.

Mustafa benutzte fortwährend meine erste Ehe als Schlagwaffe. Die Tatsache, daß ich mich hatte scheiden lassen, um wieder zu heiraten, war ja wohl Beweis genug für meine Tendenz zum Ehebruch. Eine Argumentation, die für mich unauflösliche sexuelle Verwirrung zur Folge hatte. Auch die geringste Reaktion auf seine Zärtlichkeiten konnte ihn in mir wieder eine billige Hure sehen lassen. Dabei folgte er feudalen Traditionen: Die Frau dient dem Mann als Objekt seiner fleischlichen Begierde. Wenn sie auch nur andeutet, daß sie selber dabei Befriedigung empfindet, ist sie eine potentielle Ehebrecherin. Auf keinen Fall kann man ihr trauen. Mustafa merkte nicht einmal, daß er meine Gefühlswelt zugrunde gerichtet hatte. Einerseits wollte er mich erregt sehen, andererseits durfte ich auf gar keinen Fall eine Reaktion zeigen. Man wußte nie, wonach ihm gerade war. Ich reagierte rein automatisch und gerade soviel, wie er zu seiner Befriedigung brauchte, ohne je selber etwas dabei zu empfinden. Wenn seine Lust gestillt war, gab es eine ganz kleine Hoffnung, daß er dann vielleicht ein wenig besser gelaunt sein würde.

Ich durfte mich nur in die Richtung entwickeln, die er mir vorschrieb. Eigenständiges Denken war ein Verbrechen, das zu ahnden er jedes Recht hatte. Viele seiner Überzeugungen standen im völligen Widerspruch zu allem, was ich je gedacht hatte, aber ich hätte es niemals wagen dürfen, ihn in eine rationale Auseinandersetzung zu verwickeln. All seine Wertvorstellungen schienen direkt aus dem Mittelalter übernommen zu sein, er war voller Vorurteile, Aberglauben und Ammenmärchen. Ganz oben auf der Liste stand dabei die Rolle der Frau. Wenn es nach feudalen Traditionen ging, war die Ehefrau verpflichtet, ihr ganzes Leben den Wünschen des Mannes zu widmen. Eine Frau war wie eines Mannes Grund und Boden. »So sagt es der Koran«, pflegte Mustafa zu sagen. Und das war in der Tat ein sehr aufschlußreicher Vergleich. Ein Feudalherr hat zu seinem Land nämlich einen ausschließlich praktischen Bezug. Ist es fruchtbar, wird es umzäunt und bewacht, ist es karger Boden, läßt man es verkommen. Land bedeutet Macht, Prestige und Besitz. Meine eigene Interpretation dieser Koranstelle war eine ganz andere. Meiner Meinung nach mußte man sein Land sorgfältig hegen und pflegen, damit es reiche Früchte trug. Nur wenn man das nicht tat, würde es brachliegen. Aber das war ja egal. Es wurde selbstverständlich von mir erwartet, daß ich Mustafas Auffassung fraglos akzeptierte.

Dabei war er so durch und durch altmodisch auch wieder nicht. Er war zwar ein Feudalherr, aber er hatte doch auch eine moderne Welt kennengelernt, und darum schienen seine Philosophien des öfteren nach dem Zufallsprinzip zusammengestellt. Mustafa unterdrückte mich und hielt mich in völliger Abgeschiedenheit von der Welt, während er mich gleichzeitig auch wieder als Partnerin behandelte. Dann sprach er mit mir über Politik und erwartete, daß ich echtes Interesse zeigte. Ich war für ihn das Auditorium, vor dem er seine Ideen vortragen konnte, mehr aber auch nicht, irgendeine Meinungsäußerung war nicht vorgesehen. Manchmal durfte ich auch Wein trinken, aber nur in seiner Gegenwart und wenn er es so wollte. Dann allerdings bestand er darauf. »Das wird dich entspannen«, war sein üblicher Kommentar. »Du bist zu verkrampft im Bett.« Bei dieser Gelegenheit konnte ich feststellen, daß das menschliche Gehirn in Extremsituationen durchaus in der Lage ist, auch die Wirkung von noch so viel Alkohol zu kompensieren, denn wieviel ich auch trank, immer behielt ich die Kontrolle.

Irgendwann kam mir jede Denkfähigkeit abhanden. Eine Notwehrreaktion, denn ich traute mich nicht mehr, irgend etwas zu denken, aus der irrationalen Angst heraus, er könnte meine Gedanken lesen. Er nährte diese Angst oft noch zusätzlich, indem er Dinge sagte wie: »Tehmina, ich weiß, was du denkst, das kannst du mir ruhig glauben. Wage es ja nicht, an irgend etwas zu denken, das ich dir verboten habe.« Es war wie eine Gehirnwäsche – Weichspülen und Schleudern eingeschlossen. Nicht einmal ruhig zu schlafen wagte ich noch; wer wußte denn, ob meine Traumbilder ihn nicht vielleicht ärgern würden?

Mutters Worte, mit denen sie ihre ureigene Interpretation des Koran zum Ausdruck gebracht hatte, klangen in meiner Erinnerung nach: »Wenn ich eines meiner Kinder auffordere, vom Dach zu springen, muß es ohne Zögern gehorchen.«

Das einzige, was mich noch am Leben hielt, waren die jähen Wendungen in Mustafas Verhalten – und meine eigenen unterschiedlichen Reaktionen darauf. In heiterer Stimmung verhielt er sich liebevoll und aufmerksam, fütterte mich mit bloßen Händen, gab sich mit mir Zukunftsträumen hin und versprach, ein guter Ehemann zu werden. Verzweifelt hielt ich mich an diesen kleinen Zeichen der Zuwendung fest, immer bestrebt, ihn so lange wie möglich in dieser Laune zu halten.

Mustafa war geradezu vernarrt in mein knielanges Haar. Damit es keinen Schaden nahm, durfte ich mich nie mit dem Rücken zu einem Feuer setzen. Wenn er einen seiner besonders zärtlichen Momente hatte, erinnerte er sich an seine alte Leidenschaft, kämmte mein Haar mit wahrer Hingabe und ölte mir die Zöpfe ein. Ich mußte ihm versprechen, es niemals abzuschneiden, ja nicht einmal die gespaltenen Spitzen kürzen zu lassen.

Ich wußte, daß ich ihn nicht verlassen konnte. Obwohl sie von niemandem gutgeheißen worden war, hatte ich mich in diese Ehe gestürzt, und nun mußte ich sehen, wie ich sie zusammenhielt. Es war überdeutlich: Jeder Erfolg mußte eben teuer erkauft werden. Ich durfte um gar keinen Preis versagen. Eine glückliche und dauerhafte Ehe war das einzige, was ich vorzuweisen hatte. Solange ich sie wie einen Schutzschild vor mir hertrug und die ehrenwerte Ehefrau meines mächtigen Mannes blieb, würde meine Mutter mir nicht dauerhaft ausweichen können. Und die Angst davor wurde in meinem Wahn ebenso groß, wenn nicht sogar größer als die Furcht vor Mustafa. Diese beiden Ängste beherrschten mich bis in die letzte Faser meines Wesens und machten mich zittern. Nein, ich traute mir ein Entkommen nicht mehr zu. Mustafa würde mich jagen, das war klar, und wie weit ich auch liefe, er würde mich finden.

Und dann würde er mich umbringen. Davon war ich überzeugt.

◇

Im achten Monat meiner Schwangerschaft hatte ich mich dank Mustafas Mastkur von meinem normalen Gewicht von einundsechzig Kilo zu stattlichen einhundertfünfzig Pfund hochgearbeitet. Ich sah aus wie eine aufgedunsene Kuh, und genauso fühlte ich mich auch.

Wir zogen in die Hauptstadt Islamabad in das Haus der State Bank, damit Mustafa in dieser politisch immer brisanter werdenden Situation an Bhuttos Seite sein konnte. Hier befanden wir uns nun inmitten des Intrigenherdes und mußten strengste Sicherheitsvorkehrungen beachten. So kamen wir unter anderem zu einem Bodyguard namens Matin.

Zu den Männern, mit denen Mustafa regelmäßig auf Kabinettssitzungen zusammentraf, gehörte auch der Stabschef des Heeres, General Zia ul-Haq, der berühmt war für seine verschwiegene und kriecherische Art und tiefste Ehrfurcht vor Bhutto zur Schau stellte. Am 4. Juli 1977 saßen meine Großmutter und ich abends in einem Restaurant und warteten auf Mustafa, der uns nach seiner Kabinettssitzung dort treffen wollte. Er kam nicht nur sehr verspätet, sondern auch völlig durcheinander bei uns an, und als ich ihn fragte, was denn los sei, berichtete er aufgeregt: »Dieser General Zia scheint plötzlich eigene Meinungen zu entwickeln. Er hat sich doch tatsächlich geweigert, unseren Regierungsvorlagen zuzustimmen. Das kann nur bedeuten, daß er eine stärkere Macht im Rücken hat. Ich habe Bhutto gewarnt; da braut sich was zusammen.«

In derselben Nacht kam Matin um drei Uhr früh in unser Schlafzimmer gestürmt. Mustafa war sofort hellwach und griff nach seinem Gewehr, um Matin zu folgen, der ihm nur stumm ein Zeichen gemacht hatte. Ich bekam das alles mehr im Halbschlaf mit und war bald schon wieder eingenickt.

Zehn Minuten später aber wurde ich erneut hochgeschreckt. Irgend jemand schlug laut und ausdauernd gegen die Eingangstür. Müde und verschlafen, wie ich war, stolperte ich aus dem Schlafzimmer und lief Matin in die Arme, der mir mit gepreßter Stimme zu verstehen gab, daß ich schleunigst wieder hineingehen sollte. Ich zog mich zurück, ließ aber die Tür einen winzigen Spaltbreit offen, um in den Korridor sehen zu können. Ich war völlig verblüfft, als nur wenige Augenblicke später zwei uniformierte Männer in korrekter militärischer Haltung an mir vorbeimarschierten. Fünf Soldaten, Maschinengewehr im Anschlag, folgten ihnen auf dem Fuße. Einer der Soldaten nahm Aufstellung im Flur und bemerkte den Lichtschein hinter der nicht ganz verschlossenen Schlafzimmertür. Mit einer blitzschnellen Bewegung trat er gegen die Tür und rammte sie mir mit voller Wucht in meinen vorstehenden Bauch. Ich wimmerte vor Schmerzen. Fassungslos warf ich die Tür wieder zu und setzte mich aufs Bett. Ich versuchte zu begreifen, was dort vor sich ging.

Sollte Mustafa verhaftet werden? Hatte er sich wieder mit Bhutto überworfen? Oder war dies etwa ein Staatsstreich, der sich mit dem sprichwörtlichen mitternächtlichen Klopfen an der Haustür ankündigte? Spielte sich vielleicht zur selben Zeit in Tausenden von Häusern landauf, landab dasselbe Drama ab?

Die Uhr auf dem Nachttisch tickte laut vor sich hin. Eine halbe Stunde verging. Dann kam Mustafa schließlich ins Schlafzimmer zurück. Er war ganz ruhig, und man konnte ihm beinahe ansehen, wie er in Gedanken damit beschäftigt war, die Situation zu analysieren und neue Pläne zu schmieden. Er sagte mir, daß die Armee einen Staatsstreich gegen Bhutto unternommen habe und daß das Kriegsrecht ausgerufen worden sei. Dann gab er mir Anweisung, seinen Koffer zu packen, und fügte hinzu: »Vergiß die Vitamintabletten nicht . . . und die Zigarren.«

»Wird es gefährlich werden?« fragte ich.

»Ich weiß nicht. Der Putsch könnte natürlich blutig ausgehen. Sie sind hergekommen, um mich abzuholen. Es wird besser sein, wenn du heute in das Haus von Ghulam Arbi und Saima umziehst.« Arbi war sein Bruder. »Mach dir keine Sorgen«, sagte er noch, dann küßte er mich auf die Stirn und ging.

Von meinem Fenster aus starrte ich nach draußen und erkannte einen Militärjeep voller Offiziere. Mustafa stieg ein, dann raste der Jeep davon.

◇

Im Haus von Arbi und Saima lauschte ich atemlos der Fernsehansprache von General Zia. Er hatte die Macht gewaltsam an sich gerissen, versprach aber, binnen neunzig Tagen Wahlen auszurufen. Er sagte, einige Politiker würden zur Zeit zwar in

Sicherheitsverwahrung gehalten, bald aber schon wieder freigelassen werden.

Zwei Wochen lang wußte ich nicht das geringste über Mustafas Verbleib, dann konnte er mir eine Nachricht zukommen lassen. Er befand sich in Abbottabad, nördlich der Hauptstadt, und es ging ihm gut.

Drei Wochen vor meiner Niederkunft wurden Mustafa und ein paar andere politische Gefangene weiter nach Murree verlegt – wo ich meine Schuljahre verbracht hatte, – und dort in den Arrestzellen eines der staatlichen Gästehäuser untergebracht. Nun durfte ich ihm einen Besuch abstatten. Voller Sorge um das Wohlergehen meines armen, leidenden Ehemannes machte ich eine ganze Reihe gründlich durchdachter Einkäufe und brachte vor allem Haufen von Lebensmitteln mit in den Bergort.

Ich war nicht schlecht erstaunt, als ich feststellen mußte, daß Mustafa und die anderen Gefangenen hier unter Bedingungen lebten, um die der einfache Mann auf der Straße sie glühend beneidet hätte. Sie stellten sich selbst die Menüs zusammen und wurden von uniformierten Trägern bedient. Die Politiker, die nur Wochen zuvor das Schicksal der ganzen Nation in Händen gehalten hatten, saßen nun den lieben langen Tag faul herum und spielten Karten. Nur das Geräusch auf und ab marschierender Militärstiefel störte die friedvolle Ruhe in diesem Paradies.

Vorübergehend zog ich nach Murree, um die Tage mit Mustafa zu verbringen. Nachts schlief ich im Haus seines Freundes Taj ul-Mulk.

Selbst in der Gefangenschaft, die er in der Residenz des Premierministers in Murree verbrachte, hielt Bhutto hof. Jeden Tag wurden seine inhaftierten Berater im Transporter zu ihm gefahren. Da wurde dann beim Essen die gegenwärtige Lage diskutiert. Bhutto war empört und nahm Zia gegenüber auch jetzt noch eine höchst arrogante Haltung ein. Er bezichtigte seinen Gegenspieler des Verfassungsbruchs, denn Artikel 6 untersagte sowohl eine militärische Intervention als auch die Verhängung des Kriegsrechts. Furchtlos belegte er die Generäle mit allen möglichen Schmähungen, bezichtigte sie des Verrats und schwor, daß er sie zur Verantwortung ziehen werde. Mustafa und die anderen warnten ihn so behutsam wie möglich vor derart unvorsichtigen Äußerungen, aber Bhutto ließ sich nicht beirren.

Er pochte beharrlich auf die Buchstaben des Gesetzes und weigerte sich, zur Kenntnis zu nehmen, daß die Generäle die Waffen hatten. Lieber gab er sich seinen Träumen hin und sprach von der Zukunft, wie entscheidend die nächsten fünf Jahre sein würden, um all die wichtigen Reformen weiter durchzusetzen und zu vollenden, die er begonnen hatte und die ihm einst einen Ehrenplatz im Goldenen Buch der Geschichte einbringen würden. Er fühlte sich von den Generälen übertölpelt, eine Schicksalsgestalt, die man um ihre Zukunft bringen wollte. Im Grunde glaubte er, daß die Sonderbehandlung, die man ihm und den anderen Gefangenen aus der Volkspartei zukommen ließ, der stillschweigenden Übereinkunft zu danken war, daß Zia sie immer noch brauchte. Diese Gespräche wurden zweifellos mitgeschnitten, und man kann sich lebhaft vorstellen, wie die Generäle beim Abhören der Bänder nun endgültig den Entschluß faßten, sich Bhutto vom Halse zu schaffen.

◇

Ich spürte, daß die Geburt kurz bevorstand. Ich ging also zu einer Ärztin und bekam die überraschende Mitteilung zu hören, daß das Zivil- und Militärhospital von Murree gar nicht über einen Kreißsaal verfügte. So blieb mir nichts anderes übrig, als wieder zu Arbi nach Islamabad zurückzukehren und dort auf das Einsetzen der Wehen zu warten.

Drei Tage später sahen wir eine riesige schwarze Limousine mit Militärkennzeichen vor dem Hause vorfahren, der zu unserer großen Verblüffung gleich darauf ein fröhlich lächelnder Mustafa entstieg. Zia hatte ihm tatsächlich eine Sondererlaubnis erteilt, damit er seine schwangere Frau besuchen konnte. Er verbrachte die Nacht mit mir und verschwand früh am nächsten Morgen wieder im Wagen des Diktators.

Bei Bhutto und seinen Haftgenossen erweckte Mustafa mit

dieser Aktion heftiges Mißtrauen. Sie hatten ihn im Verdacht, hinter ihrem Rücken mit Zia handelseinig geworden zu sein. Die Generäle heizten die Stimmung zusätzlich an, indem sie Mustafa noch ein paar Tage in Rawalpindi festhielten. Mustafa hatte in aller Unschuld und auch ein wenig naiv um dieses Treffen mit mir gebeten, und nun war er verdächtig und wurde zum Ausgestoßenen im Kreise seiner eigenen Verbündeten.

Wenig später ließ Zia Bhutto und alle anderen politischen Führer frei. Bhutto flog im Hubschrauber zurück nach Islamabad, Mustafa kam wieder nach Hause.

Am 29. Juli brachte ich unsere Tochter Naseeba zur Welt, die von nun an im selben Bett schlief wie wir. Mustafa kam auf die absurde Idee, von Dai Ayesha eine halbkreisförmige Tonform anfertigen zu lassen, um den Kopf unserer Tochter stillzuhalten, während sie schlief. Ein mittelalterlicher Brauch, aber Mustafa wollte ihn befolgen, weil dadurch der Hinterkopf hübsch flach werden würde, ganz wie es dem Schönheitsideal entsprach. Mich schauderte nur, als ich das Ungetüm sah, in das Naseebas kleiner Kopf gezwängt wurde. Es war furchtbar unbequem für sie in diesem seltsamen Apparat, sie mußte unablässig zur Decke sehen, weil sie den Kopf keinen Zentimeter bewegen konnte. Natürlich schrie sie die ganze Nacht, ganz rot im Gesicht vor lauter Aufregung. Ich fürchtete, daß sie ersticken könnte, und hätte sie so gerne auf ihr Bäuchlein gedreht, doch das wurde nicht gestattet. Mustafa fühlte sich von dem Gebrüll gestört und befahl mir, sie zum Schweigen zu bringen, aber aus ihrem Korsett-Helm durfte ich sie trotzdem nicht befreien.

Das alles machte mir schreckliche angst. Die Dienerschaft hatte mir wahre Gruselgeschichten darüber erzählt, wie er mit Sherrys Tochter Amna umgesprungen war. Wenn das Gebrüll ihn am Einschlafen hinderte, hatte Mustafa das arme Geschöpf doch tatsächlich einfach unter das Bett verfrachtet!

Mehr als einmal unterdrückte Mustafa Naseebas Schreie so wütend mit der bloßen Hand oder auch einem Tuch, daß ich fast verging vor Angst, er würde sie ersticken. Mein süßes kleines Mädchen, von dem ich mir so viel Freude erhofft hatte, wurde unmerklich zu einer neuen Quelle angespannter Furcht. Nun mußte ich nicht nur mich selbst, sondern auch mein Kind verteidigen.

In einer anderen Hinsicht jedoch war die Geburt des Babys segensreich gewesen: Sie erweichte endlich das Herz meiner Mutter. Sie kam aus London, um eine Zeitlang bei uns zu wohnen. Ich freute mich sehr darüber, daß Mutter bei mir war. Es bedeutete aber auch, daß ich die Brutalität in meiner Ehe vor ihr verbergen mußte, um so mehr, da sie ja nie mit meiner Heirat einverstanden gewesen war. Ich wußte, daß sie mich und mein Leben nur akzeptieren würde, wenn ich ihr ein glückliches Bild präsentierte.

Mutter war zu einem Damenabend eingeladen und wollte, daß Naseeba und ich sie begleiteten. Widerwillig gab Mustafa seine Erlaubnis, denn auch er wollte vermeiden, daß Mutter ihm auf die Schliche kam, aber er war sehr gereizt und sagte, dies sei das letzte Mal, daß er mir etwas Derartiges gestattete. Spätestens bis zehn Uhr dreißig hätte ich wieder zu Hause zu sein, und das nächste Mal, damit das klar war, sollte ich selber zusehen, wie ich die Sache regelte. Er wollte damit nichts zu tun haben.

Das war nun eine besonders ausgeklügelte Form seelischer Folter. Er lieferte mich den Wünschen meiner willensstarken Mutter aus und nahm mir gleichzeitig die Waffe aus der Hand, indem er mir die Zuflucht zur Wahrheit versperrte. Dann mußte ich eben schwindeln. Sollte ich mir doch irgendeine glaubwürdige Ausrede einfallen lassen, damit ich seine willkürlich gesetzte Sperrstunde einhalten konnte! Den größten Teil des Abends verbrachte ich damit, heimlich nach der Uhr zu sehen, und natürlich war es, was ganz und gar pakistanischen Gewohnheiten entspricht, zehn Uhr dreißig, bevor das Dinner auch nur serviert wurde. Wir hatten gerade angefangen zu essen, als ich ans Telefon gerufen wurde. Bedrohlich ließ sich Mustafas knurrende Stimme vom anderen Ende der Leitung vernehmen: »Wenn du nicht in fünf Minuten zu Hause bist, mach' ich dich fertig!«

Von Entsetzen gepackt, kehrte ich zum Tisch zurück. Immer

wieder gab ich Mutter Zeichen, ich müsse nun gehen, aber sie unterhielt sich prächtig und schlug meine Einwände einfach in den Wind.

Als wir schließlich heimkamen, war es fast Mitternacht. Mutter ging auf ihr Zimmer, ohne auch nur das geringste von meiner Anspannung bemerkt zu haben. Ich hielt Naseeba wie einen Schutzschild an meine Brust, bat Gott um seinen Beistand und eilte ins Schlafzimmer. Einerseits wollte ich so schnell wie möglich bei ihm sein, andererseits hatte ich panische Angst davor. Mustafa wartete auf uns in der Dunkelheit. Er riß mir das Baby aus den Armen, warf es grob aufs Bett und schlug mich mit solcher Wucht, daß ich zu Boden ging. Meine Mutter bewohnte das Zimmer direkt neben uns. So unterdrückte ich meine Schreie und wimmerte nur leise: »Mutter wird uns hören.«

Darauf befahl er mir drohend: »Komm mit nach oben!«

Natürlich hatte Naseeba angefangen zu weinen. Ich nahm sie auf den Arm und stolperte vor Mustafa her die Treppe hinauf in ein anderes Zimmer – meine Folterkammer. Ich wußte, was mich erwartete, aber ich war einzig von dem Gedanken beherrscht, daß Mutter nicht erfahren durfte, wie mein Leben wirklich aussah. Mustafa verschloß die Tür hinter sich. Wieder zerrte er mir Naseeba aus den Armen und stieß sie zur Seite. Zu den Schreien des zu Tode erschrockenen Babys riß er meinen Sari in Fetzen und schlug haltlos auf mich ein. Nur mein Gesicht ließ er unversehrt.

Am nächsten Morgen trat ich meiner Mutter gegenüber, als ob nichts geschehen wäre. Ich hatte eine neue Lektion gelernt: meine Gefühle – und meine Wunden – vor der Welt zu verbergen.

◇

Bhutto beschloß, seine Sache vor das Volk zu bringen. Als er in Lahore eintraf, holte ihn Mustafa vom Flughafen ab. Das Mißtrauen, das während der letzten Wochen der Haft zwischen Mustafa und Bhutto geherrscht hatte, war nach der Freilassung verflogen. Beide wurden von einer stürmischen Menschenmenge empfangen. In der Endphase seiner Regierungszeit waren die Leute Bhuttos endlosen und nie eingelösten Versprechungen, daß er ihnen Brot, Kleidung und Unterkunft bringen würde, müde geworden, aber nun, da er selber zu den Unterdrückten gehörte, wollten sie von seinen Fehlern nichts mehr wissen. Bhutto war in Hochstimmung.

Die Autokolonne bahnte sich im Schneckentempo ihren Weg zu dem Haus, in dem Bhutto während seines Aufenthaltes in Lahore wohnen sollte. Kaum daß er in der Eingangstür verschwunden war, geriet die Menge, die ihrem Führer nahe sein wollte, völlig außer Kontrolle. Unter dem gewaltigen Druck brachen die Eingangstore zusammen, Fensterscheiben zerbarsten, aufgewühlte Zuschauer kletterten über die Mauern, in die Bäume oder klammerten sich in schwindelnder Höhe an Straßenlaternen fest. Menschenmassen ergossen sich auf die Rasenflächen. Jeder wollte nur einen Blick auf den Mann werfen. Sie wollten hören, wie sich diese gewaltsam unterdrückte Stimme von neuem erhob.

Mit der Bemerkung, er fühle sich so »erhaben wie der Himalaya«, trat Bhutto auf den Balkon hinaus und hob zu einer mitreißenden Rede an: »General Zia ist ein Verräter. Er hat die Verfassung gebrochen. Aber das Volk von Pakistan wird ihn dafür zur Rechenschaft ziehen. Es gibt kein Gesetz, das der Armee erlaubt, einfach die Macht an sich zu reißen, indem sie die Vertreter des Volkes fortjagt und einen vom Volk gewählten Premierminister absetzt.«

Zur Antwort scholl Bhutto lauter Jubel entgegen. In ihrer Begeisterung merkten seine Zuhörer gar nicht, daß sie damit sein Todesurteil unterschrieben.

In Islamabad wiederholte sich die gleiche Szene. In ruhigeren Momenten warnte Mustafa Bhutto, daß er von seiner harten Linie abrücken müsse, wenn er nicht von den Generälen beseitigt werden wollte, aber Bhutto reagierte nur kühl und reserviert auf diesen guten Rat. Er versprach sich von seinem Konfrontationskurs, daß er die Generäle auf Dauer zermürben würde, und vertraute fest auf das pakistanische Volk: Es würde sich erheben, um seinen Führer zu retten. Er vergaß ganz, daß Panzer und Kanonen eine größere Durchschlagkraft besitzen als die Stimmung im Volk.

Mustafa erhielt die Nachricht, daß die Generäle ein Zusammentreffen mit ihm wünschten, und Bhutto war der Meinung, Mustafa solle ihrer Aufforderung Folge leisten, um Einblick in die Denkweise und die Pläne der Militärs zu bekommen. Während seiner Unterredung mit Zia und zwei seiner Getreuen wurde Mustafa mit Lobpreisungen überschüttet. Zia verkündete, Männer wie er wären genau die Leute, die sie bräuchten. Von Bhutto aber wollten sie partout nichts wissen und erklärten rundheraus, daß er nur überleben werde, wenn er seine politischen Ambitionen endlich bezähmte. Die Generäle deuteten an, sie hätten nichts dagegen, wenn Bhutto ins Exil ginge, vorausgesetzt, er könne ihnen garantieren, daß er sich ein für allemal aus der Politik zurückziehen würde. Mustafa wußte, was das für eine unerfüllbare Forderung war. Ebensogut hätten sie Bhutto auffordern können, in Zukunft ohne Luft weiterzuleben.

Als er Bericht erstattete, versuchte Mustafa, Bhutto davon zu überzeugen, daß er aus Pakistan fliehen müsse, und bat um die Erlaubnis, selber das Land verlassen zu dürfen, »damit wir noch am Leben sind, wenn der Kampf wieder aufgenommen wird«. Bhutto gewährte ihm seine zweite Bitte und ebnete ihm den Weg: Er lud den Botschafter der Vereinigten Arabischen Emirate zu sich ein und machte ihn mit Mustafa bekannt; dann schrieb er ein Billet an Scheich Said Bin Sultan Al-Nahayan von Abu Dhabi, in dem er ihm Mustafa als »mein Bruder« anempfahl und bat, ihn so gut wie möglich zu unterstützen.

Was ihn selber betraf, so ließ Bhutto verlauten, er habe den Ernst der Stunde sehr wohl begriffen, aber er habe keine andere Wahl. Er müsse bleiben und kämpfen.

Kurz nach diesem Treffen wurde Bhutto des Mordes angeklagt und erneut verhaftet, die engsten seiner Vertrauten sahen sich einer wahren Hexenjagd ausgesetzt. Mustafa blieb verschont und wurde zu geheimen Treffen mit verschiedenen Generälen einberufen. Eines Nachts teilte er mir dann unvermittelt mit, daß wir uns sofort nach England absetzen müßten, noch vor dem Morgengrauen. Naseeba müßten wir allerdings zurücklassen. Sie mitzunehmen wäre zu umständlich und zu gefährlich.

Ich hatte keine Ahnung, welche Art von Übereinkunft Mustafa mit den Generälen getroffen haben konnte. Es roch geradezu nach Verrat, aber ich wagte nicht, irgendeinen Verdacht zu äußern.

Aber Mustafa spürte natürlich genau, was ich dachte, und hielt mir einen Vortrag, daß man in der Politik eben manchmal Kompromisse schließen müsse.

◇

Das Flugzeug, das Islamabad morgens um sechs Uhr dreißig verlassen sollte, stand am Ende des Rollfelds und wartete auf Starterlaubnis. Auf Mustafas Stirn hatten sich kleine Schweißperlen gebildet, die geschwollenen Adern unter seinen Schläfen pochten. In seinem Gesicht stand kalte Angst. Mustafa wußte, und ich wußte es auch, daß die Generäle unberechenbar waren.

Nach einer kleinen Ewigkeit setzte sich das Flugzeug in Bewegung und rollte in Startposition. Der Pilot ließ die Triebwerke aufheulen, das Flugzeug rollte schneller und immer schneller, bis es schließlich abhob. Mustafas Gesicht entspannte sich. Er hatte seinen Kopf gerade noch einmal aus der Schlinge gezogen.

Wir hatten Pakistan überstürzt verlassen, ohne schon feste Pläne zu haben. Aber wir würden in Mekka Station machen, soviel wußten wir, um *umra* zu vollziehen und unsere Pilgerpflicht zu erfüllen. Dann würden wir nach London weiterfliegen. Alles, was wir an Geld bei uns trugen, waren 50 000 Rupien, die, einmal in englische Pfund umgewechselt, kaum einen Pfifferling wert sein würden.

Ich fühlte mich unendlich allein. Nun hatte ich wohl meine beiden Kinder verloren. Mutlos blickte ich aus dem Fenster und sah unsere Heimat tief unter uns immer kleiner werden.

Zweiter Teil

Das Gesetz des Dschungels

Kapitel sechs

In Mekka legte Mustafa seine Hand auf die Kaaba und leistete den feierlichen Eid, daß er in seinem ganzen Leben nie wieder eine andere Frau ansehen würde. Für einen Moslem gibt es keinen größeren Schwur.

Während des Weiterflugs nach London wurde Mustafa von einem mitreisenden Pakistani wiedererkannt, der nach England emigriert war und sich den britischen Gepflogenheiten schon so weit angepaßt hatte, daß er sich Harry nannte. Die ganzen sechs Stunden unseres Fluges philosophierten die beiden Männer miteinander, und als wir schließlich landeten, hatte Harry sich zu unserer politischen Sache bekehren lassen und war unser Freund geworden. Er bot uns seine Gastfreundschaft an, und Mustafa akzeptierte.

Harry lebte in einer kleinen unbequemen Sozialwohnung in Earls Court, aber Mustafa paßte sich mühelos in die beengten Verhältnisse ein. Er war im Exil, und Exil hieß Entbehrungen und Widrigkeiten. Ich aber lag fast die ganze Nacht hindurch mit offenen Augen da und schämte mich, daß wir uns aus dem Staube gemacht und Bhutto in der Gefängniszelle zurückgelassen hatten, die wohl seine Todeszelle war. Ich wußte nicht, wie es Mustafa gelungen war, außer Landes zu kommen, aber irgend etwas sagte mir, daß er seine Ehre verschachert hatte, um sein Leben zu retten. Nach langem Nachdenken wurde mir eines klar: Wenn ich eines Tages in eine solche Situation kommen sollte, würde ich nicht weglaufen, sondern den Kampf auf heimischem Boden ausfechten. Schließlich schlief ich doch ein und träumte von Revolution und Militäraufmärschen. Als ich unter dem Galgen ankam, trug ich den Kopf hoch und zuckte nicht einmal mit der Wimper, als sich mir die Schlinge um den Hals legte.

Ich verzehrte mich vor Sehnsucht nach Tanya und Naseeba. Immer wenn ich ein Baby sah, auf der Straße oder in einem Kinderwagen im Park, zog sich mein Herz schmerzhaft zusammen. Mustafa sah darin nichts als Schwäche, darüber machte ich mir keine Illusionen.

Er ließ mich zwar keine Details über seinen Handel mit den Generälen wissen, aber nach so manchem kleinen Bruchstück an Information hier und da und ein paar zufällig mitgehörten Telefongesprächen war es nicht schwer herauszufinden, was er mit ihnen abgemacht hatte. Er verdankte sein Leben dem Versprechen, schon im nächsten Monat, im November, nach Pakistan zurückzukehren und Dokumente mitzubringen, die sich gegen Bhutto verwenden lassen würden! Das war nichts anderes als ein Vatermord! Ich konnte seine Haltung einfach nicht verstehen. Während Mustafas politischer Ziehvater mit einem skrupellosen Regime um sein Leben kämpfte, konspirierte er mit den Henkern. Ich sagte ihm, wie unwohl mir bei dem allen sei, aber er antwortete nur geheimnisvoll: »Die Weisheit ist ein Kind der Zeit.«

Die ersten Wochen in London verbrachte er damit, sich mit anderen Exilanten in Verbindung zu setzen, alle sollten wissen, daß er da war. Er knüpfte ein Bündnis mit dem einen, löste eine Allianz mit dem anderen, konspirierte, schmiedete Pläne und zog die Unentschlossenen auf seine Seite. Er war absolut in seinem Element. Wer sich im Exil politisch betätigt, bekommt schnell eine übertrieben hohe Meinung von der eigenen Wichtigkeit. Mustafa ging es ebenso. Bald glaubte er, er sei überhaupt der *einzige,* der die Exil-Pakistani in dem siegreichen Kampf gegen Zia und seine Kumpane zusammenführen konnte. Endlich sah er seine Zeit gekommen. Nun konnte er die Volkspartei unter eigenen Vorzeichen neu formieren.

Immerhin war ihm bewußt, daß es nicht leicht sein würde, Bhuttos fanatische Anhänger hinter sich zu vereinen. Er hatte keine weiße Weste. Er hatte die Partei zwar mitbegründet, sie dann aber verlassen. Sicher, er war auch wieder eingetreten, aber gerade dieses Hin und Her machte ihn in den Augen treuer

Parteigenossen besonders verdächtig. Und sie erinnerten sich gut, wie er gegen Bhutto angetreten war, ihren Führer hatte demütigen wollen. Ihrer Ansicht nach war er viel zu ehrgeizig, und die Art und Weise, wie er aus Pakistan herausgekommen war, ließ zudem so manchen an seiner Integrität zweifeln. Eine zwanghafte Angst ging um in der Kolonie der Exilierten: Jeder einzelne konnte ein Spitzel sein, ein Spion.

Mustafa wurde zusehends unruhiger, als der Termin für die Übergabe der Dokumente unaufhaltsam näherrückte. Wenn er sein Versprechen nicht einlöste, würden die Generäle gnadenlos auf Rache sinnen, er würde niemals nach Pakistan zurückkehren können. Mustafa entschloß sich dennoch, seine Treue für Bhutto unter Beweis zu stellen, indem er sein Versprechen brach. Ich stimmte ihm von ganzem Herzen zu und erklärte ihm, daß ich immer noch lieber für alle Zeiten auf der Flucht sein und mein Leben in Armut verbringen würde, statt als Judas nach Hause zurückzukehren.

Nachdem er seinen Entschluß gefaßt hatte, rief er einen der Generäle in Pakistan an und erwirkte in einer hitzigen Diskussion eine Verlängerung der Frist. Mit der Behauptung, er müsse die Stärke seiner Stellung innerhalb der Exilgemeinschaft erst noch auf die Probe stellen, erkaufte Mustafa sich einen zweimonatigen Aufschub.

◇

Meine Familie lebte auch in London, und ich telefonierte regelmäßig mit meiner Mutter. Mein Vater weigerte sich nach wie vor kategorisch, meinen skandalumwitterten Mann in den Schoß der Familie aufzunehmen.

Zudem hatten Mutter und Vater gerade ihre eigenen Probleme mit meiner Schwester Minoo, die erst vor kurzem achtzehn geworden war. In England war sie damit volljährig und frei. Eines Tages klingelte das Telefon, und ich hörte Minoos Stimme sagen: »Ich muß euch sofort sehen.« Wir verabredeten uns in einem Restaurant, wo Mustafa und ich dann ihre Geschichte zu hören bekamen: Sie wollte um alles in der Welt in ein Internat auf der Isle of Wight, um dort Fotografie zu studieren. Die Sache war nur so, daß es sich dabei um eine gemischte Schule handelte, und meine Eltern fanden eine solche Umgebung für ihre Tochter natürlich absolut indiskutabel. Aber je mehr sie sich widersetzten, desto hartnäckiger verfolgte Minoo ihr Ziel. Schließlich verriet sie uns, daß sie von zu Hause weglaufen wollte. Wir versuchten sie umzustimmen, aber sie wollte sich nicht raten lassen. Mustafa empfahl mir nur: »Halt dich da raus.«

Am nächsten Tag rief Mutter völlig aufgelöst bei mir an. »Minoo ist weggelaufen!« jammerte sie.

Mustafa nahm mir den Hörer aus der Hand und versprach meiner Mutter mit fester Stimme: »Ich werde Minoo zurückholen, egal, was passiert.«

Dieser eine Schwur genügte, um zwischen Mustafa und meiner Mutter ein besonderes Band zu knüpfen. In seiner Stimme hatten die Kraft und die Autorität gelegen, die mein Vater niemals aufbringen würde. Ohne die Familienverhältnisse genau zu kennen, hatte Mustafa sich zum Retter in der Not aufgeschwungen. Mutter fühlte sich sofort erleichtert. Eigentlich hatte sie vorgehabt, mit der ganzen Familie in ihr Sommerhaus nach Marbella zu fahren, aber nun hatte Minoo ja diese Verzweiflungstat begangen . . . Mustafa sagte ihr, sie solle ruhig fahren, und gelobte bei allem, was ihm heilig war, er werde Minoo zu ihr zurückbringen.

Als Minoo, wie nicht anders erwartet, einige Zeit später bei uns anrief, bot Mustafa all seine wohltrainierten Überredungskünste auf, um sie davon zu überzeugen, daß sie auch bekommen konnte, was sie wollte, ohne sämtliche Familienbande zu zerschneiden. Sein Hauptargument war die Geldfrage. Wovon wollte Minoo denn wohl leben, geschweige denn ihre Schule auf der Isle of Wight bezahlen? »Komm mit uns nach Spanien«, sagte er. »Dann werden wir das schon alles regeln.«

Also flogen wir zu dritt nach Malaga, mieteten uns einen Wagen, um nach Marbella zu fahren, und quartierten uns dort im Holiday Inn ein. Kurz nach unserer Ankunft rief Minoo bei

Mutter an und machte einen ersten Versuch zur Versöhnung. Mutter hörte nicht einmal hin und zischte nur: »Hier kommst du nicht mehr weg!«.

Minoo schrie in ihrer Enttäuschung einfach los und brüllte Verwünschungen in den Apparat, aber Mustafa riß ihr den Hörer aus der Hand und herrschte sie an: »Wie kannst du es wagen, in meiner Gegenwart deine Mutter zu beschimpfen?« Dann dämpfte er die Stimme und sagte in die Muschel: »Wir rufen später noch einmal an.«

Er legte auf und drehte sich zu meiner Schwester um. Minoo hatte erkannt, daß sie in die Falle gegangen war, das konnte ich ihr ansehen. Das kleine Hotelzimmer schien plötzlich erdrükkend eng. Meine Schwester stürzte zur Tür, aber Mustafa erwischte sie am Kragen und warf sie aufs Bett. Mit eisernem Griff hielt er sie am Hals fest und drückte ihr die Luft ab. Ich versuchte, ihn von ihr wegzuziehen, aber mit der freien Hand stieß er mich einfach zur Seite. Minoo wehrte sich erst noch, ergab sich aber dann, als sie die Hoffnungslosigkeit ihres Vorhabens erkannte.

Mustafa ließ sie los, setzte sich auf die Bettkante und ließ Minoo wieder zu Atem kommen. Dann redete er mit ruhiger, teilnahmsvoller Stimme auf sie ein: »Wenn du dich so aufführst, werden sie dich nie gehen lassen. Du mußt deine Karten anders ausspielen. Du darfst sie niemals anschreien.«

Sprachlos vor Erregung setzte Minoo sich im Bett auf und wurde plötzlich ganz unterwürfig und fügsam. Ihren Augen war abzulesen, daß sie sich von Feinden umzingelt wußte. Wenn sie weiterkämpfen wollte, würde sie sich gedulden müssen.

Minoo ging ins Bad, und Mustafa rief bei meiner Mutter an und sagte ihr, das einzige Problem mit Minoo sei, daß man sie zu sehr verwöhnt hätte. Was sie brauchte, war Zucht und Disziplin.

Mutter weinte bittere Tränen über die Schwierigkeit, im freizügigen England ihre Töchter zu anständigen Mädchen zu erziehen. »Wir sind eine konservative Familie«, sagte sie. »Wir sind doch ganz hilflos.«

Inzwischen hatte sie meinen Vater davon überzeugt, daß es an der Zeit sei, uns wieder in die Familie aufzunehmen. In ihren kurzen Unterredungen mit Mustafa habe sie ihn als Ehrenmann kennengelernt, außerdem mache er eine schwere Zeit durch. Sie für ihren Teil fand es unpassend, ihn weiter zu boykottieren. Sie lud uns alle zu einem Versöhnungsessen ein und schickte uns einen Wagen, der uns zu ihrer Villa mit Blick aufs Meer brachte.

Mein Wiedersehen mit Vater war tränenreich und von vielen Umarmungen begleitet. Auch Mustafa wurde freundlich begrüßt, offenbar hatte die feste Hand, die er bei Minoo gezeigt hatte, ihm einige Anerkennung eingetragen. Ich war froh, endlich aus der Isolation entlassen zu sein. Aber ich konnte auch die Beweggründe meines Vaters akzeptieren und war im stillen sogar stolz, daß er trotz Seelenqual und Trennungsschmerz zu ihnen gestanden hatte, zumal ich wußte, daß er ebenso unter dem Zerwürfnis gelitten hatte wie ich, denn ich war immer seine Lieblingstochter gewesen. Und ich wußte, daß er unsere Ehe nun doch noch gutheißen würde, denn, was auch immer Mustafa für Fehler haben mochte, von einem war Vater inzwischen überzeugt: Mustafa hatte Familiensinn.

Minoo stellte ihre besten Manieren zur Schau und gab sich betont fröhlich. Auch unsere jüngeren Schwestern waren anwesend. Die fünfzehnjährige Zarmina, deren großer Traum es war, Modedesignerin zu werden, hatte sich mit Rüschenkleid und roter Rose im Haar zu einer Señorita herausgeputzt. Adila war mit ihren dreizehn Jahren die jüngste von uns Schwestern. Sie trug schwarze Jeans und ein T-Shirt und war offensichtlich furchtbar neugierig auf uns. Ich spürte, daß sie mich irgendwie bewunderte, weil ich mich gegen unsere diktatorische Mutter aufgelehnt hatte und mit diesem berühmten Mann auf und davon gegangen war, der so eine wunderbar anrüchige Vergangenheit hatte.

Bei der ersten Gelegenheit, unter vier Augen mit mir zu reden, machte Vater mir seinen Standpunkt klar: »Ich versöhne mich heute mit dir, obwohl ich verletzt und sehr unglücklich über deine Entscheidung bin. Dies ist deine zweite Ehe, und du wirst das Haus dieses Mannes nur in einem Sarg verlassen. Ich will nicht, daß du auch ihn verläßt, aus welchem Grund auch immer. Das ist meine Bedingung, unter der ich bereit bin, dich wieder in die Familie aufzunehmen.«

Beim Abendessen schnatterte Minoo ohne Unterbrechung. Zarmina benahm sich sehr aufmerksam und liebevoll. Aber zwischen Mustafa und Adila ging irgend etwas Seltsames vor, das spürte ich genau. Es lag so etwas wie eine Vorahnung in der Luft, ein Gefühl, als ob zwei einander völlig unbekannte Seelen einen heimlichen Bund geschlossen hätten. Ich versuchte das ungute Gefühl abzuschütteln, welches das mir so wohlbekannte durchsichtige Schimmern in Mustafas Augen in mir hervorrief.

Während der zwei Wochen, die wir noch in Marbella blieben, tat mein Vater alles, was in seiner Macht stand, um den Grundstein für mein Glück zu legen. Er ließ Naseeba aus Pakistan kommen. Dai Ayesha brachte mir mein Baby, und ich fühlte mich fast wieder wie ein ganzer Mensch. Das kleine Bündel bezauberte seine drei jugendlichen Tanten ebenso wie den stolzen Großvater. Mustafa und Mutter kamen gut miteinander aus, und ich stellte überrascht fest, daß sogar ich meinen Spaß an ihrer Gesellschaft hatte. Das Idyll hatte nur einen einzigen Makel. Tanya war nicht bei mir. Und das war ein Thema, das ich mit Mustafa nicht zu besprechen wagte. Ich füllte die leere Stelle in meinem Herzen, indem ich mich mit gluckenhafter Fürsorge um meine fünf Monate alte Naseeba kümmerte. Ich bemutterte sie pausenlos und trieb es schließlich so weit, daß ich nachts wach lag und in allen Einzelheiten ihr Frühstück für den nächsten Morgen vorausplante.

In England besaßen meine Eltern sowohl ein Haus als auch eine Wohnung. In der Freude über die Versöhnung boten sie an, uns das Apartment zu überlassen, und wir nahmen die Einladung ohne Zögern an. Marble Arch war um Klassen eleganter und bequemer als unsere erste Unterkunft bei Harry in Earls Court. Zusammen mit Zarmina und Adila kehrten wir nach London zurück. Minoo würde auf der Heimreise von meinen Eltern begleitet werden.

Nun begann für Mustafa und mich ein neues Leben. Wie die

meisten anderen Exilanten fingen wir an, ein bißchen auf dem Vulkan zu tanzen. Eines Abends hatten wir alte Freunde aus Pakistan zum Abendessen eingeladen. Ich wollte mir Mutters Silber ausleihen, also brachten Zarmina und Adila es vorbei und blieben gleich da, um uns bei den Vorbereitungen zu helfen. Während ich die Wohnung aufräumte, Mustafa am Herd stand und Zarmina sich um das Baby kümmerte, machte Adila sich über die Spirituosen her. Als Zarmina und ich endlich aufmerksam wurden, hatte unsere kleine Schwester bereits einen anständigen Schwips. Sie tänzelte mit gezierten und aufreizenden – und schwankenden – Bewegungen durchs Wohnzimmer. Zarmina und ich versuchten sie ins Schlafzimmer zu bugsieren, aber sie stieß uns von sich. Ich war beunruhigt. Jeden Moment konnten unsere Gäste kommen und sie in diesem Zustand überraschen. Noch mehr Sorgen machte ich mir, daß meine Eltern womöglich etwas von dieser unglücklichen Geschichte erfahren könnten. Ich lief zu Mustafa in die Küche und bat ihn: »Du mußt etwas tun. Mach ihr die Hölle heiß und sieh zu, daß sie verschwindet.«

Ohne genau zu wissen, was er mit ihr machen sollte, ging Mustafa auf Adila zu und faßte sie an den Schultern. Sie wehrte sich und wand sich in seinen Armen. Aber anstatt sich von ihm loszumachen, rückte sie immer näher an ihn heran. Plötzlich, als er sie schon fast wie in einer Umarmung hielt, verharrten beide für einen kurzen Augenblick in dieser Position, und dann entspannte Adila sich unvermutet und erklärte ohne weitere Umschweife, daß sie nun bereit sei, nach Hause zu gehen. Zarmina und ich wußten, daß meine Eltern alles meinem schlechten Einfluß zuschreiben würden, wenn sie von dem Vorfall erfuhren, also beschlossen wir, darüber zu schweigen.

In der Zwischenzeit hatte sich die Situation mit Minoo nur noch verschlechtert. Meine Eltern hatten kein Talent zu Mustafas hartgesottenem Verhandlungsstil und versuchten statt dessen, Minoo mit Geschenken zu erweichen. Sie kauften ihr einen teuren Wagen mit luxuriösester Innenausstattung.

»Das ist genau der falsche Weg«, sagte Mustafa zu mir. »So werden sie nie mit ihr fertig. Minoo braucht nur Druck zu machen, und schon geben sie nach. Damit hat sie schon gewonnen.« Sein eigener Vorschlag war, Minoo nach Pakistan zurückzuverfrachten und ihr den Paß wegzunehmen.

Minoo lief wieder von zu Hause weg, aber diesmal wußte eine Woche lang niemand, wo sie war. Dann rief Mutter bei uns an und teilte uns unter Tränen die schreckliche Neuigkeit mit, daß Minoo *arbeitete!*, in einem *Plattengeschäft!!*, und noch dazu in der *Tottenham Court Road!!!* Es war einfach furchtbar. Das sei doch eine Lottergegend, klagte Mutter, und damit hatte sie sicher gar nicht so unrecht, auch wenn die Verwahrlosung dieses Stadtteils nie und nimmer an die Schreckensphantasien meiner Mutter heranreichte.

Mitten in dieser neuesten Krise zogen wir zu meinen Eltern nach Beach Hill, um enger mit der Familie zusammenzuleben. Das Haus stand, mit Blick auf einen Golfplatz, auf einem über viertausend Quadratmeter großen Grundstück. Zu der mehr als großzügigen Einrichtung gehörten antike marokkanische Sofas, reich geschnitzte Holzmöbel aus Damaskus und Stühle, die aus König Faruks Palast stammten. Das riesige Haus mit den überall verstreuten Perserteppichen und Gemälden bildete den perfekten Hintergrund für meine Mutter; wie eine Königin glitt sie von Gemach zu Gemach. Ein Koch, zwei Hausmädchen, ein Chauffeur, ein Verwalter und ein Butler sorgten dafür, daß es der Familie an nichts fehlte.

Mustafa genoß diese Opulenz in vollen Zügen. Gleichzeitig aber verabscheute er sie zutiefst. Meine Familie nahm diesen Lebensstil als Selbstverständlichkeit hin und führte ihm so unablässig die eigene ländliche Herkunft vor Augen. Mustafa reagierte mit Unterschichtsnobismus. Er kehrte den Bauerntölpel und Naturburschen heraus und trug seine einfache Abstammung vor sich her wie die Aufschrift auf einem T-Shirt.

Vater spielte den perfekten Gastgeber und reichte bei jeder sich bietenden Gelegenheit Davidoff-Zigarren herum, sonst verhielt er sich weiter höflich zurückhaltend. Mutter dagegen ließ sich schnell von Mustafas starker Persönlichkeit einnehmen. Sie interessierte sich überaus für Politik und lauschte in atemloser

Spannung, wenn er sie mit seinen präzisen kleinen Vorträgen zu den verschiedensten Themen erfreute. Und tatsächlich analysierte er die in ständigem Wandel befindliche politische Situation Pakistans mit großem Weitblick. Ganz allmählich taute schließlich auch Vater ein wenig auf. Alles in allem war Mustafa eben doch ein Mitglied *ihrer* Generation, ein Gleichaltriger.

Zunächst fand ich, daß die Situation durchaus nicht der Ironie entbehrte: Um der Zwangsherrschaft meiner Mutter zu entgehen, war ich einem Tyrannen auf den Schoß geklettert, und nun sah ich amüsiert dabei zu, wie die beiden Diktatoren sich gegenseitig beweihräucherten und ihr Ego polierten. Mit der Zeit aber fühlte ich mich zunehmend isoliert, denn nun war Mustafa zu einem Teil der Familie geworden, von der ich versucht hatte mich zu emanzipieren.

Scharf und berechnend beobachtete Mustafa die Verhaltensstrukturen in meiner Familie und hatte ganz richtig schon nach kurzer Zeit die Achillesverse gefunden. Meine Eltern, und ganz besonders meine Mutter, würden absolut alles tun, um das Gesicht zu wahren. Der drohende Skandal um Minoo war beispielsweise zuviel für sie. Meine Eltern kapitulierten, mieteten ihr eine Wohnung auf der Isle of Wight, richteten sie ein und erlaubten ihrer Tochter, sich in ihrer heißgeliebten Fotografenschule einzuschreiben. Minoo mußte Mutter versprechen, daß sie jedes Wochenende nach Hause kommen würde und natürlich auch in den Ferien, aber allen war klar, daß Minoo den Sieg davongetragen hatte.

◇

Als der Januar näherrückte, bekam Mustafa die typische Exilkrankheit: chronischen Optimismus. Hoffnungsfroh erklärte er mir, General Zias Tage seien gezählt. »Er hält sich keine sechs Monate mehr. Du wirst schon sehen.«

Dieser Optimismus hatte ihn auch dazu gebracht, die pakistanischen Generäle davon in Kenntnis zu setzen, daß er keineswegs die Absicht habe, sein Versprechen einzulösen und ihnen irgendwelche Dokumente zuzutragen, die Bhutto in Schwierigkeiten bringen könnten. Dafür wurde er in Abwesenheit zu vierzehn Jahren Zuchthaus unter verschärften Bedingungen verurteilt; sein gesamter Besitz wurde konfisziert. Zudem bereiteten ihm die Generäle persönlichen Schmerz, als seiner Mutter der Paß abgenommen wurde. Wir hatten gehofft, sie zu uns nach London holen zu können, aber die zuständigen Behörden in Pakistan bildeten sich offenbar ein, sie könnten sie als Köder benutzen, um Mustafa wieder ins Land zu locken. Dieser neue Schlag machte ihm wirklich zu schaffen, denn er hing sehr an seiner Mutter. Während er so über die Entwicklung der Dinge nachdachte, saß er still in seinem Sessel und weinte.

Mustafas Pessimismus hatte sich bald wieder verflüchtigt. Kurz darauf, als daheim der Prozeß gegen den früheren Premierminister begann, lancierte er eine großangelegte Kampagne zur Rettung Bhuttos.

◇

Inzwischen war meine Familie der Grund unserer häuslichen Auseinandersetzungen. Immer wieder pickte Mustafa sich irgendeinen Satzfetzen aus der abendlichen Konversation heraus und setzte ihn als Waffe gegen mich ein. In zärtlichen Momenten hatte ich vor langer Zeit den großen Fehler begangen, mich ihm anzuvertrauen und ihm von meiner schwierigen Kindheit und dem gestörten Verhältnis zu meiner Mutter zu erzählen. Dieses Wissen machte er sich nun gegen mich zunutze. Er stellte sich ganz auf Mutters Seite und schrieb mir die Rolle des undankbaren Kindes zu, das das Vertrauen der Eltern nicht verdient hat. Systematisch erweiterte er die Kluft zwischen Mutter und mir und zog mich so immer mehr in seine Gewalt.

Dann wieder schwang er sich urplötzlich zu meinem Verbündeten auf und sagte: »Ich glaube, ich werde mal mit deiner Mutter über eure Probleme reden. Das muß doch alles mal zur Sprache kommen. Ich finde, sie sollte wirklich wissen, wieviel Leid sie dir zugefügt hat.« Er wußte nur zu genau, welche Angst er mir damit einjagte. Ich hatte nicht die Kraft, es mit Mustafa *und* meiner Mutter aufzunehmen, und bat ihn jedesmal flehentlich, von seinem Vorhaben abzulassen. So erreichte er, was er wollte: Um sein Stillschweigen zu erkaufen, fügte ich mich williger als je zuvor auch den brutalsten seiner Launen.

Morgens stand Mustafa immer sehr früh auf und machte seine Yogaübungen. Dann saß er mit meinen Eltern in ihrem Schlafzimmer, trank Kaffee und sprach mit ihnen die neuesten Nachrichten aus Pakistan durch. Mutter und Vater hatten keine Ahnung, daß dieser charmante Mann noch in der Nacht zuvor ihre Tochter unbarmherzig verprügelt hatte. Zumindest gaben sie sich diesen Anschein.

Ich kaschierte meine blauen Flecken und schluckte die Demütigung hinunter. Um meine Nerven zu beruhigen, begann ich Valium zu nehmen. Vater war sehr dagegen und fragte sich, wozu ich das wohl brauchte, aber Mutter schien der Meinung, daß ich ein Beruhigungsmittel nötig hatte, um mich innerlich ein wenig zu entspannen. Ich hatte sie im Verdacht, daß sie über alles Bescheid wußte, aber sie war fest davon überzeugt, daß das Privatleben anderer Leute niemanden etwas angeht. Das Äußerste, was sie sich gestattete, waren allgemeine Erwägungen wie: »Wenn ein Ehemann sich seltsam oder unverständlich verhält, sollte man ihn wie einen Kranken behandeln, wie jemanden, der medizinische Hilfe braucht. Geh wie ein Psychiater mit ihm um.« Ich nahm mir diesen Rat zu Herzen, und er war tatsächlich hilfreich. Mein Körper litt weiter, aber wenigstens meine Seele blieb unangetastet.

◇

Die vielen Pfunde, die mich so schwerfällig und häßlich machten, waren auch nach Naseebas Geburt nicht wieder verschwunden. Ich wollte sie unbedingt loswerden. Aber Mustafa verbot mir eine Diät, und so verschaffte ich mir heimlich einen Vorrat an Schlankheitspillen. Auf diese Weise verlor ich zwar den größten Teil meines überflüssigen Gewichts, fühlte mich aber noch immer wie eine Matrone. Oft sah ich mir voller Neid die englischen Frauen an, wie sie völlig ungezwungen herumliefen, lachten und selbstverständlich am Leben teilhatten. Wir hatten zwar die halbe Welt bereist und lebten nun in dieser freien Gesellschaft, aber von meinem Gefühl her hätte ich ebensogut hinter einem Schleier verborgen in Mustafas Heimatdorf Kot Addu abgeschoben sein können.

Auch Mustafa fühlte sich mehr und mehr isoliert. Ich war über mich selbst erstaunt, als ich merkte, wie gut ich seinen Kummer verstand und daß ich ihm helfen wollte. Mein müdes Hirn war doch tatsächlich fähig, ab und an noch mal etwas zu analysieren und logisch zu denken. Ich konnte mich so gut in ihn hineinfühlen: Er war frustriert, weil er nicht länger von einem ganzen Schwarm von Jüngern umgeben war; er vermißte seine Position als Anführer; er wollte nicht in einem fremden Land leben; und ihm fehlte der Nimbus der Macht.

Ich ging auf ihn zu und versuchte, sein angeschlagenes Selbstgefühl wieder aufzubauen. Ich lernte, ihm seine Wutanfälle und seine herrschsüchtige Natur zu verzeihen. Unbewußt ergab ich mich in die Rolle des Prügelknaben und erlaubte dem Mann, der einst eine ganze Provinz mit eiserner Hand regiert hatte, nun mich zu regieren.

Zum Glück war Naseeba meistens außer Reichweite, weil meine Schwestern in sie vernarrt waren und nichts Schöneres kannten, als auf das süße kleine Baby aufzupassen. So mußte ich wenigstens nicht auch noch meine Tochter gegen diesen krankhaften Mann verteidigen.

Innerlich erstarrt vor Angst, daß die Wahrheit über meine Ehe ans Licht kommen könnte, spielte ich der ganzen Welt eine Komödie vor. Ich tat alles, um einen Zusammenstoß mit Mustafa zu vermeiden. Meine ständige Furcht blieb ihm nicht verborgen, und er nutzte sie gründlich aus. Wenn ich mit irgend jemandem über meine geheimen Qualen redete, würde das schlimme Folgen für mich haben, drohte er mir; aber das wäre gar nicht nötig gewesen, denn ich war sicher, daß ich sowieso keinem Menschen trauen konnte.

Viel schlimmer als die Prügel, die ich regelmäßig bekam, war die erniedrigende Tatsache, daß ich nicht in der Lage war, meinen Mann glücklich zu machen. Ich war weit von dem entfernt, was meine Mutter eine ideale Ehefrau genannt hätte. Daß er mich mißhandelte, war kein Verbrechen, es bewies doch nur, wie minderwertig ich war.

Mustafa erlaubte mir nicht, allein aus dem Haus zu gehen – so wurde dann das Telefon oft meine einzige Verbindung zur Außenwelt. Ab und an fragte Mutter, ob ich sie nicht zum Lunch begleiten wolle oder zu einem Arzttermin oder einfach nur zum Bummeln, und jedesmal mußte ich mir eine plausible Ausrede einfallen lassen, denn ich durfte Mustafa noch nicht einmal um Erlaubnis *fragen*. Das Problem mußte ich gefälligst alleine lösen. Daß ich immer wieder ablehnte, legte Mutter nur als Egoismus aus. Wie gerne hätte ich ihr die wahren Gründe genannt, aber ich zwang mich trotz allem, mein quälendes Schweigen nicht zu durchbrechen.

Ich versuchte mit Hilfe unzähliger kleiner Verhaltensexperimente herauszufinden, wie ich mich zu geben hatte, damit Mustafa und ich harmonisch zusammenleben konnten. Ich versuchte mir all jene Eigenschaften anzueignen, die ihm an seinen früheren Frauen gefallen hatten, aber nichts schien seinen wilden Unmut zügeln zu können. Manchmal war ich sogar auf perverse Weise dankbar für seine Schläge, denn ich wußte ja, daß er sich später, um Verzeihung bettelnd, vor mir am Boden winden würde. Auch diese Freude war immer nur kurz, aber es bereitete mir ein abartiges Vergnügen, meinen Mann in einer derart würdelosen Stellung zu meinen Füßen zu sehen.

Wenn er einmal zärtlich gestimmt war, pries er meine Stärke: »Weißt du eigentlich, was du mir bedeutest? Ohne dich bin ich nur ein halber Mensch. Ich mache gerade eine schwierige Phase in meinem Leben durch, aber das wird vorbeigehen, du wirst sehen. Ich werde mich ändern und alles wieder gutmachen. Ich habe die ganze Zeit immer kurz vor dem Nervenzusammenbruch gestanden, und nur dank deiner Ergebenheit und deiner Liebe bin ich nicht tatsächlich verrückt geworden.« Wenn er dann weitersprach, schwammen seine Augen in Tränen: »Du bist in einer schweren Zeit in mein Leben getreten. Alles um mich ist zusammengebrochen, nur du hast immer zu mir gehalten. Ich wünschte, ich hätte dich früher kennengelernt, dann hätte ich dich auf Händen getragen. Um meinetwillen bist du durch die Hölle gegangen. Es tut mir aufrichtig leid. Wirst du mir jemals verzeihen können? Ich hätte nie gedacht, daß du meine Bösartigkeit aushalten könntest«, gab er freimütig zu. »Ich habe geglaubt, du bist dazu zu zart und zerbrechlich. Du hast mir das Gegenteil bewiesen. Du bist eine starke Frau, und du bist die einzige Frau, die sich geistig mit mir messen kann. Ich werde dich nie, niemals verlassen. Versprich mir, daß du nie auch nur daran denken wirst, von mir fortzugehen.« Mitgerissen von seinen Tränen und gerührt über die hohe Meinung, die er von mir hatte, versprach ich ihm alles und hoffte, er würde auch meiner Mutter gegenüber so von mir reden.

Immer wenn ich auf meinem Gebetsteppich saß, betete ich um Erlösung. Ich bat Gott nicht etwa um einen Ausweg aus der Krise; ich erflehte lediglich Hilfe, um mein Leben besser in den Griff zu bekommen und Mustafa ein wenig zu läutern.

◇

Adila war einen Meter dreiundsechzig groß und hatte die Figur einer Göttin. Sie sehnte sich nach Aufmerksamkeit. Meine anderen Schwestern wahrten bewußt Abstand von Mustafa und verhielten sich immer sehr korrekt, wenn sie mit ihm zusammentrafen. Aber Adila war jünger. Und wilder. Sie schien zu spüren, daß sie in ihrem Schwager einen Seelenverwandten gefunden hatte. Mustafa ließ der verwöhnten kleinen Lolita jede Laune durchgehen und lachte über ihre kindischen Streiche.

Am Anfang war es geradezu rührend zu sehen, wie Mustafa die Maske des mächtigen Diktators ablegte und den gutmütigen großen Bruder spielte. Adilas Koketterie erklärten wir uns mit ihrer Jugend. Sie war einfach nur ihrem Alter entsprechend keß.

Meine Eltern flogen für vierzehn Tage in den Mittleren Osten, und Adila begleitete sie. Während dieser Zeit war Mustafa ständig gereizt und unruhig und machte aus jeder Kleinigkeit ein großes Drama. Weil wir ganz allein im Haus waren, wußte er, daß er mich ungestraft verprügeln konnte. Eines Tages regte er sich fürchterlich auf, weil ich mit meinem Bruder Asim telefoniert hatte. »Was hast du ihm so lange zu erzählen?« knurrte er. »Ist er dein Bruder oder etwa dein Geliebter?«

Ich sah zu ihm auf und antwortete: »Er ist mein Bruder, Mustafa, wirklich nichts weiter.«

»Gibst du etwa Widerworte?« Meine bodenlose Frechheit rechtfertigte in seinen Augen jede Strafe. Er schlug hemmungslos mit den Fäusten auf mich ein.

Bei einer anderen Gelegenheit stieß er mich eine Treppe hinunter. Als ich weinend am Fuß der Stufen lag, stürzte er hinter mir her und trat und schlug immer weiter zu. Ich schrie: »Dies ist das Haus meines Vaters. Du hast kein Recht, unter seinem Dach die Hand gegen mich zu erheben!«

Mustafa hielt erstaunt inne. Zum erstenmal hatte ich meine Gedanken ausgesprochen und mit einem Glücksgriff seinen wunden Punkt getroffen: Ich war nicht von ihm auf der Straße aufgelesen worden, sondern besaß Familienbande, die stärker waren als alles, was mich an ihn fesselte. Aber diese Erkenntnis brachte nur eine kurze Gnadenfrist. Ein Feudaler weiß zwar, wie stark die Blutsverwandtschaft sein kann, aber er versteht auch viel von der Macht körperlicher Gewalt. Gift und Galle sprühend, schlug Mustafa mich nur noch um so heftiger, bis meine Schreie in ein klägliches Wimmern übergingen und ich kurz davor war, das Bewußtsein zu verlieren.

Später entschuldigte ich mich für das, was ich gesagt hatte, um einer weiteren Züchtigung zu entgehen. Ich wußte, daß meine Bemerkung Mustafa aus dem Konzept gebracht hatte; nun würde er alles daransetzen, um diesen winzigen Funken mir noch verbliebener Geistesgegenwart im Keim zu ersticken.

Als meine Eltern mit Adila zurückkehrten, konnte ich eine Weile aufatmen. Dann fuhren Mutter und Vater für zwei Tage nach Luxemburg und ließen Adila bei uns zurück.

mina – bei einem Aufenthalt in Marbella während der Jahre des Exils.

Links: Mustafa Khar – ein Bild aus den Anfängen seiner politischen Laufbahn be einem Besuch in Shalman Kameez.
Unten: Jubel um den Löwen vom Punjab sehr zu Bhuttos Verdruß.

…ustafa Khar, *rechts* mit seiner bevorzugten Kopfbedeckung, der Mao-Mütze.

Oben: Bei der Ernennung zu
Chefminister des Punjab du
Zulfikar Ali Bhutto.
Links: Bhutto und Mustafa
Khar – die Blicke gehen ber
in verschiedene Richtungen,
bald sollten sich auch ihre
politischen Wege, zumindest
zeitweise, trennen.

Rechts: Eine typische egrüßungsgeste bei politischen Großveranstaltungen.
Unten: Ein Bild aus den Tagen des britischen Exils – kurz nach Hamzas Geburt, noch mit langem Haar.

Rechts: Nach neun Jahren Exil bei der Ankunft auf dem Flughafen von Karachi. Mustafa trägt Hamza auf dem Arm.
Unten: Die Zeit der Haft beginnt.

Rechts: Mit »Sprungfeder-Locken«.
Unten: Mit den Kindern (Naseeba, Hamza, Nisha und Ali) nach einem Gefängnisbesuch.

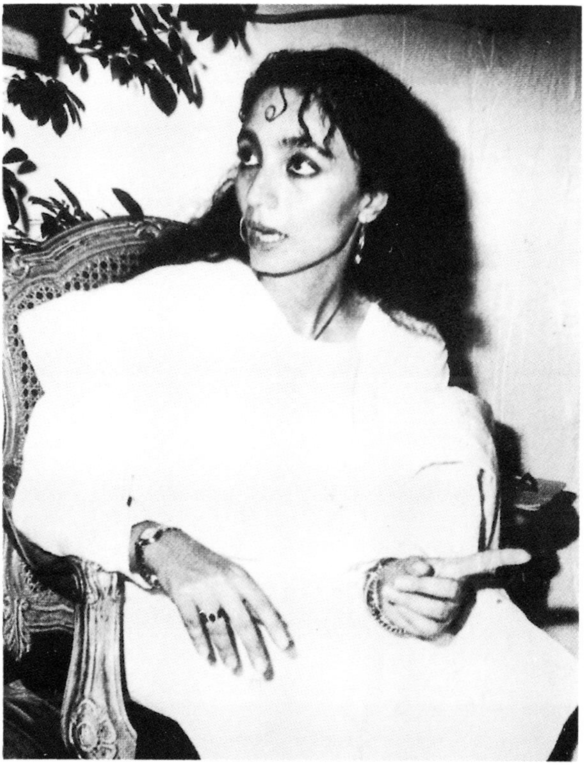

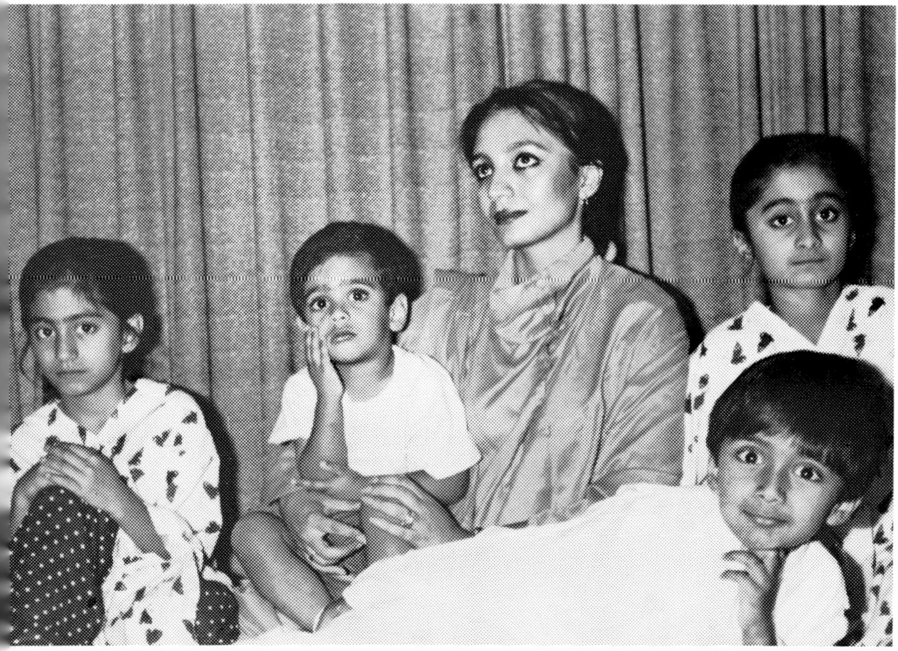

Rechts: Tehmina mit Mustafa Jatoi bei ihrem ersten großen öffentlichen Auftritt, dem Parteitag der Nationalen Volkspartei 1986.
Unten: Mustafa Khar darf das Gefängniskrankenhaus verlassen, um an der Beerdigung seiner Mutter teilzunehmen.

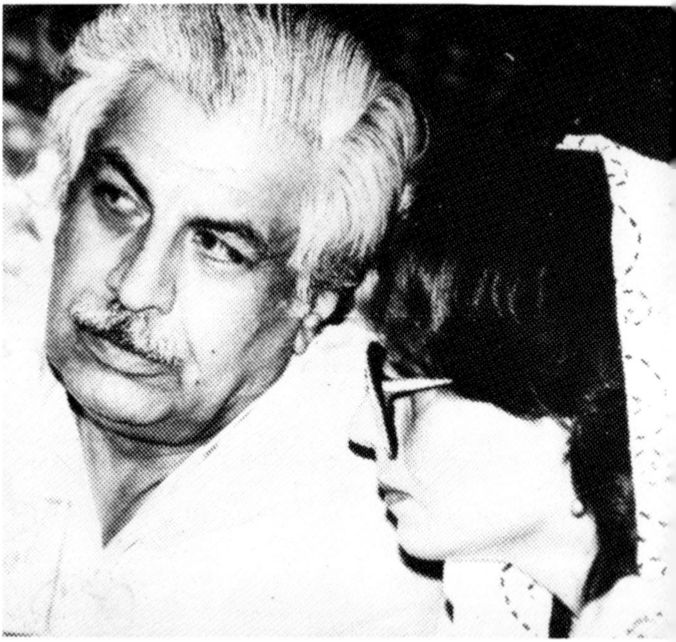

Sie bearbeitete mich so lange, bis ich ihr, völlig erschöpft von ihrem endlosen Wortschwall, erlaubte, einen Tag die Schule zu schwänzen. Sofort machte sie Pläne für einen kleinen Einkaufsbummel mit anschließendem Lunch. Am Abend sagte sie dann plötzlich, sie hätte ihre Meinung geändert und werde doch lieber zur Schule gehen.

Am Morgen erschien unser Chauffeur Erik nicht wie üblich, um sie zur Schule zu bringen. Vielleicht hatten ihn die ständigen Meinungsänderungen durcheinandergebracht. Mustafa wollte ohnehin in die Stadt, also bat ich ihn, Adila an der Schule abzusetzen. Als sie abfuhren, winkte ich ihnen nach und wandte dann meine ganze Aufmerksamkeit Naseeba zu. Ich hatte den Vorfall schon ganz vergessen, als gegen Mittag Adila bei mir anrief und sagte: »Ich habe die Schule heute vormittag sausen lassen und bin bei einer Freundin.« Sie plapperte munter weiter, daß sie ja nur einen halben Tag versäumt hätte und nun in die Schule zurückgehen würde, um wenigstens die restlichen Stunden abzusitzen. »Kannst du dann Erik vorbeischicken, damit er mich abholt?«

Das war alles sehr verwirrend, aber ich ließ die Sache dennoch auf sich beruhen. Ich war froh, daß meine Eltern bald zurück sein würden. Dann konnten sie sich wieder selber mit ihr abplagen. Meine kleine Schwester zu hüten war ein Vierundzwanzigstundenjob.

Adila verwandelte ihr ganzes Äußeres. Von einem Tag auf den anderen wurden sämtliche westlichen Kleidungsstücke verbannt, und sie trug nur noch traditionelle östliche Gewänder, die sie sich aus dem reichgefüllten Kleiderschrank meiner Mutter zusammensuchte. Sie trug sogar einen Schleier und schlang ihn über den Kopf, weil das besonders effektvoll wirkte. Dann ließ sie sich die Haare wachsen, ja, sie tat erfolgreich alles, um mir ähnlich zu werden. Mit zielsicherem Instinkt spürte sie meinen wunden Punkt auf und kam immer wieder schamlos darauf zu sprechen. Dann ließ sie sich beispielsweise gerne darüber aus, wie sehr ich mich doch damals danach gesehnt hatte, Anees zu heiraten, und wie sehr dieser Mann mich liebte. Das alles begleitete Adila mit einem unschuldigen Augenaufschlag. Ich hatte jede Nacht die schmerzhaften Folgen zu tragen.

Meine anderen Schwestern wurden auf Adilas bewußte Rücksichtslosigkeiten aufmerksam und machten ihr schwere Vorwürfe, aber sie trieb ihre Sticheleien ungerührt weiter. Minoo beschwerte sich bei Mutter, daß Adila versuche, Mustafa und mir das Leben schwerzumachen, aber Mutter wollte von solchen Anschuldigungen nichts wissen. Adila war ihre Lieblingstochter. Sie war der einzige Mensch auf der Welt, der nie etwas falsch machen konnte. Statt dessen warf Mutter uns anderen vor, wir würden nur geschwisterliche Rivalitäten schüren.

Ich war tief verärgert über Adilas ständige Hetzereien. Es schien offenbar ihr einziges Lebensziel zu sein, Mustafa wütend auf mich zu machen. Mustafas Nachsicht mit ihr brachte mich zunehmend auf, und das sagte ich ihm auch. Ich fand, daß er ihr viel zuviel Aufmerksamkeit schenkte, und sie zog ihren Vorteil daraus. Mustafa aber genoß die Familienintrige aufs höchste. Er und Adila scherzten miteinander auf meine Kosten und wurden zuweilen richtig sarkastisch. Dann sagte Mustafa zum Beispiel: »Sieh mal, Adila, wie Tehmina sich wieder benimmt. Warum ist sie nur so eifersüchtig auf dich?«

Mitten in dieser spannungsgeladenen Zeit erfuhr ich, daß ich wieder schwanger war. Mustafa war strikt gegen jede Verhütung.

Wir wußten beide, daß wir nicht länger bei meiner Familie bleiben konnten. Es wurde nicht darüber gesprochen, aber ich war sehr erleichtert, als er dafür sorgte, daß wir nach Hampstead zu Jam Sadiq Ali, einem von Mustafas politischen Mitstreitern, ziehen konnten. Er war ein einflußreicher Großgrundbesitzer aus dem Sind, der zu Bhuttos Ministern gehört hatte. Auch er lebte im Exil. Wir bewohnten ein eigenes Schlafzimmer in dem weitläufigen Haus, und ich wurde von unserer Gastfamilie sehr liebevoll aufgenommen.

Von Stund an zeigte Mustafa eine ungeheure Rastlosigkeit. Obwohl ich lieber zu Hause geblieben wäre, bestand er dauernd darauf, daß wir meine Eltern besuchten. Eines Sonntags machte er während eines solchen Besuches seine Yogaübungen auf der Terrasse. Von Dai Ayesha und Naseeba gefolgt, kam ich dazu und überraschte Adila, wie sie direkt neben ihm auf dem Boden saß und seinen Körper mit den Augen verschlang. Sie saugte den Anblick seiner sich straffenden und entspannenden Muskeln förmlich in sich auf. Ohne nachzudenken, fauchte ich Mustafa an: »Wenn du deine Übungen machen mußt, hättest du das auch zu Hause tun können. Warum ausgerechnet hier?«

Er drehte sich beiläufig zu Dai Ayesha um, die direkt hinter mir stand, und sagte wie zum Spaß: »Schnapp dir ihre langen Haare und schmeiß sie raus!« Adila kicherte nur. Ich hätte vor Scham im Boden versinken mögen, aber mir wollte durchaus keine passende Antwort einfallen. Mustafa hatte mich behandelt wie ein lebloses Stück Möbel. Mein Blick fiel auf Naseeba, und ich nahm sie aus Dai Ayeshas Armen, preßte sie an mich und lief schluchzend aus dem Zimmer. Mein Baby war der einzige Mensch in dieser trostlosen Welt, der mir noch Halt geben konnte.

Es gab kein Entkommen. Es war, als hätte Mustafa mich in die Ecke eines Zimmers verbannt und dann den Fußboden frisch gestrichen. Da stand ich nun und wagte, aus Angst vor den Tapsen, die ich hinterlassen würde, nicht einmal mehr, auch nur einen Zeh auszustrecken, um mich aus meiner Zwangslage zu befreien. Kein Weg führte an Mustafa vorbei, schon der leiseste Anflug von Auflehnung würde die fürchterlichsten Folgen nach sich ziehen. In diesem Moment zerbrach etwas in mir.

Ich legte Naseeba wieder in Dai Ayeshas Arme und wankte wie eine Schlafwandlerin in das Badezimmer meines Vaters. Einen Moment lang starrte ich den Medizinschrank an. Dann öffnete ich ihn und untersuchte eingehend die verschiedenen Fläschchen mit Kapseln in allen Farben des Regenbogens. Von einigen leuchtete mir das verführerische Wort »Vorsicht! Giftig« entgegen. Ich nahm eine davon an mich und ließ sie in meiner Kleidung verschwinden. Mein Entschluß stand endgültig fest.

Als wir an diesem Abend nach Hause fuhren, ließen wir Naseeba mit Dai Ayesha bei meinen Eltern. Ich geduldete mich, bis wir in Jam Sadiqs Haus angekommen waren. Mustafa war unten mit irgendeinem politischen Treffen beschäftigt, und ich saß allein in unserem Schlafzimmer und dachte über mein Leben nach. Tanya kam mir in den Sinn, so weit fort von mir, in Karachi mit Anees. Ich dachte an mein süßes kleines Baby Naseeba; an das ungeborene Kind, das seit vier Monaten in meinem Leib wohnte. Die Bilder machten es mir wieder schwerer, und ich zögerte, wenn auch nur für einen kurzen Moment. Das Gefühl der Verlassenheit, das nie in meinem Leben enden würde, war zu beängstigend, als daß ich es noch länger hätte aushalten können. Ich öffnete die Flasche, schüttete mir einen Haufen Pillen in die Hand und würgte sie hinunter.

Dann stand ich vor dem Spiegel und fragte mich, warum ich überhaupt zur Welt gekommen war. Ich erinnerte mich, was Mutter immer gesagt hatte, wenn sie böse mit mir war: »Warum bist du bloß nicht an deiner Meningitis gestorben?« Seltsam, dachte ich, damals war Mutter schwanger mit Adila. Meine jüngste Schwester war genau in dem Moment ins Leben getreten, als ich mit dem Tode rang. Vielleicht hatte ich dem Tod damals nur ein Schnippchen geschlagen und war eigentlich zum Sterben vorgesehen gewesen. Auch jetzt war es wieder dasselbe. Adila lebte, und ich starb. Ich habe Adila den Namen gegeben. Er bedeutet »Gerechtigkeit«.

Plötzlich sah ich mich im Spiegel wie von Feuer verzehrt. Würde der Tod noch schlimmer sein als das Leben? Selbstmord ist eine direkte Fahrkarte zur Hölle. Schnell wandte ich mich ab, in meinem Kopf begannen sich die Gedanken nur noch dumpf und langsam aneinanderzureihen. Nein, entschied ich, nichts konnte schlimmer sein als das Leben. Ich stolperte ins Schlafzimmer und saß wieder allein, den starren Blick auf die Schicksalslinie in meiner Handfläche gerichtet. Ganz allmählich begann die Linie sich leise zu bewegen und glitt vor meinen Augen zur Seite. Ich schwankte und fiel auf den Boden. Dann fühlte ich eine große Welle aus unendlichem Frieden über mir zusammenbrechen.

Später erzählten sie mir, daß ich etwa eine halbe Stunde oben allein gewesen war, bevor Mustafa nichtsahnend ins Zimmer kam und mich auf dem Teppich ausgestreckt vorfand. Er rief nach Jam Sadiq, und die beiden Männer versuchten mich wiederzubeleben, indem sie mir kaltes Wasser ins Gesicht spritzten. Dann ließen sie einen Arzt kommen, der seinerseits den Krankenwagen alarmierte. Schon nach kurzer Zeit befand ich mich in der Intensivstation des Royal Free Hospital in Hampstead. Es war zu spät, um mir den Magen auszupumpen. Das Gift war bereits vom Blutkreislauf aufgenommen worden. Mustafa fragte den Arzt: »Wird sie überleben?«

»Ist sie eine Kämpfernatur?«

»Ja.«

»Dann ist das das einzige, worauf wir hoffen können.«

Noch vom Krankenhaus aus rief Mustafa meine ältere Schwester Rubina an, die auf Besuch von Pakistan in England war. »Tehmina hat versucht sich umzubringen. Weiß der Himmel, wieso. Es wäre vielleicht besser, wenn du herkommst und, äh, sag lieber deinen Eltern nichts davon. Sie würden nur einen furchtbaren Schreck bekommen.«

Unendlich langsam ging die Nacht vorüber. Ich *war* eine Kämpfernatur, aber jetzt kämpfte ich darum, zu sterben. Was haben diese Träume zu bedeuten, die im Dämmerlicht zwischen Leben und Tod zu uns kommen? Ich kann mich nicht an Einzelheiten erinnern, aber süße Träume waren es nicht.

Nach zwei Tagen stimmten die Ärzte meiner Entlassung zu und teilten uns mit, daß meine Schwangerschaft unbeeinträchtigt geblieben war. Mustafa brachte mich zur Erholung ins Haus meiner Eltern. Ich war immer noch schwach auf den Beinen und völlig wirr im Kopf. Mutter stellte ein weiteres Mal unter Beweis, wie perfekt sie ihre Vogel-Strauß-Politik beherrschte, und tat so, als hätte sie keine Ahnung, daß mein verzweifelt elendes Leben mich in den Selbstmord getrieben hatte. Mein Vater drückte sich um das Thema herum.

Als ich langsam wieder zur Besinnung kam, sah ich undeutlich Mustafas zornglühendes Gesicht vor mir auftauchen. Seiner Ansicht nach bestand mein Verbrechen nicht darin, daß ich mich an meinem Körper vergangen hatte, sondern daß ich seine Ehre verletzt hatte. »Du hast mich bloßgestellt«, zischte er mich geifernd an. »Ist dir eigentlich klar, daß du von männlichen Ärzten untersucht worden bist? Von Männern? Du hast mich erniedrigt. Das werde ich dir niemals verzeihen. Diese Dummheit wirst du mir büßen. Wart es nur ab.« Ich war starr vor Angst, und verzweifelt, daß ich überlebt hatte.

Mutters Haus war voller anderer Gäste, also ließ sie mir im Arbeitszimmer ein behelfsmäßiges Bett richten. Dort fiel ich in einen tiefen, dem Koma ähnlichen Schlaf, während Mustafa an meiner Seite saß. Irgendwann mitten in der Nacht fühlte ich die Gegenwart noch eines zweiten Menschen in meinem Zimmer. Mein immer noch benebelter Geist registrierte vage, daß Mustafa vom Bett aufstand und das Zimmer verließ, aber ich war zu schläfrig, um mir darüber Gedanken zu machen.

Ich wachte erst geraume Zeit später wieder auf. Instinktiv tastete ich nach Mustafa, aber er war nicht da. Ich hatte eine verschwommene Erinnerung an die Szene, die sich zuvor abgespielt hatte, und überlegte, wohin er gegangen sein könnte. Mühsam stand ich auf und wankte zur Küche. Anscheinend hatte mich dort jemand kommen hören, denn eine schattenhafte Gestalt floh nach oben. Dann trat mir Mustafa, nur halb angezogen, entgegen und fragte: »Warum bist du aufgestanden?« Seine Stimme klang betont harmlos.

»Ich habe dich gesucht«, erklärte ich.

»Geh wieder schlafen. Du solltest in diesem Zustand nicht herumlaufen.« Ich gehorchte, ich war zu müde, um weitere Fragen zu stellen.

Am nächsten Morgen, als ich etwas klarer denken konnte, fragte ich Mustafa: »Was war gestern los? Es ist doch jemand hier im Zimmer gewesen. Wer war das?«

»Oh, das war nur Adila«, antwortete er.

»Adila?«

»Ja. Sie ist mit einem Jungen aus dem Iran befreundet, und da gibt es Probleme. Sie brauchte einen Rat und wollte mit mir darüber sprechen.«

»Ja?« fragte ich, weil ich nicht richtig schlau daraus wurde.

»Du hast geschlafen. Ich wollte dich nicht stören, deshalb bin ich mit ihr ins Frühstückszimmer gegangen.«

»Du hättest hier mit ihr sprechen sollen. Es gehört sich nicht, daß du mitten in der Nacht mit ihr allein sprichst. Stell dir vor, mein Vater wäre heruntergekommen.«

Mustafa wischte meine Bemerkung beiseite und blieb bei seiner Darstellung, daß Adila ihn ins Vertrauen ziehen mußte – wie einen älteren Bruder. Er erklärte, daß er sie durch seine Ratschläge vor Schaden bewahrte. Er spielte sich als Verteidiger der Familienehre auf.

◇

Ich wollte nur noch eins: die Tage und endlosen Nächte irgendwie durchstehen. Ich hatte eine furchtbare Angst davor, wie tief ich in Zukunft noch sinken könnte. Meine größte Befürchtung war, daß Mustafa mir als Strafe für meinen Selbstmordversuch Naseeba fortnehmen könnte. Ich dachte mir alle möglichen Strategien aus, um sie von ihm und seinen Launen fernzuhalten.

Inzwischen verstärkte Mustafa seine politischen Anstrengungen, indem er sich mit zweien der Söhne des früheren Premierministers, Mir Murtaza Bhutto und Shahnawaz Bhutto, verbündete. Mir studierte in Oxford, doch Mustafa überzeugte ihn davon, daß es besser sei, sein Studium an den Nagel zu hängen und sich statt dessen für die Freilassung seines Vaters einzusetzen. Wir zogen aus Jam Sadiqs Haus aus und mieteten eine winzige, schäbige Wohnung in Hampstead, in der drangvolle Enge herrschte, zumal Mustafa auch noch die Bhutto-Söhne einlud, bei uns zu wohnen. Es war so beengt, daß ich Naseeba und Dai Ayesha im Haus meiner Familie unterbrachte. Manchmal war ich sogar dankbar dafür, daß Tanya nicht bei mir war.

Mustafa machte sich sofort daran, die jungen Männer im politischen Handwerk zu unterweisen, mit dem Ziel, sie zu Symbolfiguren des Widerstands gegen die Junta aufzubauen. Mir, dem das anfangs alles noch neu war, lernte schnell. Auch der jüngere Bruder Shahnawaz ließ bald den idealistischen, träumerischen Blick eines Revolutionärs erkennen. Unsere Wohnung wurde zu einer Art Hauptquartier der unzufriedenen Pakistani, die Zias Sturz planten. Zu jeder Tages- und Nachtzeit war alles voller junger Männer, die sich überall herumräkelten, wo Platz war.

Die beiden Brüder, denen mein familiärer Hintergrund bekannt war, spürten, in welcher mißlichen Lage ich mich befand. Ich mochte sie. Shahnawaz legte Wert darauf, jedesmal ein paar Worte mit mir zu wechseln, wenn ich von einem Zimmer ins andere ging, Tassen und Teller zusammenräumte, Aschenbecher ausleerte und die Wäsche aufsammelte, um sie meiner Mutter zu schicken. Ich machte mir Gedanken darüber, welchen Eindruck sie von mir hatten; in ihre Diskussionen über die Zukunft unserer Heimat oder ihre abenteuerlichen Umsturzpläne wurde ich nicht einbezogen.

Bhutto, der meinte, daß keiner der beiden Jungen das Zeug zu einem künftigen Politiker habe, hatte sein öffentliches Erbe in die Hände seiner ältesten Tochter Benazir gelegt. Mir war verletzt und wütend, daß er entgegen aller Tradition im Schatten seiner Schwester stand, und wollte sich unbedingt vor seinem inhaftierten Vater beweisen. Das Mir-Mustafa-Team erfüllte die niedergeschlagenen Aktivisten der Pakistanischen Volkspartei mit neuer Zuversicht.

Mustafa stellte Mir der im Exil lebenden, heimlichen Partnerin von Bhutto, Husna Shaikh, vor. Dem jungen Mann war die Situation peinlich, doch er ließ seine persönlichen Vorbehalte beiseite, weil Husna über wertvolle Kontakte verfügte, die sich für Bhutto möglicherweise als lebensrettend erweisen konnten.

Ich war verzweifelt darauf aus, mit einer anderen Frau zu sprechen, um mir selbst zu bestätigen, daß ich nicht verrückt war. Husna, so stellte sich bald heraus, war der erste Mensch, dem ich mich anvertrauen konnte. »Verlassen Sie ihn«, riet sie mir, als ich ihr erzählte, daß Mustafa mich ständig schlug. »Es gibt keinen Grund, aus dem Sie das ertragen müssen.« Die Saat, die Husna säte, sollte aber vorläufig noch nicht aufgehen.

Mustafa und Mir starteten eine politische Kampagne, um führende Politiker in den wichtigsten Staaten zu veranlassen, Druck auf die Generäle auszuüben, daß sie Bhuttos Leben schonen sollten. Mustafa war sich sicher, daß diese mächtigen Sympathisanten der Exilbewegung auch finanziell helfen würden. Von Libyens Oberst Gaddafi und von Scheich Said Bin, dem Sultan von Abu Dhabi, erhielten sie Gelder zur Unterstützung ihrer Mission. Auch Assad von Syrien sagte Hilfe zu.

Unser Wohnzimmer wurde in einen Schießstand verwandelt. Mir stellte an einem Ende eine Zielscheibe auf und übte mit einem Luftgewehr. Ich war nicht sehr beeindruckt davon; er kam mir nur wie ein etwas überdrehter Junge vor, der mit dem Terror spielt. Was mich aufregte, waren die Kugeln, die überall im Teppich steckten. Shahnawaz machte zwar nach außen hin eher den Eindruck eines abgebrühten Terroristen, doch seine sanften Augen verrieten ihn. Die erforderlichen stahlharten Blicke wollten ihm einfach nicht gelingen.

Eines Tages ließ Mustafa in verschwörerischem Ton wissen, Jassir Arafat, der Führer der PLO, habe einen Plan zur Befreiung Bhuttos: Palästinensische Kommandoeinheiten würden das Gefängnis in Rawalpindi angreifen, ein Ablenkungsmanöver durchführen und Bhutto aus seiner Zelle holen. Am Flughafen würde eine Maschine aus einem befreundeten Land warten und Bhutto in Sicherheit bringen. Mustafa sagte Mir und Shahnawaz, daß ihr Vater bald zu uns stoßen werde, um den Kampf im Exil fortzusetzen.

In seiner Aufregung konnte Mir die Sache nicht für sich behalten. Er ließ alle Sicherheitsbedenken außer acht, rief seine Schwester Benazir in Karachi an und gab Einzelheiten des Plans preis – ohne einen Gedanken daran zu verschwenden, daß bekanntermaßen mehrere Geheimdienste solche Gespräche abhörten. Man nimmt an, daß dieses Telefongespräch Bhuttos Schicksal endgültig besiegelte. Das Gefängnis von Rawalpindi wurde schlagartig in eine Festung verwandelt, die von politisch rechtsgerichteten Truppeneinheiten bewacht wurde. Die PLO-Kommandos ließen sich nicht blicken.

Mustafa war fuchsteufelswild. Als wir allein in unserem Schlafzimmer waren, platzte er heraus: »Was sind das nur für Hohlköpfe! Wie konnten die nur so etwas Blödsinniges machen? Mit dieser Kinderei haben sie alles verdorben.«

◇

Obwohl ich mich innerlich immer noch mit meiner Sehnsucht nach Tanya herumquälte, war ich gleichzeitig froh, daß sie bei Anees in Karachi sicher und geborgen war. Ich mußte nämlich immer häufiger Naseeba vor ihrem Vater schützen. Er liebte sie immer nur bis zu einem bestimmten Punkt, schmuste und spielte durchaus gern mit ihr, doch sobald sie abgelenkt war oder nicht so reagierte, wie er es erwartete, wurde er ärgerlich und laut. Mustafa konnte es zum Beispiel auch nicht ertragen, wenn sie in Tränen ausbrach, und deshalb erzog ich sie dazu, nicht zu weinen. Genauso wie bei Mustafa versuchte ich auch bei ihr, all ihren Bedürfnissen bereits vorab gerecht zu werden, so daß sie gar nicht erst einen Anlaß zu Klagen hatte. Wie ein Sprinter, der einen Marathonlauf absolvieren muß, war ich jeden Abend am Ende meiner Kräfte.

Eines Morgens, als sich Mustafa rasierte, spielte Naseeba im Badezimmer. Sie planschte eine Weile in einem Schaumbad herum, bis die Seifenblasen ihren Reiz verloren hatten und es ihr im Wasser langweilig wurde. Beim ersten Quengelton stürzte ich herbei und sagte: »Ich nehme sie lieber aus der Wanne. Sie ist müde.«

»Nein«, sagte Mustafa ruhig, »laß sie hier.«

»Aber sie ist müde.«

»Du *kannst* sie nicht herausnehmen. Ich habe ihr befohlen hierzubleiben.«

»Befohlen? Aber, Mustafa, sie ist gerade erst eineinhalb Jahre alt.«

»Na und? In ihrem Alter sollte sie allmählich gehorchen lernen.«

Ich stand verwirrt und hilflos da und suchte verzweifelt nach einem Ausweg, um den Konflikt abzuwenden. Naseebas Jammern wurde lauter, und entsprechend wuchs Mustafas Unmut. Ich versuchte meine Tochter abzulenken, indem ich sie mit Wasser bespritzte, aber sie heulte nur noch lauter. Mustafa sagte mit kalter Stimme zu mir: »Laß sie in Ruhe und geh raus.« Ich war völlig außer mir, während er ganz gelassen blieb. Die verfahrene Situation blieb unverändert: Mustafa rasierte sich weiter, Naseeba hörte nicht auf zu heulen, und ich stand starr vor Angst in der Tür.

Plötzlich drehte sich Mustafa mit wütendem Blick zu Naseeba um. Sie schrie auf und starrte ihn mit großen verängstigten Augen an. Er packte sie und drückte ihren Kopf unter Wasser. Ich stürzte zur Wanne und flehte ihn an, sie loszulassen, aber er stieß mich zur Seite und hielt sie weiter unter Wasser. Auf seinem Gesicht war abzulesen, daß er entschlossen war, uns eine Lehre zu erteilen. Meine Gedanken rasten, ich überlegte mir verschiedene Handlungsmöglichkeiten, doch die eine hatte so schreckliche Folgen wie die andere. Mein Kind war dabei zu ertrinken, aber wenn ich mit Mustafa zu kämpfen versuchte, würde er nur noch wütender werden. Ich bettelte darum, daß er meine Tochter losließ, aber er gab nicht nach. Es kam mir wie eine Ewigkeit vor. Erst als Naseebas Bewegungen langsamer wurden, ließ er von ihr ab.

Ich zog meine Kleine aus dem Wasser. Sie hustete und spuckte, ihre Augen traten angstvoll hervor. Ich warf Mustafa einen haßerfüllten Blick zu, aber er sah so böse aus, daß ich nur noch Naseeba an mich drücken und hinauslaufen konnte.

Von da an hatte Naseeba Angst vor Wasser: sie zu baden wurde zu einer Quälerei, einer Strafe. Wasser und Schreien waren untrennbar verbunden, und deshalb paßte ich auf, daß ich sie nur noch wusch, wenn ihr Vater nicht da war.

Ich hatte Angst, sie mit Mustafa allein zu lassen. Ein harmloser Spaziergang im Park konnte sich in eine Höllenfahrt verwandeln.

Ich träumte von einer Erlösung, doch die Realität stand wie eine Mauer aus Stein vor mir. Eine Scheidung war einfach nicht möglich. Selbst wenn das britische und das pakistanische Recht auf meiner Seite waren – in der Welt des Feudalismus behält der Mann seine Herrschaft über die Tochter, und ich wußte, daß Mustafa Naseeba als Geisel benutzen würde, um mich weiter an sich zu binden. Ich war bereit, auf alles zu verzichten, aber nicht auf meine Tochter. Insgeheim hoffte ich, daß Mustafa sterben würde, aber sofort begrub ich diesen Gedanken wieder tief in meinem Inneren aus lauter Angst, daß er ihn irgendwie erraten würde.

Ein Gefangener findet sich schließlich mit seinem monotonen Dasein ab. Der Zorn vergeht, die Sinne stumpfen ab. Sein Geist ist gebrochen.

◇

Es gab immer mehr Anzeichen, daß von verschiedenen Seiten Gelder zur Unterstützung der gerechten Sache flossen. Die Bhutto-Jungen, die noch vor kurzem mehr oder weniger normale junge Männer gewesen waren, die die angenehmen Seiten des westlichen Lebens genossen, hatten sich zu finanziell gut ausgestatteten Revolutionären gewandelt. Auch Mustafa profitierte davon. Ein Kurier überbrachte im Auftrag von Agha Hassan Abidi von der Bank of Credit and Commerce International eine Aktentasche mit fünfzigtausend Pfund Sterling. Mustafa wies mich an, das Bargeld im Safe meiner Mutter zu deponieren.

Der neue Reichtum beflügelte Mirs Zuversicht, und er übernahm Macht und Autorität von seinem Lehrer. Schließlich war er ein Bhutto, und dieser Name wirkte Wunder. Er hatte es nicht mehr nötig, das Rampenlicht mit Mustafa zu teilen. Husna nährte diese Vorstellung in ihm noch. Sie erzählte dem Jungen, daß sein Vater Mustafa nie voll vertraut habe, und riet ihm, selbst die Zügel in die Hand zu nehmen. Die beiden Brüder verließen unsere Wohnung und bezogen eine Suite in einem Fünfsternehotel.

Die Bhutto-Söhne verliebten sich in ihr eigenes Image. Ihre revolutionäre Mission erhielt einen Anstrich von Jet-set: Maßgeschneiderte Anzüge traten an Stelle der Jeans, statt der schülerhaften Befangenheit zeigten sie nun großspuriges Gehabe. Frauen und andere Beigaben des süßen Lebens standen ihnen jetzt zur freien Verfügung. Schon immer hatte ihre Herkunft staunende Studentinnen der Anthropologie unwiderstehlich angezogen, doch nun waren sie zunehmend in Gesellschaft nerzgeschmückter Ladys anzutreffen. Eine von Mirs ständigen Begleiterinnen war die glamouröse – und sehr viel ältere – Frau eines Politikers aus einem Mittelmeerland. Auf mich wirkten die Bhutto-Söhne wie eine Mischung aus Che Guevara und Harold-Robbins-Romanfiguren.

Obwohl die Beziehung sich zunehmend schwierig gestaltete, arbeitete Mustafa weiter mit den Jungen zusammen. Sie beschlossen, daß die Volkspartei aller Welt demonstrieren müsse, daß sie geschlossen hinter ihrem eingekerkerten Führer stand, und riefen daher zu einer Demonstration vor der pakistanischen Botschaft am Lowndes Square auf. In Pakistan wäre das einer offenen Einladung zu einem Massaker gleichgekommen, aber in Großbritannien galt es als gesittete Protestveranstaltung. Die Frage war nur: Würden die ins Exil vertriebenen Massen auch auftauchen?

Ja, sie strömten aus ganz Europa herbei, immer neue Gruppen trafen ein, selbstgemachte Fahnen und Plakate im Gepäck. Auf ihren T-Shirts prangte die Parole »Save Bhutto« (»Rettet Bhutto«). Sie versammelten sich ernst und feierlich an der »Speaker's Corner« im Hyde-Park und begannen dort den Marsch, mit dem sie ihren Anführer vor der Schlinge des Henkers bewahren wollten. Die Prozession wand sich in einer langen Schlange durch das Stadtzentrum von London und staute sich schließlich vor der Botschaft. Mustafa, Mir und andere hielten feurige Reden.

Uns blieb nur die Hoffnung, daß die internationale Berichterstattung in den Medien Zia dazu zwingen würde, Bhuttos Leben zu schonen.

◇

Wir zogen um in ein kleines Häuschen an der Arkley Lane im Stadtteil Barnet, nicht weit von meinen Eltern. Verglichen mit der Mietwohnung bedeutete das eine Verbesserung, doch kränkte es mich, Herrin eines Hauses zu sein, das derart geschmacklos eingerichtet war. Ich versuchte es zu verschönern, aber die billigen pseudofranzösischen Möbel sprangen einem ins Auge, gleichgültig, was ich davorstellte, um sie zu verstecken. Die Nylonteppiche machten alles noch schlimmer. Ich fühlte mich in dieser Umgebung ausgesprochen fehl am Platz.

Während ich auf die Geburt meines Kindes wartete, nahm die politische Intrige immer mehr Gestalt an. Bhuttos Neffe, Tariq Islam, besuchte seinen Onkel im Gefängnis und beschrieb uns später seinen Zustand. Er sagte, daß Bhutto nur noch einundvierzig Kilo wog: Hände und Füße waren angeschwollen, seine chronische Zahnfleischentzündung hatte sich wegen fehlender Behandlung verschlimmert. Er litt ständig unter qualvollen Magenkrämpfen.

Trotzdem, sagte Tariq, sein Onkel sei geistig klar und sehr an Gesprächen über die politische Lage interessiert gewesen. Er habe sich nach den Entwicklungen in Pakistan und im Ausland erkundigt und sei sehr erfreut darüber gewesen, daß seine Söhne politisch aktiv geworden seien und eine Kampagne zur Rettung seines Lebens betrieben. Er habe auch nach Mustafa gefragt und wissen wollen, ob sein Protegé ein guter Redner sei. Als Tariq dies bejahte, erklärte Bhutto mit einem bitteren Lächeln: »Aber kein besserer als ich.«

Im Laufe der Unterredung sei Bhutto dann zunehmend verwirrt und deprimiert geworden. Er konnte nicht verstehen, warum das Volk nicht die Gefängnistore gestürmt hatte, um ihn zu befreien. Wo blieb der spontane Aufstand, der Zia, den Diktator, hinwegfegen würde?

Tariq bat Bhutto, ihm eine Botschaft für die Führer der Pakistanischen Volkspartei mitzugeben, die die Partei zu neuem Leben erwecken würde. »Wollen die etwa, daß ich sie wie ein Baby mit einem Löffelchen füttere?« antwortete Bhutto. »Wissen die nicht, was sie zu tun haben?«

Zia sorgte dafür, daß Bhutto viele Tode starb, bevor er gehängt wurde. Während der zwei Jahre, die er im Gefängnis verbrachte, wurde er ständig gedemütigt und beleidigt. Der stolze ehemalige Premierminister wurde gezwungen, in Gegenwart eines Wärters eine schmutzstarrende offene Toilette zu benutzen. Ein Offizier wurde in der gegenüberliegenden Zelle einquartiert, mit dem einzigen Zweck, ihn bis zum äußersten zu reizen. Der Brigadier kannte seine wunden Punkte genau; in den abstoßendsten Ausdrücken goß er Hohn und Spott über Bhuttos Mutter aus, bis der ehemalige Premierminister die Nerven verlor.

Am 3. April 1979 ließ man Benazir zu ihrem Vater und erklärte ihr, dies sei ein Abschiedsbesuch. Sie war schockiert, als sie sich durch Eisengitter und einen großen Tisch von ihm getrennt sah, aber als sie die Wärter anflehte, ihr eine letzte Umarmung zu gestatten, sagte Bhutto mahnend: »Bitte diese Leute nie um irgend etwas!« Sie hatte ihm seinen Lieblingsduft »Shalimar« mitgebracht und einige Bücher. Er nahm das Parfüm an, doch die Bücher lehnte er mit einem schmerzlichen Lächeln ab und erklärte: »Ich glaube nicht, daß mir noch Zeit genug bleibt, sie zu lesen.« Sie gab ihm auch einen Rasierapparat, und er sagte: »Gut. Ich werde meinen Bart abrasieren. Ich will nicht wie ein verdammter Mullah sterben.«

In den Berichten über die folgenden Ereignisse vermischen sich Tatsachen und Märchen. Was wirklich geschah, werden wir vielleicht nie erfahren. Es heißt, daß in den frühen Morgenstunden, etwa um ein Uhr, der Offizier, der Bhutto so gequält hatte, in dessen Zelle kam. Er gab Bhutto einen Stapel Papier und einen Füllfederhalter und verlangte ein Geständnis. Bhutto begann zu schreiben. Sicher ist ihm unendlich viel durch den Kopf gegangen – seine Triumphe, die Bewunderung der jubelnden Massen. Wohin war das alles geschwunden? Da saß er nun, in furchtbarer Einsamkeit, mit einem weißen Blatt Papier vor sich. Er wußte, daß er sich mit den richtigen, Kompromißbereitschaft signalisierenden Worten vielleicht noch retten konnte. Aber einem plötzlichen Impuls folgend zerriß er das Papier und warf sein Leben fort.

Der Brigadier erhob sich und trat Bhutto brutal in den Bauch. Manche behaupten, daß Bhutto bewußtlos geschlagen wurde, aber wieder zu sich kam, als man ihn zum Galgen schleppte – daß er stolperte, fiel, wieder aufstand und die letzten Schritte in Würde und mit demonstrativer Verachtung allein ging. Andere Quellen besagen, daß er bereits tot war, als er gehängt wurde.

Wie es sich auch immer zugetragen hat, das Resultat war dasselbe. Die Pakistanische Volkspartei – und Pakistan – hatte einen Märtyrer.

Kapitel sieben

Es war nicht mehr lange bis zum Geburtstermin. Mein Vater war geschäftlich in Japan, und Minoo verbrachte ihre Schulferien zu Hause, als Mustafa und ich zu einem Besuch kamen.

Adila war gekleidet, als wollte sie zu einer Dinner-Party gehen. Sie trug ein Crêpe-de-Chine-Hemd und lange Hosen, drapiert mit einem eleganten Chiffonschal, und hatte Make-up aufgelegt. Sie war ganz Auge und Ohr für Mustafa und rückte immer näher an ihn heran.

Mutter unterbrach das Gespräch und befahl: »Adila, mach uns Kaffee.«

Meine jüngere Schwester zog einen Schmollmund. »Es geht mir gar nicht gut«, sagte sie mit klagender Stimme. »Zarmina soll das machen.«

Aufseufzend ging Zarmina in die Küche. Adila nahm ihre anbetende Haltung wieder ein. Sie zeigte größtes Interesse an Mustafas Einschätzung der gegenwärtigen politischen Situation in Pakistan und beugte sich in Erwartung seiner Worte gespannt vor. Sie machte keineswegs einen kranken Eindruck.

Plötzlich fuhr Minoo in einem Ton, der keinen Widerspruch zuließ, dazwischen: »Adila, steh auf und geh hinaus!«

Adila zuckte zusammen, gehorchte aber.

Ich wunderte mich über Minoos scharfe Reaktion und rief deshalb nach unserer Heimkehr bei ihr an und fragte sie danach. Minoo war sehr aufgeregt. Sie erzählte mir, daß sie beobachtet hatte, wie Mustafa Adila mit dem Wagen von der Schule abgeholt hatte. Wohin sie gefahren waren, wußte sie nicht, aber sie waren drei Stunden lang fort gewesen.

Ich fühlte, wie mir das Blut in den Adern gefror.

Minoo fuhr fort: »Als ihr beide heute hereinkamt, habe ich Adila nicht aus den Augen gelassen. Ich wollte ihre Reaktion sehen. Sie hat sich erst feingemacht, als sie hörte, daß ihr kommen würdet. Wie sie sich hinsetzte und wie die beiden sich ansahen, das sagte einfach alles. Ich konnte das nicht länger hinnehmen. Ich mußte sie einfach aus dem Zimmer schicken.

Dieses offensichtliche Flirten ging schlicht zu weit. Ich wundere mich, daß niemand sonst in der Familie es bemerkt hat.«

Mustafa mit Sicherheit, dachte ich.

»Ich habe sie zur Rede gestellt, nachdem ihr gegangen wart«, berichtete Minoo. »Ich hab' ihr die Hölle heiß gemacht. Mami und Zarmina waren auch dabei. Dieses Benehmen ist einfach unerträglich. Was glaubt sie eigentlich, wer sie ist?«

Nachdem ich den Hörer aufgelegt hatte, war ich eine Weile wie gelähmt. Dann ging ich zu Mustafa und stellte ihn zur Rede.

Nach vielem Leugnen und unglaubwürdigen Ausflüchten gestand er schließlich: »Es stimmt, was Minoo gesagt hat. Ich habe Adila tatsächlich neulich von der Schule abgeholt. Aber ich habe das zuerst abgestritten, weil ich nicht darüber sprechen wollte, worum es wirklich ging. Adila war schwanger, von einem Jungen aus dem Iran. Ich habe sie zu einer Abtreibung in eine Klinik gebracht. Ich habe die Ehre deiner Familie geschützt, und dafür werde ich jetzt als unehrenhaft hingestellt. Es ist schon eine verkehrte Welt, in der man für seine Hilfsbereitschaft in Grund und Boden verdammt wird.«

Ich wollte meinem Mann um alles in der Welt glauben, und so glaubte ich ihm auch dies. Gewappnet mit dem frischen Beweis seiner Unschuld suchte ich meine Mutter auf. Sie verlangte einen Beweis – die unterschriebene Rechnung für die Abtreibung. Mustafa hatte sie nicht. Mutter wollte wissen, wo die Abtreibung durchgeführt worden war. Mustafa wollte es nicht sagen. Nun reichte es meiner Mutter. Sie sagte, daß sie nichts mehr mit Mustafa und mir zu tun haben wolle; so könne man nicht miteinander umgehen.

Ich vertraute mich meiner Frauenärztin, einer Waliserin namens Dr. Lucas, an und klagte ihr mein Leid. Sie reagierte sehr einfühlsam auf meine Zwangslage. Als ich ihr beschrieb, wie ich von Mustafa mißhandelt wurde, war sie empört. »Er ist so gewalttätig«, sagte ich. »Ich bin todunglücklich in meiner Ehe.« Ich bat sie um ein Beruhigungsmittel, und sie stellte mir ein Rezept für Tabletten aus, die mein ungeborenes Kind nicht gefährden würden.

Mein Vater hatte die Kosten für die Entbindung bereits vor unserem Zerwürfnis bezahlt. Deshalb fuhr mich Mustafa, als am 27. Dezember 1979 die Wehen einsetzten, zu einer kleinen, sehr guten und teuren Klinik in der Nähe von Hampstead. Sein Mienenspiel ließ klar erkennen, daß er es höchst überflüssig fand, eine derartige Einrichtung aufzusuchen, nur um ein Kind zu kriegen. Dr. Lucas empfing mich sehr freundlich, verhielt sich Mustafa gegenüber jedoch reserviert. Daß niemand aus meiner Familie da war, tat mir sehr weh. Wieder einmal war ich in einem Moment von ihnen getrennt, in dem ich sie am meisten gebraucht hätte.

Ich litt nicht nur unter den Schmerzen der Geburt, sondern auch unter einem tiefen Schuldgefühl. Mich peinigte die Vorstellung, daß mein Kind wegen meines Selbstmordversuches behindert sein könnte. Während die Wehen kamen und gingen, betete ich zu Gott, mir meine Selbstsucht zu vergeben und mein Kind mit Strafen zu verschonen.

Mit heftigem Herzklopfen erwartete ich den Augenblick, wo ich meine Tochter Nisha zum erstenmal sehen würde. Bei ihrem Anblick war meine Angst wie weggeblasen, ich fühlte nur noch grenzenlose Liebe. Ich nahm die Kette mit dem Medaillon, auf dem der Name Allahs geschrieben stand, von meinem Hals und legte sie ihr um, damit sie vor dem bösen Blick geschützt war.

Zwei Stunden nach der Geburt meiner Tochter kam Mustafa in mein privates Einzelzimmer und setzte sich an mein Bett. Es war ihm anzumerken, daß er schlechter Laune war und sein Zorn jeden Augenblick losbrechen konnte. Diese Stimmung fürchtete ich am meisten, und dennoch konnte ich nicht verhindern, daß meine eigene Verbitterung zum Vorschein kam. Selbst wenn mein Mißtrauen ihm und Adila gegenüber unberechtigt sein sollte, wie konnte ein Mann von Mustafas Geistesgaben es zulassen, daß unser Leben derart aus den Fugen geriet? Schließlich hatte ich ihn auch aus dem Grund geheiratet, um endlich in den Augen meiner Mutter besser dazustehen, doch was hatte ich erreicht? – noch mehr Demütigungen und Seelenqualen. Jetzt, so meinte ich, war eine gefahrlose Gelegenheit, um meine Wut herauszulassen. Er würde es nicht wagen, mich zu diesem Zeitpunkt und hier in aller Öffentlichkeit zu schlagen.

Ich begann: »Mustafa, was hast du uns angetan! Nun liege ich hier im Krankenhaus und bin mutterseelenallein. Dieses Unglück hast ganz allein du durch deine Heimlichtuerei und deine Intrigen angerichtet. Du bist wie eine alte Klatschbase auf dem Dorf, die üble Gerüchte verbreitet und Zwietracht in den Familien sät.« Er hörte mir mit wachsender Wut zu. Ich sah, daß er kurz vor einem Ausbruch stand, aber ich konnte einfach nicht aufhören. »Du hast einen Keil zwischen mich und meine Familie getrieben«, klagte ich ihn an. »Ich habe vier Schwestern. Ich habe einen Bruder. Eltern. Wo sind sie? Warum sind sie heute nicht bei mir? Darüber solltest du nachdenken. Und wer ist schuld daran? Denk mal nach!«

Mustafa erhob sich von seinem Stuhl und schlug mich heftig – zwei Stunden nachdem ich sein Kind geboren hatte. Wie von einer Maschine ausgeführt, prasselten seine Schläge im Takt links und rechts in mein Gesicht. Dann besann er sich auf seine Lieblingsfolter und drehte meinen Unterarm, bis ich meinte, er würde in Stücke brechen. Ich biß mir heftig auf die Lippen, um nicht laut lozuschreien.

Übel zugerichtet und mitgenommen, blieb ich in meinem Krankenbett zurück, während er zum Flughafen fuhr, um seinen dreizehnjährigen Sohn Bilal abzuholen, der aus Pakistan kam und bei uns wohnen sollte.

Frau Dr. Lucas fand mich weinend und verlassen in meinem Zimmer vor. Was war geschehen, daß ich in diesem freudigen Augenblick so todunglücklich war? Sie konnte es sich schon denken und hörte mir wortlos zu, als ich die Einzelheiten hervorschluchzte. Dann riet sie mir mit leiser Stimme: »Ihnen kann niemand helfen, solange Sie sich nicht selber helfen.«

Ich wußte, daß sie recht hatte. Warum hatte ich nicht laut geschrien, als er mich geschlagen hatte? Warum hatte ich nicht die Ärzte und Schwestern alarmiert und nach der Polizei verlangt? Doch was konnte Frau Dr. Lucas oder die Polizei schon ausrichten? Sie würden Mustafa Vorhaltungen machen, aber früher oder später wäre ich wieder mit ihm allein und meine Lage schlimmer als je zuvor. Ich hatte nicht geschwiegen, um Mustafa zu schützen – durch mein Schweigen wollte ich mich selbst schützen.

Mein Vater besuchte weder mich noch das Baby, aber er schickte mir ein Medaillon mit einem eingravierten Gebet. Ich war tief berührt, denn daran erkannte ich, daß er mir in seinen Gebeten nah war. Ich konnte seine Fürbitte brauchen.

Frau Dr. Lucas half mir im Rahmen ihrer Möglichkeiten; mit vorgeschobenen medizinischen Begründungen sorgte sie dafür, daß ich ein paar Tage länger in der Klinik bleiben konnte. Als Mustafa mich schließlich abholte, brachte er ein Geschenk für mich mit, einen sehr teuren weißen Kaschmirmantel. Das sollte offensichtlich so etwas wie eine Wiedergutmachung sein.

◇

Nach dem Tode Bhuttos scharte sich ein Teil der Exilanten um seine Söhne und ging zu Mustafa auf Distanz. Abenteuer lag in der Luft. Die Möchtegern-Terroristen waren den Luftgewehren entwachsen und wollten Ernst machen. Die revolutionäre Gruppe, die als Al-Zulfiqar oder auch als Pakistan Liberation Army (Pakistanische Befreiungsarmee) bekannt werden sollte, entstand. Die Bhutto-Brüder und ihre Parteigänger stellten Listen mit möglichen Zielpersonen zusammen, denn sie planten, die Schlüsselfiguren des Zia-Regimes zu ermorden, um dann das entstehende Machtvakuum für ihre Zwecke zu nutzen. Sie gingen nach Afghanistan und bauten in Kabul ein geheimes Ausbildungslager auf.

Mustafa war zwar in das Komplott nicht eingeweiht, doch kamen ihm einige Dinge zu Ohren. Er seinerseits vertrat den Standpunkt, daß jeder Versuch, die Generäle mit Gewalt aus dem Sattel zu werfen, zum Scheitern verurteilt sei. Er hatte Verständnis für die Ungeduld der Bhutto-Söhne, aber ihre Pläne konnte er nicht stillschweigend ignorieren. Pakistani empfinden eine tiefe Abscheu gegenüber Sabotageakten und politischen

Mordanschlägen. Mustafa wußte, daß Al-Zulfiqar nicht nur einen Anziehungspunkt für die zum harten Kern zählenden Aktivisten bilden, sondern auch von Angehörigen der internationalen Geheimdienste unterwandert werden würde. Er befürchtete, daß Al-Zulfiqar von General Zia als Vorwand für eine Hexenjagd benutzt werden würde, um den der Pakistanischen Volkspartei verbliebenen Rückhalt in der Bevölkerung völlig zu beseitigen. Mit Sicherheit würde Terror mit Terror beanwortet werden, und Unschuldige würden von Folter, Gefängnis und Galgen bedroht sein. Er war sicher, daß diese illegale Armee das Ansehen der Partei besudeln und den friedlichen Kampf zur Wiedereinführung der Demokratie behindern würde.

Mustafa bevorzugte eine weniger spektakuläre Form des politischen Vorgehens. Er reiste durch England und ganz Europa und sprach vor großen öffentlichen Versammlungen, um den müde Gewordenen neuen Mut einzuflößen und die Partei wieder aufzubauen. Ich mußte immer dabeisein. Er wurde zu einem unermüdlichen Einpeitscher, der sich aber nur für Änderungen im Rahmen des vernünftig Vertretbaren einsetzte. Ständig schauten alte Freunde und Mitkämpfer bei uns vorbei, und alle Gespräche drehten sich um Politik. Ich hörte gern bei diesen Diskussionen zu, und im Laufe der Zeit wurde mir langsam klar, daß ich – allem privaten Schrecken zum Trotz – doch einen Lebenssinn in der Arbeit für die Befreiung und Entwicklung meiner Heimat finden könnte.

◇

Am 18. Februar 1980, meinem siebenundzwanzigsten Geburtstag, rief mein Vater an, um mir im Namen der Familie die Hand zur Versöhnung zu reichen. Drei Monate hatte die Entfremdung angedauert. Niemand aus meiner Familie hatte bis dahin Nisha gesehen. Vater fragte, was ich mir zum Geburtstag wünschte, und ich sagte: »Ein Wiedersehen mit dir.«

Er antwortete mit erstickter Stimme: »Komm heute abend.« Mustafa gab zum Glück seine Zustimmung.

Als wir an jenem Abend die Treppe in das obere Stockwerk des Hauses emporstiegen, begegnete uns Adila, die nach unten ging. Mustafa blieb nichts anderes übrig, als sie nicht zu beachten und mir nach oben zu folgen; für mich war das ein Symbol für meinen Auf- und ihren Abstieg.

Mit einigen Stockungen kam das Familienleben wieder in Gang und wurde allmählich wieder so intensiv wie zuvor. Doch es hatte den Anschein, als ob jeder Schritt, der mich meiner Familie näherbrachte, mich weiter von meinem Ehemann entfernte.

Mustafas Zwangsvorstellungen nahmen geradezu perverse Formen an. Sobald er mich mit meinen Eltern lachen oder scherzen sah, verdüsterte sich seine Miene, und dann wußte ich schon, was kommen würde: Sobald wir allein waren, würde er einen Streit vom Zaun brechen, der schließlich in Gewalttätigkeiten ausartete. Wenn wir abends wieder zu Hause waren, setzte er eine Spirale von Verdächtigungen in Gang, die kein Ende fand, bis der erste Sonnenstrahl durch die Vorhänge drang. Immer wieder verbiß er sich in Sätze, die ich kurz zuvor gesagt hatte, drehte sie hin und her und zwang mich zu Erklärungen, bis ich den Faden verlor und nicht mehr logisch denken konnte. Wenn er zu bestimmten Kernpunkten kam, verlieh er ihnen mit Fausthieben oder Fußtritten Nachdruck. Immer endete es damit, daß ich mich für meine angeblichen Unverschämtheiten entschuldigte. »Tut es dir wirklich leid?« bohrte er nach.

»Ja.«

»Tut es dir aufrichtig leid?«

»Ja, ja.«

»Mir gefällt dein Ton nicht. Du hörst dich nicht so an, als ob es dir leid tut.«

Das kannte ich schon aus meiner Kindheit, als ich zwar meiner Mutter gehorchte, aber nicht gehorsam *aussah.* Ich antwortete:

»Mustafa, ich kann nicht mehr. Bitte, glaub mir doch. Es tut mir leid.«

»Aber du hast nicht wirklich das Gefühl, etwas falsch gemacht zu haben.«

»Doch, natürlich. Ja, doch!«

»Vor zwei Stunden hast du aber noch erklärt, daß du die Sache anders siehst. Du hast dich verteidigt.«

»Ich dachte –«

»– Du dachtest? Du dachtest? Du dachtest, daß du dein Handeln rechtfertigen könntest. Denkst du immer noch?«

»Nein. Du hast mir bewiesen, daß es nicht richtig war zu denken.«

Unsere Beziehung war zu einem einzigen langen Zerwürfnis geworden. Außer bei diesen nächtlichen Streitereien redete Mustafa kaum noch mit mir. Dann aber griff er auf ein Repertoire an derart widerlichen Schimpfworten zurück, daß selbst eine Hure noch rot geworden wäre. Er konnte mich mit seinen scharfen Attacken in der Luft zerreißen.

Die Verantwortung dafür, daß unsere Umgebung nicht mitbekam, wie es um unsere Beziehung stand, lag einzig bei mir. Mustafa war außerordentlich geschickt darin, mir die Schuld an allem zuzuschieben, und falls Außenstehende von meiner Erniedrigung erfahren hätten, wäre es ihm sicher immer gelungen, die Dinge so hinzustellen, daß alles an mir hängengeblieben wäre. In Mustafas Welt hatten die Männer das Sagen, und dort würde er sowieso immer als Unschuldsengel dastehen.

Trotz unserer erbitterten Kämpfe spielten wir nach außen hin weiter die Rolle der höflichen Gastgeber für unsere Freunde und politischen Kontaktpersonen. Vertreter der Medien, einflußreiche Politiker und alte Bekannte aus dem Ausland gingen ständig bei uns ein und aus. Wenn wir zum Essen einluden, führte sich Mustafa als großer Meisterkoch auf, während Dai Ayesha und ich die Arbeit der Mägde verrichteten. Mustafa zauberte phantasievolle gastronomische Wunderwerke, Dai hackte und schälte, und ich durfte alles wieder saubermachen. Mustafa bekam einen Wutausbruch, wenn wir uns nicht haargenau an seine Anweisungen hielten oder in seinen Augen zu langsam waren – oder wenn er einen Gegenstand oder eine Zutat verlangte, die ich trotz aller Vorausschau nicht parat hatte. Daß dabei ständig riesige, frisch geschärfte Messer griffbereit herumlagen, verlieh den Essensvorbereitungen einen zusätzlichen bedrohlichen Aspekt. Dai Ayesha hatte genauso große Angst wie ich. Da sie nur eine Dienerin war, brauchte Mustafa sich überhaupt nicht dafür zu rechtfertigen, daß er sie prügelte. Sie durfte keinen Fehler machen. Bei dem geringsten Versehen schlug er sie ins Gesicht oder trat sie mit den Füßen. Er redete sie nur mit »Du verdammtes Miststück!« an. Sie hatte keinerlei Möglichkeit, gegen ihr Schicksal aufzubegehren. Sie sprach kein Englisch, besaß weder Geld noch Paß. Wenn sie gewagt hätte fortzulaufen, hätte Mustafas Familie ihren Zorn an ihrer alten Mutter und ihren anderen Verwandten in Kot Addu ausgelassen. Sie stand unter seiner Knute wie eine Leibeigene.

Mustafa verfolgte noch die kleinste meiner Bewegungen mit den Augen, und das machte mich bald bei allem, was ich tat, unfrei und befangen. Es bereitete ihm Vergnügen, wenn ich mich wie ein Wurm krümmte. Selbst wenn er nicht da war, mußte ich ständig in Habachtstellung verharren. Er reiste damals wegen irgendwelcher vagen finanziellen und politischen Angelegenheiten in die USA, und ohne sich im geringsten um die Zeitunterschiede zu kümmern, rief er mich Tag für Tag in den frühen Morgenstunden an. Meldete ich mich mit schlaftrunkener Stimme, regte er sich auf. Es war meine Pflicht, wach und munter auf seinen Anruf zu warten. Schließlich sollte mir doch wohl anzumerken sein, daß er mir fehlte!

Während einer seiner Reisen erlaubte Mustafa mir, mit Zarmina und Adila in Brent Cross zum Einkaufen zu gehen. Ich kaufte unter anderem auch einige Illustrierte, aber ich bat meine Schwestern inständig, Mustafa bloß nichts davon zu sagen; er hielt Zeitschriften nämlich für Zeit- und Geldverschwendung. Wir kicherten wie Schulmädchen, die ein »schlimmes Geheimnis« teilen. Als Mustafa mich am nächsten Morgen anrief, nahm er mich wegen des Einkaufsbummels ins Kreuzverhör. Er wollte ganz genau wissen, was ich alles gekauft hatte, und ich zählte alles auf, wobei ich die Magazine nicht erwähnte. »Was hast du außerdem gekauft?« fragte er. Seine Stimme klang siegessicher.

»Nichts«, log ich.

»Ich habe dich gefragt, was du außerdem gekauft hast. Ich *weiß,* daß das nicht alles war.« Sein drohender Ton jagte mir Angst ein. »Ich bekomme alles heraus«, warnte er mich. »Du warst ungehorsam. Du hast dir Illustrierte gekauft, nicht wahr? Also, heraus damit! Gib's zu!«

Schließlich brach ich unter dem Druck seines Fernverhörs zusammen, und während ich mir seine Grobheiten anhören mußte, hatte ich nur einen Gedanken: Adila!

◇

Eines Tages läutete das Telefon, als Mustafa gerade unten seine Yogaübungen machte. Im selben Moment, als ich den Hörer aufnahm, ging auch er an den Apparat. Es war Adila. Ich hörte mit an, wie meine Schwester meinen Mann fragte: »Liebst du mich? Sag's mir, liebst du mich?«

Und ich hörte, wie mein Mann zu meiner Schwester sagte: »Mehr, als du je erfahren wirst.«

Ich ging wie betäubt nach unten; ich fühlte mich besudelt und ausgenutzt. Aber ich brachte es nicht über mich, Mustafa entgegenzutreten. Wie sollte ich nur am besten vorgehen? Ich war unfähig, auf diese jüngste Scheußlichkeit zu reagieren. Da läutete schon wieder das Telefon, und ich hörte, daß Mustafa versprach, einen Paß für jemanden zu besorgen.

Nur wenig später klingelte es erneut. Dai Ayesha nahm den Hörer ab und sagte, daß der Anrufer Choudry Hanif, einer von Mustafas alten »Genossen«, sei. Als Mustafa das Gespräch annahm, schlich ich wieder nach oben. Ich atmete tief durch und hob leise den Hörer unseres zweiten Anschlusses ab. Mustafa sprach mit Adila, er sagte gerade zu ihr: »Ja, ich besorge dir einen Paß. Mach dir keine Sorgen. Ich erledige das, aber es dauert seine Zeit.«

»Sieh zu, daß es schnell geht«, hakte Adila nach. »Ich kann nicht länger ohne dich leben. Ich will hier weg, jetzt sofort. Ich will ein neues Leben mit dir beginnen – mit dir allein.«

Ich glaubte mich übergeben zu müssen. Ich war immer noch

unfähig, irgend etwas zu tun, aber mein Verstand begann zu arbeiten und einen Gegenangriff zu entwerfen.

Am selben Nachmittag besuchten wir meine Eltern. Innerlich loderte ich vor Wut und Schmerz, aber falls Mustafa dies spürte, ließ er es sich nicht anmerken.

Als sich die Gelegenheit ergab, zog ich meine Mutter und Adila in das Schlafzimmer meiner Eltern und ging in die Offensive. Ich beklagte mich bei meiner Mutter: »Mustafa hat mir alles über Adila erzählt – wie sie ihm ständig nachläuft und ihn bedrängt. Er hat genug davon. Adila versucht, meine Ehe zu zerstören. Er ist es leid, daß sie sich ihm dauernd an den Hals wirft. Die Sache muß ein Ende haben. Es ist alles ihre Schuld. Schließlich ist sie meine Schwester! Er hat dich aufgefordert, deine Tochter an die Kandare zu nehmen. Dieses Mädchen hat alle Grenzen des Anstands überschritten.«

Adila geriet außer sich vor Wut und glaubte mir meinen Bluff nicht. »Das kann er gar nicht gesagt haben«, erklärte sie. »Hol ihn her, und dann soll er mir das alles ins Gesicht sagen! Ich werde mich kein bißchen rechtfertigen, solange er nicht hier ist. Schließlich geht es ja auch um ihn. Er soll mich selbst, hier vor euch, kritisieren.«

Mutter hielt Adila eine Moralpredigt und sagte, sie solle endlich mit ihren kindischen Spielchen aufhören. Wenn unser Vater davon hörte, sagte sie warnend, so würde er sie umbringen.

Ich fügte hinzu: »Adila, ich habe schon genug Probleme ohne dich. Laß uns endlich in Ruhe! Unser Leben ist zur Zeit schwierig und unsicher. Wir sind ohne Wurzeln in der Heimat und leben im Exil. Warum bist du darauf aus, uns das Leben zur Hölle zu machen? Ich halte das nicht mehr aus.«

»Ich habe nichts getan«, erwiderte Adila. »Warum rufst du nicht Mustafa herbei? Dann werden wir ja sehen, was los ist. Du bist die Lügnerin und nicht er.«

Angesichts ihrer selbstsicheren Zuversicht trat ich aufgelöst den Rückzug an. Ich hatte mich in einem Labyrinth widersprüchlicher Motive verfangen und versucht, meine Demütigung dadurch zu bemänteln, daß ich ausgerechnet den Hauptbeteiligten an dem Verbrechen verteidigte. Doch er stand auf ihrer Seite, und ich blieb außen vor – eine einsame Ruferin in der Wüste, die sich noch dazu bemühte, seine Rolle in dieser Affäre zu beschönigen, nur weil ich mir die Kränkung nicht eingestehen mochte, daß er mich nicht mehr begehrte. Mein Ego konnte es einfach nicht akzeptieren, daß Mustafa und meine Schwester zusammen waren. Ich wollte erreichen, daß Adila glaubte, er habe sie fallenlassen. Und meine Mutter wollte ich davon überzeugen, daß der Mann, bei dem ich Schutz vor dem belastenden Erbe meiner Kindheit gesucht hatte, tatsächlich ein Ehrenmann war. Aber angesichts des spöttischen Grinsens meiner Schwester brach ich zusammen.

Als wir wieder zu Hause waren, wartete ich, bis Dai Ayesha meine kleinen Töchter ins Kinderzimmer gebracht hatte und Mustafas Sohn Bilal in sein eigenes Zimmer gegangen war. Mustafa und ich standen in der Mitte des großen Wohnzimmers. Die wenigen Möbelstücke – ein Sofa, ein Lehnstuhl, ein Fernsehapparat – waren an den Wänden aufgereiht, so daß in der Mitte ein großer freier Platz war. Wahrscheinlich fühlte ich mich dort relativ sicher, ich glaubte, hier eine gewisse Bewegungsfreiheit zu haben, ihm ausweichen zu können. Der ursprüngliche Anlaß meines Zornes trat in den Hintergrund angesichts der Lage, in die ich mich soeben im Hause meiner Mutter selbst hineinmanövriert hatte. Doch wie sollte ich das Thema angehen? Mein Herz schlug laut vor Angst. Ich wußte, daß ich meine Worte sorgsam wählen mußte, um eine Sache zu betonen – es war ja die Wahrheit –, nämlich daß ich versucht hatte, *ihn* zu verteidigen und damit mich selbst. Als erstes erklärte ich, daß ich seine Telefongespräche mit Adila mit angehört hatte. Dann sagte ich, daß ich Adila vor meiner Mutter damit konfrontiert hatte, und zwar so, daß meine Eltern glauben müßten, Adila sei an allem schuld, und so ihren Respekt vor ihm nicht verlieren würden.

Ich merkte, wie es in Mustafas Kopf arbeitete, und im selben Augenblick wurde mir klar, daß ich einen Fehler gemacht hatte. Adila war unter Beschuß geraten und, in die Enge getrieben, würde sie womöglich die Wahrheit sagen! Falls Mustafa glaubte, daß ich ihn gerettet hatte, müßte er jetzt hoch erfreut sein. Doch statt dessen fühlte er sich in der Falle. Die Welt war auf den Kopf gestellt. Plötzlich stand ich als die Schuldige da.

Was nun folgte, geschah wie der Blitz. Mustafas Blick fiel auf seine doppelläufige Flinte, die neben dem Fernseher an der Wand lehnte. Mit einer einzigen schnellen Bewegung streckte er die rechte Hand aus, packte den Lauf und holte aus. Der Gewehrkolben traf mich mit voller Wucht von der Seite. Ich fiel hin, kämpfte mich aber instinktiv wieder hoch. Ich schrie: »Du hast mein Leben zerstört!«

Er brachte mich mit einem weiteren Schlag zum Schweigen. Ich krümmte mich auf dem Boden und zog schützend die Beine an den Bauch. Er schlug mich mit dem schweren Gewehrkolben und zielte dabei auf Rücken, Seiten und Beine; er hatte sich noch soweit in der Gewalt, daß er vermied, meinen Kopf zu treffen. Sein Gesicht verschwamm vor meinen Augen, wurde zu einem Etwas, das mich mit Entsetzen erfüllte und dem ich blinden Gehorsam schuldete. Ich versuchte meine Schreie zu unterdrükken, damit Dai Ayesha und die Kinder mich nicht hörten, aber es gelang mir nicht. Ich wußte, daß sie sich inzwischen, sicher zu Tode erschreckt, irgendwo in der Nähe verkrochen.

Ich schrie nach Bilal um Hilfe. Mustafa hielt jedoch nicht inne, bis er merkte, daß ich erhebliche Verletzungen davongetragen hatte. Einige seiner Schläge waren verrutscht, ich blutete aus dem Mund. »Ruf augenblicklich deine Mutter an!« wütete er. »Sag ihr, daß du verrückt bist. Sag ihr, daß du dir alles ausgedacht hast. Geh ans Telefon!«

»Das – das kann ich nicht«, schluchzte ich. »Das wird sie mir niemals glauben. Ich muß doch bei meiner Version bleiben. Sie wird Verdacht schöpfen . . .«

Ein heftiger Schlag brachte mich zum Schweigen. »Steh auf, du Miststück!« befahl er. Seine Stimme hatte einen neuen, unheilverkündenden Klang, er wirkte eiskalt. »Steh auf!«

Ich schaffte es fast nicht, doch ich tat, wie er mir befahl.

»Zieh dich aus!« herrschte er mich an. »Alles, jeden Fetzen. Zieh . . . dich . . . aus!«

Ich zitterte und hielt mich krampfhaft an meinem weiten Hemd fest. Als er merkte, daß ich wie gelähmt war, packte er mich beim Arm und drehte ihn mir auf den Rücken, bis ich vor Schmerzen gellend aufschrie und heulend hervorstieß, daß ich ihm gehorchen würde.

Er ließ mich los und setzte sich in den Lehnstuhl, ohne mich aus den Augen zu lassen, und ich fing langsam an, mein Hemd auszuziehen.

Wieder wurde ich mir der Leere des Zimmers bewußt, doch diesmal wirkte sie bedrohlich. Es gab keine Stelle, wo ich mich verstecken, nichts, woran ich mich festhalten konnte. Ich zog mir die langen Hosen aus. Nur in BH und Slip, starrte ich ihn an und flehte, bettelte und weinte, es genug sein zu lassen. Aber er blieb gnadenlos. Ich fühlte, wie das Blut auf meinen angeschwollenen Lippen und meiner Nase einzutrocknen begann. Mit zitternden Fingern zog ich meine Unterwäsche aus.

Er thronte auf dem Lehnstuhl in der Pose eines Königs, beide Arme seitlich vorgestreckt, die Lippen fest aufeinandergepreßt. Sein Blick drang in mich ein, glitt an meinem nackten Körper auf und ab, unerbittlich. Seine Augen wurden schmal, forschende, glitzernde, hämische Schlitze.

In meinem ganzen Leben hatte ich mich noch nie so tief gedemütigt, so total ausgeliefert gefühlt. Ich konnte an seinem Gesicht ablesen, daß ihm die Bedeutung der Situation sehr wohl bewußt war. Diese Szene würde mich seelisch verkrüppeln – vielleicht für immer. Von diesem Augenblick an würde ich kaum noch fähig sein, als Individuum weiterzuleben. Meine Selbstachtung war bis auf den letzten Funken vernichtet, die brennende Schande hatte nichts als Asche von ihr zurückgelassen. Ich war bloßgestellt, ein Nichts.

»Ich bitte dich, Mustafa,« flehte ich, »um des Propheten willen, laß mich meine Kleider wieder anziehen.«

»Nimm den Hörer in die Hand! Erst wirst du dort anrufen. Dann sehen wir weiter.«

»Aber wie kann ich ohne meine Kleider sprechen? Bitte, laß mich sie erst anziehen!«

Eine Flut von gotteslästerlichen Flüchen ergoß sich über mich. Er zog meine ganze Familie in den Schmutz. Eine innerliche Leere umfing mich, meine Sinne versagten. Ich konnte meine Hand nicht ausstrecken. Ich konnte mich kaum noch auf den Beinen halten. Die Knie zitterten mir, und meine Hände und Arme reichten nicht aus, um meine Blöße zu bedecken. Ich wollte mich an etwas festhalten, mich auf den Boden knien, doch als ich in die Knie sank, schrie er wieder los. Ich richtete mich sofort wieder auf.

Ich stand eine Ewigkeit da, bat und bettelte und rief den Namen Allahs und Seines Propheten an.

»Ich tu's ja«, flüsterte ich. »Bitte, laß mich die Sachen anziehen.« Schließlich hob er mein zerknülltes, blutbeflecktes Hemd auf und warf es mir zu.

Er nickte, die Lippen noch immer aufeinandergepreßt, und verfolgte jede meiner Bewegungen, als ich es mir überstreifte.

Bebend vor Scham, rief ich meine Mutter an. Aber ich konnte keinen klaren Gedanken fassen, keinen Satz herausbringen. Ich stammelte irgend etwas. Statt wie befohlen zu sagen, daß ich ihr nichts als Lügen erzählt hatte, sagte ich, daß alles wahr sei – ich war im Moment unfähig, zwischen Lüge und Wahrheit zu unterscheiden.

Mustafa riß mir den Hörer aus der Hand und knallte ihn auf die Gabel, dann verprügelte er mich mit wiedererwachter Wut. Ich flehte ihn an, mir noch eine Chance zu geben.

Noch einmal wählte ich die Nummer. Zitternd und weinend sagte ich zu meiner Mutter die Worte, die Mustafa von mir verlangt hatte. Dann übernahm er mit triumphierendem Ausdruck den Hörer. »Tehmina geht es leider gar nicht gut«, sagte er mit gespieltem Mitleid. »Ich befürchte, sie wird verrückt.« Er spielte auf die Meningitis an, da er wußte, daß meine Mutter meinen rebellischen Charakter noch immer darauf zurückführte. »Sie hat Halluzinationen«, behauptete er. »Sie phantasiert. Aus irgendeinem Grund haßt sie Adila. Vielleicht weißt du als ihre Mutter besser, welche Komplexe sie in bezug auf die arme Adila hat. Ich versichere dir, daß Adila niemals die Verbrechen begangen hat, deren Tehmina sie beschuldigt. Ich stehe sprachlos vor ihren Behauptungen und Verdächtigungen. Jetzt hat sie endlich die Wahrheit bekannt. Sie quält uns alle mit ihren schlimmen erfundenen Geschichten, aber am meisten quält sie sich selbst. Und hinterher ist sie nur noch ein heulendes Etwas, das sich nicht beruhigen läßt. Ich habe das lange mit großer Geduld ertragen. Was sie heute gemacht hat, ist nur ein Beispiel für das, was ich Tag für Tag ausstehen muß. Sie spielt sich zu gern als große Tragödin auf.«

Am selben Abend bat mich Mustafa um Vergebung für die Demütigung, die er mir angetan hatte, aber gleichzeitig versuchte er, mir die Schuld daran zuzuschieben. Er beharrte darauf, daß ich mir die Telefongespräche zwischen ihm und Adila nur eingebildet hätte. »Solche Sachen sind nicht ungewöhnlich, wenn Menschen jemanden sehr lieben«, sagte er. »Ihre Liebe ist so intensiv, daß sie auf einmal lauter Dinge zu hören meinen, die sie beunruhigen – sie leiden unter Wahnvorstellungen und werden verrückt. Du bist sowieso schon nicht sehr stark wegen deiner Meningitis. Eigentlich kannst du ja nichts dafür, und ich hätte mich besser beherrschen sollen.« Er lächelte mir gütig zu, breitete die Arme aus und befahl mir mit liebevoller Stimme: »Komm her zu mir.« Wie eine Schlafwandlerin folgte ich. Er zog mich an sich und wiegte mich in seinen Armen. Ich klammerte mich an ihn und weinte hemmungslos. Ich wußte, daß er log, aber ich wußte nicht, was ich tun konnte. Mein Verstand war wie tot.

Noch lange Zeit nach diesem Abend konnte ich noch so viele Kleider übereinanderziehen, ich fühlte mich stets nackt, ganz gleich, wer in der Nähe war.

◇

Eine Woche war vergangen, als plötzlich meine Mutter anrief und mit aufgebrachter Stimme verkündete, daß Mustafa in die Irrenanstalt gehöre.

Ich war verwundert über ihren plötzlichen Ausbruch. Was

war nun wieder geschehen? Dann kam Adila an den Apparat, und ich wußte, daß Mustafas böse Ahnungen berechtigt gewesen waren. Adila hatte Mutter schließlich doch gebeichtet, und jetzt machte sie mir in wohlgewählten Worten ein Geständnis: »Ich schlafe seit einem Jahr mit ihm. Ich sage dir das nicht als Schwester, sondern als Freundin. Mustafa haßt dich, Tehmina. Jeder haßt dich. Mutter haßt dich auch. Irgend etwas stimmt nicht mit dir. An deiner Stelle würde ich ihn verlassen, bevor er dich verläßt. Du solltest mehr Selbstachtung haben.« Adila ersparte mir keine Einzelheiten und eröffnete mir auch, daß sowohl Mustafas Sohn wie Dai Ayesha in das Täuschungsmanöver eingeweiht waren. »Bilal hat unsere Treffen arrangiert«, sagte sie. »Er ist unser Mittelsmann. Er bestellt die Zimmer im West-Lodge-Park-Hotel. Dai Ayesha hat es schon immer gewußt, du kannst sie fragen. Erinnerst du dich an den Tag, als er mich zur Schule brachte? Damals hat er mich in dem Apartment vergewaltigt. Einen Jungen aus dem Iran hat es nie gegeben – es war immer Mustafa.«

Wutentbrannt stellte ich Bilal und Dai Ayesha zur Rede.

»Da mußt du meinen Vater fragen«, gab Bilal leise zur Antwort. Dai nickte.

Daß sie nichts sagen wollten, sprach für sich. Ich unterdrückte meinen aufwallenden Zorn, denn den beiden ging es genau wie mir, auch sie hatten sich Mustafas Willen total unterworfen. Und wie mir war auch ihnen keine andere Wahl geblieben. Ich sagte mir, daß ich meine Wut an jemand anderem auslassen mußte.

Bald darauf kam Mustafa nach Hause. Er fand mich im Schlafzimmer vor, bebend vor Zorn und Angst. Meine Stimme versagte. Aber irgendwo tief in meinem Inneren fand ich die Kraft, ihn mit der Wahrheit zu konfrontieren.

In gespielter Überlegenheit leugnete er *alles* ab, doch ich merkte, daß er ebenso aufgewühlt war wie ich. Ich stellte ihn auf die Probe, indem ich ihn aufforderte, Adila anzurufen und ihr grausames Lügengewebe zu zerreißen. Er weigerte sich, doch an dem Tag fehlte ihm das Glück. Das Telefon klingelte, und ausgerechnet Adila war am anderen Ende der Leitung. Mustafa sprach mit ihr, und er wußte, daß ich auf unserem zweiten Apparat alles mitanhörte. »Ich liebe meine Frau und meine Kinder«, verkündete er. »Ich liebe dich auch, aber nur wie eine Schwester. Du darfst dich nicht so aufführen. Du schadest mit deinem Verhalten vielen anderen Menschen.«

Als das Gespräch beendet war, stellte er sich vor mich hin und schwor auf den Koran, daß die »Affäre« nur ein Produkt von Adilas ausschweifender Phantasie sei. Er behauptete, daß sie ein vollkommen gestörtes Verhältnis zu mir habe. »Sie will um jeden Preis unsere Ehe zerstören, Tehmina. Du kennst sie. Wie kannst du nur all diese Sachen glauben? Merkst du denn nicht, wie sie vorgeht? Sie weiß doch genau, bei welchen Gelegenheiten du mißtrauisch warst, und benutzt dies jetzt für ihre Zwecke. Laß dich doch nicht davon beeindrucken. Deine Mutter nimmt doch alles, was sie ihr anbietet. Sei doch nicht so leichtgläubig wie sie. Wir müssen diesen Angriff auf unser Heim gemeinsam abwehren.«

Ich glaubte ihm kein Wort, aber ich war bereit, mit dieser Lüge zu leben, zum einen, weil ich so erleichtert war, daß er etwas gegen Adila sagte, zum anderen, weil ich mich der Möglichkeit, allein leben zu müssen, nicht stellen mochte. Fortzulaufen war unmöglich. Er würde mir die Kinder, das Geld und womöglich auch das Leben nehmen.

Mir wurde klar, daß der Bestand unserer Ehe nicht von unserer Beziehung abhing, sondern auf komplizierten äußerlichen Faktoren beruhte: Da waren meine Selbstliebe und meine Scheu, vor meiner Familie als Versagerin dazustehen, außerdem die Angst, die Kinder zu verlieren, und die Angst, meinen Status als verheiratete Frau einzubüßen. Aber der wichtigste Grund war Adila: Wenn meine Ehe zerbrach, hätte sie gesiegt und ich endgültig verloren.

Ich rief Mutter an. Mit einer aus der Verzweiflung geborenen Festigkeit erklärte ich ihr, daß man meinem Ehemann nicht die Schuld daran geben könne, daß meine Schwester ein liederliches Geschöpf sei. Mit dieser Feststellung war das familiäre Band zwischen uns aufs neue zerschnitten.

Kapitel acht

Wir flogen nach Sharjah in den Vereinigten Arabischen Emiraten. Erst als wir im Flugzeug saßen, eröffnete mir Mustafa, daß wir außerdem auch nach Indien reisen würden, wo er sich mit Rajiv, dem Sohn der Premierministerin Indira Gandhi, treffen würde. Nach pakistanischem Recht bedeutete es Landesverrat – eine Tat, auf die die Todesstrafe stand –, sich mit Indien zu verbünden, doch Mustafa glaubte keinen Augenblick, daß sein Handeln unpatriotisch sei; für ihn waren die Inder bloß Mittel zum Zweck. Mit Indien gegen Pakistan zu arbeiten war doch kein Landesverrat; er rechtfertigte es als »Bhuttoismus«.

In Sharjah verbrachten wir den letzten Abend, bevor wir nach Neu-Delhi fliegen sollten, mit einem Politiker der Pakistanischen Volkspartei, der nichts von unserer geheimen Mission wußte. Mustafa unterlief ein grober Fehler, als er die Geheimhaltungsvereinbarung brach und erwähnte, daß wir am nächsten Tag nach Delhi reisen würden. Der Politiker sagte, daß auch er den Wunsch habe, dorthin zu reisen, aber kein Visum habe. Zu meiner Verwunderung prahlte Mustafa, er könne das »schon richten«.

Als wir am Flughafen in Neu-Delhi ankamen, winkten uns die Sicherheitsbeamten durch, hielten aber unseren Parteifreund fest. Einer bekannten indischen Journalistin, die sich auf demselben Flug befand, kam das sonderbar vor. Sie wollte wissen, wie es möglich war, daß *wir* ohne Visum einreisen konnten. Welche Art pakistanischer Politiker sei Mustafa? Wie konnte die indische Regierung das zulassen?

Die unerwünschte Aufmerksamkeit schmeckte unserem Gastgeber nicht. Als Rajiv Gandhi von dem Vorfall am Flughafen hörte, lehnte er es ab, sich durch ein Zusammentreffen mit Mustafa zu kompromittieren. In einer eindeutigen, wenn auch höflich gehaltenen Botschaft erläuterte er, wie gefährlich es sei, die Aufmerksamkeit der Öffentlichkeit auf unseren heimlichen Besuch zu ziehen.

Trotzdem wurden die landesverräterischen Kontakte in England fortgesetzt. Ohne daß ich davon erfuhr, gelang es Mustafa, ein Treffen mit Premierministerin Indira Gandhi höchstpersönlich zu arrangieren!

Zu dieser Zeit wurde ich gerade mit meinem vierten Kind schwanger.

◇

Mustafa reiste wieder nach Indien. Ich befand mich im zweiten Drittel meiner Schwangerschaft, als ich von einer Bekannten erfuhr, daß meine siebzehnjährige Schwester Zarmina den Sohn von Nawab Sadiq Hussain Quraishi, Riaz Quraishi, heiraten würde. Ich war traurig, daß ich eine so wichtige Neuigkeit durch Dritte erfahren mußte. Mustafas Eintritt in unsere Familie hatte sich für alle verheerend ausgewirkt, und Mutter hatte befohlen, meinen Namen in ihrem Hause nicht mehr zu erwähnen.

Ich wußte, daß Mustafa gefühlsmäßig wie politisch gegen diese Verbindung sein würde. Riaz' Vater war während der Zeit, als Mustafa Regierungschef war, Gouverneur des Punjab gewesen und von Bhutto zu Mustafas Nachfolger bestimmt worden, nachdem die beiden sich entzweit hatten. Sadiq Quraishi zog sich nach Zias Machtergreifung aus der Politik zurück und konzentrierte sich jetzt ganz auf seine Geschäfte – ihm gehörte die Pepsi-Cola-Alleinvertretung in Pakistan. Er stammte aus einer ultrakonservativen Familie, in der die Frauen traditionell verwöhnt wurden.

Für Zarmina, deren Welt die Mode war, bedeutete diese arrangierte Heirat eine perfekte Partie, trotz der Tatsache, daß sie Riaz erst ein einziges Mal gesehen hatte – zum Tee im Kreise der Familie –, bevor der Heiratsantrag angenommen wurde. In der Folgezeit führten sie nur kurze Ferngespräche miteinander. Riaz hatte London während der Verlobungszeit besucht, aber das Paar durfte keinen Augenblick ohne Anstandsperson miteinander verbringen. Ich freute mich sehr für sie und wußte, daß sie das Gefühl hatte, ihre Gebete seien erhört worden. Zarmina war ein glückliches Kind gewesen, und das, obwohl Mutter unsere hellhäutigen Schwestern bevorzugte. Dem Alter nach gehörte sie zwischen die schöne, geistvolle Minoo und die intrigante Adila; sie war allgemein als das Aschenputtel der Familie bekannt. Ihr derzeitiger Status als Adilas Kammerzofe war eine Qual für sie. Diese Ehe würde sie davon befreien.

Der Bräutigam und seine Verwandten reisten zu dem festlichen Ereignis von Lahore nach London. Zarmina und ich hatten uns immer sehr gut verstanden. Ich wünschte mir sehnlichst, dabeisein zu dürfen, mit zu singen, zu tanzen und Zarminas Glück mitzuerleben, aber natürlich war ich nicht eingeladen.

Während der Woche vor der Hochzeit stellte ich mir Zarmina in ihrem Brautkleid vor und versuchte mir all die aufregenden Ereignisse auszumalen, die sie jetzt sicherlich erlebte. Meine Träumereien wurden durch das Läuten des Telefons unterbrochen. Als ich den Hörer abnahm, meldete sich niemand. Ich hörte aber im Hintergrund Hochzeitslieder und das unverwechselbare Schlagen des *dholki*, offenbar mit einem Silberlöffel, der als Trommelstab zur Betonung des Rhythmus benutzt wurde. Auch leises Gelächter war zu vernehmen. »Wer ist da? Ist da jemand?« fragte ich, aber die Antwort auf meine Fragen war ein grausames Schweigen. Dann war die Leitung unterbrochen.

Ein teuflisches Spiel begann. Irgend jemand hatte es auf meinen Verstand abgesehen, nutzte mein Alleinsein aus. Im Laufe der Hochzeitswoche kamen die Anrufe immer häufiger. Ich schreckte jedesmal zusammen, wenn das Telefon klingelte, aber ich konnte es nicht über mich bringen, den Hörer gar nicht erst aufzunehmen. Wer haßte mich so sehr, daß er mir dies antat? Adila?

Ich schickte eine Freundin als meine heimliche Abgesandte zu der Hochzeit. Ich wollte meine Schwester wissen lassen, daß ich sie trotz meiner erzwungenen Abwesenheit liebte und immer für ihr Glück beten würde, und deshalb ließ ich ihr eine Nachricht mit diesem Wortlaut zukommen. Als meine Freundin von der Hochzeit zurückkehrte, erzählte sie mir, daß Zarmina über meinen Gruß Tränen vergossen hatte. Meine Spionin zeigte mir auch Polaroidfotos von Zarmina in ihrem atemberaubend schönen Hochzeitskleid aus silbrig schimmernder Seide. Der zarte Stoff war mit Silberfäden und Türkisen bestickt. Brillantschmuck glitzerte im Blitzlicht der Kamera. Beim Anblick der Bilder wurde ich untröstlich: Meine kleine Aschenputtelschwester war eine Prinzessin geworden, und ich war eine Pechmarie.

◇

Als Mustafa von seiner Reise zurückgekehrt war, erzählte ich ihm von den gemeinen, mysteriösen Anrufen, die ich während dieser Woche erhalten hatte, aber er zuckte nur mit den Schultern und beschuldigte mich, mal wieder Ausflüge in entlegene Phantasiewelten zu unternehmen. Er versuchte, mich mit den neuen Kleidern, die er mir mitgebracht hatte, und mit Neuigkeiten abzulenken. Er hatte Indira Gandhi getroffen. Er tat dieses landesverräterische Vorgehen mit derselben Nonchalance ab wie die seltsamen Anrufe. Aus seiner Sicht war Indien der Erzfeind von Zias Pakistan, nicht aber der der neuen Nation, an deren Gestaltung er mitarbeitete. Während der einstündigen geheimen Unterredung im Wohnhaus der Premierministerin in Neu Delhi hatte sie sehr offen gesprochen und sich freundlich gezeigt. Sie sprachen über die Hinrichtung Bhuttos und über die Aussichten, daß wieder demokratische Verhältnisse in Pakistan einkehrten. Die Premierministerin von Indien und der im Exil lebende Löwe vom Punjab unterhielten sich über die Ursachen für die andauernde Feindschaft zwischen ihren beiden Ländern und kamen gemeinsam zu dem Schluß, daß die pakistanische Armee ein ureigenes Interesse daran habe, die Spannungen an der gemeinsamen Grenze aufrechtzuerhalten; damit bewies sie ihre Unentbehrlichkeit.

Mustafa war überaus zufrieden mit sich. Er hatte einen gewagten politischen Coup gelandet. Er hielt dies für einen ersten Schritt, um eine dramatische Veränderung zugunsten des pakistanischen Volkes herbeizuführen.

Eine Mehrheit in der Bevölkerung teilte Mustafas Überzeugung, daß in der pakistanischen Armee die Wurzel unserer Probleme liege. Die Verfechter dieser Auffassung waren der Ansicht, daß das Militär, auf Wahrung seiner Macht und seiner finanziellen Ausstattung bedacht, grundsätzlich der Demokratie mißtrauc. In der Geschichte Pakistans hat sich das Militär in der Tat unübersehbar häufig in die Politik eingemischt. Mustafa entwikkelte die Theorie, daß Bhuttos Versuch, mit den Militärs gemeinsame Sache zu machen, sein größter Fehler gewesen sei. Und tatsächlich war es ja auch die Armee, die ihn gestürzt, und General Zia, der seine Hinrichtung veranlaßt hatte.

Doch in diesem Punkt war die Pakistanische Volkspartei gespalten. Die Rechten hielten die Armee, trotz all ihrer Fehler, für notwendig, um uns vor der ständigen Bedrohung durch Indien zu schützen. Mustafa und mit ihm viele andere waren dagegen vom antimilitaristischen Virus befallen und nährten ihn noch. Es war wie eine verwirrende, von Fieberschüben begleitete Krankheit, die Mustafa schließlich zu der Überzeugung brachte, die Armee müsse ausgelöscht werden. Nur dann hätten die Politiker die Hände frei, um die Unausgewogenheit des Systems zu beheben. Aber wie sollte das geschehen? Natürlich hatten Mustafas Anhänger keine eigene Armee, und deshalb beschlossen sie, ihr Heil in der Anlehnung an Indien zu suchen.

Mustafa hämmerte mir diese Sichtweise so lange ein, bis ich blind daran glaubte. Schließlich reagierte ich auf jede Erwähnung der pakistanischen Armee wie in einem automatischen Reflex mit Haß und Abscheu. Mustafa predigte: Die Armee verschlinge Pakistans wenige Ressourcen, so daß diese nicht mehr der Industrie zugute kommen könnten. Sie sei die Ursache der Armut im Volk und verhindere die Entfaltung der Demokratie. Mustafa wollte nichts Geringeres, als einen weiteren indisch-pakistanischen Krieg zu entfachen. Sobald die indische Armee die Pakistani in der Schlacht besiegt hätte, würde sie sich wieder hinter die Grenze zurückziehen und damit den Zivilisten ermöglichen, die Geschicke des Landes zu bestimmen. Er glaubte nicht, daß Indien Ansprüche auf eine Vorherrschaft in Pakistan erheben würde. Dieses Land sei genau wie wir vor die Notwendigkeit gestellt, seine kostbaren Ressourcen der Industrie zukommen zu lassen und nicht riesige Summen für die Erhaltung seiner Armee auszugeben, um sich gegen die Bedrohung durch unsere Streitkräfte zu verteidigen.

Indira Gandhi warnte Mustafa: »Wir werden Ihre Armee niederwerfen und demütigen müssen, nur dann können unsere beiden Länder in Harmonie leben. Und nur dann können Sie hoffen, eine nichtmilitärische Herrschaft wiederherzustellen.«

Als Mustafa mir dies alles berichtete, trat ein staatsmännischer Ausdruck in seine Augen. »Mein Vorhaben wird mit Sicherheit mißverstanden werden«, räumte er ein. »Das pakistanische Volk kann nicht lesen und schreiben. Es ist starrsinnig und politisch kurzsichtig – aber darin liegt der Unterschied zwischen einem Führer und denen, die geführt werden. Für sie ist Indien der Feind Nummer eins. Sie erkennen nicht, daß es die Armee ist, die ihnen die Aussicht auf eine bessere Zukunft versperrt, und daß sie der wahre Feind ist. Mein Plan wird sich erst langfristig auswirken, für unsere Zukunft, für unsere Kinder. Auch die Elite des Landes wird ihn nicht verstehen. Diese Leute werden ihn als zu radikal ablehnen. Sie wissen, daß wir es nicht bei der Armee belassen. Auch sie werden ihren unrechtmäßig erworbenen Reichtum preisgeben müssen. Die Reformen werden umfassend sein. Die Vernichtung der Armee ist nur ein erster Schritt!« Er senkte die Stimme und sagte: »Das ist ein gefährliches Geheimnis.«

◇

Mustafa ließ nur kurze Zeit nach seiner Rückkehr aus Indien verstreichen, bis er mich mit Sprengstoff privaterer Natur beglückte. Wir erhielten ständig eigenartige Anrufe von einer Person, die ihren Namen nicht nannte und nur Mustafa sprechen wollte. Ich fand die Sache kindisch. »Du bist inzwischen ein alter Mann«, schimpfte ich schließlich mit ihm, »werde endlich erwachsen.«

Er ergriff die Gelegenheit beim Schopf und »beichtete« mir, daß der indische Filmstar Zeenat Aman ganz verrückt nach ihm sei und ihn heiraten wolle. Sie hätten sich auf seiner Reise nach Neu Delhi kennengelernt. Mustafa berichtete mir mit kaum verborgenem Stolz, daß sie ihm nachlaufe und ihn ständig belästige. Sie stehe hinter dieser Flut von Anrufen, die ihm allmählich auf die Nerven gingen. Doch diese Telefongespräche, wenn sie denn wirklich mit der geheimnisvollen Zeenat Aman geführt wurden, waren keineswegs Versuche, sie abzuwimmeln. So kam ich einmal hinzu, als Mustafa gerade drohend in den Hörer sprach: »Wenn dieser Mann dich noch einmal anschaut, erschieße ich euch beide.« Als er merkte, daß ich das mit angehört hatte, hängte er schnell ein. Er wirkte mehr als verlegen.

»Das nennst du also abwimmeln, was?« fragte ich sarkastisch. »Du hörst dich eher wie ein eifersüchtiger Liebhaber an.«

Mustafa hatte immer eine Erklärung parat: »Ich wußte, daß du im Zimmer warst; ich habe dich doch gehört«, behauptete er. »Ich wollte dich bloß auf den Arm nehmen. Es war gar keiner in der Leitung.« Dann breitete er seine Arme weit aus und grinste wie die Cheshire-Cat aus »Alice im Wunderland«. »Komm her«, gebot er mit sanfter Stimme.

Nur wenige Stunden später fing er wieder an mit seinen Klagen über Zeenat Aman, die ihm so sehr zur Last fiele. »Sie nimmt mir einfach nicht ab, daß ich nein meine, wenn ich nein sage«, stöhnte er. »Sie will mich unbedingt heiraten. Was soll ich tun?«

Diese Frage stellte er ausgerechnet seiner eigenen Frau!

»Ich könnte dich oder die Kinder nie verlassen«, schwor er. »Ich liebe sie. Ich liebe dich. Ohne dich würde ich sterben.«

Doch das ständige Auf und Ab hatte mich mitgenommen. Die Risse in unserer Ehe konnten nicht so einfach mit Worten gekittet werden.

Mustafa erklärte nun, er habe noch für diesen Abend ein Treffen mit Zeenat Aman arrangiert, und zwar draußen vor einem Pub. Es würde das letzte Treffen zwischen ihnen beiden sein; er würde mit ihr brechen. Er wünschte meine Begleitung, damit ich Zeugin seiner guten Absichten würde, und forderte auch seinen alten Freund und »Genossen« Sajid auf, mit uns zu kommen.

Ich hatte das Gefühl, den Verstand zu verlieren, als ich dann mit Sajid in dem Lokal saß, während mein Ehemann nach draußen ging, um seine Freundin zu treffen. Von mir unbemerkt, war die Person, mit der er sich treffen wollte, in einem von einem Chauffeur gelenkten Wagen vorgefahren. Ich bestellte eine Bloody Mary und machte mich daran, sie in ein Currygericht zu verwandeln; ich schüttete Unmengen Tabasco und Worcestersoße dazu und würgte dann daran herum. Sajid äußerte etwas über mein tolerantes Verhalten in der Ehe, und ich entgegnete ihm, daß ich nicht wüßte, warum ich immer noch bei Mustafa bliebe. Als einzige Verteidigung blieb mir die resignierte Erklärung: »Seit ich Mustafa geheiratet habe, bin ich klinisch tot.«

Mustafa kam in den Pub zurück und verkündete, er habe mit Zeenat gestritten, und sie sei weggefahren. Ihm war offenbar ziemlich elend zumute. Weiter erfuhren wir nichts.

Als wir an diesem Abend im Bett lagen, klammerte er sich an mich wie ein Kind, das Angst vor dem schwarzen Mann hat. Er war übermüdet und aufgeregt zugleich. Er sprach sehr bewegt mit mir: »Ich werde dich immer lieben. Ich war ein scheußlicher Ehemann. Es hat nie eine verständnisvollere Frau gegeben. Ich weiß nicht, wie und warum du es so lange mit mir ausgehalten hast. Ich habe dir nichts gegeben. Alles, was du dir durch die Ehe mit mir erhofft hast, ist unerfüllt geblieben. Ich ließ dich im Exil leiden, ich habe dich gezwungen, meine Ängste und Sorgen zu ertragen. Ich habe dich mit allen meinen Problemen belastet, und du hast sie mit Würde getragen. Alle meine Frustrationen habe ich an dir ausgelassen. Ich weiß nicht, wie ich ohne dich überlebt hätte. Ich weiß, daß du mich verlassen wirst. Nimm das Haus in Islamabad. Fahre mit den Kindern dorthin und versuch bitte, mir zu vergeben.«

Seine offensichtliche Verstörtheit wirkte besänftigend auf mich. Ich wußte nicht, was es war, aber irgend etwas bedrückte ihn, beziehungsweise irgendjemand übte Druck auf ihn aus. Ich senkte den Blick und fühlte, wie mir die Tränen in die Augen traten. Eine Weile überlegte ich, was ich ihm erwidern sollte, dann hob ich den Kopf wieder, um ihm zu antworten.

Er war eingeschlafen! Kein Zweifel, er hatte seinen Frieden mit den Dämonen gemacht, die ihn verfolgten – welche es auch immer sein mochten. Dieser Mann hatte seine leidenschaftliche Rede kaum beendet, da war er auch schon eingenickt, als ob er damit das Problem bereits gelöst hätte. Mein Zorn kehrte in voller Stärke zurück, und ich war auf dem Sprung, ihn mit ein paar scharfen Worten aus seinem dumpfen Schlaf zu reißen, als das Telefon mir das abnahm.

Mustafa fuhr senkrecht hoch, schnappte den Hörer und redete im Dialekt vom Punjab mit dem Anrufer. Wiederholt versicherte er der Person am anderen Ende der Leitung, daß er sich gleich morgen mit dem Problem befassen werde.

»Wer war das?« fragte ich.

»Es war Zeenat Amans Mutter«, sagte er. »Sie hat verlangt, daß ich ihre Tochter morgen heirate, andernfalls gibt sie die Nachricht von unserer Liebesromanze an die Medien weiter. Wenn das passiert, bin ich politisch erledigt.«

Ich unterbrach ihn entschieden: »In diesem Fall mußt du sie natürlich heiraten.«

»Ich glaube, ich muß es wirklich«, flüsterte er.

Wir lagen eine Zeitlang, ohne zu sprechen, nebeneinander. Doch schon bald hörte ich an seinem Atem, daß er wieder eingeschlafen war. Ich war mißtrauisch und bestürzt. Ich schlüpfte aus dem Bett und ging zum Telefon im unteren Stockwerk. Ich rief eine Freundin an, die sich in der Filmszene von Bombay gut auskannte. »Ist Zeenat Aman gerade in London?« fragte ich sie.

»Nein, sie ist in Bombay«, erwiderte meine Freundin. »Ich glaube, sie dreht gerade einen Film – mehrere Filme, genaugenommen.«

»Sag mal, spricht ihre Mutter Punjabi?«

»Nein. Warum willst du das wissen?«

»Das erklär' ich dir später mal.«

Ich ging wieder zu Bett, völlig durcheinander. Die ganze Geschichte mit Zeenat Aman war also totaler Humbug! Doch wenn es nicht Zeenat Aman gewesen war, mit der sich Mustafa vor dem Pub getroffen hatte, wer dann? Verzweifelt flehte ich Gott um Hilfe an, und wenn Er mir auch nicht antwortete, so ließ Er mich doch wenigstens in Schlaf versinken.

Ich träumte, daß Zeenat Aman in unser Haus hineinging und dann verschwand. Dann erschienen Adila und meine Großmutter. Sie betraten mein Heim, und plötzlich waren sie von Flammen eingehüllt. Es roch nach Rauch und verbranntem Fleisch. Ich wachte auf, kalter Schweiß stand mir auf der Haut. Konnte es womöglich wieder Adila sein? überlegte ich. War sie zurückgekommen, um mich wieder zu quälen? Nachdem ich so viel für ihn aufgegeben und durchgemacht hatte, konnte Mustafa es da wagen, sich noch einmal mit meiner Schwester einzulassen?

Am nächsten Morgen erschien in aller Frühe meine Großmutter in unserem Haus. Sie war wegen Zarminas Hochzeit aus Pakistan angereist, aber es überraschte mich, sie hier bei uns zu sehen. Meine Mutter hatte verkündet, daß jeder, der Kontakt mit uns aufnahm, zum letztenmal seinen Fuß über ihre Schwelle gesetzt hatte, und meine Mutter war zu beherrschend, als daß irgendein Familienmitglied ihr die Stirn zu bieten wagte, meine Großmutter eingeschlossen. Auf einmal wußte ich, daß *sie* es gewesen sein mußte, die am Abend vorher angerufen hatte – sie sprach Punjabi. Als Mustafa sie erblickte, verließ er schnell den Raum. Er machte einen schuldbewußten Eindruck.

Meine Großmutter setzte sich auf mein Bett. Mit Tränen in den Augen berichtete sie mir, Adila habe meiner Mutter gesagt, daß sie Mustafa heiraten wolle und daß sie ihm ein Ultimatum für die Scheidung von mir gestellt habe. Mustafa habe Adila hoch und heilig versprochen, sie zu heiraten, aber unter Hinweis auf meine Schwangerschaft zögere er die Sache immer noch hinaus. Er berief sich dabei auf den Koran, der, so sagte er, verböte, daß ein Mann eine Schwangere verstößt und daß ein Mann mit zwei Schwestern zugleich verheiratet ist. Der wahre Grund war, da war ich mir sicher, seine Befürchtung, der Skandal könne seinem politischen Ansehen schaden. Um den Wahrheitsgehalt von Adilas Geschichte zu überprüfen, hatte meine Großmutter in der vorigen Nacht bei Mustafa angerufen.

Meine Großmutter konnte nicht mit ansehen, daß ich nun auch noch mit diesem Leid fertig werden sollte, aber sie war auch verärgert über mich, weil ich einen derart abscheulichen Mann in die Familie gebracht hatte. Meine Mutter hatte sie jetzt zu mir geschickt, um mir folgende Botschaft zu überbringen: Mustafa hat dein Leben zerstört, aber deine Schwester ist noch sehr jung. Du darfst deshalb nicht zulassen, daß er sie in seinen teuflischen Bann schlägt. Um Adilas willen mußt du die verbleibenden Jahre deines Lebens opfern und dich einer Scheidung verweigern. Falls du Mustafa verläßt, darfst du nicht darauf rechnen, *jemals in deinem Leben* zu deinen Eltern zurückkehren zu können.

Ich würde also das Martyrium auf mich nehmen müssen und der Familie, die mich im Stich gelassen hatte, als Schutzschirm zu dienen haben – und das für die Schwester, die mich hintergangen hatte. Eine andere Wahl schien mir nicht zu bleiben.

Ich ließ meine Großmutter im Schlafzimmer zurück und ging zu Mustafa, um mit ihm zu sprechen. Daß ich dabei so ruhig blieb, überraschte mich selbst. Er warf sich vor mir zu Boden und flehte mich an, ihm zu vergeben, wenigstens ein kleines bißchen.

»Ich werde dich wie eine Königin behandeln«, schwor er. »Ich schlage dich nie wieder. Ich werde dein Sklave sein und alles tun, was du willst – was immer dir in den Sinn kommt. Aber bitte, bitte, verlaß mich nicht.«

Mit ansehen zu müssen, wie sich der brutale Unmensch in ein erbärmliches, unterwürfiges Häufchen Elend verwandelte, erschütterte mich auch diesmal wieder. Obwohl ich ganz genau wußte, daß dieser Wandel nur von kurzer Dauer sein würde, klammerte ich mich daran.

Gemeinsam kehrten wir zu meiner Großmutter zurück. Mit hängendem Kopf saß Mustafa dabei, während sie uns erklärte, die Geduld meiner Mutter sei am Ende, und uns ein Ultimatum stellte: »Über den Häuptern dieser Familie hängt ein Schwert. Die Zeit ist reif, es hinabfallen zu lassen. Die blutige Tat möge also geschehen: Wir werden Adila aus dem Haus weisen. Ihr könnt sie bei euch aufnehmen, wenn ihr wollt.« Ich wußte, daß dies nie geschehen würde und sie nur, um eine größere Wirkung zu erreichen, so sprach. Es ging nur darum, diesen Mann zum Rückzug zu zwingen.

Doch Mustafas Reaktion auf diese Worte strafte alles, was er kurz zuvor zu mir gesagt hatte, Lügen. »Also gut«, erklärte er. »Wenn das eure Entscheidung ist, gut. Ich werde Adila in meinem Haus aufnehmen.« Aber, so versprach er meiner Großmutter, »solange Tehmina unter meinem Dach weilt, werde ich Adila nicht anrühren«.

Was das bedeutete, lag auf der Hand. Mein Schicksal war besiegelt, denn nun wußte ich, daß er mich fallenlassen würde, sobald mein Kind geboren war. So wie er den Koran auslegte, gab es nur einen Punkt, in dem Zurückhaltung geboten war, nämlich daß er während der Dauer meiner Schwangerschaft die Finger von Adila lassen mußte. Die Erlebnisse aus all den Jahren der Mißhandlung und Aufopferung, der Lügen und Manipulationen brodelten in meinem Kopf wie ein giftiges Gebräu. Ich hatte einen Nervenzusammenbruch, gellende Schreie brachen aus mir hervor, von woher, wußte ich selbst nicht. Sajid stürzte nach oben, und unsere Nachbarn sammelten sich vor der Haustür. Ich war wie von Sinnen, dem Wahnsinn nahe. Sajid gab mir zwei Beruhigungstabletten, aber die zeigten keinerlei Wirkung. Während ich Höllenqualen litt, verabschiedete sich meine Großmutter, mit der Begründung, daß meine Mutter sie jetzt brauche. Sie eröffnete mir, daß meine Mutter gerade eine Star-Operation hinter sich habe, und gab mir zu verstehen, sie habe sich ihre Augen verdorben, weil sie so viele Tränen über diese ganze unglückselige Geschichte vergossen habe. Mein Vater sei ebenfalls im Krankenhaus, weil er unter Herzbeschwerden litte. Wir waren alle Opfer, Opfer des Mannes, der diese Verwüstungen angerichtet hatte.

Nachdem meine Großmutter gegangen war, verstummte ich eine Weile. Doch ich fühlte, wie ich immer näher an den Rand des Wahnsinns geriet. Die Erinnerungen an die vielen Male, da ich gedemütigt und hilflos allein gelassen worden war, schlugen über mir zusammen. Nach Jahren der Ehe mit diesem Mann lagen meine Nerven bloß. Nun fiel die letzte Barriere, ich brach auf dem Bett zusammen und bekam aufs neue einen nicht enden wollenden Schreikrampf. Doch selbst in der tiefsten Hysterie und Verzweiflung fragte ich mich noch, warum es so lange gedauert hatte, bis ich an diesem Punkt angelangt war.

In diesem Zustand, in dem ich keinen klaren Gedanken fassen konnte, hörte ich, wie Mustafa Adila anrief. »Tehmina hat einen Nervenzusammenbruch«, erklärte er ihr. »Auch deine Mutter ist durch all dies sehr mitgenommen, und dein Vater wird wohl sterben müssen. Um ihrer aller willen sollten wir Schluß machen mit dem ganzen.« Ich schrie nur noch hysterischer, denn mir war klar, daß er lediglich Zeit gewinnen wollte. Die Sache war noch längst nicht vorüber.

Am selben Abend waren wir zu einem Dinner eingeladen. Mustafa bestand darauf, daß ich mitkam, aber selbst er mußte schließlich einsehen, daß es unmöglich war. Er fuhr allein fort.

Erst nach langer Zeit hörte ich, wie draußen sein Wagen vorfuhr, und mir wurde schlecht davon, daß er wieder zu Hause war. Ich hörte, wie unten die Haustür geöffnet und wieder geschlossen wurde, und zitterte vor Wut. Als seine Schritte auf der Treppe näher kamen, drohte mir der Atem zu versagen.

Er betrat das Zimmer. Ich stellte mich schlafend. Er zog sich aus, legte sich ins Bett, und dann hatte er die Unverfrorenheit, mich zu berühren – zu betätscheln –, in eindeutiger Absicht.

Ich stieß ihn heftig mit beiden Händen zurück. Es war das erste Mal, daß ich es wagte, mich ihm zu verweigern.

Er rastete sofort aus. Er schlug mich ins Gesicht, meine Lippen platzten auf, blaue Flecken zeichneten sich bald auf meinen Wangen ab. Er packte mich, riß mich vom Bett, warf mich zu Boden und trat mich noch im Fallen mit den Füßen. Ich prallte mit der Stirn gegen die Ecke des Nachttisches und schrie entsetzt auf, als mir Blut in die Augen lief.

Bei diesem Anblick kam Mustafa wieder zur Vernunft. An meiner Braue klaffte eine große, tiefe Platzwunde. Er sah sich um, fand ein Handtuch und warf es mir zu. Ich preßte es an meine Stirn, aber das Blut strömte weiter. Ich fühlte, daß ich gleich ohnmächtig werden würde.

»Wir sollten lieber ins Krankenhaus fahren«, sagte er. »Das muß genäht werden.«

Während der schnellen Fahrt arbeiteten die Gedanken fieberhaft in meinem mißhandelten Kopf. Warum hatte er mich ausgerechnet jetzt geprügelt? Während des ganzen qualvollen Aufruhrs an diesem Tag hatte er nicht die Beherrschung verloren, sondern seine Wut gezügelt. Warum jetzt? Plötzlich war es mir klar: Er war in der Defensive, fühlte sich in die Ecke gedrängt. Durch meine Großmutter war die Wahrheit ans Licht gekommen. Wir alle hatten zwar schon vorher um seine Affäre mit Adila gewußt, aber jeder hatte seine eigenen Strategien benutzt, um der Wahrheit auszuweichen, um die Fassade zu wahren. Aber jetzt war es zum Äußersten gekommen: Adila, Mutter, Großmutter, Mustafa und ich hatten alle der Wahrheit ins Gesicht gesehen. Für Mustafa galt das gleiche wie für meine Mutter: Die Wahrheit zu sagen und nach ihr zu handeln, war eine unverzeihliche Sünde. Seine Schwächen lagen jetzt offen zutage. Seine Position war so angreifbar wie nie zuvor. Meine Familie konnte er nicht beherrschen, doch mich *mußte* er im Griff behalten. Er mußte den Aufstand im Keime ersticken.

Im Krankenhaus erklärte ich dem Arzt, daß ich die Treppe hinuntergefallen sei.

Auf der Heimfahrt wechselte Mustafa noch einmal wie ein Chamäleon die Farbe. Er entschuldigte sich mit den bekannten abgenutzten Floskeln. Doch selbst als er mir seine unsterbliche Liebe beteuerte und mich weit über Adila stellte, dachte ich: Wie kommt er eigentlich dazu, zu glauben, daß er die freie Auswahl hat? Warum habe ich diesem Mann das Recht eingeräumt, zwischen mir und meiner Schwester zu wählen? Stehen wir Schlange nach ihm? Warum benehmen wir uns, als wären wir Waren, die in einem Schaufenster zum Kauf angeboten werden, und warten auf *seine* Entscheidung?

Ich forderte ihn in gemessenen Worten, in denen aber die Drohung mitschwang, auf: »Mustafa, du rufst jetzt Adila an. Du sagst ihr klipp und klar, daß du mich und die Kinder liebst. Du sagst ihr, daß sie aus unserem Leben verschwinden soll. Sie hat unser Leben unerträglich gemacht. Du mußt es ihr selber sagen, daß sie aufhören soll. Und zwar jetzt!«

Er weigerte sich.

»Dann setzt du mich am besten gleich beim Haus meines Vaters ab«, antwortete ich.

Er war einverstanden, aber er erklärte, daß ich die Kinder bei ihm lassen müsse. Während der weiteren Fahrt schwieg er sich aus, doch konnte er ein hämisches Grinsen nicht unterdrücken. Er wußte besser als ich, was für meine Familie Vorrang hatte. Für mich selbst war nur eins wichtig, und das war sehr einfach zu erreichen – ich benötigte nur einen Vorwand, um alles wieder zu vergeben und zu vergessen, aber das ging nur, wenn Adila davon überzeugt war, daß sie ihn an mich verloren hatte.

Ich betrat das Haus meiner Familie und traf nur ein Dienstmädchen an, Adilas Verbündete, die ihr bei den heimlichen Treffen behilflich gewesen war. Sonst war niemand im Hause. Alle waren in die Klinik gefahren, um meinen Vater zu besuchen. Ich blickte traurig um mich und erkannte: Das war nicht mehr mein Zuhause – es gehörte den »anderen«. Da stand ich nun, allein in dem großen Haus. Mein Kopf schmerzte, mein Herz sehnte sich nach meinen Kindern. *Hierhin kann ich nicht zurück!* dachte ich. *Und ich weiß doch keinen Ort, wohin ich sonst gehen könnte!*

Ich rief Mustafa an und bat ihn, mich abzuholen, was er herablassend zur Kenntnis nahm. Dann verließ ich mein Elternhaus und wartete am Tor. Während ich dort stand, fing ich laut und unkontrollierbar an zu schluchzen. Von jenem Abend abgesehen, an dem Mustafa mich gezwungen hatte, nackt und mißhandelt im Wohnzimmer zu stehen, war dies die tiefste Demütigung meines Lebens. Wäre ich doch nie hierhergekommen! Nun wußte mein Mann, daß *ich* keinen Ausweg und keinen Zufluchtsort für mich sah. Als der Wagen kam, öffnete ich die Tür und schlüpfte demütig wieder zurück in die Hölle.

◇

Der »Economist« veröffentlichte einen langen Artikel Mustafas über Pakistans Beziehungen zu Indien, in dem er seine These erläuterte, daß Zias Militärherrschaft das Hemmnis für einen Fortschritt darstelle, und erklärte, daß er notfalls auch auf indischen Panzern in sein Land zurückkehren würde. Diese Einstellung überraschte alle, die Mustafa nur als den Löwen vom antiindischen Punjab kannten, und führte zu vielen Kontroversen.

Schon in den ersten Tagen nach der Machtübernahme Zias hatten Führer der Pakistanischen Volkspartei Kontakte mit indischen Politikern und Nachrichtendiensten angebahnt. Zia hatte sich durch seine Haltung zu Afghanistan und seine heimliche Unterstützung der separatistischen Sikhs den Zorn der Inder zugezogen. Die Bhutto-Brüder und ihre Anhänger waren weit mehr nach deren Geschmack. Diese Kontakte wurden mit großer Geheimhaltung behandelt: Sollte nämlich etwas ruchbar werden, hätten die Anführer mit Sicherheit einen Großteil ihrer Anhängerschaft verloren. Der Punjab war das Problem, die Punjabi sträubten sich gegen jede Allianz mit Indien. Die Inder brauchten daher einen starken Führer aus dem Punjab, der auf ihre Linie einschwenkte, und sie entschieden sich für Mustafa.

Mustafa wurde in Kontakt mit einem Mann namens Joshi gebracht, einem hochrangigen Geheimdienstoffizier von der Indian High Commission in Großbritannien. Sie benutzten Decknamen: Mustafa war »Dilip«, und Joshi war »Asif Ali«. Sie trafen sich in verschiedenen Imbißstuben der Wimpy-Kette in London. Bei Hamburgern und Pommes frites erörterten sie die Zukunft der beiden Länder.

◇

Ich verbrachte die folgenden zwei Monate in tiefem Schweigen, fast ohne Kontakt zur Außenwelt. Ein Gespräch zu führen, und mochte es noch so unverbindlich sein, ermüdete mich schon bei den ersten Worten, nach einem vollständigen Satz war ich erschöpft. Ich stand ständig unter starken Beruhigungsmitteln. Mustafa nahm keinerlei Notiz davon.

Ich war im siebten Monat, als die Auseinandersetzung um Adila ihren Höhepunkt erreicht hatte – genau wie Sherry, als sie damals im Gartenhaus auf mich, die zweite Frau ihres Mannes, gestoßen war. Gedanken an Schuld und Sühne trieben mich dazu, die Nächte über dem Heiligen Koran zu verbringen und unter Tränen um Vergebung zu beten – aber immer erst, nachdem ich meine Pflicht als Sexobjekt erfüllt hatte. Wenn Mustafa eingeschlafen war, badete ich mich und verrichtete meine Waschungen, und dann wendete ich mich von ihm ab, hin zu dem Einzigen, der mich immer noch zu sich kommen ließ: Allah.

Es war halb sechs Uhr morgens, am 23. Januar 1981, als ich die ersten Wehen verspürte. Mustafa fuhr mich in das nächste allgemeine Krankenhaus, wobei er sich nicht zum erstenmal voll Mißfallen darüber ausließ, daß all das Getue um das Kinderkriegen eine typisch westliche Idee sei. Er hielt mir einen Vortrag darüber, daß die Frauen in seinem Dorf ihre Kinder auf dem Feld bekamen und dann gleich wieder an die Arbeit gingen. Für die letzte Entbindung hatte noch mein Vater bezahlt, doch nun nahm er keinen Anteil mehr an meinem Leben, und die Verantwortung lag bei dem unwilligen Mustafa.

Im Krankenhaus verlangte ich, daß er wieder fortging. »Es kann noch lange dauern«, gab ich ihm zu bedenken. Ich fürchtete mich zwar, doch ich wollte diesem Kind das Leben schenken, ohne daß Mustafas Schatten auf uns fiel.

Während ich allein im Warteraum saß, verstärkten sich auf einmal die Wehenschmerzen, und ich begann in panischer Angst zu schreien. Ein Arzt war nicht in der Nähe, und die Schwestern herrschten mich in Unkenntnis meiner seelischen Verfassung an: »Hören Sie sofort mit dieser Anstellerei auf, oder wir schicken Sie nach Hause!« Der körperliche Schmerz verband sich mit den angestauten Seelenqualen meines sinnlosen Lebens, und ich brach völlig zusammen. Eine Gruppe ärgerlich dreinblickender Gesichter verschwamm vor meinen Augen, als die aufgebrachten Schwestern wegen meiner Hysterie mit mir schimpften. Sie wollten mir nicht glauben, daß das Kind schon so schnell kam, obwohl ich weiter vor Schmerzen schrie. Schließlich brachten sie mich eilig in den Kreißsaal. Da sie nicht rechtzeitig einen Arzt benachrichtigt hatten, mußten sie die Entbindung allein durchführen.

Ich war so außer Kontrolle geraten, daß die quälenden Schmerzen der Geburt all das Leid meines Lebens entfesselten. Ich war mir aber selbst in der schlimmsten Phase der Wehen bewußt, daß ich vielleicht nie wieder eine solche Gelegenheit bekommen würde, meinen Gefühlen freien Lauf zu lassen, ohne zugleich meine verborgene seelische Not preisgeben zu müssen. Niemand verstand diesen Nervenzusammenbruch. Statt dessen bekam ich den Ärger und die Gereiztheit der Anwesenden zu spüren.

Während ich das neue Leben aus meinem Körper preßte, sagte ich mich von Mustafa, meiner Familie und meinen Bekannten und Freunden los. Ich wendete mich an Gott, an Mohammed, seinen Propheten, an dessen Tochter Fatima und besonders an ihren Mann Hazrat Ali, den Vetter des Propheten. Ich flehte sie an, mir beizustehen und mich zu beschützen. Ruhe senkte sich über mich, als wären sie an meiner Seite, ganz als wären sie jetzt meine Familie. Es war ein Wunder.

Ich nannte meinen ersten Sohn Ali.

Als schließlich eine Ärztin kam, fragte sie mich, ob sie meinen Mann benachrichtigen solle, aber ich hielt es nicht für nötig. Mustafa erfuhr es erst zwei Stunden später, als er nach Beendigung seiner Yogaübungen anrief. Er war entzückt, daß ich endlich einen Sohn und Erben zustande gebracht hatte.

Aber ein Erbe wessen? dachte ich.

Mein Bruder Asim war der einzige aus der Familie, der den Kontakt zu uns aufrechterhalten hatte. Trotz der Gebote meiner Mutter war er im Umgang mit Mustafa betont höflich, brachte ihm öfter Champagner mit und machte meinen Töchtern teure Geschenke. Auch jetzt kam er zu Besuch und war schockiert, mich im Krankensaal einer öffentlichen Klinik vorzufinden. Ich nahm Mustafa in Schutz und sagte, er könne nichts Besseres bezahlen, aber mein Bruder stellte ihn später zur Rede: »Ich finde es empörend, daß du dir teure Jagdausflüge leistest und teure Weine kaufst, und deiner Frau besorgst du nicht einmal ein eigenes Zimmer!« Mustafa tat Asims Mißfallen mit einem Schulterzucken ab; es war ihm gleichgültig.

Mein Aufenthalt in dieser Klinik hatte aber auch sein Gutes. Im Zusammensein mit anderen Frauen – ganz normalen Menschen – wurde ich wieder lebendig. Ich erfuhr, daß Henry zuviel trank und Sid einen ekelhaften Chef hatte, hörte von Nancys neuem Kühlschrank und Daphnes neuer Waschmaschine. Trudies Tragödie war, daß die Gläubiger ihren neuen Farbfernseher wieder abgeholt hatten, weil Frank mit den Raten im Rückstand war. Ich erzählte nichts von mir selbst und staunte nur, was andere Menschen als Unglück ansahen.

◇

Soweit es möglich war, ging ich Mustafa aus dem Weg. Für mich war er jetzt Adilas Ehemann. Ich ließ seine sexuellen Annäherungen über mich ergehen, aber sobald er schlief, stand ich auf, wusch mich und ging nach unten zum Gebetsteppich. Ich versuchte mich in den Glauben zu flüchten, aber selbst dort konnte ich die Gedanken an mein verpfuschtes Leben nicht abschütteln und ließ meinem Kummer freien Lauf – Allah war der einzige, der mir noch zuhörte.

Ich löste mich immer mehr von Mustafa und schöpfte neue Kraft aus der Verbindung zu meinen Kindern. In meinem neugeborenen Sohn Ali fand ich seelischen Frieden. Der Schmerz der Geburt hatte mich Gott wieder nähergebracht.

Ich begann über mein Leben nachzudenken. Was war mit mir geschehen? Warum hatte ich vor allem Angst? Warum reagierte ich nicht wie ein normaler Mensch, wenn ich beleidigt und gedemütigt wurde? Ich erkannte, daß Mustafa mir meinen Lebensmut genommen hatte. Er hatte die ohnehin schwierige Beziehung zu meiner Familie noch kompliziert, er hatte mich von meinen Freunden isoliert, er hatte mich in ein Labyrinth geführt, und ich wußte nicht mehr, wie ich den Ausgang finden sollte. Er hatte mir alles entzogen, worauf ich mich stützen konnte, und mich an seiner eigenen Insel vor Anker gelegt. Ich irrte nur noch in dem Labyrinth umher, zu erschöpft zu eigenem Sprechen oder Denken.

Da er ständig von einem Extrem ins andere fiel, war es schwer, den wahren Kern seiner Persönlichkeit einzuschätzen. Beide Seiten seines Wesens – der vor Wut Schäumende und der zerknirscht am Boden Liegende – wirkten jeweils sehr überzeugend. Ich fürchtete mich vor dem einen und hatte Mitleid mit dem anderen. In einem Augenblick bestrafte er mich wie ein ungehorsames Kind; im nächsten war ich für ihn eine Mutterfigur, die ihm seine Vergehen verzeihen sollte. Ich konnte auf sein sprunghaftes Temperament nie schnell genug reagieren.

Ich hatte seine Krankheit erkannt – er war ein verwirrtes und haltloses Produkt seiner Herkunft –, und ich mußte einen Behandlungsweg dafür finden. Mein reformerischer Eifer – und mein Dünkel – ließen es nicht zu, mich geschlagen zu geben und vor dem Problem davonzulaufen, auch wenn es noch so beängstigend und unlösbar schien. Ich wurde zu seiner Psychiaterin.

Mustafas Verhältnis zu seinen Kindern war für mich so etwas wie ein Hoffnungsschimmer. Seine anfänglichen wahnhaften Ausfälle gegen Naseeba waren nicht wieder aufgetreten. Er war zwar immer noch launisch und unberechenbar, aber oft zeigte er sich auch als ein besonnener und liebevoller Vater. An diesen Strohhalm klammerte ich mich.

Ich wußte, daß auch ich mich ändern mußte. Ich war unterwürfig und schwach geworden – genau wie seine früheren Frauen. Ich mußte irgendwie lernen, anders mit ihm umzugehen. Gott hatte auf mein verzweifeltes Flehen geantwortet, der Staub der Trägheit war wie weggeblasen.

Wir hielten uns in der Küche auf; ich stand am Herd und wärmte Essen für die Kinder auf. Mustafa verlangte, daß wir ihn irgenwohin begleiten sollten, doch ich wollte Ali wegen der Kälte im Haus behalten. Mustafa bestand auf seinem Willen, und ich widersprach. Da packte er mich an den Haaren, schleuderte mich im Kreis herum und drohte mir, wie so oft: »Ich brech' dir sämtliche Knochen im Leibe.«

Ich griff nach dem Topf mit kochender Brühe, der auf dem Herd stand, und warf ihn nach ihm. Er schrie vor Schmerz auf. Einen Augenblick lang stand er wie gelähmt, dann hob er die Hand, um mich zu schlagen, doch ich stieß ihn gegen die Brust und schrie ihn an: »Wenn du noch einmal deine Hand gegen mich erhebst, nehme ich ein Messer und bring' dich um.« Meine Stimme klang stark und fest, doch mein Herz klopfte wie verrückt. Ich hatte ihm den Krieg erklärt.

Mustafa ließ von mir ab.

Ich gab ihm eine Salbe für die Verbrennungen. Während er sich einrieb, murmelte er dunkle Drohungen, aber er war sichtlich beeindruckt. War es so einfach?

In der folgenden Nacht spürte er, daß ich unter dem bedrohlichen Einfluß der Dunkelheit wieder schwächer wurde. Er fing an, wüste Beschimpfungen auszustoßen. Er zog meine Mutter und meine Schwestern, ja sogar meine Großmutter, in den Schmutz. Immer waren es die Frauen, die er attackierte. Das war typisch Mann: Sie pflegen immer das zu erniedrigen, was sie für den heiligsten Bereich ihrer Ehre halten.

Als er geendet hatte, sagte ich ruhig: »Es klingt schrecklich, wenn du ein solches Vokabular benutzt. Das paßt nicht zu deinem Rang. Es wirft ein schlechtes Licht auf die Herkunft deiner Familie.«

Er erhob sich, um mich zu schlagen, aber ich reagierte von oben herab. »Sei doch nicht albern, Mustafa. Werd endlich erwachsen. Du hast es nicht nötig, mich zu verprügeln. Sprich mit mir wie ein Erwachsener. Setz dich!« befahl ich.

Einen Augenblick lang hockte er sich tatsächlich auf die Bettkante und starrte mich grimmig an, unsicher, was er jetzt tun sollte. Aber dann gewann seine Wut die Oberhand, und er warf sich auf mich.

Ich trat ihm mit beiden Füßen in den Bauch, so daß er zurücktaumelte. Er fiel erneut über mich her, und ich kratzte und stieß ihn, so sehr ich konnte. Ich grub meine Fingernägel in sein Gesicht und riß ihn an den Haaren. Das hatte noch nie eine Frau bei Mustafa Khar gewagt, und seine Miene verhieß nichts Gutes.

Er wirbelte mich herum, hielt mich von hinten fest und zwang mich nach unten. Mit dem rechten Unterarm drückte er mir die Luft ab. Sein Arm bot mir ein einladendes Ziel, und ich biß tief hinein. Er brüllte vor Schmerz und schlug mit der Faust auf mich ein. Er war mir körperlich weit überlegen, daher gewann er nun die Oberhand und bearbeitete mich mit wachsendem Zorn, bis ich nahezu ohnmächtig war. Nur noch ein paar Schläge mehr, und ich wäre vielleicht tot gewesen. Doch er ließ, schwer atmend und immer noch fluchend, von mir ab.

Er beobachtete, wie ich zum Bett wankte. Ich weigerte mich zu weinen. Ich starrte ihn nur mit unverhüllter Verachtung an, und ich konnte sehen, daß ihn mein Widerstand verwirrte und sogar ängstigte.

Es war unerträglich für ihn, daß ich weder schmollte noch auf einer Entschuldigung bestand, und ich quälte ihn ganz bewußt damit. Er unternahm zwar einen zaghaften Versuch, mich um Verzeihung zu bitten, aber ich winkte nur ab: »Laß es sein, Mustafa. Daß es dir leid tut, bringt nichts. Dazu haben sich die Dinge schon zu weit entwickelt.« In der Vergangenheit hatten meine Tränen, meine Rechtfertigungen und meine flehentlichen Bitten immer nur als Bestätigung für seine grandiosen Auftritte falschverstandener Männlichkeit gewirkt. Daß ich mich jetzt unbeeindruckt zeigte, brachte ihn aus der Fassung; mein Schweigen nahm ihm etwas von seiner Macht.

Kapitel neun

Am 2. März 1981 wurde ein Flugzeug der Pakistan International Airlines (PIA) in Karachi entführt und nach Kabul, der Hauptstadt Afghanistans, umdirigiert. Die Flugzeugentführer forderten die Entlassung von vierzig politischen Gefangenen Zias und erschossen zum Beweis ihrer Entschlossenheit einen Hauptmann der Armee und warfen ihn aufs Rollfeld. Mir Bhutto hatte mit der Verschwörung zwar nicht das geringste zu tun, aber er ergriff die Gelegenheit, um zu behaupten, daß seine Al-Zulfiqar-Organisation hinter dem Terroranschlag stünde.

Mustafa und ich hörten die Nachrichten im Autoradio. Ich war hoch erfreut, daß endlich jemand zur Tat geschritten war. »Nein, das ist ein Fehler«, verkündete Mustafa. »Das wird eine Hexenjagd auslösen.«

Er behielt recht. Zia gab dem Druck nach und ließ die politischen Häftlinge frei. Aber sobald die Passagiere des Flugzeugs freigelassen worden waren, schickte Zia sie auf Staatskosten zur *umra* nach Mekka. Er sorgte dafür, daß die Fernsehsender Interviews mit den leidgeprüften Entführungsopfern ausstrahlten, um so Al-Zulfiqar und damit auch die Pakistanische Volkspartei als eine Ansammlung von Verbrechern hinzustellen. In ganz Pakistan war jeder gefährdet, der auch nur entfernt mit der dreifarbigen Fahne der Volkspartei in Verbindung gebracht werden konnte. Tausende von Menschen wurden verhaftet, ausgepeitscht und gefoltert. Eine Reihe von vielversprechenden jungen Männern endeten am Galgen. Bhuttos Witwe und Tochter wurden unter Hausarrest gestellt.

◇

Der Mietvertrag für unser Haus in der Arkley Lane lief aus, und wir mieteten ein kleines, einstöckiges Häuschen in Mill Hill. Mustafa gefiel es dort, weil es einen großen Garten hinter dem Haus gab. Ich dagegen war das Zigeunerleben leid. Ich hatte den Verdacht, daß Mustafa mit uns immer weiter von Haus zu Haus ziehen würde, solange wir im Exil waren. Er war extrem unstet. Während er die Entwicklung seiner Pläne abwartete, brauchte er nun etwas anderes als Adila, um seine überschüssigen Energien auszuleben, und entschied sich für eine alte Liebhaberei – Hunde. Sein neuer Spleen führte uns durchs ganze Land und kostete viel Geld, bis zu 300 Pfund pro Hund.

Er war wie besessen von seiner neuen Beschäftigung. Wuchs einem Hund ein krummer Schwanz, zweifelte er dessen Stammbaum an und schaffte ihn wieder ab. Wenn ein Hund sich nicht leicht dressieren ließ, verlor Mustafa gleich die Geduld. Es waren alles teure Zuchthunde, doch Mustafa hatte keine Ahnung von ihrer Pflege.

Er kaufte eine junge Dänische Dogge und sperrte den Welpen in einen Zwinger im Freien. Da es Winter war, schaltete ich nachts das Heizgerät an, doch Mustafa machte es wieder aus, weil er das Geld sparen wollte, und so zitterte das arme Tier vor Kälte. Als die weichen Knochen des Welpen die »richtige« Form seiner Beine beeinträchtigten, übergab Mustafa das Tier dem Tierschutzverein. Dann kaufte er eine ausgewachsene Rhodesian-Ridgeback-Hündin und bald darauf einen preisgekrönten Bullterrier. Die Hündin langweilte ihn bald und wurde auch fortgegeben, der Bullterrier verschwand als nächstes. Danach kamen nacheinander sechs Irische Wolfshunde. Mustafa sah sich bereits als von allen beneidetes Mitglied der pakistanischen Jägergemeinschaft. Mumtaz Bhutto, der Vetter Bhuttos, besaß an die sechzig Jagdhunde, und Mustafa dachte daran, seine Hunde mit heimzunehmen, um Mumtaz zu übertrumpfen.

Er hatte sein Hobby, doch uns anderen blieb die Arbeit. Vor allem war Dai Ayesha betroffen, die voll Entsetzen auf Mustafas Zumutung reagierte, ihm beim Ausführen der Hunde zu helfen. Mit vorwurfsvollem Gesicht stopfte sie ihre weiten Hosen in die Gummistiefel, während Mustafa seine Schaftstiefel anzog. Der Gedanke, ein unreines Tier berühren zu müssen, ekelte sie, und in Pakistan hätte sie sich, selbst als niedrige Dienerin, nie für diese Art Arbeit hergegeben. Mustafa nahm zwei Wolfshunde an die Leine und marschierte los. Er sah aus wie ein Engländer in

Indien, der seinen Tropenhelm vergessen und sich zu lange in der Augustsonne aufgehalten hat. Hinter ihm ging Dai mit bis zu drei Hunden, die an ihr zogen und zerrten. Sie murmelte Verwünschungen vor sich hin, doch so leise, daß es Mustafa nicht zu Ohren kam.

Ich beschloß, seiner neuen Leidenschaft nichts in den Weg zu legen; sie war zwar teuer und sehr lästig, aber sie lenkte ihn von mir ab.

◇

Die ungewisse Situation hielt lange an. In finanzieller Hinsicht war es ein Auf und Ab wie auf der Achterbahn. Mustafa war ein gewiefter Handelsvertreter, dem es immer wieder gelang, die verschiedensten Leute dazu zu überreden, seinen Kampf für die Demokratie zu finanzieren, aber er hatte hohe Ausgaben und verspürte wenig Lust, Rechenschaft darüber abzulegen. Agha Hassan Abidi von der Bank of Credit and Commerce International ließ ihm jeden Monat zweitausend Pfund durch seinen bewährten Privatsekretär Mr. Osmani zukommen, verriet aber nie die Quelle dieser Gelder.

Außerdem erhielten wir eine ansehnliche finanzielle Unterstützung von einem Pakistani namens Seth Abid. Wir wußten, daß er einem der Kabinettsminister Zias nahestand und daß sein Schwager als Kronzeuge gegen Bhutto ausgesagt hatte. Doch diese negativen Aspekte in Abids Wesen wurden durch seinen Ruf als der Mann, der atomare Geheimnisse nach Pakistan geschmuggelt hatte, wieder ausgeglichen. Er war auch als Goldschmuggler bekannt. In einem Land wie Pakistan wachsen und gedeihen Männer wie Seth Abid. Aus ihrer Sicht ist Schmuggel kein Verbrechen, sondern eine Form des Handels, bei dem die Risiken hoch und die Profite noch höher sind. Ungeachtet seines zweifelhaften Rufs bewegte er sich in gehobenen Gesellschaftskreisen. Sein Reichtum verschaffte ihm Ansehen und schützte ihn davor, Rechenschaft ablegen zu müssen.

Seth Abid bot uns sein riesiges Haus mit sechs Schlafzimmern (jedes mit eigenem Badezimmer) in Brondesbury Park an, und so zogen wir wieder einmal um. Das Haus war mit protzigen Möbeln überladen, als wäre es der Phantasie eines übergeschnappten Ölscheichs entsprungen. Die Weitläufigkeit des Gebäudes war ein Luxus, der es Mustafa und mir gestattete, nebeneinander zu leben, ohne uns in die Quere zu kommen. Hier gaben wir aufwendige Parties für die im Exil lebende Schickeria und Intelligenz Pakistans.

Mustafa verlor das Interesse an den Hunden, und bald waren sie alle verschwunden. Nun begann er sich für Kanarienvögel und Finken zu erwärmen. Anfangs brachte er sie in wunderschönen Messingkäfigen unter, aber es wurden immer mehr Vögel, und deshalb hörte er nach dem fünften Käfig auf. Statt dessen verwandelte er das Eßzimmer in ein Vogelhaus, bis schließlich mehrere hundert Vögel dort in relativer Freiheit herumflogen. Ihre Exkremente sah man überall – auf dem Teppich, dem Fußboden, dem Eßtisch –, und meine Aufgabe bestand darin, hinter ihnen herzuwischen. Es wurde bald zu einem fast täglich stattfindenden Ritual, die herumschwirrenden Vögel einzufangen, zurück in ihre Käfige zu bringen und das Eßzimmer zu schrubben, bevor die allabendliche Gästeschar Einzug hielt. Am nächsten Tag flogen sie wieder frei herum. Schließlich wurde Mustafa auch die Vögel leid, und er beschloß, einfach alle freizulassen. Ich erklärte ihm, daß die Tiere zu zahm und hilflos seien, um draußen in der Natur zu überleben, doch er beharrte darauf, daß sie schon prima zurechtkommen würden.

◇

Mustafas Kontakte zu jüngeren Offizieren der pakistanischen Armee waren anfangs noch sehr lose und vorsichtig. Das erste Treffen fand im Haus eines gemeinsamen Freundes in London statt. Die Teilnehmer waren junge Männer, die mit Zia unzufrieden waren und glaubten, daß es nicht Aufgabe des Militärs sei, sich in die Politik des Staates einzumischen. Sie sahen in Mustafa einen mutigen Politiker, der die nötigen Reformen vornehmen würde, und die Tatsache, daß er der Löwe vom Punjab war und ein Parteigenosse Bhuttos, war für ihn ein zusätzlicher Vorteil, da jede Initiative zur Wiedereinsetzung einer Zivilregierung, wollte sie erfolgreich sein, die Kooperation der Punjabi benötigte. Die »Jungs«, wie sie bei uns bald hießen, glaubten genau wie Mustafa, daß Zia und seine korrupten Gefolgsleute physisch ausgeschaltet werden mußten und daß die wiederholte Verhängung des Kriegsrechts in Pakistan nur einigen Generälen nützte, die die Armee für ihren persönlichen Machtzuwachs benutzten.

Mustafa war mit den Ergebnissen dieser ersten Begegnung recht zufrieden, und es folgten weitere heimliche Zusammenkünfte. Er war auf eine Schwachstelle in der Armee gestoßen; Meuterei lag in der Luft.

Es wurde ein Komplott geschmiedet. Die »Jungs« wollten eine Bombe verstecken, die bei einer Zusammenkunft Zias mit dem Offizierkorps explodieren sollte. Zur selben Zeit würden Gruppen von Offizieren des Widerstands die Radio- und Fernsehstationen besetzen. Nach Zias Tod würden alle Exilanten zurückkehren, und der Wille des Volkes würde verhindern, daß ein anderer General die Macht ergriff. Bhuttos Tochter Benazir, die an der Spitze der Pakistanischen Volkspartei stand und von all diesen Plänen keine Ahnung hatte, war von den Verschwörern zur künftigen Premierministerin ausersehen, und Mustafa sollte die zweitmächtigste Figur der neuen Regierung sein. Alle an Zias Staatsstreich von 1977 Beteiligten sollten wegen Hochverrats vor Gericht gestellt werden. Man flüsterte sich einen Slogan zu: »An jedem Laternenpfahl wird ein General hängen!«

Mustafa übernahm die Aufgabe, Waffen und Munition zu beschaffen und für deren Auslieferung zu sorgen. Beim Verspeisen weiterer zäher Hamburger erklärte sich der indische Agent Joshi bereit, den Waffenhandel in den Einzelheiten abzuwickeln; wie die Auslieferung nach Pakistan vor sich gehen sollte, war schon eine schwierigere Frage.

◇

Am 14. August 1983 begann es mit dem Kampf zum Sturz Zias ernst zu werden. Ein Zusammenschluß von Oppositionsparteien, der als Movement for the Restoration of Democracy (MRD – Bewegung für die Wiederherstellung der Demokratie) bekannt wurde, setzte sich über das bestehende Versammlungsverbot für politische Veranstaltungen hinweg. Als ein Großteil der Demonstranten verhaftet wurde, kam es zu spontanen Unruhen, insbesondere in Bhuttos Heimatprovinz Sind. Da die Sindi gemeinhin als gefügig und furchtsam gelten, hatte die Armee nicht damit gerechnet. Tagelang war der Hauptverkehrsweg Pakistans, der National Highway (eine Autobahn), durch Wellen flüchtiger Demonstranten verstopft. Die Zahl der Toten wuchs ständig, die Gefängnisse waren überfüllt.

In einer öffentlichen Erklärung lobte die indische Premierministerin Indira Gandhi den Mut der Sindi und versicherte sie ihrer moralischen Unterstützung. In den Augen der Punjabi war das eine Zumutung. Sie zogen sich aus dem Kampf zurück, und die Menschen aus Sind standen isoliert da.

Mustafa war sich bewußt, daß die MRD-Bewegung keine Überlebenschance hatte, solange seine eigene Heimatprovinz nicht voll dahinterstand, und beschloß, daß etwas geschehen müsse, um die Unterstützung durch die Punjabi neu zu beleben. Er bestimmte sieben im Exil lebende Männer, die von den Militärgerichten in Abwesenheit verurteilt worden waren, und schickte sie am 5. September von London nach Pakistan. Sie sollten ihre Inhaftierung riskieren, damit einen Beitrag zur MRD-Bewegung leisten und zugleich Solidarisierungsaktionen auslösen. Die sieben Heimkehrer aus dem Exil wurden noch auf dem Flughafen von der Polizei festgenommen, unter ihnen waren auch Choudry Hanif und Sajid.

Alle sieben waren später überzeugt, daß Mustafa sie verraten habe, und verfluchten ihn für seine Kaltschnäuzigkeit.

Um eine regelrechte Revolution zu finanzieren, brauchte Mustafa mehr Geld, als ihm durch seine Kontakte zur Verfügung stand. Er bemühte sich insbesondere um Ali Mehmood, einen ausgebürgerten Pakistani, der beim Aufbau der Ölindustrie in Abu Dhabi und Kuwait ein Vermögen gemacht hatte. Sie trafen ein Abkommen: Ali Mehmood würde die Rebellion mit Geld unterstützen und dafür in der neuen Regierung den Posten des Finanzministers erhalten.

Nachdem wir in Ayott Place, der Villa Alis und seiner lebenslustigen Frau Billo auf ihrem weitläufigen Besitz in Welwyn Garden City, eingezogen waren, wurden zwischen den beiden Männern die nächsten Schachzüge vereinbart. Die Verschwörung zog immer weitere Kreise.

Benazir Bhutto, die endlich aus der von Zia angeordneten Haft freigekommen war, traf in London ein. Scharen von Pakistani, die sie verehrten, erwarteten sie am Flughafen, mit Mustafa in vorderster Reihe. Von da an stand sie im Zentrum der Bemühungen um die Wiedereinsetzung der Demokratie in Pakistan, doch das Vorhaben war riesig. Sie war jung und unerfahren, ihr Vater war gehängt worden, und sie hatte drei Jahre unter Arrest gelebt. Jedermann erwartete große Dinge von ihr, aber niemand war bereit, ihr Zeit zu lassen, um das politische Handwerk zu erlernen.

Die Freude über die Wiedervereinigung war nur kurz. Mustafa hatte Bedenken wegen Benazirs jugendlichem Alter. Er konnte sich noch gut an die Zeit erinnern, als sie noch ein Kind war und er sie »Pinkie« und sie ihn »Onkel« genannt hatte. Benazir ihrerseits fühlte sich im Kreise jüngerer Politiker wohler und ging zu den Männern aus der Generation ihres Vaters auf Distanz. Ihr junges »Küchenkabinett« riet ihr eindringlich, ehrgeizigen Leuten wie Mustafa, die nach der Parteiführung strebten, zu mißtrauen. Sie erinnerten sie daran, daß Mustafa das Land unter seltsamen Umständen verlassen hatte.

Im privaten Kontakt war Benazir ein wunderbarer Mensch. Sie hätte sich gern mit mir angefreundet, doch Mustafa erlaubte mir nicht, darauf einzugehen. »Ich weiß nicht, wie lange ich selbst mit ihr gemeinsam gehen werde«, erklärte er. »Es wäre typisch für dich, eine persönliche Freundschaft mit ihr anzufangen, und das würde unser Verhältnis komplizieren. Deine kleinkarierten Vorstellungen von Freundschaft und meine politischen Absichten müssen klar voneinander getrennt bleiben.«

◇

Inzwischen entwickelten sich die Pläne für den Putsch weiter. Joshi arrangierte, daß die benötigten Waffen in einem indischen Dorf nahe der pakistanischen Grenze gelagert wurden. Mustafa suchte nun jemanden, der sie auf die andere Seite schmuggeln sollte. Die indischen Grenzsoldaten würden zwar dank Joshi kein Problem darstellen, doch die Rebellen brauchten einen zuverlässigen Mann, der die Gegend gut genug kannte, um an den pakistanischen Kontrollpunkten vorbeizuschlüpfen.

Ein Rupienschein wurde in der Mitte durchgerissen. Der indische Kontaktmann sollte die eine Hälfte erhalten, und der Schmuggler sollte die andere Hälfte vorzeigen, bevor ihm die Waffen ausgehändigt wurden. Mich erinnerte das alles an Szenen aus einem schlechten Kriminalroman.

Mustafa hatte Seth Abid für diese schwierige Aufgabe ausersehen und wies mich an, ihn anzurufen. Mir kam es natürlich nicht in den Sinn, ihm ungehorsam zu sein, aber ich war doch sehr verunsichert – schließlich würde ich damit Beihilfe zum Landesverrat leisten. Falls Seth Abids Telefon abgehört wurde – und das war ziemlich wahrscheinlich –, dann würde es meine Stimme sein, die auf den Tonbändern des Geheimdienstes zu hören war. Mustafa versteckte sich hinter meinen Rockschößen!

Als Seth Abid den Hörer abnahm, nannte ich meinen Namen. Er begrüßte mich sehr höflich. Ich kam sofort zur Sache. »Mein Mann möchte, daß Sie nach London kommen. Wir haben eine wichtige Sache mit Ihnen vor. Wir brauchen Ihre Hilfe bei einem Vorhaben, über das ich am Telefon nicht sprechen kann.«

Er stammelte eine Erwiderung. »Ich – ich, also ich glaube nicht, daß ich mit ihm – äh – sprechen sollte«, sagte er. »Ich glaube, das sollte ich – äh – lieber nicht tun. Ich lebe doch hier in Pakistan. Bitte, denken Sie an meine Familie. Verstehen Sie bitte!« Er machte eine Pause und schlug dann vor: »Hören Sie – äh –, rufen Sie mich wieder an – in einer halben Stunde – unter derselben Nummer.«

Ich sagte zu Mustafa, daß Seth Abid offenbar zu nervös sei, um ihm zu helfen, und daß meiner Meinung nach sein Telefon abgehört würde. Ungerührt befahl er mir, ihn zur verabredeten Zeit wieder anzurufen.

Bei unserem zweiten Gespräch klang Seth Abid vollkommen ruhig. Er sprach ganz offen, wollte alles ganz genau wissen, und so mußte ich mein Anliegen noch einmal deutlich vortragen.

»Mustafa möchte, daß Sie ihn hier besuchen«, sagte ich.

»Oh, Mustafa möchte, daß ich ihn besuche?«

»Ja, es ist sehr dringend.«

»Es ist dringend? Hat es etwas mit Politik zu tun? Will er bestimmte Pläne mit mir besprechen? In Ordnung, ich benachrichtige Sie, wann ich kommen kann.« Ich konnte nahezu hören, wie sich die Tonbandspulen drehten.

Nach diesem Gespräch äußerte ich meine Sorge Ali, Billo und Mustafa gegenüber. »Der Mann hat den Anruf sicher auf Band genommen«, sagte ich. »Man kann ihm nicht trauen. Wie kommt es, daß er plötzlich so entspannt ist? Ich kann den Braten riechen, selbst auf diese Entfernung.«

Mustafa sah mich gereizt an und stellte meine Meinung als typisch weibliche Hysterie hin. »Hör auf damit, du bildest dir das nur ein!« drohte er. »Misch dich nicht in Sachen ein, von denen du nichts verstehst.« Sobald wir allein waren, beschimpfte er mich, daß ich die Mehmoods nervös gemacht hätte. »Wenn die einen Rückzieher machen, geht alles den Bach runter. Und dann habe ich mich umsonst abgeplagt, nur weil du wieder mal gemeint hast, du müßtest ›denken‹.«

◇

Plötzlich verfügten wir über eine größere Geldsumme; ich wußte weder, wieviel es war, noch woher es kam. Wir machten uns auf die Suche nach einem eigenen Haus, und ausnahmsweise war Mustafa bereit, sich auf mein Urteil zu verlassen. Er stellte nur eine Bedingung – es sollte auf dem Lande sein; die verschmutzte Luft und das Gedränge in der Stadt waren ihm verhaßt. Schließlich fanden wir ein sehr schönes Haus in Hazelmere, West Sussex, auf über vier Hektar Land gelegen, direkt am Oberlauf des Whey-Flusses. Dai Ayesha war entzückt über die schöne Lage des Hauses. Kaum hatte sie es erblickt, rief sie aus: »Das ist ja wie Kot Addu!« Mustafa und ich mußten lachen, denn die grünen, bewaldeten Bergrücken vor uns hatten absolut nichts von der ausgedörrten Wüstenlandschaft seines Heimatdorfs. Aber ich merkte jetzt, wie sehr Dai unter Heimweh litt.

Es war nicht das erste Mal, daß Mustafa eine Immobilie besaß, doch früher hatte er immer dafür gesorgt, daß alles allein auf seinen Namen lief. Er hatte mir unverblümt gesagt, das mache er, weil er sich nie sicher sei, wie lange diese Ehe noch halten würde. Diesmal aber bestand er darauf, daß das neue Haus als unser gemeinsames Eigentum eingetragen wurde, und erklärte dazu: »Damit du weißt, daß ich dich nie verlassen werde. Du bist die einzige Frau, mit der ich verheiratet sein möchte. Ich möchte, daß du dich, auch durch dieses gemeinsame Haus, wirklich sicher fühlst.«

War der Alptraum vorbei? Ging mein Herzenswunsch in Erfüllung? Jedenfalls hatte ich endlich ein eigenes Zuhause – eine greifbare Sicherheit!

Ich hatte ein Talent zum Einrichten von Häusern. Ich ließ alle Fenster versetzen, so daß wir aus jedem Zimmer eine Aussicht auf die hügeligen Rasenflächen, den stillen Teich und das munter dahinplätschernde Flüßchen hatten. Es war ein Gefühl, als säße man im Freien, inmitten der schönen Gartenanlage. Für alle Räume wählte ich Stoffe und Tapeten in abgestuften Beigetönen – die einzigen Farbtupfer lieferte der Garten. Als Kontrast zu den schlichten modernen Möbeln kaufte ich einige alte, reich verzierte Einzelstücke.

Wir hatten oft Gäste, und bei unseren Grillparties waren wir manchmal fast hundert Personen. Gott sei Dank hatten wir nun auch einen Hausangestellten mehr – Farid, einen Verwandten von Dai Ayesha, der als Koch und Fahrer fungierte. Wir ließen Zelte im Garten aufstellen und Gruben für Holzkohlefeuer anlegen, wo das Essen zubereitet wurde. Mustafas Ruf als exzellenter Küchenchef lockte Scharen von Leuten herbei, die seine Spezialitäten probieren wollten.

Zu solchen Anlässen kaufte Mustafa bis zu fünfzig lebende Hühner, die er eigenhändig eins nach dem anderen schlachtete. Dazu öffnete er die Halsschlagader des Tieres und warf das Opfer weit von sich, wobei er die *kalima* rezitierte, damit das Geflügel den Speisevorschriften entsprach. Die Hühner sprangen im Todeskampf umher und schlugen wie wild mit den Flügeln, bevor sie starben. Die Kinder und ich flehten Mustafa an, die Tiere nicht leiden zu lassen, aber er lachte bloß und sagte, daß die letzten Zuckungen nur anzeigten, daß nun die Seele den Körper verließe. War er endlich fertig, glich die Terrasse einem Schlachthof. Während er schon mit Tranchiermessern und Töpfen hantierte, beeilten wir uns im Wettlauf gegen die Uhr, alles wieder sauber zu kriegen, bevor die Gäste kamen. Wenn dann die ersten eintrafen, waren wir bereits total erschöpft.

Manchmal brachte Mustafa auch eine Ziege zum Schlachten mit nach Hause. Die Kinder und ich litten mit dem Tier, solange sein verängstigtes Meckern zu hören war, und erst wenn nach einer endlosen Zeit schließlich Schweigen einkehrte, wußten wir, daß die Tat vollbracht war.

Mustafa entspannte sich ein wenig in dieser idyllischen Umgebung, aber er fuhr immer noch leicht aus der Haut. Es gelang ihm nicht, seine Zunge im Zaum zu halten, doch wenigstens konnte er sich soweit beherrschen, daß er mich nicht mehr schlug. Statt dessen bekam die arme Dai Ayesha immer häufiger seine Fäuste zu spüren. Als seine Leibeigene war es ihr Los, verprügelt zu werden. Sie tat mir leid, weil ich wußte, daß sie die Schläge an meiner Statt abbekam. Einmal hörte ich durch Zufall, daß sie ein Gebet an Jesus richtete und Ihn bat, das Joch ihrer Knechtschaft zu erleichtern oder wenigstens für ihre Heimkehr nach Pakistan zu sorgen. Ich fragte ungläubig: »Dai, bist du Christin geworden?«

»Nein«, antwortete sie, »aber ich will nichts unversucht lassen.«

Mustafa liebte das Landleben und die freie Natur, weil es ihn an die wilden Landschaften Pakistans erinnerte. Er stand jeden Morgen um fünf Uhr früh auf, um draußen auf der Terrasse seine zweistündigen Yogaübungen zu absolvieren. Später verlegte er sie nach und nach an einen Platz im Garten oder oben auf die Spitze des Hügels. Selbst wenn es schneite, ging er ins Freie und suchte sich eine geschützte Stelle für seine Übungen.

Er erlaubte uns nicht, nachts die Zentralheizung anzulassen, und die Schlafzimmerfenster blieben auch bei Temperaturen unter Null geöffnet. Ich hielt mich mit Hilfe einer Wärmflasche und einer Daunendecke warm.

In bezug auf seine Gesundheit war Mustafa der disziplinierteste Mensch, den ich je erlebt habe. Er wusch sich mit eiskaltem Leitungswasser, weil er glaubte, daß dies nicht nur sehr gesund für den Kreislauf sei, sondern auch den Alterungsprozeß aufhalte. Beim Essen verzichtete er völlig auf Zucker, Kohlenhydrate oder unnötige Kalorien und nahm statt dessen sehr viel Joghurt und Magermilch zu sich. Er ließ für sich wilden Honig der sogenannten »kleinen« Biene aus der Grenzprovinz Pakistans einfliegen. Er fuhr extra zu einer Mühle nach Hazelmere, um sich braune Weizenkörner kleinmahlen zu lassen. Es gab weder Kekse noch kohlensäurehaltige Getränke.

Mustafa kaufte zwei neue Hunde, einen englischen Springerspaniel und einen Labrador Retriever, den wir Bruno nannten. Als »unreine« Tiere durften die Hunde nicht ins Haus und mußten in unserer Garage leben. Ich machte mir oft Sorgen, wie sie über die Nacht kommen würden, und stand auf, um sie mit einer alten Decke zuzudecken. Schließlich ließ ich einen Zwinger für sie bauen.

Immer wenn Dai Ayesha die Hunde versorgen mußte – eine Aufgabe, die ihr zutiefst zuwider war –, führte sie ausgedehnte

Gespräche mit den Tieren, in denen sie ihrem Herzen Luft machte. Eines Tages hörte ich, wie sie Bruno beschwor: »Hör zu, ich sorge für dich, und du bittest Gott, daß Er mich hier herausholt und heim nach Pakistan bringt. Gott wird dich erhören, weil du *bezuban* bist.« Wörtlich bedeutet dieser Ausdruck »ohne Zunge«, und im übertragenen Sinn werden damit die hilflosesten Kreaturen – also Tiere und Kinder – bezeichnet, auf die Allah doch sicher hört. Dais Worte gingen mir sehr zu Herzen. Zu diesem Zeitpunkt hatte sie fast achtzehn Jahre in Mustafas Diensten verbracht, als Kinderfrau von Bilal, Amna und meinen drei Kindern. Sie putzte das Haus, wusch das Geschirr und versorgte die Kinder. Schon für das geringste Versehen wurde sie geschlagen und für die kleinsten Fehler mit üblen Worten beschimpft. Nach Jahren voller Mißhandlungen, Beleidigungen und Ängste hatte ihr einst so schöner Teint seinen Glanz eingebüßt. Aufgrund ihrer ständigen Überarbeitung war sie zwar schlank geblieben, doch wirkte sie total ausgelaugt, und ihre Augen füllten sich mit Tränen, sobald auch nur entfernt von ihrem Heimatland die Rede war oder Erinnerungen an früher in ihr hochkamen. Dais Geist war schon lange vor meinem abgestumpft, und gerade jetzt, wo ich selbst versuchte, wieder gesund zu werden, spürte ich, daß sie sich immer mehr aufgab.

Brunos Name stellte sich als krasser Irrtum heraus, als er – sie – eines Tages ein Junges zur Welt brachte. Ich nannte den Welpen Blot (Klecks), denn daran erinnerte er, wenn er wie ein kleiner Punkt in der weiten Landschaft herumstromerte. Ich machte den Versuch, ihn in einem Hundekorb in der Eingangshalle zu halten, doch Mustafa warf ihn hinaus. Da Blot auf dem ganzen Grundstück frei herumlaufen durfte, geriet er auch einmal auf die Straße und wurde prompt von einem Auto angefahren. Als er hinkend wieder bei uns ankam, wollte Mustafa ihn sofort töten lassen, doch die Kinder und ich bettelten, daß wir ihn zum Tierarzt bringen dürften. Mustafa war einzig auf Perfektion aus; ein verletzter Hund interessierte ihn nicht, und deshalb kümmerte er sich nicht mehr um Blot, so daß schließlich beschlossen wurde, ihn fortzugeben.

Mustafa hatte kein Verständnis dafür, daß ich mir um ein Tier Sorgen machte. Auf meine Fragen bekannte er, daß es ihm noch nie in den Sinn gekommen sei, mit einem Haustier Mitleid zu haben. Für ihn war ein Hund nur Mittel zum Zweck, ein Wesen, das alle Befehle seines Herrn in völliger Treue auszuführen hatte. Das kam mir bekannt vor...

Er erzählte mir dazu ein Ereignis aus seinem Leben: Als junger Mann war er einmal auf Fasanenjagd gewesen, als sein Jagdhund ihm nicht gehorchte. Statt mit der Beute zurückzukommen und sie seinem Herrn vor die Füße zu legen, lief der Hund mit dem toten Vogel zwischen den Zähnen weg. Wutbebend schickte Mustafa ihm seine Diener hinterher, mit dem Befehl, ihn zu fangen und ins Dorf zu bringen. Nach einer langen Verfolgungsjagd hatten sie ihn endlich erwischt. Der Hund hechelte heftig, und in seinen Augen stand die Furcht vor dem, was ihn erwartete. Als die Männer das arme Tier zu Mustafa zerrten, machte es die Beine steif und stemmte sich verzweifelt gegen den Boden. Mustafa befahl seinen Leuten, dem Hund die Beine zusammenzubinden und ihn dann mit Bambusstöcken zu verprügeln. Das Jaulen des Hundes zerriß die Stille von Kot Addu, er wand sich vor Schmerzen, doch die Männer machten immer weiter und schlugen zahllose Stöcke auf dem Rücken des armen Tieres entzwei. Sie hörten erst auf, als sich seine Augen verschleierten und er das Bewußtsein verlor. In diesem Augenblick, sagte Mustafa, habe er plötzlich Mitleid mit dem Tier gehabt. Er ordnete an, daß die Männer den Hund fortbrachten, und ging schuldbewußt davon.

Ich war schockiert. Ich konnte nicht glauben, daß Mustafas unkontrollierte Gewalttätigkeit sich so blind gegen ein hilfloses Tier gerichtet hatte, das sich weder verteidigen noch sein Verhalten erklären – oder um Verzeihung bitten – konnte. Aber für Mustafa war die Sache klar: Wenn ein Hund Anstalten macht, sich aus dem Staub zu erheben, liegt Widerstand in der Luft. Und der muß sofort im Keim erstickt werden.

Der Hund erschien mir mehrmals in qualvollen Alpträumen, und schließlich erzählte ich Mustafa davon. Ich sagte: »Weißt du, ich glaube, daß all deine Schwierigkeiten damit zu tun haben, was du damals mit dem Hund gemacht hast. Gestern nacht habe ich geträumt, daß der Hund dich verflucht hat. Stell dir vor – vielleicht liegt der Fluch eines Hundes auf dir. Was könnte es Schlimmeres geben?«

Überraschenderweise bereitete ihm dieser Gedanke erhebliche Sorgen. Er berichtete mir: »Immer wenn ich auf meinem Gebetsteppich sitze, fällt mir dieser Hund wieder ein. Ich hebe die Hände und bete zu Gott, mich zu verschonen. Und am Ende bin ich soweit, daß ich einen Hund um Vergebung anbettele.«

◇

Anfangs war Mustafa gern bereit, Benazir Bhutto die Führung in der Exilgemeinschaft zu überlassen. Er war durchaus darauf vorbereitet, die Rolle des *elder statesman* zu spielen. Aber jedesmal wenn er von einer Zusammenkunft des Zentralkomitees heimkehrte, wirkte er ernüchterter. Er sprach von den alten Zeiten, als unter Bhuttos straffer Leitung nicht lange um den heißen Brei herumgeredet wurde und die Versammlungen damit endeten, daß man konkrete Handlungsrichtlinien beschloß. Bei Benazir dagegen gehe es lahm zu, und alles, was am Ende herauskäme, sei ein allgemein gehaltener Aufruf zu »verstärkter Agitation« gegen Zia.

Schließlich beschloß er, sie herauszufordern. Es ging um die Frage, welche Haltung die Partei gegenüber Al-Zulfiqar einnehmen sollte. Mustafa vertrat die Meinung, daß der radikale terroristische Flügel nachteilig für die Partei sei; er wollte, daß man sich von Mirs Gruppe distanzierte.

Benazir reagierte als Schwester und nicht als Mitvorsitzende der Partei. Sie erklärte, sie ließe nicht zu, daß »in herabsetzender Weise« über ihre Brüder gesprochen werde.

Mustafa gab zurück: »Dieses Thema muß diskutiert werden, denn es hat ernste Auswirkungen für unsere Partei. Wir müssen öffentlich erklären, daß wir mit Terrorismus nichts im Sinn haben.«

Benazir brach in Tränen aus und lief aus dem Raum.

Auf Wunsch einiger Parteimitglieder ging Mustafa ihr nach, um sie zu beruhigen. Sie saß in einem Schlafzimmer und schluchzte. Dann stieß sie hervor: »Jeder von euch will mich in seine Ecke drängen. Ich weiß nicht mehr, wem ich trauen kann und wie ich mit allem fertig werden soll.«

»So läuft es nun mal in der Politik«, erklärte Mustafa ruhig. »Das mußt du begreifen. Du wirst ständig mit Leuten zu tun haben, die nicht deiner Meinung sind. Es lohnt nicht, sich jedesmal wieder darüber aufzuregen. Du mußt dich zusammennehmen und stärker werden.«

◇

Der pakistanische Verbindungsmann Seth Abid traf in London ein, und Mustafa und seine Mitverschwörer hießen ihn herzlich willkommen. Er ließ sich den geplanten Putsch in allen Einzelheiten erklären und willigte ein, die ihm zugedachte Rolle zu übernehmen. Er verpflichtete sich, die Waffen an einem bestimmten Tag in einem leerstehenden Haus in Lahore abzuliefern. Auf Mustafas Anweisung hin übergab ich ihm die für den Waffenschmuggler vorgesehene Hälfte des durchgerissenen Rupienscheins.

Je näher der verabredete Tag rückte, desto mehr wurde ich in die Verschwörung eingeweiht, ohne richtig zu merken, wie tief ich in die Sache mit hineingezogen wurde. Ich hielt telefonisch Kontakt zu den »Jungs« und lernte immer besser, in dunklen Andeutungen zu sprechen. Nachts wälzte ich mich im Bett herum und konnte vor Aufregung nicht zur Ruhe kommen, während Mustafa tief und fest schlief und von seinem großen Sieg träumte.

Mustafa verbrachte seine Tage vor allem mit Konferenzen, in denen Details geklärt und verbliebene Löcher gestopft wurden. Die Drahtzieher des Putsches vereinbarten, daß unbedingt wenigstens einer aus der höchsten Führungsebene für die Sache gewonnen werden müsse. Es war bekannt, daß sich unter den höheren Offizieren eine Reihe von Sympathisanten befand, und man beschloß, an diese heranzutreten. Schließlich fiel die Wahl auf einen alten Bewunderer Bhuttos. Vorsichtig wurde ein Kontakt angebahnt, und in Mustafas Augen war der General von nun an »dabei«. Bei den Indern herrschte Hochstimmung darüber, daß es gelungen war, in die höchste Ebene der pakistanischen Armee einzudringen, und Mustafa prophezeite: »Ich denke, die Sache steht kurz vor dem Startschuß.«

Die Verschwörung war so weit vorangekommen und hatte so realistische Formen angenommen, daß die Atmosphäre immer gespannter wurde. Ali und Billo, die auch unbedingt eine Rolle in der Politik unseres Landes spielen wollten, hatten eine Gelegenheit gefunden, um an einem Aufstand gegen das Militärregime teilzunehmen. Während des Planungsstadiums herrschte in Ayott Place ein ständiger Erregungszustand, der nochmals wuchs, als die letzten Vorbereitungen getroffen wurden.

Aufgrund meiner Erfahrungen mit Mustafa war ich allerdings nicht ganz frei von dunklen Vorahnungen, doch Ali und Billo waren total fasziniert. Aus ihrer Sicht war Mustafa unschlagbar. Seine Disziplin und Gerissenheit im Verein mit Ausdauer und praktischer Tatkraft hatten sie in den Bann geschlagen und in den Strudel seiner verrückten, verwegenen Ideen hineingezogen.

Dann erhielten wir endlich Seth Abids Nachricht, daß die »Pakete gepackt« seien.

Die »Jungs« wurden angewiesen, in Lahore zu dem beim Inter-Continental-Hotel liegenden Einkaufszentrum zu fahren, wo ihnen ein Mann einen Zettel mit der Adresse des von Seth Abid angelegten geheimen Waffenverstecks übergeben würde. Um neunzehn Uhr dreißig sollten sie sich dort einfinden, um die Waffen in Empfang zu nehmen, mit denen die Demokratie in Pakistan wiederhergestellt würde. Danach sollten sie uns anrufen.

An dem verabredeten Abend versammelten sich die Verschwörer in Alis Londoner Apartment, um die Ereignisse per Ferngespräch zu verfolgen. Als es nach pakistanischer Zeit schon nach einundzwanzig Uhr war, standen Mustafa Schweißperlen auf der Stirn. Er begann, die vielen teuren Teppiche abzuschreiten. Die Stummheit des Telefons war wie eine Verhöhnung. Während ich eine frische Kanne Kaffee kochte, sprach ich ein Gebet und kämpfte gegen die Bilder an, die vor meinem inneren Auge aufstiegen.

Um zweiundzwanzig Uhr dreißig, drei Stunden nach dem für den Abtransport der Waffen verabredeten Zeitpunkt, wies Mustafa mich an, die Privatnummer von Major Aftab – einen der »Jungs« – anzurufen. Dessen Frau war am Apparat und erklärte mit unnatürlich kalter Stimme: »Er ist nicht hier. Rufen Sie uns bitte nicht mehr an.«

Nervös blätterte ich in meinem Adreßbuch nach den Telefonnummern der anderen Männer. Was war geschehen? Ich betete: Lieber Gott, bitte steh ihnen bei!

Erst nachdem ich eine Reihe von Nummern ohne Erfolg angewählt hatte, erreichte ich wieder jemanden. Es war die Frau des Fliegermajors Tahir. Sie weinte und flüsterte mir mit angsterfüllter Stimme über die Kontinente hinweg zu: »Das Haus ist voll von Soldaten. Sie nehmen meinen Schwiegervater und meinen Schwager mit. Und meine Brüder. Sie haben das ganze Haus auf den Kopf gestellt. Ich weiß nicht ein noch aus.«

Als ich den Hörer auflegte, hatten sich die Mienen der Möchtegern-Helden verdüstert. Alle hatten den Blick gesenkt und vermieden es, einander anzusehen.

Ich rief im Haus von Major Bokhari an. Seine Frau sagte: »Ich kann jetzt nicht reden. Es sind zu viele Menschen hier.« Das Gespräch brach ab.

Ich konnte das Entsetzen, das die Herzen der Putschisten wie die ihrer ahnungslosen Familienangehörigen erfüllte, förmlich spüren. Ich war wütend darüber, daß wir sie in so große Gefahr gebracht hatten. Was war schief gegangen? Wer war schuld daran? Ich hatte den Verdacht, daß Seth Abid uns hereingelegt hatte und daß es Mustafas Schuld war, weil er meine damals spontan geäußerten Bedenken beiseite gewischt hatte.

Plötzlich klingelte das Telefon, und alle zuckten zusammen. Ich riß den Hörer hoch und hörte Seth Abids Stimme am anderen Ende. Er weinte tatsächlich. »Ich habe eben die Neun-Uhr-Nachrichten im Fernsehen gesehen«, sagte er. »Danach soll eine Razzia stattgefunden haben, aufgrund eines Hinweises. Es sind Kisten voller geschmuggeltem Gold gefunden worden. Was soll ich jetzt tun? Man wird mich sicher in die Sache hineinziehen.«

»Gold?« fragte ich ungläubig. »Was für Gold? Wo sind die Waffen?«

»Man will vermeiden, daß bekannt wird, daß ein geheimes Waffenversteck gefunden wurde. Das pakistanische Volk soll nicht erfahren, daß ein Putschversuch geplant war, an dem die Armee beteiligt war. Man will vermeiden, daß die Öffentlichkeit erfährt, daß das Militär an einem mißglückten Versuch, Waffen ins Land zu schmuggeln, beteiligt war. Verstehen Sie? Die Geschichte mit dem Gold ist nur ein Tarnmanöver. Ich weiß nicht, wie das alles passieren konnte. Was wird aus meiner Familie? Soll ich über die Grenze gehen, nach Indien? Kann Mustafa mir Asyl verschaffen?«

Mir wurde übel. Ich wußte, der Mann log.

◇

Die Einzelheiten erfuhren wir erst später. Die »Jungs« waren mit Jeeps zu dem verabredeten Haus gefahren und hatten dort, wie versprochen, zwei Zimmer voller Kisten mit Waffen gefunden. Dann wollten sie wegfahren. Die Wagen wurden gestartet, doch kaum hatten sich die Jeeps in Bewegung gesetzt, bemerkten sie, daß sie in einen Hinterhalt geraten und eingekreist waren. Das Feuer wurde auf sie eröffnet, die Verschwörer schossen zurück, doch alle wurden verwundet und gefangengenommen.

Sie wurden in Hochsicherheitsgefängnisse gebracht und unter Anklage gestellt, nicht nur wegen ihrer Teilnahme an einem Putschversuch, sondern auch wegen Landesverrats in Zusammenhang mit einem Waffengeschäft mit Pakistans Erzfeind Indien. Ihre Ehefrauen wurden von der Außenwelt isoliert, ihre männlichen Verwandten festgenommen und gefoltert. Den »Jungs« selber wurde ein öffentliches Gerichtsverfahren verwehrt, ihnen wurde mit Tod durch Erschießen gedroht. Vordergründig war vom Glanz des Goldes die Rede, dahinter verbarg sich eine Geschichte von zerstörten Familien und gebrochenen Männern.

Offiziell blieb die Regierung dabei, daß sie eine Goldschmuggelaffäre aufgedeckt habe, und es entbehrt nicht der Ironie, welchen Lohn Seth Abid für sein »patriotisches« Handeln als Verräter des Komplotts kassierte. Seit den sechziger Jahren hatte der Zoll nämlich eine große Menge Goldes, das er ins Land geschmuggelt hatte, unter Verschluß gehalten. Dieses Gold wurde ihm nun zurückerstattet, unter Bezugnahme auf eine »formalrechtliche Bestimmung«.

Im Gefangenenlager von Ojhri wurden die Putschisten ständig gefoltert. Sie mußten sich nackt auf den Bauch legen, und dann wurden ihre Schenkel von einer stählernen Walze so lange zerquetscht, bis die Haut aufplatzte. Man hängte sie auch an den Füßen auf und schlug sie.

Auch die sieben Punjabi, die Mustafa vier Monate zuvor ins Gefängnis geschickt hatte, gerieten jetzt unter noch größeren Druck. Sie wurden noch intensiver als bisher gefoltert und eingeschüchtert. Choudry Hanif wurde in das »Inter Services Intelligence«-Gefängnis überführt. Er wurde in eine unbelüftete, schmutzige Zelle gestoßen, in der Tag und Nacht eine nackte Glühlampe brannte. Er schlief auf einer Matratze voller Ungeziefer und hatte nur ein stinkendes Laken als Decke. Ein Blechnapf war seine Toilette. Er durfte sich weder waschen noch rasieren. Er mußte endlose Verhöre durchstehen, bei denen ihm auch Tonbänder vorgespielt wurden, auf denen meine Stimme zu hören war. Später berichtete er mir: »Jedes Gespräch, das Sie mit den ›Jungs‹, deren Frauen und Seth Abid geführt haben, wurde mitgeschnitten. Sie wußten alles bis ins einzelne, bis zu dem durchgerissenen Rupienschein.«

Mustafa zeigte wenig Mitgefühl mit dem Schicksal der Verschwörer und der sieben früheren Exilanten, die er einst als Patrioten gerühmt hatte. Es erging diesen Menschen nicht anders als vordem seinen Hunden oder Kanarienvögeln. Nur eins nagte an ihm – daß er einen persönlichen Mißerfolg hatte einstecken müssen. Im Falle eines erfolgreichen Verlaufs wäre er als Vorkämpfer der Demokratie in Pakistan bejubelt worden, doch sein Fehlschlag ließ ihn nun als Landesverräter dastehen. Er fürchtete um sein Leben, doch noch mehr beschäftigte ihn, ob er nun für seine Verbündeten erledigt war. Als nunmehr hochgefährdeter politischer Asylant war er äußerst besorgt, wie die indische Regierung reagieren würde.

Von einem Treffen mit Joshi kehrte er beunruhigt zurück.

Doch Mustafa Khar war nicht der Mann, der sich auf Dauer geschlagen gab. Schon bald flog er wieder nach Indien, zu einer Privataudienz bei Indira Gandhi. Als er zurückkehrte, glänzten seine Augen wieder. »Sie hat mich als großen Patrioten bezeichnet«, strahlte er. Das mißglückte Komplott hatte natürlich die Spannungen zwischen Zias Pakistan und der indischen Regierung sehr verstärkt, und Mustafa hatte befürchtet, daß Indien einen Rückzieher machen könnte. Doch zu seiner Befriedigung hatte Indira Gandhi ihre Überzeugung, daß die pakistanische Armee vernichtet werden müsse, noch einmal unterstrichen. Mustafa prophezeite: »Es muß einen Krieg geben, damit der Feind des Volkes für immer vernichtet wird.« Er erklärte, dies sei das Wunder, für das wir beteten.

Tief in meinem Inneren war ich anderer Meinung. Für mich war Indira Gandhi die Frau, die 1971 die Niederlage der pakistanischen Armee als »das Ende einer tausendjährigen Sklaverei« bezeichnet und damit unterstellt hatte, die Moslems hätten das indische Volk versklavt. Zum jetzigen Zeitpunkt war ihre Stellung im eigenen Land gefährdet, weil sie einen Angriff auf den Goldenen Tempel der Sikhs befohlen hatte, bei dem deren Anführer umgekommen war. Die Sikh-Separatisten hatten Rache geschworen, und Gerüchte besagten, daß einige unter ihnen in pakistanischen Lagern ausgebildet würden. Ich fürchtete Indiras Politik einer Verweltlichung und hielt sie dazu für eine Opportunistin; sie würde den Haß gegen Zias Pakistan nur dazu benutzen, die Eintracht unter ihren Landsleuten wiederherzustellen.

Für mich hörte sich alles nur nach einem weiteren Beispiel für Indiras Doktrin an, nach der Indien die Rolle des Polizisten in Südasien spielen sollte, zu dessen Aufgaben es auch gehörte, sich in die inneren Angelegenheiten seiner Nachbarn einzumischen.

Plötzlich verdunkelten die Wolken eines drohenden Krieges den Himmel über dem Subkontinent. Alle Welt sprach davon, daß ein neuer Flächenbrand bevorstünde.

Am 31. Oktober 1984, Mustafa war gerade draußen beim Joggen, sah ich die Morgennachrichten im Fernsehen und erfuhr, daß Indira Gandhi von ihren eigenen Leibwächtern erschossen worden war. Als Mustafa zurückkam, sagte ich ihm, was geschehen war. Er sackte auf dem Sofa zusammen, preßte die Hände an den Kopf und stöhnte: »Oh, mein Gott!«

Kapitel zehn

Einmal im Monat färbte sich Mustafa die Haare, ein glänzendes Schwarz verdeckte das natürliche Grau. Eines Abends, als wir Gäste zum Abendessen erwarteten, war er mit diesem Ritual beschäftigt. Ich stritt mit ihm wegen dieses eitlen Gehabes, denn ich fand es unnötig und gewöhnlich. »Das hast du doch nicht nötig«, hielt ich ihm vor. »Graues Haar wirkt bei einem Mann deiner Position sehr distinguiert.«

»Ich höre nur mit dem Färben auf, wenn du versprichst, deins auch nicht zu färben«, gab er selbstgefällig zurück. Auf diesen Handel wollte ich aber nicht eingehen. Bei dem Leben, das ich mit Mustafa führte, würde ich sicher schon mit dreißig graue Haare haben. »Und außerdem«, fügte er hinzu, »ist es *sunat.*« Dieser Ausdruck bedeutet, man müsse dem Propheten in allem folgen. Mustafa berief sich darauf, daß Mohammed befohlen habe, überall gegen das Altwerden zu kämpfen, denn dies würde einem größere Vitalität verleihen. »Der Prophet sagt, daß man so lange wie möglich so jung wie möglich aussehen soll«, sagte er in belehrendem Ton.

Ich dachte: Das ist wieder ein typisches Beispiel für Mustafas Art, den Islam in seinem Sinne auszulegen. Er sucht sich bei den islamischen Gesetzen und Bräuchen immer nur das aus, was ihm in den Kram paßt. Deshalb ließ ich die Sache auf sich beruhen und bat ihn nur, sich wenigstens nicht den Kopf mit meinen weißen Handtüchern abzutrocknen. Ich warf ihm ein buntes Handtuch zu. Er blickte mich verächtlich an, wählte bedachtsam ein weißes Handtuch und rubbelte sein Haar damit trocken.

»Mustafa, du machst das mit Absicht«, sagte ich anklagend.

»Ich glaube, du suchst wieder mal Streit«, warnte er. »Wir erwarten Gäste. Bring mich nicht in Rage!«

Ich war zu verärgert, um seine deutliche Warnung zu beachten. Ich fauchte: »Laß gefälligst meine weißen ...«

Er griff nach einem Krug und warf ihn nach mir. Er traf mich an der Schulter, und ich rannte hastig aus dem Badezimmer, knallte die Tür zu und schloß ihn ein.

Mustafa hämmerte an die Tür und schrie: »Ich bringe dich um!«

Ich ignorierte ihn und ging nach unten, weil es geklingelt hatte. Ich begrüßte die Gäste, und als sie nach Mustafa fragten, murmelte ich eine vage Entschuldigung; ich konnte ihnen ja nicht gut sagen, daß der Löwe vom Punjab im Badezimmer eingeschlossen war!

Ich ließ zwanzig Minuten vergehen, bevor ich wieder nach oben ging. Dort rief ich Mustafa durch die Badezimmertür zu: »Wenn du jetzt ein für allemal verstanden hast, daß ich mir deinen Schwachsinn nicht mehr bieten lasse, mache ich auf.«

»Gut, mach auf«, sagte er. Seine Stimme klang ruhig und beherrscht. Ich ließ ihn heraus, und er preschte an mir vorbei und zischte mir mit unterdrückter Wut zu: »Warte nur ab, wenn die Leute gegangen sind, werde ich dir eine Lektion erteilen!«

An diesem Abend führten wir uns als Paradebeispiel eines glücklichen Paares auf. Unsere Gäste ahnten nicht, daß Mustafa sich mit Mordgedanken trug, während er den Braten tranchierte.

Kaum hatten sich unsere Bekannten verabschiedet, machte Mustafa sich auf den Weg nach oben und befahl mir, ihm zu folgen. Da ich nicht die Absicht hatte, mich freiwillig meinem Strafgericht zu stellen, schlüpfte ich in ein Nebenzimmer und schloß hinter mir ab.

Es dauerte zehn Minuten, bis er nach mir suchte. »Tehmina, mach augenblicklich die Tür auf!« kommandierte er. »Ich dulde nicht länger, wie du dich aufführst. Ich werde dich zur Vernunft bringen.«

»Ich bin doch nicht verrückt«, gab ich zurück. »Ich weiß schließlich, was für ein krankes, irres Ungeheuer da draußen lauert. Erwartest du im Ernst, daß ich rauskomme und mich dir ausliefere?«

Durch die schützende Tür hindurch entspann sich eine heftige Diskussion über Frauenrechte. Mustafa bemühte sich nach Kräften, mich zu provozieren, doch ich nutzte die Gelegenheit, um ihm meine Ansichten ruhig und besonnen vorzutragen.

Nachdem es einige Zeit so hin und her gegangen war, fiel selbst Mustafa auf, wie absurd die Situation war, und er mußte laut lachen. Seine Wut war verraucht.

Nach und nach trat eine kaum wahrnehmbare Veränderung in unserem Verhältnis ein: Mustafa fing tatsächlich an, mehr auf mich einzugehen. Immer öfter sprach er mit mir fast wie mit einer Gleichgestellten. Er hielt mir Vorträge über Politik und bemerkte, wie schon früher einmal, mit Befriedigung, daß ich nicht nur das Thema faszinierend fand, sondern auch bereitwillig seine Ansichten übernahm.

Er ließ mir immer mehr Freiheit. Es passierte jetzt häufig, daß er mich auf dem Weg zu einem seiner Meetings bei »Harrod's«, dem großen Kaufhaus, absetzte, wo ich bis zu seiner Rückkehr herumstöbern durfte. Ein besonderer Anziehungspunkt für mich war die Buchabteilung, in der ich immer einige Neuerscheinungen kaufte, von denen ich meinte, daß Mustafa sie unbedingt gelesen haben müsse. Ich kannte ja seine Interessen, und ich wollte, daß er sich soviel Wissen wie möglich aneignete, solange wir noch im Exil lebten; allmählich erschien uns nämlich diese Zeit trotz aller Turbulenzen als eine Chance zum In-sich-Gehen und zur Vorbereitung auf Künftiges. Mustafa las jeden Tag gewissenhaft hundert Seiten. Er erlernte die subtile, schmerzhafte Kunst der Selbstkritik. Je mehr sich sein Horizont erweiterte, desto mehr vertiefte sich seine Einsicht in die Ursachen der in Pakistan herrschenden politischen Krise.

Entscheidend dafür, daß ich diese Zeit seelisch überstand, wurde meine Fähigkeit, Privatleben und politisches Interesse auseinanderzuhalten. Mustafa hatte immer gewußt, daß ich seine politischen Standpunkte gegenüber seinen Freunden und Bekannten grundsätzlich verteidigen würde, doch nun erkannte er, daß ich tatsächlich an sie glaubte. Ich lernte, unsere Auffassungen mit der gleichen Überzeugungskraft und Leidenschaft zu vertreten wie mein Mann. In unserem Freundeskreis blieb meine Verwandlung von der braven Hausfrau zur engagierten Gesprächspartnerin nicht unbemerkt. Typischerweise begann ich meine Sätze aber sehr oft mit der Floskel »Mustafa hat gesagt ...« Auf dem Gebiet der Politik folgte ich ihm tatsächlich wie ein Schatten.

Trotzdem gab es immer wieder Gelegenheiten, wo ihn seine Zwänge überwältigten. Einmal verspätete ich mich, als er bereits abfahrbereit im Auto saß, weil mir ein Anruf seines Reisebüros dazwischengekommen war. Als ich endlich kam, explodierte er vor Zorn, weil ich, doch bloß die Ehefrau, ihn hatte warten lassen. »Beruhig dich«, sagte ich zu ihm. »Das bedeutet doch nicht das Ende der Welt.« Er schlug mir mit dem Handrücken mitten ins Gesicht. Meine Augenbraue und Wange schwollen sofort an, und wir blieben zu Hause.

Auch an diesem Abend erwarteten wir Gäste, und Mustafa wies mich an, eine Sonnenbrille aufzusetzen, um das blaue Auge zu kaschieren. Ich fand das ausgesprochen peinlich, und wenn ich gefragt wurde, warum ich die Brille trug, vermied ich es, darauf einzugehen. Mustafa war nervös, denn anders als früher konnte er nicht mehr sicher sein, wie ich mich verhalten würde – und seine Angst bestand zu Recht. Als wir uns zum Essen hinsetzten, nahm ich einfach die Brille ab und versteckte nicht länger, was die Wut meines Mannes angerichtet hatte. Irgend jemand fragte mich, wie das passiert sei, und ich antwortete mit größter Gelassenheit: »Mustafa hat mich geschlagen.«

Bereits erhobene Weingläser wurden gesenkt und wieder auf die Tafel zurückgestellt, man räusperte sich und rutschte unbehaglich auf den Stühlen herum. Mustafa setzte zu Verteidigungsreden an – mit Vernunft sei meinen Unverschämtheiten nicht beizukommen, und außerdem verhalte ich mich in diesen schwierigen Zeiten unkooperativ. Aber seine Worte gingen ins Leere.

Später im Schlafzimmer wurde meine Aufsässigkeit mit einem weiteren scharfen Schlag bestraft. Er beschimpfte mich als Exhibitionistin, als Frau ohne Schamgefühl.

Ich pflichtete ihm bei, daß ich mich tatsächlich nicht schämte, und machte ihm klar: »Nicht ich, sondern *du* bist heute abend gedemütigt worden. Jetzt bist du zornig, weil deine Schande ans Licht gekommen ist. Ich war nur der Anlaß. Bevor du das nächstemal etwas tust, dessen du dich hinterher schämen mußt, sieh zu, daß du mit der Demütigung fertig wirst. Ich werde in Zukunft nicht mehr die Fassade für dich wahren. Wenn ich Schwellungen und blaue Flecken im Gesicht habe, werde ich sie nicht mehr verstecken. Ich will, daß die Menschen mich so sehen, wie ich bin. Ich habe nicht vor, noch länger eine Heuchlerin zu sein.«

Er hörte mir schweigend zu. Seine zusammengepreßten Lippen schienen zu sagen: »Die Weisheit ist ein Kind der Zeit.«

◇

Völlig überraschend rief mich nach langer Zeit meine Mutter an und wollte mich sofort sehen. Ich betrachtete ihr unvorhergesehenes Wiederauftauchen in meinem Leben mit gemischten Gefühlen, doch auch Mustafa meinte, ich solle sie besuchen. Am selben Tag noch stand ich vor dem Haus meiner Eltern. Bevor ich eintrat, ging ich noch einmal ein paar Schritte zurück, um mir vorzustellen, wie das Haus wohl bei Zarminas Hochzeit ausgesehen hatte. Tränen stiegen mir in die Augen bei dem Gefühl, nicht mehr zur Familie zu gehören.

Adila kam mir an der Tür entgegen und umarmte mich. Auch ihr liefen die Tränen über die Wangen, und sie rückte gleich damit heraus, daß sie selbst der Grund sei, warum unsere Mutter mich zu sich gebeten habe. Ihr ständiges schlechtes Gewissen habe zu einer chronischen Schlaflosigkeit geführt. Sie erhalte derzeit ständig Heiratsanträge, doch sie könne sich für keinen Mann entscheiden, solange ich ihr nicht vergeben hätte. »Gott wird mir erst vergeben, wenn du mir vergibst«, jammerte sie. »Ich weiß, für mich gibt es kein Glück in der Ehe, weil ich dir so weh getan habe. Die Strafe des Schicksals ist mir gewiß. Bitte vergib mir – ich flehe dich an.« Als sie anfing, Mustafa die Schuld an ihrem unmoralischen Verhalten zu geben, unterbrach ich sie.

»Sprich in meiner Gegenwart niemals schlecht über meinen Ehemann!« sagte ich in einem Ton, der keinen Widerspruch duldete. »Wenn du etwas über dein eigenes Fehlverhalten sagen willst, bin ich bereit, dir zuzuhören und zu vergeben. Aber laß ihn bitte aus dem Spiel!« Innerlich zuckte ich zusammen, weil ich glaubte, meine eigene Mutter sprechen zu hören; mit ähnlichen Worten pflegte sie stets meinen Vater zu verteidigen. Doch in beiden Fällen ging es sicher mehr um Eigenliebe als um Respekt gegenüber dem Ehemann.

Am Ende des Besuchs hatte ich Adila ehrlich verziehen. Es war ein Luxus, den ich mir jetzt leisten konnte, da ich in meiner Ehe endlich ein Wörtchen mitzureden hatte.

Als ich schließlich wieder zu Hause war, fühlte ich mich seelisch völlig ausgepumpt. Ich berichtete Mustafa von meinem Gespräch mit Adila und sah seinen glücklichen Gesichtsausdruck. Ich sagte mir befriedigt: Das Adila-Kapitel ist für immer abgeschlossen.

Meine Eltern wünschten, daß ich von nun an so oft wie möglich mit den Kindern zu Besuch käme, doch Mustafas Schatten solle, so erklärten sie, nicht auf ihre Türschwelle fallen. Mustafa mußte mich zu ihrem Haus fahren und zu einer festgelegten Zeit wieder abholen, wobei er draußen im Auto zu warten hatte. Ich wunderte mich nicht, daß er dann schlechter Laune war, doch wir beide wußten ganz genau, daß er diese Abfuhr seitens meiner Familie mehr als verdient hatte.

Allmählich nahm die Spannung in unserem Verhältnis wieder zu. Der vorsichtig begonnene Waffenstillstand zwischen Mustafa und mir, der sowieso immer anfällig gewesen war, drohte langsam wieder zum kalten Krieg zu verkommen. Ich hatte große Angst vor neuen Feindseligkeiten und begann deshalb, um des lieben Friedens willen, die Besuche bei meinen Eltern einzuschränken.

Meine Prioritäten waren eindeutig: Um meinetwillen und der Kinder wegen besaß meine Ehe Vorrang. Ich hatte zuviel in diese Beziehung investiert, zuviel gelitten und zu viele Kompromisse geschlossen, um jetzt alles aufzugeben.

◇

Mustafa und ich fuhren zum Wellington-Krankenhaus, um Shireen Jatoi, die Tochter von Mustafas engstem Freund und politischem Verbündeten, zu besuchen. Ihre Wehen hatten gerade eingesetzt. Shireens Mutter umarmte mich und sagte zu Mustafa: »Ich glaube, du hast dir zum erstenmal eine wirklich gute Frau ausgesucht. Ich hoffe, du weißt sie zu schätzen.«

Mustafa nahm meine Hand und erklärte mit allen Anzeichen größter Aufrichtigkeit: »Ich kann mir ein Leben ohne sie nicht mehr vorstellen. Ihr könnt nicht ahnen, was sie mir bedeutet und wie gut sie für mich ist.«

Mustafa ging, und ich blieb noch im Krankenhaus zurück. Nachmittags bat mich Shireen um irgendeine Sache, die ich bei mir zu Hause hatte, deshalb rief ich dort an, um einen der Dienstboten zu sprechen. Ich versuchte es mehrmals, aber die Leitung war immer besetzt, so daß ich schließlich frustriert aufgab.

Gegen achtzehn Uhr stand Shireen kurz vor der Entbindung. Inzwischen war auch Mustafa wieder in Shireens Krankenzimmer, wo sich inzwischen viele ihrer Freunde und Verwandten versammelt hatten. Meine Mutter befand sich auf einer Reise nach Amerika und hatte mich beauftragt, auf Adila aufzupassen. Meine Schwester wurde aus ihrem Internat zurückerwartet und sollte dann in ein paar Tagen zu Mutter nach Boston fliegen. Ich rief im Haus meiner Eltern an, um zu hören, ob Adila gut heimgekommen war. Sie war selbst am Apparat und eröffnete mir sofort: »Tehmina, dein Mann hat den ganzen Nachmittag mit mir telefoniert.« Mein Herz setzte aus. Mit eisigem Blick sah ich quer durch den Raum hinüber zu Mustafa, während Adila weitersprach: »Er wollte mich unbedingt wiedersehen. Er hat mich bedrängt, daß ich nie wieder einen Mann wie ihn treffen werde. Er behauptet, daß ich ihn bei keinem Mann vergessen werde und daß ich keinen meiner Verehrer heiraten soll, weil sie mir nicht genügen würden.«

Mustafa konnte nicht hören, was sie sagte, doch er erkannte den Schmerz, der sich auf meinem Gesicht abzeichnete. Er lief rot an, und sein schuldbewußter Ausdruck sprach Bände.

Adila betonte, daß sie nicht mehr an Mustafa interessiert sei, und ich glaubte ihr. Die jungen Männer, die sich um sie bewarben, waren alle sehr annehmbar. Ihre Stimme hatte einen giftigen Unterton, als sie fortfuhr: »Ich habe zu ihm gesagt: ›Tehmina ist überzeugt davon, daß du sie liebst‹. Darauf sagte er, daß du ziemlich dämlich seist. ›Wenn ich ihr mal sage, daß sie schöne Augen hat, glaubt sie schon, daß ich sie liebe.‹ Er hat mich angebettelt, mich mit ihm zu treffen. Er wollte zu uns fahren und vor unserem Tor halten, nur um mich von weitem zu sehen! Er ist vollkommen von mir besessen und hat andauernd gesagt, ohne mich würde er sterben. Ich habe mir gleich gedacht, daß du mir nicht glauben würdest, deshalb habe ich Zeugen hier: Meine Freundin Claudia hat das Gespräch auf der anderen Leitung mit angehört. Und unser Koch Rehman auch. Du kannst ihn ja fragen.«

Ich legte den Hörer auf, ich war wie unter Schock. Für diesen Mann hatte ich mich wieder aufgerafft und neue Kräfte gesammelt, und er hatte nichts Besseres zu tun, als alles erneut zu zerstören!

Wie zum Hohn jubelte in diesem Moment die im Raum versammelte Gesellschaft auf, weil eine Schwester die Nachricht brachte, daß Shireen einen Sohn bekommen hatte.

Ich begann laut zu weinen.

Shireens Mutter nahm mich in die Arme und fragte, was mir fehlte. Ich wollte den Anwesenden nicht die Freude verderben und bemühte mich, die aufkeimende Panik zu unterdrücken. Schluchzend murmelte ich eine Entschuldigung und verließ das Zimmer.

Mustafa kam hinter mir her wie ein geprügelter Hund. Auf der Heimfahrt wechselten wir kein einziges Wort.

Als wir schließlich zu Hause in unserem Schlafzimmer waren, fragte er mich in aufgesetzt unschuldigem Ton: »Was ist passiert? Bitte, sag es mir. Was fehlt dir? Tehmina, ich bitte dich.« Er redete einfach drauf los und bestätigte dabei ungewollt, was meine Schwester mir gesagt hatte. »Geht es um Adila?« fragte er. »Mein Gott, dieses verrückte Mädchen. Hat sie etwas gesagt? Du darfst ihr nicht glauben – sie denkt sich das alles nur aus, um dich aufzuregen und zu quälen. Sie haßt dich. Sie versucht, uns auseinanderzubringen. Sie ist nicht in mich verliebt, sondern will dich nur ärgern. Sie will unsere Ehe kaputtmachen, um ihre eigenen perversen Wünsche zu erfüllen, es geht ihr nur darum, die Siegerin zu sein. Bitte, glaub ihr nicht. Sie hat etwas gesagt, nicht wahr? Was hat sie gesagt? Erzähl es mir!«

Ich blieb weiter stumm und bat Mustafa, mich allein zu lassen. Er ging hinaus, bestand aber darauf, daß die Tür offen blieb. Ich wollte nichts mehr hören und sehen, nur noch vergessen. Ich löschte das Licht und kauerte mich in einer Zimmerecke zusammen. Ich wäre am liebsten wieder in den Schoß meiner Mutter zurückgekrochen. Ich zog die Beine an mich wie ein ungeborenes Kind und weinte.

Am nächsten Morgen war ich ruhig, und das steigerte Mustafas Nervosität nur noch. Ich erklärte ihm in schlichten, entschiedenen Worten, daß ich ihn verlassen wollte.

»Wohin willst du denn gehen, Tehmina?« fragte er höhnisch. »Willst du unter das Dach deines Vaters schlüpfen? Dein Vater wird dir nicht einmal einen abgenagten Knochen hinwerfen.«

In meinem Kopf rasten die Gedanken durcheinander. Mir wurde auf einmal klar, daß ich sehr behutsam vorgehen mußte. Ja, ich würde ihn verlassen. Ich *mußte* es tun. Aber sobald Mustafa merkte, daß es mir ernst mit der Scheidung war, würde er mich einsperren oder mir die Kinder fortnehmen – oder beides. Nach außen hin gab ich also nach und zerstreute seine Befürchtungen durch schweigende Zurückhaltung.

Er entschuldigte sich für seine Worte über meinen Vater. Dann versuchte er, mich zu umarmen, doch ich konnte meinen Abscheu nicht völlig verbergen.

»Tehmina, du bist eine vollkommene Frau«, sagte er. »Du bist einzigartig. Deine Duldsamkeit ist größer als die der geduldigsten Frauen in meinem Dorf. Was hast du nicht alles ertragen! Bei allem hast du deine Würde gewahrt und dein Leid schweigend auf dich genommen. Du hast meinen guten Ruf bewahrt. Du bist eine wunderbare Mutter. Wie oft habe ich alles zwischen uns zerstört, und du hast immer alles wieder aufgebaut. Wie kannst du nur daran denken, daß ich dich für diese kleine Schlampe aufgeben würde?«

Mit vorgetäuschter Aufrichtigkeit sagte ich, daß ich ihm ein letztes Mal vergeben würde. »Aber mach so etwas nicht noch einmal!« warnte ich ihn. »Beim letzten Mal habe ich es geschafft, mit allem fertig zu werden, auch wenn du mir das Leben zur Hölle gemacht hast. Aber ich habe weder die Kraft noch die Absicht, mich noch einmal belügen und betrügen zu lassen.«

Mustafa glaubte mir. Er schwor auf den Koran, daß er mich niemals wieder betrügen würde. Dann fuhr er beruhigt nach London, wo er zu tun hatte.

Kaum war er aus dem Haus, bestellte ich ein Taxi und begann meine Koffer zu packen. Dai Ayesha wurde vor Angst völlig hysterisch, sie fürchtete um ihr Leben. Ich rief meinen Bruder Asim an und erklärte ihm, daß ich beabsichtige, Mustafa zu verlassen. Er war sehr verständnisvoll und ließ eine Hotelsuite für mich reservieren.

Als das Taxi vor der Tür stand, verließ ich mit meinen drei Kindern und meinem Gepäck das Haus – ohne mich noch einmal umzusehen.

Asim hatte zur Feier meiner Befreiung einen Tisch in meinem Hotelzimmer vorbereiten lassen; es gab Champagner und Kaviar. »Du hast eine gute Entscheidung getroffen«, sagte er mit Nachdruck. »Du solltest diesen Tag als den Beginn eines neuen Lebens betrachten. Jetzt kannst du aufatmen und wieder glücklich sein. Vergiß diesen Mann!« Er wandte sich an meine Kinder und erklärte ihnen: »Von nun an bin ich euer Vater.« Er gab mir zweitausend Pfund in bar. »Ich werde für dich einen Flug nach Spanien buchen«, sagte er. »Du brauchst jetzt erst einmal Erholung.«

Als unsere Feier zu Ende war, ließ Asim uns allein. Schon bald waren die Kinder und ich tief und fest eingeschlafen.

Als ich wieder aufwachte, merkte ich, daß ich in der Eile vergessen hatte, unsere Pässe mitzunehmen. Schnell rief ich zu Hause an und sprach mit Dai Ayesha über die Pässe. Dann fragte ich sie, wo Mustafa sei, und sie antwortete, er mache seine Yogaübungen. Es regte mich maßlos auf, daß er nicht einmal jetzt seinen Tagesablauf veränderte.

Mustafa kam ans Telefon, und ich erklärte ihm, daß meine Entscheidung endgültig sei.

Er erwiderte ganz ruhig: »Gut. Ich hoffe, daß es dir auf deinem weiteren Lebensweg gut ergeht.«

Ich war verwirrt, weil ich mit einer solchen Reaktion nicht gerechnet hatte. Sollte es wirklich so einfach gewesen sein, ihn zu verlassen?

◇

Die Kinder und ich verbrachten eine Woche in London. Zum erstenmal seit sieben Jahren besuchte ich einen Frisiersalon. Ich ging für die Kinder und mich einkaufen. Ich wurde ganz euphorisch, weil ich wieder unter normalen Menschen sein konnte.

Ich rief einen Anwalt an und beauftragte ihn, meine Scheidung vorzubereiten. In dieser Angelegenheit hielt er es für erforderlich, Mustafa anzurufen, um wenigstens am Telefon mit ihm zu sprechen. Er berichtete mir, daß Mustafa sich sperre und der Auffassung sei, wir könnten mit unseren Meinungsverschiedenheiten ohne einen Dritten fertig werden. Ich erklärte dem Anwalt, daß es zu riskant wäre, wenn ich mit Mustafa persönlich spräche; er würde sein Äußerstes tun, mich zur Rückkehr zu überreden, und ich fühlte mich noch nicht stark genug, ihm standzuhalten. Ich hatte Angst, daß ich auf seine lang geübten Schuldbekenntnisse und Besserungsgelübde wieder wie immer reagieren könnte. Ich wies den Anwalt an, Mustafa mitzuteilen, daß er nur über ihn, meinen Rechtsbeistand, mit mir Kontakt aufnehmen könne.

Asim arrangierte für mich und die Kinder eine Flugreise nach Südspanien, zur Villa meiner Eltern in Marbella; und ich konnte das Kindermädchen einer Freundin dazu überreden, mich zu begleiten. Asim gab mir noch mehr Bargeld, zum Teil aus seiner eigenen Tasche, zum Teil von dem, was Vater geschickt hatte.

In Marbella versuchte ich, meine Vergangenheit im tiefblauen Mittelmeer versinken zu lassen. Ich besuchte täglich ein Fitneßcenter, faulenzte in der Sonne und verbannte die schlimmen Erinnerungen aus meinem Kopf. Ich kaufte Unmengen von Kleidern und Schuhen für mich und die Kinder. Die Tage zogen an mir vorüber wie eine sanfte Brise.

Ich hörte, daß Mustafa ganz gebrochen war. Um das Bild des verstoßenen Liebhabers auch äußerlich zu betonen, ließ er sich einen Bart wachsen. Er machte eine traurige Figur, wie er da bei den Familien unserer vielen Freunde auftauchte und sie unter Tränen und Jammern darum bat, mich zur Rückkehr zu überreden. Er trank viel, sprach mit Wildfremden auf der Straße über seine geliebte Frau, die ihn verlassen habe. Mehrmals traf er sich mit Asim, fiel ihm zu Füßen und bat ihn als meinen Bruder um ein vermittelndes Wort. Er rief meine Mutter an – es war das erste Mal, seit seine Affäre mit Adila ans Licht gekommen war – und flehte um Vergebung.

Auf diese Weise gewann er entscheidende Sympathien. Freunde riefen an und wollten mich davon überzeugen, daß er sich geändert habe. Einige meiner Verwandten drängten mich, ich solle dieser Ehe noch eine Chance geben, um der Kinder willen. Selbst meine Mutter wechselte die Seiten. Ich konnte nur staunen, wenn ich hörte, wie naiv sie sich über das Für und Wider verbreitete; mir war auch klar, warum: Sie war nicht gewohnt, Mustafa in der Rolle des bedauernswerten Kleinkindes zu erleben. Ich wußte, wie überzeugend das falsche Schauspiel wirken konnte, aber keiner von den anderen kannte ihn wirklich. Alle sahen sie nur, wie ein starker Mann sich bei der bloßen Erwähnung meines Namens in Tränen auflöste. Sie erlebten ihn als demütigen, reuigen Sünder. Sie sahen ihn am Boden liegen und glaubten, er habe sich tatsächlich geändert.

Das anfangs so überschwengliche Gefühl der Befreiung begann dahinzuschwinden. Ich wollte nicht für den Rest meines Lebens als zweimal Geschiedene dastehen, und ich wollte meine Kinder in stabilen Familienverhältnissen aufwachsen sehen, sofern das möglich war. Doch noch größere Ängste überfielen mich: Vorläufig spielte Mustafa den reuigen Sünder, um mich zurückzugewinnen, aber ich fragte mich, zu welchen Mitteln ein Mann wie er greifen würde, wenn diese Taktik nicht fruchtete. Die Sorge um mein eigenes körperliches Wohlergehen hatte ich seit langem aufgegeben, doch ein Schauer überlief mich beim Anblick der unschuldigen Gesichter meiner schlafenden Kinder.

Asim fand einen Ausweg aus dieser Sackgasse. Er veranlaßte meinen Rechtsanwalt, einen Vertrag aufzusetzen, der mir das Recht auf eine Scheidung – und das Sorgerecht für meine Kinder – zusicherte, falls ich mich zu irgendeinem späteren Zeitpunkt zur Trennung entschließen sollte. »Mr. Khar«, sagte der Anwalt zu Mustafa, »ich denke, Sie sollten sich alles genau durchlesen, bevor Sie unterzeichnen.«

»Ich brauche es nicht zu lesen«, antwortete Mustafa, »wenn dieses Stück Papier Tehmina zu mir zurückbringt, ist es meine Unterschrift wert. Der Preis interessiert mich nicht.« Mit einer raschen Handbewegung unterschrieb er.

Die Kinder und ich kehrten nach England zurück. Als er mich am Haus meiner Eltern abholte, erklärte meine Mutter hochtrabend: »Er soll wissen, daß es dein Elternhaus ist, das du verläßt, und das nie vergessen. Du hast ein Zuhause, in das du immer zurückkehren kannst.«

Mustafa behandelte mich wie eine Königin. Er sprach nicht in normalem Ton zu mir, er blökte wie ein Lämmchen. Wir verbrachten die Nacht in Hazelmere und reisten dann in unsere zweiten Flitterwochen nach Palm Beach, Florida.

In früheren Jahren war Mustafa bei meinen Einkäufen stets ein ungeduldiger Begleiter gewesen, doch in Palm Beach folgte er mir wie ein Küken der Henne. War er müde, ging er am Eingang des Ladens in die Hocke, die Pakete lagen verstreut um ihn herum. Er scherzte mit mitleidigen Kunden, die in ihm einen vorbildlichen Ehemann sahen. »Was für ein lieber Kerl!« sagten sie. Und Mustafa antwortete mit einem Lächeln.

Das Abendessen nahmen wir bei Kerzenschein draußen auf der Terrasse ein; die tosende Brandung tat ihr Bestes, um meine trüben Gedanken fortzuspülen. Doch ich war mißtrauisch und immer noch zutiefst verletzt. Es fiel mir schwer, auf Mustafas Avancen einzugehen. Ich zuckte zusammen, wenn er mich berührte, und mehr, als meine Hand zu halten, gestattete ich ihm nicht. Ich geriet in Panik, sobald ich bei ihm das geringste Zeichen eindeutiger Absichten bemerkte. In plötzlichem Erschrecken wurde ich gewahr, daß jetzt auch die letzten Spuren dieser Liebe unwiderruflich aus meinem Herzen verschwunden waren. Ich begann zu begreifen, daß der Kern einer Ehe nicht unbedingt die eheliche Treue ist, sondern Vertrauen und Achtung. Mustafa hatte schon vor langer Zeit mein Vertrauen in ihn zerstört, aber jetzt vermochte ich ihn auch nicht mehr zu achten. Genaugenommen tat er mir nur noch leid.

Das einzige verbliebene Band außer den Kindern war die Politik. Wir sprachen über unsere Rückkehr nach Pakistan. Ich wollte für die Ideale kämpfen, an die wir beide glaubten, für eine Beseitigung der Mißstände und die Gestaltung einer neuen, gerechteren Gesellschaft. In meiner Phantasie beschäftigte ich mich mit unserem Haus in Lahore und entwarf Pläne zu seiner Verschönerung. Es war wie ein Bild für meine Wünsche: Das Haus war mein Heimatland, und seine Innenausstattung waren meine politischen Konzepte.

Wir flogen nach Boston, um meine Schwester Minoo und ihren Ehemann zu besuchen. In der Zeit, in der mein Kontakt zu meinem Elternhaus abgebrochen war, hatte sich viel ereignet – das Schlimmste, soweit es meine Eltern betraf, in einer gemischten Schule auf der Insel Wight, wo sich Minoo in Philip Holt, den besten unter den Studenten für Fotografie, verliebt hatte. Stein des Anstoßes war seine Herkunft aus einer teils französischen, teils englischen Familie und seine Zugehörigkeit zur katholischen Kirche. Meine Eltern waren empört, aber als sie merkten, daß nichts mehr zu ändern war, verlangten sie, daß der künftige Schwiegersohn zum Islam übertreten und den Namen Ali Habib annehmen solle. Die Trauung fand in einer Moschee statt. Inzwischen war das Paar nach Boston gezogen, um dort die Fotografenausbildung fortzusetzen. Minoo war überrascht und erfreut, mich und Mustafa so ausgeglichen zu sehen.

Als wir schließlich nach London zurückkehrten, besuchte uns meine Großmutter aus Pakistan. Sie konnte kaum glauben, wie gut wir uns einander angepaßt hatten. Der Friede in unserem schönen Landhaus erfüllte sie mit Dankbarkeit gegen Allah. Sie erklärte, ihre Gebete seien erhört worden.

Nein, ich liebte ihn nicht mehr. Doch ich fühlte mich sicher und war sogar zufrieden.

Mustafa wünschte nichts sehnlicher, als unsere erneuerte Bindung durch ein weiteres Kind zu besiegeln, doch ich hatte das Gefühl, daß auf meinen Schwangerschaften ein Fluch lag. Ich erinnerte mich mit Schaudern daran, wie ich selbst einer Schwangeren – Mustafas früherer Frau Sherry – weh getan hatte. Ich glaubte an Schuld und Sühne. War es bloßer Zufall, daß meine Schwangerschaften zugleich die schlimmsten Zeiten unserer Ehe gewesen waren? Oder wollte mich Gott mit den schwersten Prüfungen heimsuchen, sobald sich das Samenkorn in meinem Schoß eingenistet hatte?

Mustafa ließ nicht locker, er schwor, ein jetzt – in dieser Phase unserer Verbindung – geborenes Kind werde von besonderer Bedeutung sein. Er sehnte sich nach einer Gelegenheit, die Wunden der Vergangenheit zu heilen. Seine Hartnäckigkeit zahlte sich aus; schon bald war ich erneut schwanger.

Als ich Mustafa berichtete, mein Test sei positiv, spürte ich im selben Augenblick die Veränderung. Das Maskenspiel war vorbei. Denn wohin sollte ich gehen mit einem Kind im Bauch und drei anderen an den Rockzipfeln? Nun hatte er mich da, wo er mich hatte haben wollen – abermals von seiner Gnade abhängig. Frauen aus dem Westen bezeichnen diesen Zustand der Abhängigkeit als »barfuß und schwanger«.

Wie hatte ich nur so dumm sein können? Sogleich wurden alle Freunde fallengelassen, die seinen Zustand während unserer Trennung miterlebt und meine Entscheidung für richtig gehalten hatten, da mein Mann allein für die Situation verantwortlich gewesen war. Sogar Ali und Billo wurden aus unserem Leben verbannt.

Von neuem begann das irrsinnige Streiten. Mustafa forderte

von mir, den von ihm unterzeichneten Vertrag herauszugeben, der mir das Recht auf eine Scheidung und das Sorgerecht für meine Kinder zusicherte. Ich weigerte mich, diese Fahrkarte in die Freiheit aufzugeben: Asim verwahre die Dokumente, und ich könne unmöglich deren Aushändigung von ihm verlangen.

Mustafa machte sich über die Befürchtungen lustig, die ich mit meiner Schwangerschaft verband, und begann hämisch, sie sogar noch zu verstärken. »Auf deinen Schwangerschaften liegt ein Fluch«, tönte er. »Du hast es ganz richtig erkannt. Nun gibt es ein weiteres Beispiel für die Macht jenes Fluchs. Du hast für deine Sünden zu büßen.«

◇

Unterdessen nahm Adilas nahezu romanhaftes Liebesleben einige seltsame Wendungen. Auf ihrer Amerikareise waren Mutter und sie bei einer in Washington ansässigen reichen Erbin, deren Familie zu Vater geschäftliche Beziehungen unterhielt, zu einem Diner eingeladen. Mutter war vom Luxus des Hauses, den Sammlungen antiker Möbel, Bilder und Kunstgegenstände aller Art geradezu überwältigt und vergaß beinahe, daß es sich um eine jüdische Familie handelte, die zudem für ihre großzügige finanzielle Unterstützung Israels bekannt war. An jenem Abend verliebte sich der jüngere Sohn dieser Dame aufs heftigste in Adila. Und Mutter und Adila entbrannten in Liebe zu den Reichtümern der Familie.

Der liebeskranke Knabe folgte Mutter und Adila, als sie zurück nach Boston fuhren. Minoo war erstaunt, daß Mutter ihm einen Besuch gestattete. Der junge Mann trug sein Herzensanliegen vor, machte einen förmlichen Heiratsantrag und stimmte der unabänderlichen Hauptbedingung zu: Er werde zum Islam übertreten.

Wenig später flogen Mutter und Adila nach Pakistan. Sie wollten Vater überreden, Adilas Ehe mit einem Juden seinen Segen zu geben. Mutter war zuversichtlich, schließlich war es ihr noch immer gelungen, Vater herumzukriegen.

Aber Vater hatte seit geraumer Zeit in Karachi allein gelebt und ging dort seinen Geschäften nach. Weit von Mutters wachsamen Augen entfernt, hatte er sich wieder mit den alten, trinkfreudigen Kameraden aus seiner Soldatenzeit angefreundet, die jetzt, unter Zias Regierung, einflußreiche Posten innehatten. Und so war er zu diesem Zeitpunkt in einer selbstbewußteren, aggressiveren Stimmung als früher.

Mutter brachte ihm so diplomatisch wie möglich Adilas Heiratsabsicht nahe. Doch in diesem Moment entluden sich jahrelang verdrängte Frustrationen: Mein Vater, der seiner willensstarken Gattin stets nachzugeben pflegte, erklärte nachdrücklich, er werde sich von ihr scheiden lassen, falls es zu dieser Ehe kam.

In einem Versuch, ihn zu besänftigen, erwähnte Mutter, der junge Mann sei bereit, zum Islam überzutreten.

Vater brüllte: »Es gibt nur eine Lösung: Er muß den Namen Jassir Arafat annehmen. Dann bin ich einverstanden, weil dann alle Welt weiß, daß er die PLO unterstützt.«

Mutter trat den Rückzug an, um an einem günstigeren Tag weiterzukämpfen. Sie reiste mit Adila zurück nach England. Die enttäuschende Neuigkeit berichtete sie nach Washington, woraufhin die reiche Erbin und ihr Sohn die nächste Concorde nach London nahmen.

Mutter mobilisierte die ganze Sippe zu ihrer kämpferischen Unterstützung. Sie rief jedes Familienmitglied an, schilderte den Fall in allen Einzelheiten und suchte unsere Anteilnahme. Aus allen Erdteilen wurde hin- und hertelefoniert. Asim, der auf einer Geschäftsreise von der Geschichte hörte, drohte Adila: »Ich werde dich umbringen, wenn du das machst!« Er hatte in eine saudiarabische Familie eingeheiratet, und der konnte er um keinen Preis einen jüdischen Schwager präsentieren.

Ich hatte die Hoffnung, alle Nachrichten über Adilas Liebesleben von Mustafa fernhalten zu können, doch ihm entging nicht, daß da ein internationaler Telefon-Marathon im Gange war, und er konnte sich die Details zusammenreimen. Eine mögliche jüdische Verwandtschaft beurteilte er ebenso negativ wie Vater und Asim, doch ich fragte mich, ob er nicht lediglich darauf aus war zu verhindern, daß Adila überhaupt heiratete. Jedenfalls bat er mich, über Nacht im Hause meiner Mutter zu bleiben, um sie und Adila davon zu überzeugen, daß dieser »Riesenskandal« vermieden werden müsse.

Die Angelegenheit war schon sehr weit gediehen. In mir regte sich sogar der Verdacht, daß die beiden jungen Leute auf dem Sprung waren, sich davonzumachen, um heimlich in der Moschee am Regent's Park zu heiraten und so die ganze Sippe vor vollendete Tatsachen zu stellen. An jenem Abend erzählte ich meiner Schwester Rubina in Karachi von meinem Argwohn.

Noch am selben Abend rief Rubina meine Mutter an und überbrachte eine dramatische Nachricht: Vater habe einen Herzanfall erlitten, er liege auf der Intensivstation, Mutter und Adila müßten unverzüglich nach Karachi fliegen. Da ich mich als Mustafas Ehefrau im Exil befand, konnte ich nicht mit ihnen reisen.

Wir vermuteten alle – völlig zu Recht –, daß die ganze Sache nur Theater war, doch Mutter und Adila konnten nicht riskieren, auf diese Spekulation zu vertrauen. Sie buchten einen Flug für den nächsten Mittag. Dann rief Mutter die reiche Erbin und ihren Sohn in deren Hotel an, setzte sie über die neue Situation in Kenntnis und bat sie, am nächsten Morgen um zehn Uhr zu kommen.

Mutter ließ mich die Schmutzarbeit machen. Sie erklärte mir, sie sei für eine Begegnung mit dem jungen Romeo und seiner Mutter zu aufgeregt, ich müsse mit ihnen sprechen. Dann wies sie mich an: »Du mußt ihnen die Situation mit all ihren Konsequenzen klarmachen, damit sie begreifen, worum es geht. Wenn Adila den Jungen heiratet, wird sie jede Unterstützung von seiten ihrer Familie verlieren. Wenn die Ehe schiefgeht, wird sie in Pakistan niemals mehr einen Mann finden, der sie heiratet. Sie wird alle Brücken hinter sich abbrechen.« Mutter steuerte auf den Höhepunkt ihrer dramatischen Vorführung zu, als sie das Tüpfelchen aufs i setzte: »Sag ihnen, daß Adila eine Sicherheit in Höhe von mindestens einer Million Dollar benötigt.«

»Das kann ich nicht sagen!« antwortete ich. Mir war schon immer unbehaglich zumute, wenn ich über Geld reden mußte, aber das war nun einfach unfaßbar. Ich dachte bekümmert: So viel ist Adila nie und nimmer wert.

Ich ging nach unten. Dort warteten die Amerikaner im Herrenzimmer. Sie wußten bereits, daß Vaters »Herzattacke« eine sofortige Regelung der Angelegenheit erforderlich machte. Ich hielt ihnen die Ansprache meiner Mutter, so gut ich konnte, machte aber vor der Erwähnung der Geldforderung erst einmal eine Pause.

»Adila wird jede Sicherheit erhalten, die sie benötigt«, erklärte die Frau. »Mein Sohn hat seine Arbeit. Er hat gerade in New York eine Wohnung gemietet. Adila wird sein Auto benutzen können und alles, was er sonst noch besitzt.« Ihr schien ein wenig die Geduld zu schwinden, als sie hinzufügte: »Sie wird seine Kleidungsstücke besitzen, seine Socken – alles.«

Das Blut schoß mir ins Gesicht. Ich fragte: »Und was besitzt er wirklich?«

»Er hat noch ein Bankkonto über dreißigtausend Dollar.«

Ich erklärte: »Meine Mutter wünscht aber, daß er für Adila eine Sicherheit leistet, auf ein Konto, das Adila gehört.«

Die Amerikanerin bemühte sich, mir die Situation zu erklären: »Eine andere Sicherheit ist nicht vorhanden«, sagte sie. »Er wird von seinem Großvater erben, aber das gesamte Geld wird treuhänderisch verwaltet. Es steht nicht in seiner Macht, irgend jemandem etwas davon zu geben. Er hat nichts, was er weggeben könnte.«

Ich mußte mir geradezu Gewalt antun, um keine Schadenfreude erkennen zu lassen. Ich wußte, wie man diese Nachricht oben im Hause aufnehmen würde. Ich entschuldigte mich für einen Moment und ging hinauf, um Mutter und Adila zu berichten. Sie saßen in gespannter Erwartung inmitten ihrer vielen Koffer und Taschen. Mit einem Anflug von Dramatik in der Stimme verkündigte ich: »Er besitzt nur dreißigtausend Dollar, und die mag er nicht hergeben. Adila wird aber seine Klamotten mitbesitzen und – seine Socken!«

Mutter bekam den Mund kaum noch zu und schlug sich mit der flachen Hand gegen die Brust: »Was?!« schrie sie, »er hat kein Geld?«

Plötzlich bemerkten sie und Adila, daß sie sich schrecklich beeilen mußten, um das Flugzeug nicht zu verpassen. Diener wurden herbeibefohlen, und mit viel Rufen und Gepolter wurde das Gepäck zum Auto gebracht. Meine Mutter und meine Schwester murmelten den beiden Amerikanern im Vorbeigehen einige hastige Entschuldigungen zu.

»Mein Mann ist sehr krank!« sagte Mutter in klagendem Ton.

»Ich muß jetzt bei meinem Vater sein«, erklärte Adila.

Unterwegs zum Flughafen fummelte Mutter an ihren Gebetsperlen herum und flehte zu Gott, Er möge das Leben ihres Mannes retten.

Vaters rasche Genesung grenzte in der Tat ans Wunderbare. In Karachi arrangierten er und Mutter in Windeseile für Adila eine passende Ehe. Der Ausersehene hieß Rais Matloob und war der Sohn eines geachteten Grundbesitzers aus Bahawalpur. Sein Vater, Rais Ghazi, war der hochgelobte Erbauer der schönsten Moschee der ganzen Gegend, eines wahren Kunstwerks. Als man mit dem Bau begonnen hatte, hatte ihm geträumt, er werde bei dessen Vollendung sterben. Folglich beschäftigte er die Handwerker fünfundzwanzig Jahre lang und ließ es an keiner erdenklichen Ausschmückung fehlen. Rais Ghazi starb tatsächlich bald nach Beendigung der Arbeiten und hatte aufs großartigste zum Ruhm der Familie beigetragen.

Die Ehe eröffnete Adila die besten Aussichten – er war ein gutaussehender, liebenswürdiger junger Mann –, doch das Symbolische an dieser ganzen Geschichte war nicht zu übersehen: Adila hatte innerhalb kürzester Zeit ihre Gunst einem Juden entzogen und ihre tiefen Gefühle für den Sohn des Erbauers einer Moschee entdeckt. »Ich wünsche dir eine Ehe, wie ich sie einst ersehnt habe«, sagte ich zu Adila, als ich ihr in London beim Packen half. »Ich wünsche dir eine Ehe ohne Schmerzen und Qualen. Ich wünsche dir alles, was mir das Leben versagt hat.«

Vater und Mutter waren überaus glücklich.

Ich berichtete Mustafa von dem Ereignis und beobachtete aufmerksam, wie er reagierte. Ich wußte, daß ihm nichts anderes übrigblieb als zuzustimmen – wenigstens mit Worten. Die ultrakonservative Familie des Bräutigams war reich und hochangesehen; sie stammte aus demselben Teil Pakistans wie Mustafa, dem Saraiki-Gürtel, der sich quer über den Süden des Punjab erstreckt. Mustafa mußte die Nachricht erst mal verarbeiten und sagte dann mit einem schiefen Grinsen: »Es ist eine gute Verbindung.«

◇

Benazirs Mißmut gegenüber Mustafa war im Laufe der Zeit gewachsen. Sie verschanzte sich hinter zunehmenden Verwaltungsaufgaben, und wichtige Entscheidungen wurden so immer stärker verzögert. Ihre Berater trugen ihr ständig irgendwelche Geschichten über Mustafas Unverschämtheit und Ehrgeiz zu. Nach zwei Jahren des Streitens über den künftigen Kurs der Volkspartei war es so weit gekommen, daß Mustafa um einen Termin ersuchen und wochenlang warten mußte, wenn er sie persönlich sprechen wollte.

Das trieb Mustafa zur Weißglut. Er glaubte, Benazir benötige seine Erfahrung, um die ersten stürmischen Jahre in der Politik zu überstehen. Doch Benazir hatte offenbar das Gefühl, daß ihr Kopf inzwischen groß genug war, die Krone zu tragen. Mustafa sah, wie ihm die Grundlage seiner Macht entglitt, und er wußte, daß auch andere führende Parteimitglieder das spürten. Das Regime Zia ul-Haqs bewegte sich endlich auf eine zumindest scheinbare Demokratisierung zu. Das Kriegsrecht wurde aufgehoben und »freie Wahlen« unter massiven Einschränkungen wurden angekündigt. Es gab Seiteneinsteiger, die Mustafas angestammtes politisches Gewicht schmälerten – darunter drei seiner eigenen Brüder, die für Sitze in der neuen Nationalversammlung kandidierten. Benazir schmiedete Pläne für ihre mögliche Rückkehr nach Pakistan, und Mustafa erlitt einen regelrechten Schock, weil sie ihn nicht für den Posten des Parteivorsitzenden im Punjab in Betracht zog. »Zu viele Leute wären mit dieser Wahl nicht einverstanden«, erklärte sie kühl.

»Ich kann mir nicht vorstellen, warum irgend jemand dagegen sein könnte«, widersprach Mustafa. »Außer mir kommt doch gar kein anderer in Frage. Es geht hier nicht darum, mir eine Gnade zu erweisen. Es ist allgemein anerkannt, daß ich der Führer des Punjab bin.«

Weitere Irritationen folgten. Dem außenstehenden Beobachter mögen sie vielleicht als eher unwichtige Streitpunkte in der unergründlichen Welt pakistanischer Politik erscheinen, aber für Mustafa bedeuteten sie Luft und Wasser seines Lebens. Voll Enttäuschung beschloß er, die Partei zu verlassen, das Feld jedoch nicht kampflos zu räumen. Gemeinsam mit Ghulam Mustafa Jatoi, seinem alten politischen Kampfgefährten, entschloß er sich zur Gründung einer neuen Partei, die in ihrem Programm die Rückkehr zur »reinen Lehre« der Pakistanischen Volkspartei festlegte. Man zielte darauf ab, die Arbeiter unter den Anhängern Bhuttos für sich zu gewinnen. Mustafa verband damit die persönliche Absicht, sich als der legitime Nachfolger und Erbe Bhuttos zu erweisen.

◇

Mustafa wollte seine Sünden aus den letzten acht Jahren wiedergutmachen und sorgte dafür, daß ich unser Kind in Londons luxuriösem Portland-Hospital zur Welt bringen konnte. Ein großes Porträtfoto von Prinzessin Anne schmückte eine Wand des Foyers. Hier hatte sie ihre Kinder geboren, und hier sollte auch unser Sohn Hamza zur Welt kommen.

Es war keine schwere Geburt, aber Mustafa tat alles, damit ich es trotzdem nicht leicht hatte. Er hatte zwei Tage später eine Auslandsreise anzutreten, »in ein warmes Land«, wie er erklärte, und benötigte entsprechende Kleidung. Folglich mußte ich mich einen Tag nach der Geburt meines Sohnes in verschiedene Geschäfte schleppen, um für meinen Mann Einkäufe zu erledigen.

Das »warme Land« war Indien. Mit Joshis Hilfe hatte Mustafa ein geheimes Treffen mit dem neuen Premierminister Rajiv Gandhi arrangiert. Er verbrachte sechs Tage in Indien und wurde dem Protokoll nach wie ein amtierendes Staatsoberhaupt behandelt. Er war in einem staatlichen Gästehaus untergebracht, um ihn gegen neugierige Pressevertreter abzuschirmen. Man lud ihn zu einer Großwild-Safari ein. Und das Wichtigste – er führte lange Gespräche mit dem Premierminister. Nach London brachte er die Nachricht mit, daß Rajiv an dem Plan einer Hilfe für Pakistan festhalten wolle. »Wir konnten uns zwar nicht darüber einigen, wie wir das verwirklichen«, sagte Mustafa, »aber die politische Linie bleibt unverändert.«

Ich reagierte auf diese Nachricht für mich selbst überraschend desinteressiert, denn ich war plötzlich wie besessen von einer Eingebung. Ich hatte nämlich geträumt, ein großes Wunder sei geschehen: Ich war glücklich und feierte irgend etwas! Irgend jemand in meinem Traum fragte, wie es zu diesem Wunder gekommen sei, und eine Stimme antwortete, es habe sich ereignet, weil ich in Indien den Schrein Ajmers, eines großen Heiligen, besucht hatte. Deshalb lag ich Mustafa in den Ohren, mit Joshi zu sprechen, um mir eine Wallfahrt dorthin zu ermöglichen.

Sie trafen sich wieder einmal in einem Hamburger-Imbiß. Als Joshi eintrat und Mustafa begrüßte, saß ich unauffällig – da europäisch gekleidet – an einem Tisch in der Nähe. Sie sprachen eine ganze Zeit lang miteinander; ich wußte, es ging hauptsächlich um Politik, hoffte aber, daß Mustafa mein Anliegen nicht vergessen würde. Schließlich zahlten sie, standen auf und kamen an meinem Tisch vorbei. Joshi blieb stehen, lächelte Mustafa an und sagte, er möge doch seine Frau nicht vergessen. Mustafa grinste verlegen und stellte mich in aller Form vor.

Als wir zu dritt auf die Straße traten, erzählte Mustafa von meinem Wunsch, diese Wallfahrt zu unternehmen, und der Inder Joshi antwortete, er werde sehen, was man tun könne. Ich hörte, wie die Stimme des Heiligen mich rief.

Zwei Tage später packte ich meine Sachen, um nach Indien zu

fliegen. Mustafa kam dazu und verlangte von mir, daß ich keinerlei Make-up – nicht einmal einen Lippenstift – mitnahm; er durchsuchte sogar mein Gepäck, um sicherzugehen, daß ich gehorsam war. Ich reiste zum erstenmal allein, und er wollte verhindern, daß ich die Blicke fremder Männer auf mich zog. Diese Wahnvorstellung ärgerte mich. Wie albern, dachte ich. Schließlich konnte ich mir doch in Indien Make-up kaufen. Wie sollte er jemals davon erfahren? Aber plötzlich fiel mir ein, daß er sich wahrscheinlich selbst für diesen Fall der Hilfe des indischen Geheimdienstes versichert hatte!

Am Flughafen von Neu Delhi holten mich zwei Männer ab, schleusten mich durch die Zoll- und Einwanderungsstelle – ein Visum hatte ich nicht – und fuhren mich zum Taj-Hotel, wo man mir ein schönes Apartment reserviert hatte. Nach zehn Minuten – ich hatte mich kaum hingesetzt – stand eine Frau mittleren Alters an meiner Tür und stellte sich als Mrs. Singh vor.

Geschäftsmäßig überprüfte sie meine Reiseroute. Ich spürte, daß sie mich nicht nur betreuen sollte, sondern auch den Auftrag hatte, mich zu überwachen.

Meine beiden männlichen Schatten erschienen aufs neue und teilten mir in offiziellem Ton mit, daß in einer halben Stunde der Generaldirektor der Agentur zum Tee kommen werde. Ich fragte Mrs. Singh, wer der Generaldirektor sei. Sie sagte, er sei ihr Chef und ein sehr wichtiger Mann, aber seinen Namen gab sie nicht preis.

Ich hatte für ihn eine Botschaft von Mustafa. Ich sollte berichten, die politische Situation in Pakistan sei unverändert, was soviel hieß, daß Zia nach wie vor fest im Sattel saß. Außerdem sollte ich mit Nachdruck Mustafas Ansicht vortragen, daß Zias Politik einer Unterstützung und Förderung der afghanischen Rebellen katastrophale Folgen für die ganze Region haben werde. Ein Rückzug der russischen Truppen aus Afghanistan würde den amerikanischen Einfluß stärken und unseren gemeinsamen Interessen schaden. Mustafa wollte damit den Generaldirektor nochmals drängen, an zuständiger Stelle zu übermitteln, daß ein Schlag gegen Zia nunmehr geboten sei.

Ich hatte den Auftrag, dem Generaldirektor aufmerksam zuzuhören und seine Äußerungen im Wortlaut zu überbringen.

Bei unserem gemeinsamen Teetrinken trug ich auch Mustafas Bitte für ein weiteres Treffen mit Rajiv Gandhi vor. Der Generaldirektor sagte, er werde das arrangieren und Mustafa durch die üblichen Kanäle unterrichten, also durch Joshi.

Bevor er ging, gab er mir noch einen guten Rat für meinen Besuch in Indien. »Sehen Sie zu, daß Sie nicht zuviel umherreisen«, sagte er warnend. »Es ist nicht auszuschließen, daß irgend jemand Sie erkennt. Das könnte unangenehme Folgen haben.«

Am nächsten Morgen flog ich zum Heiligtum Ajmers. Meine beiden Beschatter waren an meiner Seite, als ich den Schrein betrat. Sie waren Hindus, und so störte mich ihre Gegenwart bei meinen islamischen Gebeten. Ich wollte allein sein. Ich wollte Gott bitten, wieder Gesundheit und Klarheit in mein Leben zu bringen. Wenigstens an diesem Ort hätte mein persönlichstes Wollen geachtet werden müssen, doch die beiden Schatten blieben.

Allmählich tat der Friede der heiligen Stätte seine Wirkung. Rings um mich hörte ich das leise Murmeln der anderen Betenden. Die Wirklichkeit versank.

Ich betete zu Gott, daß Mustafas Anfälle von Irrsinn und Gewalttätigkeit aufhörten. »Ich wünsche mir ein ganz normales Zuhause in Frieden und Harmonie«, betete ich. Ich bat Gott, Er möge Mustafa wieder Achtung verschaffen und sein Exil beenden. Ich betete auch darum, wieder mit meinen Eltern vereint zu sein.

Ich blickte um mich und sah die bleichen, abgerissenen Frauen mit ihren nackten Kindern, Frauen, deren ganzes Wesen zu Schmerz geworden war. Doch wie in mir, so war auch in ihnen eine Hoffnung, die in ihren Augen zu lesen stand und sie über die Trostlosigkeit ihres Daseins erhob. Ich weinte für uns alle.

Meine beiden Begleiter scharrten mit den Füßen und störten meine Versenkung. Sie schienen keine Ruhe zu fühlen – zwei Hindus, die gezwungen waren, hier vor den sterblichen Überresten des großen Sufi-Heiligen zu stehen, der mehr für die Ausbreitung des Islam in Indien getan hat als all jene Feldherren, die ihr blutiges Schwert erhoben hatten.

Ich wandte mich um und schritt gesenkten Hauptes hinaus. Ich fühlte mich zuinnerst gestärkt.

In Neu Delhi ging ich mit Mrs. Singh zum Lunch und danach einkaufen. Ich erstand ein Gemälde und einen Teppich. Als ich Mrs. Singh fragte, ob ich ihr mit irgend etwas aus London eine Freude machen könne, leuchteten ihre Augen auf. Sie hätte gern eine Lederhandtasche, sagte sie. Aber dann verdüsterte sich ihre Miene, und ängstlich erklärte sie mir, es sei ihr nicht gestattet, ihre Adresse weiterzugeben. Als ich meinte, es gebe vielleicht eine Adresse in London, an die ich die Handtasche schicken könnte, zögerte sie.

»Wozu diese Geheimnistuerei?« fragte ich. »Warum können wir nicht Freunde sein?«

»Es geht nicht«, antwortete sie. »Bitte, schweigen Sie über dieses Gespräch. Es ist mir verboten, mit Personen, die ich betreue, Freundschaften anzuknüpfen. Ich verliere sonst meine Arbeit.«

Nach einigen verstohlenen Blicken zur Seite und nach hinten steckte sie mir schließlich eine Adresse zu. Die Aussicht auf die Lederhandtasche war dann doch zu verlockend.

◇

Mustafa nahm meinen Bericht über das Gespräch mit dem Generaldirektor mit Befriedigung auf, aber meine Gebete blieben ungehört.

Zwei Wochen nach meiner Rückkehr aus Indien fing er wieder von dem Vertrag an, der mir das Recht auf Scheidung und das Sorgerecht für meine Kinder zusicherte, wann immer ich dies verlangte. Ich hielt ihm entgegen: »Mustafa, du hättest das nicht unterzeichnen sollen, wenn du nicht einverstanden bist. Du hast verantwortungslos gehandelt. Nun mußt du dich mit den Folgen abfinden. Ich kann Asim nicht um den Vertrag bitten, er wird jede Achtung vor dir verlieren.«

Er versetzte mir eine heftige Ohrfeige und ging dann zum Telefon. Er rief den Rechtsanwalt an und sagte: »Meine Frau ist damit einverstanden, den Vertrag zu widerrufen. Könnten Sie uns eine Kopie zusammen mit einer Unwirksamkeitserklärung schicken? Sie wird unterzeichnen.« Der Anwalt sagte, er würde die Dokumente gleich losschicken, und sie müßten am nächsten Morgen in unserem Briefkasten sein.

Ich war vor Angst einem Zusammenbruch nahe. Dieser Vertrag war mein einziger Schutz, meine letzte Verteidigungslinie gegen die Unberechenbarkeit dieses Mannes. Ich wußte, daß ich handeln mußte, wollte ich nicht von der Gewalt seiner wiedergewonnenen Stärke zermalmt werden.

Mustafa war am nächsten Morgen außer Haus. Ich wartete nervös auf die Post, und als sie kam, nahm ich den Umschlag aus dem Anwaltsbüro an mich und machte mich mit meinen vier Kindern auf den Weg zum Haus meiner Eltern.

Meine Mutter ließ sich von Mustafas tränenerstickter Stimme am Telefon beeindrucken und versuchte noch einmal, mich zur Rückkehr zu bewegen, doch ich erklärte ihr, daß ich nie wieder seinen Versprechungen glauben könnte.

Ich wollte die Scheidung ohne Wenn und Aber. Meine Kinder wurden zu Mündeln des Vormundschaftsgerichts erklärt; Mustafa erhielt das Recht, die älteren drei Kinder an jedem Sonntagmorgen abzuholen, und er hatte sie am Abend zurückzubringen.

Bald danach erwachte ich eines Morgens mit dem unwiderstehlichen Wunsch, mir das Haar kurz schneiden zu lassen, um diesen Fetisch für Mustafas Begierden loszuwerden. Mein Friseur versuchte, mich davon abzubringen, und jammerte, mein lang herabwallendes Haar sei das Symbol meiner Schönheit, aber ich blieb fest. Ich hatte mein Haar seit meinem vierzehnten Lebensjahr nicht mehr schneiden lassen, und jetzt, da die Schere es wegschnippte, fühlte ich mich, als sei Mustafas böser Geist endlich aus meinem Leben verbannt.

Mustafa hörte wenig später davon und wußte sofort, was das bedeutete. Nun war ihm klar, daß ich mich endgültig entschlossen hatte, niemals mehr zu ihm zurückzukehren. Sonst hätte ich nicht das, was er am meisten an mir liebte, fortgegeben. Ohne mein Haar war er ein schwächlicher Samson.

Kapitel elf

Es war in der Mitte des Sommers, am Tag vor dem *id*-Fest. Mustafa hatte für die drei älteren Kinder – Naseeba, Nisha und Ali – einen Ausflug zu einem nur wenige Autostunden von London entfernten Freizeitpark in Liverpool geplant. Als er sie am Hause meiner Mutter abholte, verteilte er *idi*, das traditionelle Geldgeschenk zum Ende des Ramadan, an die Kinder und das Hauspersonal meiner Mutter. Mir gab er ein *idi* von fünfhundert Pfund. Die Geste rührte mich, und es stimmte mich traurig, welchen Weg unser Leben genommen hatte. Dann setzte er die Kinder ins Auto und wirkte dabei wie ein von allen Freunden verlassener Mann, der einsam für seine Sache kämpfend im Exil ausharrt.

Der Tag verlief ruhig, und ich war damit beschäftigt, meinen kleinen Sohn Hamza zu versorgen. Die älteren Kinder sollten um halb sieben wieder zu Hause sein, aber Mustafa kam nicht zur verabredeten Zeit. Um halb acht war ich in Panik. Ich rief einen von Mustafas Freunden an, der mir erzählte, Mustafa sei mit den Kindern aufs Land gefahren. Die Einzelheiten, die er dazu berichtete, ergaben kein zusammenhängendes Bild, und ich spürte, daß irgend etwas nicht stimmte. Doch ich wußte nicht, was.

Eine halbe Stunde später klingelte das Telefon, und ich stürzte an den Apparat. Es war Mustafa. Er behauptete, er habe eine Panne auf der Autobahn gehabt und fast zwei Kilometer bis zum nächsten Telefon laufen müssen, um mir zu sagen, daß ich mir keine Sorgen zu machen brauche.

»Wo sind die Kinder?« fragte ich.

»Ich konnte eben noch von der Autobahn herunterfahren. Ich habe sie dann in einem Gasthaus an der Straße untergebracht. Es geht ihnen gut, sie sind ein bißchen erschöpft und schläfrig. Sie bekommen gerade ihr Abendbrot.« Er setzte hinzu, daß sein Bruder Arbi bei ihnen sei.

Ich fragte weiter: »Du sagst, du mußtest fast zwei Kilometer zu Fuß gehen. Von wo?«

»Vom Auto, Tehmina.«

»Aber warum? Gibt es im Gasthaus kein Telefon?«

»Nein«, sagte er, »dort gibt es kein Telefon.«

»Das kann ich mir nicht vorstellen. Wir sind hier in England und nicht in irgendeiner gottverlassenen Gegend in Pakistan.«

Er blieb bei seiner Geschichte.

»Kann ich mit einem der Kinder sprechen?« fragte ich.

»Nein, sie sind zu müde. Ich müßte den ganzen Weg zurücklaufen und sie hierhertragen. Das ist zu umständlich. Beruhige dich. Es geht ihnen gut. Hör zu, ich werde jetzt zurückgehen und mal sehen, was ich tun kann. Ich werde dich in ungefähr einer Stunde wieder anrufen.« Damit legte er den Hörer auf.

Ich ging auf und ab. Was führt er nur im Schilde? Ich grübelte. Machte er mir etwas vor? Oder sollte er vielleicht doch die Wahrheit gesagt haben?

Um halb zehn klingelte wieder das Telefon, aufgeregt rannte ich zum Apparat. Mustafa klang sehr gelassen: »Die Kinder schlafen fest. Ich bin nur noch mal hierhergelaufen, damit du dir keine Sorgen machst. Ich fand, das paßte alles gar nicht zu ihm. Ich konnte mir nicht vorstellen, daß er, nur um mich zu beruhigen, kilometerlange Fußmärsche unternahm.

Argwöhnisch fragte ich: »Wo genau bist du, Mustafa? Ich werde ein Auto zu dir schicken.«

Er murmelte etwas über die Autobahn M 15, wurde aber nicht konkreter. Das mit dem Auto solle ich lassen, meinte er. Seines werde repariert, und bald komme er nach Hause. Seine selbstgewisse, beherrschte Art störte mich. Wieder vernahm ich das Klicken, und das abgebrochene Gespräch ließ mich mit einem hohlen Gefühl im Magen zurück.

Ich rief eine Freundin an, um mich zu erkundigen, ob man auf der M 15 nach Liverpool zum Freizeitpark komme. Nein, sagte sie, diese Route führe in eine andere Richtung.

Mustafa lügt also, dachte ich. Dann wurde mir klar, daß es völlig gleichgültig war, ob ich ihn bei einer Lüge ertappt hatte oder nicht. Er hatte die Kinder! Die schrecklichsten Vorstellungen jagten mir durch den Kopf. Was hatte er mit den Kindern vor? Wohin wollte er sie bringen? Ich zwang mich, ruhig zu sitzen und tief zu atmen. Denk nach, Tehmina! befahl ich mir. Denk nach!

Es war halb zwölf, als Mustafa erneut anrief, und diesmal bat ich meine Mutter, mit ihm zu sprechen; ich fürchtete, die Beherrschung zu verlieren. Mutter deutete mit diplomatischen Worten meine Angst an, doch er tat das als Symptom eines krankhaften Gemütszustands ab. Er erklärte die Gründe für die Autopanne in überzeugenden Einzelheiten und versicherte Mutter, daß es den Kindern gutgehe. Er lieferte noch eine Verzierung zu seiner Geschichte: »Da hatte ich eigens dem Diener zu Hause aufgetragen, *saalun* (ein Curry-Gericht) für uns zu machen«, sagte er. Lamm-Curry war eines von Naseebas Leibspeisen. »Ich habe ihn angerufen und ihn gebeten, auf uns zu warten. Ich wollte auf jeden Fall zum Abendessen zurück sein. Es ist nicht meine Schuld, wenn das Auto versagt.«

Kaum hatte Mustafa aufgelegt, rief ich in seiner Wohnung an. Jemand nahm den Hörer ab, sprach aber nicht. Ich versuchte es mehrmals, immer mit dem gleichen Ergebnis. Schließlich antwortete der Diener. »Farid«, fragte ich, »hast du heute *saalun* zubereitet?«

»Nein, Begum Sahib«, antwortete er unschuldig. »Man hat mir nichts davon gesagt.«

Ich legte den Hörer auf und überlegte: Warum denkt sich Mustafa so eine Lüge aus? Wo steckt er? Wo sind meine Kinder?

Ich rief bei Mr. Garret, dem Rechtsanwalt meines Vaters, an und holte ihn aus dem Schlaf. Als ich ihm geschildert hatte, was geschehen war, riet er, die Polizei zu verständigen. Mein Vater war aus geschäftlichen Gründen in Pakistan; ich rief ihn an. Wir kamen zu dem Schluß, daß man der Wahrheit nur mit den stärksten Drohungen auf die Spur kommen konnte.

Es war zwei Uhr morgens, als ich nochmals in Mustafas Wohnung anrief und mit dem Diener sprach. Er klang ganz verängstigt. Ich wählte meine Worte sorgfältig, um sicherzugehen, daß er sie Mustafa richtig übermitteln würde. Ich sagte in drohendem Ton: »Farid, ich werde die Polizei zu euch schicken.

Die wird dich an den Füßen aufhängen und auspeitschen, bis du sagst, was da vorgeht. Sag deinem Sahib, sobald er anruft, er soll sich in fünf Minuten bei mir melden, oder ich werde die Polizei jedes Haus durchsuchen lassen, in dem meine Kinder sein könnten. Hast du verstanden?«

Ich hatte den Hörer kaum aufgelegt, als es erneut läutete.

Es war Mustafa, der mir erklärte, er habe gerade zufällig in seiner Wohnung angerufen und durch Farid von meiner Drohung gehört. Diese Reaktion war so schnell erfolgt, daß ich an der Wahrhaftigkeit seiner Darstellung zweifelte. Hielt er sich etwa in seiner eigenen Wohnung versteckt? Nein, Mustafa behauptete, immer noch in dem erwähnten Gasthof zu warten, und ermahnte mich, meine überdrehte Phantasie zu zügeln und mich schlafen zu legen.

Den Rest der Nacht überstand ich mit endlos vielen Tassen Kaffee. Mutter und meine Schwestern Minoo und Rubina waren bei mir. Wir verbrachten die Stunden mit Reden und Grübeln. Um fünf Uhr früh beschlossen wir, den Londoner Direktor der Pakistan International Airlines anzurufen – da mein Vater Präsident der PIA gewesen war, konnten wir jederzeit zur höchsten Stelle vordringen –, um überprüfen zu lassen, ob für meine Kinder ein Flug nach Islamabad oder Karachi gebucht worden war. Der leitende Angestellte hatte die Listen schnell durchgesehen und berichtete, daß gestern drei Kinder unter verschiedenen Namen mit einem Flugzeug nach Paris und von dort nach Islamabad geflogen seien. Sie wurden von einem Mann und einer Frau begleitet, und mich durchfuhr ein eisiger Schreck, als ich die Namen hörte: Ghulam Arbi Khar – das war Mustafas Bruder – und Dai Ayesha, unser Kindermädchen. Ich wußte, daß Dai gegen ihren Willen und nur aus Angst dabei mitgemacht hatte.

Damit war also klar, daß Mustafa falsche Pässe für die Kinder besorgt hatte. Dann hatte er auf Zeit gespielt und mich hingehalten, bis die Kinder außer Landes waren. Er hatte Mündel eines englischen Gerichts gekidnappt. Bei seinem riskanten Spiel um meine Rückkehr hatte er die Gesetze Englands verletzt, jenes Landes, das ihm seit neun Jahren Asyl gewährte.

Aufgebracht rief ich meinen Vater in Pakistan an und bat ihn, sich mit der Einwanderungsbehörde in Verbindung zu setzen, um die Kinder eventuell noch abzufangen. Aber es war zu spät. Das Flugzeug war gelandet, die Passagiere waren von Bord und hatten die Kontrollen passiert. Naseeba, Nisha und Ali waren verschwunden.

»Ich habe *meine* Kinder zu mir genommen«, erklärte Mustafa um sechs Uhr früh meiner Mutter am Telefon. Er weinte zwar, aber seine Stimme hatte einen bösartigen Klang: »Ich habe sie nach Pakistan geschickt. Es gibt keine Mittel und Wege, an sie heranzukommen. Das einzige, was Tehmina bleibt, ist die Rückkehr zu mir. Ich habe gehandelt, weil ich wußte, daß sie diesen Schritt von sich aus nie tun würde. Das war für mich der einzige Weg, sie zurückzugewinnen, denn ich weiß, sie wird ohne die Kinder nicht leben können. Habe ich damit nicht bewiesen, wie sehr ich sie liebe?«

Dann sprach er mit mir, und seine Worte ließen mich erschauern: »Bitte, verzeih mir, daß ich dir die Kinder fortgenommen habe. Ich kann nicht zulassen, daß du mich verläßt. Komm zurück!« Er weinte wieder, aber jeder seiner Seufzer machte mich nur noch wütender. Ich konnte an diese Seelenqualen einfach nicht glauben. Dieser Mann hatte meine Kinder entführt. Er hielt sie als Geiseln fest. Und das Lösegeld war ich!

◇

Ich konnte wählen: Entweder kehrte ich zu Mustafa zurück, oder ich mußte lernen, nur noch mit der Erinnerung an Naseeba, Nisha und Ali zu leben. Beides war undenkbar.

Mustafa war sich der Konsequenzen bewußt. Er hatte wieder einmal bewiesen, daß er sich über Recht und Gesetz stellte und juristische Klauseln vor seinem inneren Gerichtshof nicht galten. Trotzdem war ihm klar, daß er in der Klemme steckte.

In England hatte er mit einer Gefängnisstrafe wegen Entführung von Mündeln des Vormundschaftsgerichts zu rechnen, und nach Pakistan konnte er nicht zurückkehren, weil dort vierzehn

Jahre Gefängnis, wenn nicht sogar der Galgen auf ihn warteten. Seine Alternativen sahen ebenso eindeutig und unerfreulich aus wie meine. Aus Mustafa dem Jäger wurde Mustafa der Gejagte. Er tauchte ab, flog zunächst nach Paris, reiste dann in Europa umher und war, was seine persönliche Sicherheit anging, auf die Unterstützung der Volkspartei angewiesen.

Fünf Tage vergingen, in denen ich jede nur denkbare Strategie erprobte. Mustafa Jatoi war derzeit in England, und ich sprach mit ihm am Telefon in der Hoffnung, er werde meine Botschaft an Mustafa weiterleiten. Er sollte wissen, daß ich nicht mehr die stets nachgiebige Tehmina von einst war! Er hatte sich eine Feindin gemacht, die lange Lehrjahre bei einem Meisterintriganten hinter sich hatte. Ich sagte zu Jatoi: »Er hat mich in der grausamsten Weise erpreßt. Sag es ihm ruhig: So wie er ein Lehrling Bhuttos war, bin ich bei Bhuttos abscheulichstem Schüler in die Lehre gegangen. Wenn er Herr Mustafa Khar ist, so bin ich *Frau* Mustafa Khar. Ich werde mit seinen Methoden und nach seinen Prinzipien gegen ihn kämpfen.«

Jatoi hörte mir aufmerksam zu, und ich glaubte, daß er meinen Schmerz wirklich mitempfand. Er gehörte zwar gleichfalls zur Schicht der Feudalherren, aber er hatte auf mich stets den Eindruck eines Mannes von besserem Zuschnitt als Mustafa Khar gemacht. Er schien die Grundsätze von Wahrhaftigkeit und Ehre zu achten. Politisch gesehen, fielen diese Ereignisse in eine für ihn schwierige Zeit. Er mußte ständig hin- und herreisen zwischen London und Pakistan, wo er die Gründung der neuen National People's Party (NPP, Nationale Volkspartei) – mit Mustafa als seinem Stellvertreter –, verkündet hatte. Jatoi empfand diesen Skandal als äußerst peinlich und schädlich.

Die englische Boulevardpresse griff unsere Geschichte auf, und ich mußte erdulden, daß mir an den Zeitungskiosken die Gesichter meiner Kinder entgegenstarrten. Auch auf der ersten Seite der Zeitungen in Pakistan war Tag für Tag etwas über uns zu finden. Unablässig quälte mich die Sorge um das Wohlergehen meiner drei verlorenen Seelen. Ihnen war nur das Leben in England vertraut; jetzt lebten sie in einer völlig fremden Umgebung ohne ihre Eltern. Wo waren sie überhaupt? Vermutlich war es für Mustafa zu gefährlich, sie in Lahore oder Karachi unterzubringen; ich kam zu dem Schluß, daß er sie wahrscheinlich nach Kot Addu, in sein Heimatdorf, gebracht hatte, wo seine weitverzweigte Verwandtschaft aufgrund ihrer privilegierten Stellung vor allen denkbaren Konsequenzen seines Handelns geschützt war. In Kot Addu waren die Khars das Gesetz.

Ob sie wohl eine Schule besuchten? Und was bekamen sie zu essen? Ich machte mir große Sorgen, was all diese Veränderungen in ihren jungen Seelen anrichten könnten.

Minoo war ständig an meiner Seite. Sie war eigens aus Boston wieder nach London gekommen. Meine Mutter, die mich früher so viele Male zur Rückkehr zu Mustafa überreden wollte, war nun endlich von seiner Bösartigkeit und seiner Schuld überzeugt. Sie unterstützte mich uneingeschränkt und war entschlossen, Mustafa politisch zu vernichten. Dabei waren ihre Beweggründe etwas seltsam. Sie war nicht so sehr über die Scheußlichkeit seines Verbrechens empört als vielmehr über den Umstand, daß er die Kinder aus *ihrem* Hause entführt hatte. Das war ein persönlicher Affront! Er hatte wieder einmal ihr Vertrauen mißbraucht. So betrug sich kein Gentleman, es war unverzeihlich.

Ich übergab Interpol eine Liste mit sämtlichen Telefonnummern der aktiven Mitglieder der Pakistanischen Volkspartei in Europa. In Paris, Brüssel, Frankfurt und Genf fanden Hausdurchsuchungen statt. Mustafa Jatoi war peinlich berührt, als Polizeibeamte ihn in seinem Haus in Kensington mitten aus einer Party holten, um ihn in einem Nebenraum zu befragen. Doch trotz alledem wußte sich Mustafa der Entdeckung zu entziehen.

Mein Vater nahm in Pakistan Kontakt mit den höchsten Stellen auf, er ging sogar zu Zia ul-Haq. Aber niemand konnte oder wollte ihm helfen. Zwei der Kinder waren Mädchen, und nach männlichem Selbstverständnis konnte man einem Feudalherrn nicht das Recht nehmen, seine Töchter zu überwachen. Außerdem versteckte sich Mustafa – nicht zum erstenmal – hinter dem Bollwerk des Islam. In Interviews verkündete er, seiner Überzeugung nach sollten seine Töchter nicht in der westlichen Gesellschaft, sondern in der islamischen Tradition aufwachsen, und damit ging er geschickt auf die Vorurteile der breiten Bevölkerung Pakistans ein, die den Westen als eine Hochburg des Lasters und des moralischen Verfalls betrachtet. Mögen sie Analphabeten und noch so verarmt sein, wer die Heiligkeit des Islam, und sei es aus Heuchelei, beschwört, hat die Massen hinter sich. Mustafas selbstgerechtes Auftreten machte die ganze Sache zu einem heiklen Problem. Zia war besorgt, daß jedes Vorgehen gegen Mustafa diesem die Aura eines unschuldigen Opfers verleihen und jede seiner Maßnahmen als Schikane gegen einen alten politischen Gegner verstanden, schlimmstenfalls sogar vom Volk als anti-islamisch gewertet werden könnte. Zia und Mitglieder der pakistanischen Regierung vertraten daher in ihren öffentlichen Stellungnahmen die Auffassung, daß unser Fall lediglich ein privater Ehestreit sei.

Mustafa stand irgendwo in einem europäischen Land in einer Telefonzelle, als er mir in gelassenem Ton erklärte, wie einfach die Lösung meines Problems sei. Ich brauchte nur zu ihm zurückzukehren, und wir würden wieder eine vollständige Familie sein und unser gemeinsames Leben fortsetzen.

Ein Gefühl abgrundtiefen Hasses gegen diesen Mann erfüllte mich – als meinen Ehemann, mehr aber noch als Vater meiner Kinder. Er hatte nicht einen Gedanken daran verschwendet, welches Trauma unsere kleinen Kinder erlebten, während er um meine Rückkehr feilschte. Ihr Leiden und ihre seelischen Probleme hatten für ihn im Vergleich zu seinen Wünschen und Ideen keinerlei Bedeutung. Ich fauchte ihn mit denselben Worten an, die ich bereits in meinem Gespräch mit Jatoi geäußert hatte. »Bist du Herr Khar, dann bin ich Frau Khar. Was du von Bhutto gelernt hast, habe ich von dir gelernt. Wie du mich unter Druck setzt, werde ich dich unter Druck setzen. Ich werde mich stellen und dich niederkämpfen, genauso wie du es mit mir machst. Ich werde dich nicht ungeschoren davonkommen lassen!«

Schlagzeilen wie »Khar gegen Khar« waren überall zu lesen,

nachdem ich einen Haftbefehl gegen Mustafa Khar und seine Strafverfolgung wegen Kindesentführung erwirkt hatte. Da Nisha und Ali, im Exil geboren, britische Staatsbürger waren, nahm ich Verbindung zur britischen Botschaft in Pakistan auf, mit der Bitte um Hilfe bei der Auffindung der Kinder und um ihre Rücksendung nach England. Interpol war bereit, ihre Auslieferung zu betreiben.

Ich besprach gerade mit Minoo die weitere Vorgehensweise, als mir plötzlich elend und schwindelig wurde. Dann wurde ich ohnmächtig. Als ich wieder zu mir kam, fragte Minoo ängstlich: »Hast du heute schon gegessen? Du mußt doch bei Kräften bleiben!« Erst als ich über ihre Frage nachdachte, bemerkte ich, daß ich an diesem Tag noch nichts zu mir genommen hatte. Tatsächlich hatte ich *keinen Bissen mehr* zu mir genommen, seit die Kinder nicht mehr nach Hause gekommen waren. Seit fünf Tagen hatte ich jede Nahrungsaufnahme vergessen. Minoo machte einen Versuch, mir etwas Leichtes einzuflößen, aber ich erbrach alles sofort. Mutter geriet darüber in Panik. Sie schickte mich ins Wellington-Hospital, wo man sofort mit einer intravenösen Ernährung begann. Ich blieb eine volle Woche, bis ich so weit gekräftigt war, daß ich wieder normal essen konnte.

Inzwischen reiste Mustafa weiter in Europa umher, immer auf der Hut, um Interpol stets eine Nasenlänge voraus zu sein. Er nahm mit allen Leuten Kontakt auf, von denen er hoffte, daß sie mich zur Rückkehr zu ihm bewegen könnten.

Über seine Untergrundkontakte besorgte sich Mustafa einen Reisepaß, der einem Mann von der pakistanischen Botschaft in Belgien gehörte. Als er Brüssel verlassen wollte, wurde er von einem Beamten festgehalten, der den Austausch des Paßbildes bemerkt hatte. Er kam ins Gefängnis und saß dort mit Drogensüchtigen und anderen Elementen vom Bodensatz der Gesellschaft ein. Zwei Tage dauerte es, bis er durch seine Beziehungen seine Freilassung erreichte; er wurde nach Genf abgeschoben, bevor Interpol zugreifen konnte. Wieder einmal war er durch die Maschen des Netzes geschlüpft.

Ich lag noch im Krankenhaus, als ich von seiner zeitweiligen

Festnahme in Brüssel hörte, und zu meiner eigenen Überraschung mußte ich über ihn weinen. In meinem geschwächten Zustand hielt ich mir vor Augen: Nun ist er, um mich zurückzugewinnen, sogar zum Verbrecher geworden. Sogar all seine politischen Ziele hat er in den Wind geschrieben. Er war und blieb für mich unergründlich. Ihm allein war die Zerrüttung unserer Ehe zuzuschreiben. Erst hatte er mich dahin gebracht, daß ich ihn verließ, und jetzt wollte er meine Rückkehr erzwingen. Dieser Mann, der die Möglichkeit gehabt hatte, zurück in sein Heimatland zu gehen und dort in der durchaus nicht unehrenhaften Rolle eines politischen Gefangenen zu leben, ertrug jetzt meinetwegen die Gemeinschaft kleiner Krimineller in einem gewöhnlichen Gefängnis. Das einzige, mit dem man bei Mustafa Khar rechnen konnte, war seine Unberechenbarkeit.

◇

Mustafas Strategie wechselte zwischen Drohen und Bitten. Bei einem seiner Telefonanrufe sagte er in ernstem, Unheil verkündendem Ton: »Tehmina, ich werde dich nie aufgeben. Ich werde ein Flugzeug chartern, in England landen, dich aufgreifen, und dann geht es zurück in unser Stammesgebiet, wo es keine Gerichte gibt. Dort wirst du mit den Kindern leben. Du wirst kochen, und ich werde jagen und Holz für unser Feuer sammeln. Ich meine es ernst, Tehmina. Ich mache das wahr, darauf kannst du dich verlassen!«

Als er auflegte, zitterte ich vor Angst. Ich rief die zuständige Polizeidienststelle an und berichtete von der Entführungsdrohung. Ich wußte, daß Mustafa zu allem fähig war.

Sechs nicht enden wollende Wochen vergingen. Gelegentlich vernahmen wir Gerüchte über Mustafas derzeitigen Aufenthaltsort, doch zuverlässige Informationen gab es nicht. Über das Schicksal meiner Kinder erfuhr ich nichts.

Mein Vater verleitete mich zu dem mir äußerst unangenehmen Schritt, einen persönlichen Brief an Zia ul-Haq zu richten und ihn um Hilfe zu ersuchen. Es widerstrebte mir, mich als

Bittstellerin ausgerechnet an den Mann zu wenden, der für mich und viele andere ein verhaßter Feind war. Doch ich bezwang meinen Stolz und formulierte einen recht förmlich klingenden Antrag, erhielt aber keine Antwort.

Spezialisten, die mit eingekreisten Flugzeugentführern oder Terroristen verhandeln müssen, verwenden eine Ermüdungsstrategie: Zögere alles so lange wie möglich hinaus und laß die Zeit für dich arbeiten, am Ende werden sie aufgeben. So erging es auch mir, allmählich war meine Nervenkraft erschöpft – auch wenn nicht ich die Entführerin war. Meine Wut ließ nach, Hilflosigkeit und Verzweiflung überwogen. Ich wußte nicht, wie lange ich die Ungewißheit noch würde ertragen können.

Mein sieben Monate alter Sohn Hamza war für mich in dieser Zeit eine Quelle höchster Freude und zugleich des bittersten Schmerzes. In ihm sah ich jedes meiner Kinder und alle zusammen. Ich dachte: Ich habe doch fünf Kinder – warum ist nur dies eine bei mir?

Ständig meinte ich, die vorwurfsvollen Gesichter meiner Kinder vor mir zu sehen, die mich wegen meines Egoismus anklagten. Wie sollte jemals in meinem Leben Ruhe einkehren ohne sie? Wie sollte es mir möglich sein, sie in einem fremden Land ihrem Schicksal zu überlassen und selbst ein neues Leben zu beginnen? Ich wußte, daß mir meine Schuldgefühle niemals ein normales Leben gestatten würden.

Mustafa muß gespürt haben, daß er drauf und dran war, in diesem Zermürbungskrieg zu siegen, und rief wieder an. Er besaß ein meisterliches Verhandlungsgeschick. Er ließ sich Zeit, erklärte mir kühl die Möglichkeiten, zwischen denen ich zu wählen hatte, und brach allmählich meinen Widerstand. Würde ich wirklich imstande sein, ein für allemal auf die Kinder zu verzichten? Könnte ich denn ohne jede Nachricht von den Kindern glücklich in England leben? Und könnte ich das den Kindern antun?

Alles, was er sagte, hatte einen falschen Zungenschlag. Ich suchte in seinen Worten nach versteckten Andeutungen, wiederholte sie mir im Kopf und forschte nach heimtückischen Fallen.

Was hieß in diesem Fall nun wirklich gerecht – mir gegenüber, den Kindern gegenüber? Während ich zunehmend schwächer wurde, versuchte er seine Glaubwürdigkeit wiederherzustellen. Er sprach davon, daß er seine Rückkehr nach Pakistan plane, und bat mich, es Mutter nicht zu erzählen. »Weil deine Mutter eifersüchtig auf dich ist«, lautete seine Begründung. »Sie kann nicht ertragen, daß du als meine Frau in Pakistan so viel Aufmerksamkeit genießt. Sie weiß, daß ich mich geändert habe. Sie haßt alles, was ich in meiner verzweifelten Sehnsucht, dich zurückzugewinnen, unternommen habe. Dabei weiß sie, daß ich ehrlich wiedergutmachen möchte, was ich dir alles angetan habe. Aber sie ist gegen unsere Ehe. Das Wohlergehen der Kinder interessiert sie nicht. Sie spielen gar keine Rolle für sie. Ihr ist allein ihre gekränkte Eitelkeit wichtig. Was sie am meisten empört, ist die Tatsache, daß ich die Kinder unter ihren Augen, aus ihrem verdammten Haus, weggeschnappt habe! – Kein anderer Mann würde alles aufs Spiel setzen und so kämpfen, um seine Frau zurückzuholen, nicht wahr?«

Es war durchaus etwas Wahres daran, das wußte ich. Und ich wußte, daß sich die kämpferische Haltung meiner Mutter in dem Maße verhärtet hatte, wie mein eigener Widerstand erlahmt war. Ihr Ton wurde schriller und böser als meiner; sie wollte nicht eher ruhen, als bis sie den Mythos von Mustafas Integrität zerstört hatte. Das hatte auf mich eine entgegengesetzte Wirkung. Ich wollte meine Kinder; sie wollte lediglich Mustafa unterliegen sehen. Mehr als einmal sagte sie zu mir: »Gib die Kinder auf, wenn es sein muß, aber kämpfe bis zum bitteren Ende.« Das konnte ich nicht hinnehmen.

Ein Sieg bedeutete mir nichts. Mir ging es nur noch um die Kinder, alles andere zählte nicht. Meine Mutter konnte das nicht verstehen. Sie wurde ärgerlich und beschuldigte mich, sie und die ganze übrige Familie zu mißbrauchen. »Du willst dich jetzt aus dem Staub machen, nachdem du uns in diese üble Geschichte hineingezogen hast?« schrie sie. Wir stritten uns heftig.

Die Reaktion meines Vaters war kühl und pragmatisch. Sein

Rat: »Mach dein Herz hart wie Stein und vergiß, daß du jemals Kinder hattest. Eines Tages werden sie zu dir zurückkommen. Führe dein eigenes Leben. Mach einen Neuanfang. Wenn du dazu nicht imstande bist, bleibt nur noch eine Wahl: Geh zu ihm zurück.«

Sie waren doch selbst Eltern! Hatten sie nicht erlebt, was ich erlebt hatte – wie auf geheimnisvolle Weise mit jedem neuen Kind unsere elterliche Liebe noch wächst, um den größer gewordenen Kreis in sich einzuschließen? Voll Trauer erkannte ich: Nein, dieses Gefühl hatten sie nie erlebt.

◇

Unerwartet rief mich eine meiner Freundinnen an und brachte mir wunderbare Nachricht. Mein erster Mann, Anees, war nach Amerika versetzt worden, um dort eine neue Aufgabe zu übernehmen. Er war dabei, mit seiner zweiten Frau, ihren drei Söhnen und unserer Tochter Tanya umzuziehen, und sie machten einen Zwischenstopp in London. In diesem Augenblick! Tanya war hier!

Sofort rief ich Anees' Mutter an, ob Tanya mich besuchen dürfe, und sie gab ihre Zustimmung. Tatsächlich sagte Anees sogar, daß unsere Tochter jetzt ständig bei mir wohnen könne, da ich mich von Mustafa getrennt hatte.

Tanya kam am 29. Juli 1986 in das Haus meiner Eltern; es war zufällig auch Naseebas neunter Geburtstag. Sie umarmte mich und klammerte sich an mich, und wir mußten beide weinen. Schließlich trat ich einen Schritt zurück, um die junge Dame genauer in Augenschein zu nehmen, die da plötzlich vor mir stand. Als ich sie das letztemal gesehen hatte, war sie fast vier Jahre alt gewesen; jetzt war sie dreizehn.

Wir machten einen Einkaufsbummel. Ich besorgte ihr alles, was ich mir leisten konnte, als könnten diese Geschenke Jahre des Verlassenseins ausgleichen. Je länger wir zusammen waren, desto spröder wurde unser Lachen. Ich hing meinen Gedanken nach, und sie wurde mürrisch. Sie schien zu merken, was ich dachte: Mein Leben erinnerte an einen Wirbelsturm, und wenn sie in diesen Sog mit hineingezogen würde, könnte das ihr Leben zerstören. Es war besser für sie, wenn sie bei Anees blieb, einem Vater, der sie liebte und ein kultivierter Mann war; zumindest bis ich die nächste Krise überstanden hatte, war es besser so.

Als wir nach Hause, in das Haus meiner Eltern, zurückgekehrt waren, versuchte ich, es ihr zu erklären. »Ich weiß nicht, was aus mir wird«, sagte ich. »Vielleicht werde ich bald nach Pakistan reisen müssen, um meine anderen Kinder wiederzufinden – und Mustafa könnte mich bei einem solchen Unternehmen töten. Ich darf dich nicht mit in diese Sache hineinziehen. Es ist besser für dich, wenn du mit deinem Vater nach Amerika gehst. Er kann dir Sicherheit und Geborgenheit bieten.«

Tanya klammerte sich an mich und weinte herzzerreißend – genau wie vor neun Jahren. Sie schrie: »Ich hasse meine Stiefmutter!«

Mein Gott, was tust du bloß? fragte ich mich. Eines deiner verlorenen Kinder ist zu dir zurückgekehrt, und du schickst es wieder fort. Wie kannst du nur! Verhielt ich mich ebenso herzlos wie meine Mutter? Meine Gedanken irrten durcheinander, doch stets endeten sie bei der einen Gewißheit: Niemals würde ich mich mit einer Situation abfinden, in der ich nicht mit allen meinen *fünf* Kindern zusammensein konnte! Tanya gehörte selbstverständlich dazu, doch wir mußten beide die nahe Zukunft für das ferne Ziel opfern. Dies war einfach nicht der Augenblick, um sie in mein Leben zurückzuholen.

Es war vergebliche Mühe, ihre Tränen zu trocknen, doch ich wollte es wenigstens versuchen. Ich schaute ihr fest in die Augen und schwor: »Tanya, ich verspreche dir, ich werde dich zu mir holen, sobald ich dir ein normales Leben bieten kann. Ich komme, sobald ich alles geordnet habe. Ich verspreche es.« Wieder hielt sie sich an mir fest. Und erneut schob ich sie von mir fort.

Später am Abend, als ich mir nach dieser Begegnung noch die frischen Wunden leckte, klingelte das Telefon. »Hallo, Mami«, sagte eine stockende Stimme. Es war Naseeba. Fast wäre ich zu

Boden gesunken. An ihrem Geburtstag hatte Mustafa ihr gestattet, mich anzurufen!

»Wie geht es dir?« stammelte ich.

»Es ist hier sehr heiß, Mami.«

»Kind, wo bist du denn?«

»Das kann ich dir nicht sagen. Ich darf es nicht. Wir mußten einen weiten Weg fahren, um dich anzurufen. Es ist ganz, ganz furchtbar heiß.« Ich hörte sie weinen.

»Hast du denn Bücher zum Lesen?« fragte ich.

»Nein.«

»Hast du auch Geschenke bekommen zu deinem Geburtstag?«

»Ja. Ich habe einen Kranz aus lauter Rupien-Scheinen bekommen. Er ist scheußlich, ich mag ihn nicht. Mami, es ist hier so schmutzig und heiß. Alles ist voller Fliegen. Ich hasse die.« Ich war am Ende. Minutenlang konnte ich nur ins Telefon schluchzen.

Naseeba fragte: »Mami, wann werden wir dich wiedersehen?«

»Bald, Naseeba.« Es war alles, was mir einfiel.

»Mami, warum können wir nicht zurückkommen? Wir möchten zu dir zurück. Wir wollen nach Hause. Bitte, bitte, hol uns zurück.«

»Bald«, versprach ich. In meinen eigenen Ohren klang diese Zusage unbestimmt und leer.

Naseeba fragte: »Wie lange müssen wir noch hierbleiben?« Dann war die Leitung tot.

Am nächsten Tag rief mich Mustafa aus Genf an, und ich sagte ihm in ruhigem, gemessenem Ton, daß ich zu ihm zurückkehren würde. Er überschüttete mich mit Worten des Dankes. Seine Taktik hatte sich bezahlt gemacht. Unter Tränen versicherte er mir, es sei Gottes Wille. Er versprach, ein vorbildlicher Ehemann zu sein. Er werde sein früheres Verhalten wiedergutmachen.

Gegen den Rat meiner Anwälte und den Wunsch meiner Mutter ließ ich alle Anklagen gegen Mustafa fallen. Der Haftbefehl wurde aufgehoben.

Mustafa Jatoi übernahm die Rolle eines Vermittlers. Er flog eigens aus Pakistan nach England, um mich in aller Form aus dem Hause meiner Eltern in Mustafas Wohnung am Holland-Park zu begleiten. Er versicherte mir, wenn Mustafa ein weiteres Mal einen Skandal heraufbeschwören sollte, werde er ihm die persönliche und politische Freundschaft aufkündigen. Ich nahm diese Garantie an.

Mustafa war wieder ein freier Mann und reiste auf dem schnellsten Wege nach London. Wie betäubt wartete ich auf ihn. In meinem Hirn regte sich kein einziger Gedanke mehr, als hätte ich vor Erschöpfung den Geist aufgegeben. Bei Mustafas Ankunft in der Wohnung hatte ich eine Gänsehaut. Rasch wandte ich den Blick ab. Mein Nackenhaar sträubte sich. Sein Benehmen wirkte entspannt, aber es war etwas Bedrohliches in der Luft.

Er blieb dabei, er sei ein anderer Mensch geworden. Unter Tränen schwor er, meine Erwartungen nicht zu enttäuschen. Ich weinte nicht. Ich fühlte nichts.

Während der folgenden Woche rang Mustafa mit einer schwierigen Entscheidung. Es wurde Zeit, daß er seinen Teil unseres Handels erfüllte – mich mit den Kindern zu vereinen. Sollte er Naseeba, Nisha und Ali aus Pakistan nach England zurückbringen? Oder sollte er mich und Hamza zu ihnen nach Pakistan bringen? Ich folgte seinen Gedankengängen, als er die Risiken kalkulierte. In den Augen der Regierung von General Zia war er immer noch verschiedener Straftaten schuldig, die sämtlich auf Hochverrat hinausliefen. Es war möglich, daß er deshalb zum Tode verurteilt werden würde; in jedem Fall sah er einer Zuchthausstrafe von wenigstens vierzehn Jahren entgegen.

Andererseits gab es für Mustafa zwingende Gründe, sein Exil zu beenden. In Pakistan begann Jatois neue Partei, die Nationale Volkspartei, öffentliches Interesse zu erregen. Neue Gesichter tauchten nach kurzer Zeit in dem durch die Abwesenheit Mustafas und seiner exilierten »Genossen« entstandenen Vakuum auf. Führung aus der Ferne genügte nicht mehr; Mustafa mußte an Ort und Stelle sein, wenn er weiterhin eine Rolle spielen wollte. Er mußte den politischen Kampf auf heimatlichem Boden aufnehmen.

Der Öffentlichkeit wollte Mustafa später weismachen, daß er aus patriotischen und politischen Erwägungen gehandelt habe, als er seine Entscheidung zur Rückkehr traf, aber das stimmte nicht. Mein eiskaltes, abwehrendes Verhalten entnervte ihn. Es war ihm bewußt, daß ich ihn nicht mehr liebte und die Achtung vor ihm verloren hatte. Er war sich über meine Absichten nicht klar. Falls er die Kinder nach England zurückholte, konnte ich ihn ohne weiteres wieder verlassen und eine erneute Strafverfolgung erwirken.

Mit dem taktischen Geschick eines Generals setzte er zu einem Flankenangriff an und fand den Punkt, an dem ich verwundbar war. Er hörte auf, den reumütigen Ehegatten zu spielen und brachte den sendungsbewußten Politiker zum Vorschein. Er sprach voll prophetischer Inbrunst über die Zukunft. Gemeinsam würden wir unsere langgehegten Träume verwirklichen. Dieses Thema interessierte mich jetzt tatsächlich sehr viel mehr als die Perspektiven unserer persönlichen Beziehung. Er gab meinem Idealismus frische Nahrung. Ich wollte ja mit meinem Leben etwas anfangen und mich für eine lohnende Sache einsetzen; wenn die Politik dazu eine Möglichkeit bot, war ich fest mit ihm verbunden. Als Ehemann hatte Mustafa bei mir ausgespielt, doch der Löwe vom Punjab konnte immer noch auf meinen Respekt und meine Loyalität zählen. Er begriff, daß Pakistan und nicht England das Terrain war, auf dem ich wohl oder übel in ihm den Staatsmann sehen mußte.

Ich sollte genau wissen, auf welche Risiken ich mich einließ, denn ich sollte die Last der Verantwortung mit ihm teilen. Er blickte mich konzentriert an, als er sagte: »Tehmina, alle haben mir von einer Rückkehr abgeraten. Mein Leben wird in Gefahr geraten. Ich überlasse die Antwort dir. Ich möchte, daß du für uns beide entscheidest. Du sollst entscheiden, ob du imstande bist, mir in all den Gefahren beizustehen, durch die ich werde gehen müssen. Wirst du für mich kämpfen können? Schwörst du, meine Sache weiterzuführen, falls mir etwas zustößt? Wirst du weiterkämpfen und mir die Treue halten, falls ich wie Bhutto ermordet werde? Bist du bereit zu schwören, dein Leben meinen politischen Zielen zu weihen und nicht wieder zu heiraten? Antworte mir! Glaubst du, daß die Rückkehr für mich der richtige Weg ist? Ich kann mein Exil nicht länger rechtfertigen. Das Kriegsrecht ist aufgehoben worden. Mein Volk wünscht und erwartet von mir, daß ich bei ihm bin.«

Seine Worte drangen bis in jenen geheimen Bezirk meiner Seele, der meine Ideale und meine Hoffnungen barg und wo auch meine Kinder ihre Heimstatt hatten. Ich verliebte mich plötzlich in eine kühne Idee – die Rückkehr des Führers aus seinem Exil. Der Glaube an Mustafas politische Sendung ersetzte meine frühere Liebe zu ihm. Wir hatten unseren persönlichen Streit außergerichtlich beigelegt, und über seine politische Aufgabe sollte jetzt das Volk ein Urteil fällen.

Ich versprach, zu ihm zu halten. Ich würde für seine Sache kämpfen und ihn nicht verlassen, solange ich an seine Politik glauben und seine Ideale achten konnte. Er sollte mir beweisen, daß sein Mut keine bloße Legende sei. Ich sagte ihm, daß für ihn die Zeit gekommen sei, den Kampf gegen Goliath auszufechten, die Zeit, dem Diktator entgegenzutreten.

Dann besprach ich noch eine eher peinliche Angelegenheit mit ihm. Während unseres Sorgerechtsstreits, an dem die Öffentlichkeit so regen Anteil genommen hatte, waren einige der Schimpfworte, mit denen ich ihn belegt hatte, wie beispielsweise »Rasputin«, in den Medien zitiert worden. Wie sollte ich jetzt vor die pakistanische Presse treten, die aus unserem Ehekrieg eine Seifenoper gemacht hatte? Wie sollte ich erklären, daß ich vor dem Mann kapituliert hatte, der meine Kinder entführt hatte?

»Mir sollte das peinlich sein, nicht dir«, sagte er mit einem Lächeln. »Du hast mich verlassen. Ich habe dich zur Rückkehr gezwungen. Deine Haltung erfordert keine Erklärung. Du hast nur das Richtige getan. Die Menschen sind wie Schafe. Sie lassen sich von jedem führen, der aussieht, als wüßte er, wohin die Reise geht.«

Ich begann zu verstehen, daß ein Politiker sich daran gewöhnen muß, mit Dreck beworfen zu werden. Er muß ihn abschütteln und weitermachen. Politiker leben von der Publizität; eine schlechte Presse ist besser als gar keine. Mustafa machte mir obendrein klar, daß der Vorfall ihm Gelegenheit gegeben hatte, sich als einen Konservativen darzustellen, der über die Auswirkungen der westlichen Kultur auf die Moral seiner Kinder besorgt war.

Er riet mir, nicht zurückzuschauen. Trotz der ihm in Pakistan drohenden Gefängnisstrafe verkündete er, daß die Zukunft uns gehören werde.

◇

Ich kleidete mich sorgfältig, wählte ein Hemd von Yves St. Laurent mit aufgedruckten Tigern, als ob sie die Gefolgschaft symbolisierten, die ich meinem Löwen leistete. Dazu hängte ich mir ein Cape von Ferraud über die Schultern, um dem Ganzen einen Anflug von formeller Eleganz zu geben.

Während ich vor dem Spiegel stand, bemerkte ich, wie sehr ich mich verändert hatte, seit ich mich als junge Frau in diesen umstrittenen und wesentlich älteren Mann verliebt hatte. All meine Kraft hatte ich aufgewendet, erst, um mit ihm zu leben, dann, um mich von ihm zu trennen. Das schien mich regelrecht ausgelaugt zu haben; und doch glomm noch ein Rest von Feuer in meinen Augen. Ein langes, ereignisreiches Exil ging zu Ende, und jetzt würde ich eine Reise antreten, die mich vielleicht in das einzige Gebiet führte, wo ich noch immer mit Mustafa zusammenarbeiten konnte. So etwas wie Weisheit lag hinter der Melancholie, die meine Augen verschleierte. Ich hatte gelernt, mit Krisen zu leben, und es machte mir nichts mehr aus, Ungewißheit zu ertragen. Die Schmerzen meines Daseins wurden überdeckt von der Erregung über die Rückkehr in die Heimat, die Rückkehr zu meinen Kindern. Es war das erste Mal, daß mir bewußt wurde, wie stark ich war und daß ich mich durch nichts unterkriegen ließ. Mein Kampfgeist war unzerstörbar. Verwundert schüttelte ich den Kopf über mein Spiegelbild. Immer hatten alle meine Gedanken nur um Mustafa gekreist, stets hatte ich versucht, ihn zu begreifen und zu ergründen. Doch heute tauchte eine andere Frage auf, die bedeutendere, bisher unbeachtete Frage: Wer war ich, und was wollte ich?

Mustafa kam in unser Schlafzimmer und bahnte sich einen Weg zwischen den Gepäckstücken, mit denen ich gerade beschäftigt war. Aus einem plötzlichen Impuls heraus fragte ich ihn: »Sag mir, was wäre geschehen, wenn ich nicht zu dir zurückgekommen wäre?«

Mustafa ließ mich einen Blick hinter die Kulissen werfen: Als Joshi von unserer Trennung erfuhr, hatte er sich bei Mustafa beklagt: »Sir, wie konnten Sie Ihre Frau nur ins Vertrauen ziehen, wenn Ihre Ehe nicht in Ordnung war? Die indische Regierung kann es sich nicht leisten, mit einer bewaffneten Verschwörung zum Umsturz einer ausländischen Regierung in Verbindung gebracht zu werden. Es darf niemals an die Öffentlichkeit dringen, daß die indische Regierung einer Oppositionspartei materielle Hilfe gewährt hat, um eine fremde Regierung zu stürzen. Ein derartiger Skandal hätte katastrophale Folgen.« Ich war also in dem Augenblick, als ich ihn verlassen hatte, zu einer potentiellen Bedrohung geworden, denn ich hätte ja etwas ausplaudern können. Ich war das schwache Glied in der Kette. Ich wußte eindeutig zuviel über die verborgenen Beziehungen zwischen Mustafa und der indischen Regierung – zuviel, als daß man mich in London hätte frei herumlaufen und vielleicht etwas preisgeben lassen können.

Um seine politische Zukunft – vielleicht sogar sein Leben – zu retten, mußte Mustafa seinen Stolz hintansetzen. Er schwor, er werde mich, koste es, was es wolle, zurückholen. – Also geschah es am Ende doch nicht aus Liebe zu mir?

Mustafa blickte mir gerade in die Augen und beantwortete meine unausgesprochene Frage: »Ich wäre gezwungen gewesen, dich zu beseitigen.«

Dritter Teil

Die Löwin

Kapitel zwölf

Auf dem langen Flug forderte der verunsicherte Mustafa von mir einen schriftlichen Eid auf den Koran: Ich sollte schwören, bei ihm zu bleiben, selbst wenn er für vierzehn Jahre ins Gefängnis müsse. Ich willigte ein.

Abgesehen von allem anderen war Mustafa aufgeregt, weil er bald seine Mutter wiedersehen würde. Während seiner neun Jahre im Exil (1978–1986) hatte sie sich nach ihm verzehrt. Mustafa standen Verhaftung und Gefängnis bevor, aber er hoffte verzweifelt, man werde ihm erlauben, seine alternde, kränkelnde Mutter wenigstens ein letztes Mal zu sehen.

Als der Jet zum Landeanflug auf Karachi ansetzte, dachte ich an die beiden wichtigsten Männer in meinem Leben und daran, wie sie ins Gefängnis geraten waren. Mein Vater hatte sich dieser Erniedrigung stellen müssen und war gebrochen und beschämt aus der Haft zurückgekehrt. Aber mein Ehemann, der Politiker, wollte zum Helden werden. Mustafa sah in seiner bevorstehenden Haft einen Grund, stolz zu sein, sie war Beweis seiner Tapferkeit und seiner Treue gegenüber Bhutto und der Demokratie.

Unsere Ankunft verlief ernüchternd. Falls Mustafa überrascht war, daß uns keine jubelnden Heerscharen erwarteten, so verbarg er das gekonnt. Ohne jedes Aufsehen wurden wir in ein Büro auf dem Flugplatz geführt und mußten dort warten. Schnell sprach sich die Nachricht von Mustafas Ankunft herum, und Schaulustige sammelten sich, um einen Blick auf uns zu erhaschen.

Wir erhielten ein Mittagessen, und Mustafa aß wortlos mit einem Gesicht, das trotzige Schicksalsergebenheit zeigte; ihn umgab bereits der Heiligenschein des Märtyrertums.

Man teilte mir mit, daß Khaliqa Jatoi, die Ehefrau Mustafa Jatois und zugleich eine meiner engsten Freundinnen, draußen im Auto auf mich wartete. Mustafa bat mich, hinauszugehen und ihr über die Entwicklung zu berichten. Ein Posten versuchte, mich am Verlassen des Flughafengebäudes zu hindern, aber ich schob ihn mit den Worten beiseite: »Sie haben kein Recht, mich aufzuhalten. Zeigen Sie mir meinen Haftbefehl.« Er ließ mich passieren, und ich merkte, daß man mich als Mustafa Khars Ehefrau wohl lediglich einschüchtern wollte.

Als ich von dem Gespräch mit Khaliqa zurückkehrte, wurde gerade unser Gepäck geöffnet und der Inhalt über den Tresen verstreut. Die Polizei beschlagnahmte Mustafas Kleidung und Bücher. Dann brachten sie ihn weg.

◇

Von Karachi flog ich mit Hamza nach Lahore, wo Mustafa Jatoi und mehrere Mitglieder der neugebildeten Nationalen Volkspartei mich abholten. Ich war ein neues, noch unverbrauchtes Symbol, ein Magnet für politische Massenversammlungen. Tehmina Khar würde guten Stoff für die Presse abgeben.

Ich freute mich, als ich die Gesichter der sieben Opferlämmer erblickte, die Mustafa Jahre zuvor nach Pakistan vorausgeschickt hatte.

Choudry Hanif, Sajid und die anderen waren erst vor kurzem aus dem Gefängnis freigekommen. Sie waren natürlich glücklich über ihre eigene Freiheit, aber zugleich besorgt, weil sich nun Mustafa in der Hand des Diktators befand. Sie betrachteten mich als Mustafas Stellvertreterin, aber ich merkte, daß sie sich oft über mein beharrliches Stehvermögen wunderten.

Die Presseleute umzingelten mich. Ich erwartete, daß die Journalisten mich über unsere berüchtigten Ehestreitigkeiten ausfragen würden, aber sie hatten wohl meine Zurückhaltung bei diesem Thema gespürt und waren diskret genug, diesen Aspekt meines Lebens auszuklammern. Ein Reporter fragte mich: »Werden Sie für Ihren Mann kämpfen?«

»Ja«, erwiderte ich ohne Zögern.

In ganz Asien und besonders auf dem indischen Subkontinent gibt es unzählige tapfere und mutige Frauen, die an der Stelle ihrer Männer deren nicht vollendeten Kampf fortführen. Politisch aktiv wurden diese Frauen meistens durch ihre eigenen Erfahrungen mit Not und Gewalt. Indira Gandhi, Cory Aquino, Benazir Bhutto und andere traten in die Fußstapfen ihrer gestürzten oder getöteten Väter oder Ehemänner.

Erst als Mustafa im Gefängnis saß, trat ich hervor.

Ich war nun eine politische Figur.

◇

Im Haus meiner Großmutter warteten meine Kinder auf mich. Durch einen Tränenschleier sah ich, daß sie einen zwar gesunden, aber auch sehr verstörten Eindruck machten, und in diesem Moment wurde mir klar, daß alle Kompromisse, die mir abgepreßt worden waren, überhaupt keine Bedeutung mehr hatten.

»Hast du denn gedacht, Mami würde nie mehr wiederkommen?« fragte ich weinend.

»Nein«, sagte Naseeba ganz fest. »Wir wußten, daß du wieder zu uns kommst. Das wußten wir genau.«

In langen Gesprächen mit meinen Kindern erfuhr ich dann ihren Leidensweg in allen Einzelheiten.

Nachdem Mustafa sie aus dem Haus meiner Mutter in London abgeholt hatte, war er direkt zum Flugplatz gefahren. Um sie zu beruhigen, schwindelte er ihnen vor, es ginge nach Disneyland. Er erklärte, ich hätte bestimmt meine Erlaubnis verweigert, wenn ich davon gewußt hätte. Am Flugplatz ging Mustafa ein sehr großes Risiko ein – er flog zusammen mit den Kindern, seinem Bruder und Dai Ayesha nach Paris. Die ganzen Jahre hatte er sorgfältig darauf geachtet, nicht mit Pakistan International Airlines zu fliegen, denn er war sich sicher, daß man ihn auf der Stelle verhaften oder sogar die Maschine nach Pakistan umleiten würde, wenn die Behörden erführen, daß er an Bord des Flugzeuges war.

In Paris erzählte Mustafa den Kindern, er müsse jetzt weg, um rasch eine Angelegenheit zu regeln. Dai und ihr Onkel würden die restliche Strecke mit ihnen fliegen, und er könne sie dann später in Amerika (in Disneyland!) wieder treffen. Das war natürlich eine gemeine Täuschung, und vielleicht durchschauten die Kinder das schon in diesem frühen Stadium, denn sie weinten vor Angst. Dennoch ging Mustafa von Bord des PIA-Flugzeugs und flog mit der nächsten Maschine zurück nach London. Am selben Abend führte er mit mir eines seiner unzähligen Telefongespräche, um mich noch einige Zeit hinzuhalten.

Am nächsten Morgen informierte er Mustafa Jatoi über sein Vorgehen. Jatoi war wie vom Donner gerührt, und dies vor allem wegen des unglücklichen Zeitpunkts: Die neue, noch in den Anfängen steckende Partei würde in Aufruhr versetzt. Aber Mustafa hatte seine persönlichen Prioritäten und überließ es Jatoi, sich die nötigen Entschuldigungen auszudenken.

Meine Kinder landeten an einem heißen Julitag in Islamabad. Die Temperatur lag über 40 Grad, ein trockener, glühender Wind schlug ihnen ins Gesicht. Sie waren völlig überrascht, denn sie hatten sich Amerika nicht so heiß und eigentlich auch nicht so unübersehbar ärmlich vorgestellt. Ali erblickte als erstes einige Pakistani in schmutzigen, schäbigen Kleidern, die es auf wundersamen Wegen nach Amerika verschlagen hatte.

Ein weiterer Onkel, Ghulam Murtaza Khar, der Schürzenjäger, den Mustafa vor Jahren wegen seiner Affäre mit Safia aus Pakistan verbannt hatte, holte die Kinder vom Flugplatz ab. Murtaza hatte Karriere gemacht und war inzwischen Parlamentsabgeordneter. Er schleuste die Kleinen durch die Einreisekontrolle, ohne daß ihre Pässe gestempelt wurden; Mustafa wollte keine Spuren hinterlassen.

Dann folgte die heiße, unbequeme sechsstündige Fahrt zu Mustafas Heimatdorf Kot Addu, für die Kinder eine Tortur. Naseeba, die Älteste, begriff, daß all dies geschah, weil ich ihren Vater verlassen hatte. Sie bemühte sich, nach außen hin tapfer zu wirken, damit sich Bruder und Schwester nicht fürchteten, aber je tiefer sie ins Hinterland Pakistans gelangten, desto mehr wuchs bei allen drei Kindern das Gefühl von Verlassensein und Angst.

Sie wurden im Dorf versteckt und bei Mustafas ältestem Sohn, Abdur Rehman, untergebracht. Der kleine Ali durfte draußen spielen, aber Naseeba und Nisha war nur erlaubt, über die Mauer hinwegzugucken, die das Haus umgab. Naseeba war noch nicht ganz neun Jahre alt und Nisha erst sechs, aber ihr zartes Alter spielte keine Rolle: Mädchen hatten drinnen zu bleiben. Sie mußten mit den anderen Frauen im Haus sitzen, die sich offensichtlich alle mit dem Schicksal abgefunden hatten, das das Leben in einem entlegenen Dorf in Pakistan den Frauen vorschrieb.

Ali erging es aber auch nicht viel besser: Die armen Dorfjungen, seine Spielgefährten, waren verdreckt; lästige Fliegen und Mücken peinigten ihn. Die ungepflasterten Wege in Kot Addu waren verschlammt, und Abfälle schwammen in der offenen Gosse, Parks und Spielplätze gab es nicht. Ali und die anderen Jungen vertrieben sich die Zeit in engen Gassen, wo räudige Hunde herumstreunten und die Insekten durch kräftiges Schwanzwedeln verscheuchten.

Mustafas Bruder und Mitverschwörer Ghulam Arbi Khar zog sich bald aus der Geschichte zurück. Ihn quälte das schlechte Gewissen, und er bereute die Leichtgläubigkeit, mit der er sich auf Mustafas Pläne eingelassen hatte. Er erfuhr, daß ich in London ins Krankenhaus gekommen war, und fühlte sich daran mitschuldig, außerdem wurde ihm klar, daß Mustafa nicht zum Wohl der Kinder, sondern aus Egoismus handelte.

Ein weiterer Bruder, Ghulam Ghazi Khar, ebenfalls Parlamentsabgeordneter, bemühte sich nach Kräften, den Kindern die Eingewöhnung im Dorf zu erleichtern. Er sprach zwar schon lange nicht mehr mit Mustafa, erwärmte sich aber für seine Nichten und Neffen und lud sie oft in sein Haus ein. Er nahm Ali auf die Jagd mit, kaufte ihm ein Pony und brachte ihm Reiten bei. Ghulam Rabbani Khar, Abgeordneter im Provinzparlament, überschüttete die Kinder mit Geschenken und anderen Beweisen seiner Zuneigung.

Der Fernseher rückte mehr und mehr ins Zentrum: Die Mädchen wurden ständig mit indischen Videos berieselt; ungefähr gleichaltrige Cousinen nahmen sich ihrer an.

Sobald Mustafa erfuhr, daß mein Vater Kontakt zu General Zia ul-Haq aufgenommen hatte und daß wir die Kinder in seinem Dorf vermuteten, reagierte er prompt. Die Kinder wurden zum Flughafen nach Lahore gebracht. Sie waren ziemlich aufgeregt, denn sie hatten mitbekommen, daß über sie viele Presseberichte erschienen waren, und hofften, man würde sie auf der Fahrt nach Lahore erkennen. Sie mußten jedoch auf Befehl ihrer Onkel bei dem Versteckspiel mitmachen: Wenn das Auto vor einer Ampel anhielt, mußten sie sich auf die Sitze ducken, damit sie niemand sah. Unter falschem Namen wurden sie mit dem Flugzeug von Lahore nach Karachi gebracht.

Von Karachi wurden die Kinder in Jatois Dorf Nawabshah gefahren, wo sie bei Jatois Sohn Masroor und seiner amerikanischen Ehefrau Sarah wohnten. Sarah verhielt sich den Kindern gegenüber eher so, wie sie es von mir gewohnt waren, und sie mochten sie gern. Sie erzählten, das »Haus Jatoi« sei viel sauberer als alle anderen, die sie in Pakistan gesehen hatten, und Sarah habe sie sogar auf eine Bootsfahrt mitgenommen – nicht nur Ali, sondern auch die Mädchen.

Diese Nachricht schmerzte und beunruhigte mich. Bis dahin war ich der Meinung gewesen, Jatoi stünde auf meiner Seite oder verhielte sich zumindest neutral.

Ich war froh, daß Kinder so robust sind und ein so kurzes Gedächtnis haben. Dennoch schauderte mir bei dem Gedanken, was aus ihnen im Lauf der Jahre geworden wäre. Mir war klar, daß sie während dieser Zeit sehr verstört und unglücklich gewesen waren, aber sie konnten doch mit einem gewissen Humor auf die Ereignisse zurückblicken. Ich tröstete mich mit dem Gedanken, daß ich ihnen meine Stehaufmännchen-Lebensphilosophie vererbt hatte.

◇

Einen Tag nach meiner Ankunft in Lahore veranstaltete die Nationale Volkspartei unter großem Rummel ihren ersten Parteitag, mit Mustafa Jatoi als Vorsitzendem. Mustafa saß derzeit als einziger bekannter politischer Führer im Gefängnis, und diese Ursache seiner Abwesenheit machte ihn – und damit auch mich – zu einer Berühmtheit. Ich saß neben Jatoi auf dem Podium und erinnerte mich immer aufs neue daran, politische und persönliche Gefühle voneinander zu trennen. Als ich aufgerufen wurde, erbob ich mich und hielt, sozusagen als Stimme Mustafas, meine politische Jungfernrede. Ich war sehr nervös, sprach aber trotzdem überzeugend.

»Mustafa Khar ist zurückgekehrt!« rief ich aus. »Leider verwehrt man ihm, unmittelbar zu Ihnen zu sprechen. Seine Gefängnishaft wird unsere Partei stärken. Er hatte den Mut, nach Pakistan zurückzukehren, obwohl er wußte, daß die Generäle ihm niemals erlauben würden, die ihm vorbestimmte Rolle zu übernehmen – eine Rolle als Fürsprecher und Vertreter des niedergetretenen Volkes dieses Landes.

Es entspricht nicht seinem Wesen, Kompromisse einzugehen oder sich mürbe machen zu lassen. Er ist hier, um zu kämpfen. Er wird gegen das Kriegsrecht und seine Ungerechtigkeiten kämpfen. Schuldsprüche in Massenprozessen vor Militärgerichten und -tribunalen erkennen wir nicht an, ihre Urteile weisen wir zurück.

Unseren Willen können die Generäle nicht brechen und unsere Stimmen nicht ersticken. Mustafa Khar ist zurückgekehrt, um den unglücklichen Opfern des Kriegsrechts nahe zu sein. Daß er nun zu ihnen gehört, stellt ihn auf eine Stufe mit dem unterdrückten Arbeiter. Er ist stolz darauf, zum einfachen Volk zu gehören. Er ist ein Symbol dafür, daß das Volk von Pakistan ungesetzliche Herrschaft nicht akzeptiert.

Mustafa Khar hat all seine Genossen aufgefordert, sich unter der Führung von Herrn Jatoi zusammenzuschließen. Daß Sie hier sind, zeigt, daß Sie unverändert an Mustafas Führerschaft glauben. Durch Ihre Unterstützung werden wir ihn bald wieder in unserer Mitte begrüßen können.«

Langsam verstand ich, wie und weshalb das Streben nach Macht Männer verzehrt.

◇

Fünfzehn Tage lang war ich schon in Pakistan, als mir die Behörden endlich erlaubten, Mustafa zu besuchen. Er war mit dem Flugzeug von Karachi nach Faisalabad gebracht worden und saß dort im Zentralgefängnis. Die dreistündige Fahrt von Lahore nach Faisalabad legte ich in einem Autokonvoi in Begleitung mehrerer Parteimitarbeiter und politischer Berater zurück; ich wollte meinen Mann im Büro des Gefängnisdirektors besuchen.

Zwar war mein Leben jetzt durch Mustafas Verhaftung unsicherer und unnormal geworden, aber da war noch etwas: Ich lebte zum erstenmal seit unserer Heirat ohne ihn. Auf dem Weg zum Gefängnis durch den dichten, chaotischen Straßenverkehr mit pferdebespannten Tongas, den alten Fahrgastdroschken, und lärmigen Rikschas sah ich mir die Leute an, unbeirrt in der Sommerhitze, mit allen nur denkbaren Härten des Lebens vertraut. Auf Fahrrädern und zu Fuß, mancher ohne Schuhe, andere auf Eselskarren aneinanderkauernd, bildeten sie einen deutlichen Kontrast zu den feinen Pajero-Jeeps und den modernen Limousinen mit Klimaanlage wie meiner. Dieses Durcheinander war mir lieber als all die organisierte Herrlichkeit Englands.

Mustafa betrat das Büro des Gefängnisdirektors ohne auch nur das kleinste Anzeichen von Leid im Gesicht. Ich war erstaunt, vielleicht hatte ich erwartet, einen »Häftling« statt eines »Führers« zu sehen. Aber ich hätte es besser wissen müssen, Mustafa entsprach nie den Erwartungen. In Pakistan war er auf seinem Terrain, hier war er ein wahrer Führer. Er wußte, wie er die Behörden einschüchtern konnte. Während all unserer Exiljahre hatte ich ihn niemals so zuversichtlich und sich so deutlich der eigenen Stärke bewußt erlebt.

Mir wurde ein Besuch pro Woche zugestanden, und so begann

eine lange Reihe regelmäßiger Treffen. Ich hielt den Informationsfluß zwischen Mustafa und der neuen Partei aufrecht. In Lahore waren die Tage lang. Ich hörte mir Argumente und Gegenargumente der Parteiaktivisten genau an und übermittelte ihnen dann als ihr »tägliches Brot« Mustafas Standpunkt. Die Abende waren mit Presseinterviews belegt. Es war dringend geboten, Mustafas Namen in der Öffentlichkeit lebendig und in aller Munde zu halten. Allmählich merkten die Menschen, daß ich eine eigene Meinung hatte und mich nicht mehr scheute, sie auch auszusprechen. Sie respektierten meine Einschätzungen. Erst abends, bevor meine Kinder schlafengingen, konnte ich mich dann um sie kümmern. Spät nachts fiel ich ins Bett.

Die Aktivisten führten erbitterte Kämpfe um Machtpositionen innerhalb der neuen Organisation. Viele von ihnen hofften, ich würde mich bei Mustafa für ihre Belange einsetzen. Für die Parteiführer war das eine schwierige Zeit. Gern hätten sie allen Enthusiasmus belohnt, aber ihnen war klar, daß sie so manchen zurechtstutzen und gleichzeitig andere nach vorne drängen mußten. Daß sie dadurch ein Heer von Verprellten schaffen würden, war unumgänglich.

Ich berichtete meinem Mann, daß Jatoi Schlüsselpositionen an seine eigenen Leute vergab und Mustafas Anhänger an den Rand drängte. Auch das war vielleicht nicht zu vermeiden; aber Mustafa fühlte sich gar nicht bedroht. Seiner Meinung nach war Jatoi viel zu sehr Ehrenmann, um wirkungsvoll eine solche Politik unter der Gürtellinie betreiben zu können. Mustafa sah bereits das Chaos voraus, das Jatoi in seinem Wunsch, es immer allen recht zu machen, bewirken würde. Die neue Partei würde keinen breiten Einfluß unter den Massen gewinnen; ihr Parteiprogramm und ihre Flugblätterstapel würden zwischen den vielen ungelesenen Prachtbänden verstauben, die sich bereits so ordentlich im »Haus Jatoi« stapelten. Mustafa vertraute darauf, daß er sich im relativen Komfort seiner Gefängniszelle entspannen und auf den Hilferuf der Parteiführung warten könne. Wenn er dann aus dem Gefängnis kam, wäre er als einziger übriggeblieben, um die Partei zu organisieren.

Mustafa wurde zum Präsidenten der Punjab-Parteisektion ernannt, allerdings wurden die laufenden Aufgaben einem Ersatzmann übertragen. Von der sicheren Warte seiner Gefängniszelle aus verfolgte er eine Strategie desinteressierter Neutralität und kultivierte eine Haltung der Schicksalsergebenheit. Viele Beobachter spürten, daß der Löwe vom Punjab seinen Biß verloren hatte, erkannten aber nicht, daß er eine Taktik übernahm, die bereits Bhutto mit Erfolg ausprobiert und eingesetzt hatte: Steck die Lunte an, aber halte dich bei der Explosion abseits; dann schreite durch den Rauch und sammle die Trümmer ein.

◇

Unser persönliches Verhältnis war immer noch labil. Mustafa war klar, daß er mich nicht vollständig besiegt hatte, und meine kurzen Besuche ließen ihm nicht genug Zeit, um mich einer Gehirnwäsche zu unterziehen. Er mißgönnte mir meine Freiheit und war eifersüchtig auf die Zeit, die ich ohne ihn verbrachte, auch wenn diese ganz und gar seinen Bestrebungen gewidmet war. Er fürchtete meine Vergeltung, falls er sich unvernünftig verhalten würde, und ihm war bewußt, daß er nicht in der Lage war zurückzuschlagen. Ich sah, wie sein Verstand auf Hochtouren arbeitete, wie er nach einer Möglichkeit suchte, mehr Zeit mit mir zu verbringen. Allein konnte er die Gefangenschaft nicht ertragen.

Ich empfand für ihn ein gewisses Maß an Mitleid. Seine Zukunft war ungewiß, er wußte nicht, wie lange er in Haft bleiben würde. Er wußte, daß Zia ul-Haq nach Lust und Laune seine Exekution anordnen konnte. Und ich wollte nichts unternehmen, um seine Qualen noch zu vergrößern.

Monate vergingen, und ich war das Leben aus dem Koffer bei Arbi und Saima leid. Ich überzeugte Mustafa davon, daß es besser sei, mich ein Haus in Lahore anmieten zu lassen, wo ich mich mit den Kindern einquartieren und sie an guten englischen Schulen anmelden konnte. Zum Glück schien ihre Entführung ohne böse Spätfolgen zu bleiben – wenn man von Kopfläusen absieht, die sich erst nach einer längeren Behandlung mit Insektenvernichtungs- und Desinfektionsmitteln geschlagen gaben.

Etwa zu dieser Zeit brachte eines unserer Parteimitglieder eine sechsundzwanzigjährige Frau als Hausangestellte zu mir. Shugufta kam aus einer sehr guten Familie, die über keinerlei Einkommensquellen verfügte. Sie war unterernährt und sah erschöpft aus. Ich nahm sie in meine Dienste auf und ließ sie Hamza betreuen, der sich, da ich oft lange von zu Hause fort war, eng an sie anschloß.

Unser neues Heim war ein geräumiges Haus mit fünf Schlafzimmern. Ich ließ eine Klimaanlage einbauen, Teppichboden verlegen und bestellte wunderschöne Möbel. Als ich dann Bilder aufhängte, merkte ich, daß ich in meinem Element war. Eines Morgens, kurz nachdem wir uns in diesem Haus niedergelassen hatten, rief mich ein Journalist an und erzählte, Mustafa habe einen Herzanfall erlitten. Warum hatte mich niemand benachrichtigt? Voll Panik rief ich den Innenminister an und erhielt eine Sondererlaubnis für einen Besuch bei meinem Mann. Dann eilte ich nach Faisalabad.

Mustafa lag in einer Sonderstation des städtischen Krankenhauses, die wie eine Festung bewacht wurde. Seine Bewunderer hielten auf dem Flur Wache. Viele Aktivistinnen und Aktivisten der Nationalen Volkspartei saßen dort, rezitierten feierlich Verse aus dem Koran und ließen die Perlen ihrer Gebetsschnüre durch die Finger gleiten.

Als ich kam, saß Mustafa auf der Bettkante und grinste breit. »Das ist Pakistan«, erklärte er. »Hier geht alles. Der Gefängnisarzt und ich haben gemeinsame Sache gemacht.« Die noch aus britischen Zeiten stammende Haftordnung gestattete einem Gefangenen im Krankenhaus tägliche Besuche seiner Familie, und daher, so beschied Mustafa, hätte ich nun jeden Tag zu ihm zu kommen!

Das einzige, woran er litt, war Sodbrennen, und mit seinem neuen Tagesablauf war er sehr zufrieden. Jeden Tag machte er morgens Yoga, balancierte im Kopfstand mit gekreuzten Beinen und betrachtete so die Welt aus einem anderen Blickwinkel.

Auch meine Welt stand auf dem Kopf: Jeden Morgen mußte ich die dreistündige Fahrt von Lahore nach Faisalabad durchstehen, mit meinem Mann zu Mittag essen und nachmittags nach Hause fahren. Abends mußte ich dann Pressetermine wahrnehmen und sowohl die politische Lage bis in alle Einzelheiten erörtern als auch das letzte Bulletin über den Gesundheitszustand meines Ehemannes erläutern.

Selbst als ich mir eine schwere Grippe zugezogen hatte, bestand Mustafa auf meinem täglichen Besuch. Er verhielt sich fast immer stur und unvernünftig und wenig einfühlsam, aber ich hatte keine Kraft, mit ihm zu kämpfen. So sah zwanzig Tage lang mein Tagesablauf aus.

◇

Ich erhielt die Nachricht, Mustafas Mutter sei schwer erkrankt. Ich flog nach Multan und wurde von dort nach Kot Addu gebracht, wo ich sie bewußtlos in ihrem Zimmer vorfand. Ihre Enkelkinder saßen um das Bett herum und rezitierten Koranverse. Niemand hatte den Arzt geholt oder beabsichtigte, sie ins Krankenhaus zu bringen. Alle warteten auf ihren Tod.

Ich bestand darauf, sofort für medizinische Betreuung zu sorgen, aber Mustafas Bruder Ghazi sagte: »Es hat keinen Zweck. Sie stirbt. Sie ist meine Mutter – ich entscheide das.«

»Deine Meinung spielt keine Rolle«, fuhr ich ihn an. »Ich vertrete hier Mustafa. Er ist der älteste Sohn, und während seiner Abwesenheit entscheide ich. Ich bestehe darauf, daß ein Arzt gerufen und sie ins Krankenhaus gebracht wird. Wir können sie nicht sterben lassen, ohne vorher alles versucht zu haben, um ihr Leben zu retten.«

Ghazi war wütend, weil ich ihn vor seinen Brüdern bloßgestellt hatte, aber ich setzte mich mit meinem resoluten Verhalten durch. Sie ließen einen Arzt kommen, und als erstes erhielt Mustafas Mutter Sauerstoff. Ihr Blutdruck sank langsam wieder. Sie blieb zwar bewußtlos, aber wir konnten sie ins Nishtar-Krankenhaus in Multan bringen.

Mustafa wurde umgehend dorthin verlegt. Wegen seiner »Herzkrankheit« wurde eine komplette Station des Krankenhauses in eine Gefängnisabteilung verwandelt, und er und seine gesamte Familie hielten in diesen Räumen Krankenwache. Parteimitglieder ließen üppige Mahlzeiten anliefern. Wegen dieser Begleiterscheinungen hatte ich einen kurzen Streit mit Mustafa. Warum sollten uns solche Privilegien gestattet werden? »Was ist mit den richtigen Patienten?« fragte ich. »Wohin sollen die sich wenden?« Ausnahmsweise hatte Mustafa einmal keine Antwort parat. Er gab zu, daß dieses relativ genußvolle Leben im Grunde genommen nicht mit seinen Prinzipien übereinstimmte, aber angesichts des Zustands seiner Mutter war er bereit, diese Prinzipien für den Augenblick bewußt beiseite zu lassen.

Stundenlang saß er neben ihr, während sie im Koma lag, sprach auf sie ein und versuchte, sie durch gutes Zureden in diese Welt zurückzuholen. Er versicherte ihr, er sei jetzt für immer nach Hause zurückgekommen und werde ihr nie wieder von der Seite weichen. Jedesmal, wenn Mustafa seinen Namen nannte und sagte, er sei bei ihr, reagierte die alte Frau mit leisem Stöhnen; manchmal rannen ihr Tränen die Wangen hinab. Seine Stimme klang verzweifelt, als er sie anflehte, doch die Augen zu öffnen und einen Blick auf den Sohn zu werfen, nach dem sie sich so lange gesehnt hatte, nur einen einzigen Blick.

Wir waren in einem staatlichen Krankenhaus, dem größten in Multan, trotzdem war ich entsetzt über die Bedingungen. Das Gebäude selbst war in einem chaotischen Zustand, und die hygienischen Verhältnisse waren offenkundig sehr schlecht, schwere Fälle postoperativer Infektionen waren an der Tagesordnung. Der Strom fiel immer mal wieder aus, und dies geschah häufiger gerade in kritischen Momenten bei Operationen.

Ich wollte etwas Sinnvolleres tun als nur herumzusitzen und zu plaudern und ging daher zur Kinderstation. Ich war schokkiert, daß sich hier drei bis vier Kinder vom Säuglings- bis zum Kleinkindalter ein Bett teilen mußten. Einige litten an Leukämie, andere hatten schweren Durchfall oder Tuberkulose. Niemand versuchte, die Kinder mit ansteckenden Krankheiten von denen mit chronischen Erkrankungen oder mit Unfallverletzungen getrennt zu halten. Ungekämmte Mütter saßen mit gekreuzten Beinen auf den Betten im vergeblichen Bemühen, sich um die Pflege ihrer Kinder zu kümmern, aber es gab keine Versorgung mit Medikamenten und Verbandsmaterial – nicht die geringste.

Eine Frau saß auf einem Bett und hielt ihre Tochter auf dem Schoß. Das Mädchen mochte etwa drei Jahre alt sein. Der Bauch des Kindes war stark geschwollen, und ich fragte eine Krankenschwester, was ihr fehle.

»Leberkrebs«, erwiderte sie.

»Und was tut man für sie?« fragte ich.

Die Schwester erklärte, es sei Sache der Eltern, die erforderlichen Medikamente und auch Nahrungsmittel außerhalb des Krankenhauses zu besorgen. Der Vater des Kindes war einfacher Arbeiter und verdiente nur dreißig Rupien am Tag. Er würde einen ganzen Tageslohn verlieren, wenn er sich freinähme, um Medikamente zu beschaffen.

Ich nahm fünfhundert Rupien aus dem Portemonnaie und überreichte sie der Mutter mit den Worten: »Wenn Ihr Mann zurückkommt, geben Sie ihm das Geld und sagen Sie ihm, er soll Medizin holen gehen.« Sie sah mich erst mißtrauisch an, nahm aber das Geld dann dankbar entgegen.

Als ich am nächsten Tag wiederkam, waren das Mädchen und seine Mutter weg. Ich befürchtete das Schlimmste und fragte die Schwester, was mit ihnen passiert sei.

»Sie haben sie nach Haus gebracht«, erwiderte sie. »Sie haben noch fünf Kinder, die sie mit Ihrem Geld ernähren können.«

Enttäuscht schüttelte ich den Kopf und verließ die Station mit dem festen Willen, alles in meiner Macht Stehende zu unternehmen, um diese entsetzliche Situation zu ändern. Ich marschierte in Mustafas vergleichsweise luxuriöse »Suite« und knöpfte mir ihn und seine Brüder vor. Ich forderte von jedem von ihnen zehntausend Rupien als Spende, um Medikamente für die Kinder zu kaufen. Sie fanden das zwar lächerlich und nannten es Geldverschwendung, aber für diese Feudalherren war das ohnehin bloß Kleingeld.

Noch am selben Abend, freudestrahlend und stolz auf meine Leistung, suchte ich den Arzt der Kinderstation auf und berichtete ihm, daß ich sechzigtausend Rupien für Medikamente gesammelt hatte. Er riet mir, das Geld nicht an die Klinik zu übergeben. »Wenn hier Medikamente und Nahrungsmittel vorrätig wären«, sagte er warnend, »würden sie bloß von den Krankenschwestern und Assistenzärzten gestohlen und auf dem Schwarzmarkt landen.«

Ich war schockiert und erwiderte: »Warum können Sie das nicht überwachen und die Medikamente verabreichen?«

Er zuckte mit den Schultern und sagte resigniert: »Weil das schlichtweg unmöglich ist.«

Ich wollte mich damit nicht abfinden und handelte auf eigene Faust. Schon bald wurden lebenswichtige Medikamente im Wert von sechzigtausend Rupien an die Kinderstation geliefert. Ich zeigte auf die Kisten und ermahnte die Krankenschwestern: »Bitte passen Sie auf, daß wenigstens das nicht gestohlen wird!«

Vom weiteren Schicksal dieser Medikamente wollte aber auch ich lieber nichts wissen. Mir war zwar klar, wohin sie gelangt waren, ich verschloß aber – wie so viele andere vor mir – die Augen vor den bitteren Tatsachen und ließ all die Hoffnungslosigkeit hinter mir.

◇

Meine Schwiegermutter lag weiter im Koma und verstarb, ohne den geliebten ältesten Sohn wiederzusehen.

Man gestattete Mustafa, an der Beerdigung teilzunehmen. Als er aus dem Krankenhausgefängnis trat, liefen aus allen Richtungen Menschen auf ihn zu. Er begrüßte sie liebenswürdig, bahnte sich aber dann seinen Weg durch die Menge zum Auto. Wie ein Kind, das ein schon lange verlorengeglaubtes Lieblingsspielzeug wiedergefunden hat, nahm er hinter dem Lenkrad Platz. Die Gelegenheit, Auto zu fahren, war für ihn wie ein köstlicher Hauch von Freiheit, selbst wenn einige Polizeijeeps ihm folgten.

Er verwies seinen Bruder Ghazi auf den Rücksitz und bat

mich, vorn neben ihm Platz zu nehmen. Das war ein Zeichen für eine fortschrittliche Haltung, ein Bruch mit der Tradition, ein Signal an die anderen, daß ich ihm nun gleichgestellt war. Den Frauen der Khar-Familie war immer bewußt gewesen, daß ihnen nur der geringere Platz zustand; Mustafa zeigte der Welt, daß mein Platz an seiner Seite war. Ghazi saß auf dem Rücksitz und machte einen bedrückten Eindruck, er fragte sich wohl, wie und weshalb sein Bruder sich so emanzipiert hatte.

Staubwolken hüllten uns ein, als wir uns dem Friedhof in Kot Addu näherten. In der Abenddämmerung stampften die von der Weide zurückkehrenden Kühe über die trockene Straße. Hinter dieser Staubwolke erwartete uns ein Gesichtermeer – nahezu sechzigtausend Menschen, die so verloren und verzweifelt aussahen wie die Seelen, die sich einst am Tag des Jüngsten Gerichts versammeln werden. Als sie den Löwen vom Punjab erkannten, der nun nach langen Jahren zurückkehrte, riefen sie wie in Ekstase seinen Namen. Sie waren gekommen, um die Mutter zu beerdigen, aber ihre Hoffnungen für die Zukunft lagen beim Sohn. Mustafas Anwesenheit bedeutete für sie, daß die Erlösung in greifbare Nähe rückte. Abgerissen, zerlumpt und barfuß stürzten die Menschen nach vorne, um einen Blick auf ihren Führer zu erhaschen. Sie weinten, sie schlugen sich mit den Fäusten gegen die Brust. Ihr Stöhnen stieg zum Himmel empor.

Der Boden teilte sich, um Mustafas Mutter aufzunehmen. Dann strömten die Massen zusammen, um Mustafa in ihre Mitte zu nehmen.

Er hielt seine erste öffentliche Rede seit der Rückkehr aus dem Exil. »Ich habe mich so sehr danach gesehnt, wieder unter euch zu sein«, rief er seinem Volk zu. »Das Schicksal hat ein seltsames Spiel mit mir getrieben. Immer wieder habe ich zu Allah gebetet, mir eine Gelegenheit zu geben, etwas für euch zu tun. Nun bin ich hier, um den Tod meiner Mutter zu betrauern. Ihr seid gekommen, um meinen Gram zu teilen; ich kann euch nichts geben. Immer noch bin ich ein Gefangener des Diktators. Ich kann euch jetzt nicht nützlich sein ... Heute lege ich vor dem Grab meiner Mutter ein Gelöbnis ab: Ich werde zurückkommen.

Oben: Die geliebte Großmutter.
Links: Der Löwe vom Punjab und seine »Jungen«.

Gegenüberliegende Seite, oben:
;tafa Khar, kurz vor seiner
;nadigung, beim Gebet im
Kreise von Anhängern.
;egenüberliegende Seite, unten:
Eine Protestveranstaltung
en Mustafas Inhaftierung.
hts: Im weißen Baumwoll-
el bei einer Demonstration
vor dem Senatsgebäude.
Unten: Die Freilassung ist
erreicht – Mustafa und
:hmina inmitten jubelnder
Anhänger in Multan.

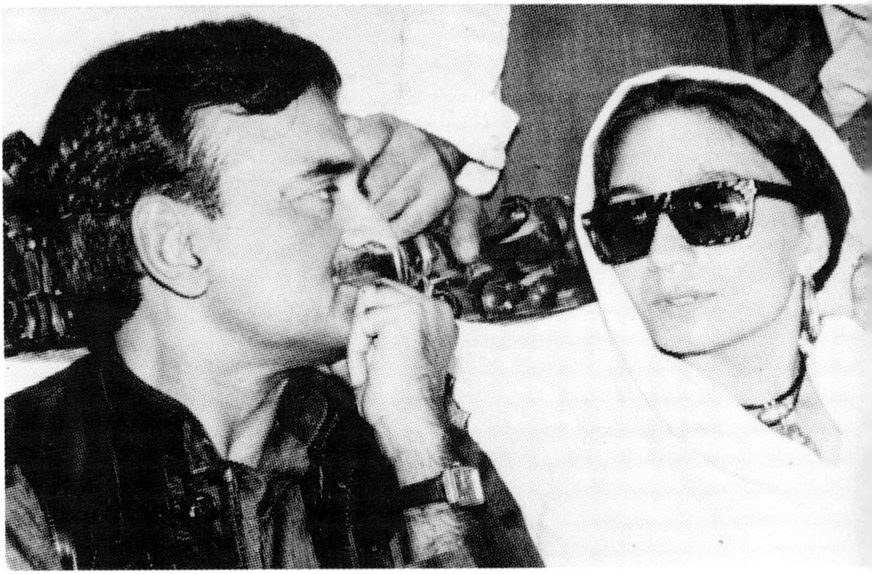

Bei einer gemein
samen politische
Veranstaltung n
der Freilassung,
mit Mustafas alt
Kampfgefährten
Sajid.

Der erste triumphale Wahlkampf nach dem Gefängnisaufenthalt.
Unten: Vor den begeisterten Massen in Mustafas Heimatdorf Kot Addu.

Mustafa Khars politische Wieder
annäherung an die Pakistanische
Volkspartei und ihre Führerin Be
Bhutto, Ende der achtziger Jahre

Gegenüberliegende Seite, oben: Must
Khar (links vorn) 1990 als Minist
Kabinett von Mustafa Jatoi.
Gegenüberliegende Seite, unten: Mus
Khar (nach der Scheidung) mit
Ali bei einer Wahlkampfveransta
der Pakistanischen Volkspartei.

Mustafa Khar kann sich wieder einmal als Sieger fühlen – nach der Verhandlu
Ehebruchsprozeß, den Adilas Mann Matloob gegen ihn angestrengt hatte.

Ich werde dafür kämpfen, zu euch, zu meinem Volk, zurückzukehren, und gemeinsam werden wir dieses korrupte und verfettete System stürzen. Wir werden ein System aufbauen, das den Wünschen eures Herzens nähersteht. Ohne euch bin ich nichts. Mustafa Khar ist euer Geschöpf, geboren aus eurem Boden ... Ich bete zu Allah, daß er mir eine Chance gewährt, euch eure Liebe zu vergelten und euren Glauben an unser geliebtes Land wieder aufzurichten.«

Chaos brach aus. Menschen drehten durch, kreischten und schluchzten nach einer Gelegenheit, Mustafa nahe zu kommen, wenn möglich, ihn zu berühren. Viele wurden niedergetrampelt. Mustafa stand reglos da und nahm diesen überwältigenden Liebesbeweis voll Stärke zur Kenntnis.

Auf der Rückfahrt konnte ich spüren, daß er sich trotz des Verlustes seiner Mutter sehr entspannt fühlte. Nun war er sich sicher, daß die Unterstützung für ihn während seiner Abwesenheit nicht gesunken war. Die Menschen sahen in ihm immer noch den charismatischen Führer, der sie der Erfüllung ihrer Träume näherbringen würde. Nun konnte er beruhigt ins Gefängnis zurückkehren und abwarten, bis seine Zeit gekommen war.

Man erlaubte Mustafa, in Multan zu bleiben, um seine »Herzkrankheit« behandeln zu lassen, und er wollte, daß die Kinder und ich dorthin umzogen. Ich sah darin keinen Sinn. Die Kinder hatten sich inzwischen in Lahore im neuen Haus und in der Schule eingewöhnt. Ich machte ihm deutlich, daß die Schulen in Multan wenig taugten. »Du bist im Gefängnis«, sagte ich. »Du mußt lernen, im Gefängnis zu leben wie ein Politiker – in Würde. Hör doch endlich auf, dich an mich zu klammern. Die Kinder brauchen ein geregeltes Leben, dafür müssen wir Sorge tragen. Wenn du vierzehn Jahre im Gefängnis bleiben mußt, sollen sie dann auch ein ungeregeltes Leben führen?«

»Ich wußte es, ich wußte es!« schimpfte Mustafa. »Ich habe damit gerechnet, daß du das machen würdest. Du hast versprochen, zu mir zu halten. Du hast es versprochen! Und jetzt machst du so was.«

Wie üblich überwältigten mich Mustafas Argumente. Seine schwierige Lage als Gefangener machte mich erpreßbar. Traurig räumten wir unser Haus in Lahore und kehrten nach Multan zurück, um wieder von vorn anzufangen. Die Hitze war so groß, daß sie sich in unsere Knochen einbrannte; in diesem glühenden Höllenschlund blieben selbst Klimaanlagen wirkungslos. Unsere Gastgeber, Sajids Bruder und Schwägerin, waren sehr liebenswürdig, aber es war klar, daß wir, Shugufta und ich mit vier Kindern, ihnen Ungelegenheiten bereiteten. Es war, als hätte in ihrem kleinen Haus mit drei Schlafzimmern eine Invasion stattgefunden; zudem hatten sie drei eigene Söhne. Meine Kinder waren verwirrt und verstört, als ihre neuen Lehrer sie plötzlich nach Aussprache und Bedeutung englischer Wörter fragten.

Meine Gastgeberin und ich sahen uns nur selten, da Mustafa mich fast immer mit Beschlag belegte. Das Leben drehte sich entweder um ihn als Ehemann oder um ihn als politischen Führer. Dieser Streß machte mich ständig müde, und so erhielt ich regelmäßig Vitamin-B-Spritzen zur Beruhigung der Nerven.

Sechs Monate später entdeckte ich einen kleinen Knoten in der Brust. Die Ärzte rieten mir zu einer Biopsie.

»Laß das hier im Krankenhaus machen«, erklärte Mustafa.

Ich weigerte mich rundweg. »Ich fahre nach Karachi«, sagte ich trotzig, »in das beste Krankenhaus im ganzen Land. Vielleicht habe ich Krebs. Ich kann das Risiko nicht eingehen, mich hier operieren zu lassen. Spielt mein Leben für dich keine Rolle? Willst du, daß ich sterbe?«

Mustafa wurde melodramatisch: »Ich bin doch zumindest bei dir«, sagte er. »Dann kann ich deine Hand halten.«

Ich war nicht daran interessiert, daß jemand meine Hand hielt, ich wollte den besten Arzt, den ich finden konnte.

Entgegen Mustafas ausdrücklichem Wunsch und trotz der Klagen, die er gegenüber seinen Brüdern wegen meiner Dickköpfigkeit, meiner Selbstsucht und meines Ungehorsams äußerte, fuhr ich ins »Haus Jatoi« nach Karachi. Meine Mutter war zur selben Zeit in der Stadt, und ich wußte, daß sie von meiner bevorstehenden Operation erfahren hatte, aber ihr kam offenbar nicht in den Sinn, sich zu melden und nach mir zu fragen. Auch Rubina und Adila ignorierten mich, nur Zarmina und Minoo meldeten sich regelmäßig.

Glücklicherweise ersetzten mir die Jatois meine Familie. Khaliqa Jatoi wartete während des Eingriffs vor dem Operationssaal im Agha-Khan-Hospital. Die Operationsnähte waren noch frisch, als ein Parteimitglied aus Multan anrief und erklärte: »Ich habe eine Nachricht von Khar Sahib, Sie sollen bitte sofort kommen.«

Ich fand das unglaublich rücksichtslos und antwortete: »Teilen Sie Khar Sahib mit, daß die Fäden nach meiner Operation noch nicht gezogen worden sind. Ich kann nicht kommen.«

Mustafa hatte das vorausgesehen. In respektvollem, fast entschuldigendem Ton sagte der Mann: »Khar Sahib sagt, dies sei ein Befehl. Die Fäden könnten auch in Multan entfernt werden.«

Mustafa Jatoi, der neben mir stand, war wütend und nickte zustimmend, als ich erwiderte: »Richten Sie bitte Herrn Khar aus, daß ich keine unvernünftigen Befehle von ihm entgegennehme. Er sollte keine Anordnungen erteilen, von denen er weiß, daß ich ihnen nicht folge.« Wütend knallte ich den Telefonhörer auf.

Die Zyste stellte sich als gutartig heraus, und als alles erledigt war, flog ich nach Multan zurück. Schon bevor ich Mustafa besuchen ging, spürte ich die beklommene Atmosphäre unter den Parteimitarbeitern, die mich vom Flugplatz abholten; die Nachricht von unserem Ehekrach hatte sich bereits verbreitet.

Als ich in Mustafas Krankenzimmer trat, fing er gleich an, wütend loszubrüllen. Daß ich unbeeindruckt blieb, reizte ihn noch mehr, er packte mich an den Schultern und stieß mich gegen die Tür. »Jetzt ist es zu spät«, schimpfte er. »Geh weg.«

Ich sah ihm einen kurzen Augenblick lang direkt in die Augen, wandte mich dann um und ging hinaus.

Zwei Tage lang ließ ich ihn allein, und er geriet in Panik. Er überschüttete mich mit Telefonanrufen und entschuldigte sich, bis ich einlenkte und meine täglichen Besuche wieder aufnahm.

Ich spürte, daß wir unseren Gastgebern nicht länger zur Last fallen durften, und bat Mustafa, nach einer anderen Wohnmöglichkeit zu suchen. Er schlug vor, ich solle die Besitzer des Shezan-Hotels ansprechen und um einen ermäßigten Mietpreis bitten. Sie willigten ein, und meine vier Kinder, Shugufta und ich bezogen eine Zwei-Zimmer-Suite.

Jeden Tag nach dem Schulunterricht nahmen die Kinder mit ihrem Vater das Mittagessen ein und gingen dann zu ihren Privatstunden. Ich verließ Mustafas Zimmer um sechs Uhr abends und formulierte anschließend medizinische Bulletins für die Presse, die sich mit seiner nichtexistenten Herzkrankheit beschäftigten.

Weitere sechs anstrengende Monate vergingen. Ich fühlte mich erschöpft und seelisch ausgebrannt.

◇

Mich quälten schwere Unterleibsschmerzen. Eine Untersuchung ergab Probleme mit der Gebärmutter. Die Ärzte schrieben das den vielen zu schnell aufeinanderfolgenden Geburten zu und meinten, mein Zustand werde noch durch das viele Treppensteigen im Nishta-Krankenhaus verschlimmert, wo ich meinem Ehemann zur Verfügung zu stehen hatte. Ich sollte wieder operiert werden. Erneut befahl Mustafa: »Laß die Operation hier machen.« Und wieder weigerte ich mich, war aber diesmal zu einem Kompromiß bereit. Da ihm Karachi zu weit weg war, stimmte ich zu, nach Lahore ins Scheich-Said-Hospital zu gehen.

Mustafa erklärte, er werde niemals erlauben, daß mich ein männlicher Gynäkologe behandle. Ich sagte ihm, das hätte ich nie vorgehabt, und versicherte, ich würde eine Frauenärztin finden. Nach wie vor weigerte er sich, mich gehen zu lassen, aber ich blieb fest.

Als ich gemeinsam mit den Kindern kam, um ihrem verärgerten Vater auf Wiedersehen zu sagen, stellte er strenge Bedingungen, um meiner Widerspenstigkeit etwas entgegenzusetzen. Er forderte, ich solle ein schriftliches Gelöbnis auf den Koran ablegen, daß ich in genau fünfzehn Tagen zurück sei. Das tat ich, setzte jedoch hinzu, ich werde in fünfzehn Tagen zurückkehren, wenn nichts Außergewöhnliches geschehe.

»Was soll das?« fragte er, als er meine Erklärung las.

»Mustafa, ich kann keinen Eid auf den Koran ablegen, den ich vielleicht nicht einhalten kann. Alles mögliche kann passieren. So genau kann ich mich nicht festlegen.«

»Was soll schon passieren?«

»Naja, ich könnte zum Beispiel sterben.«

»Was soll das?« knurrte er. »Selbst wenn du stirbst, soll dein Leichnam von heute an gerechnet in fünfzehn Tagen bei mir sein. Wenn du krank bist, komm auf der Tragbahre – das macht mir nichts.«

Ich starrte diesen Mann an und konnte wieder einmal kaum glauben, wie dreist und gefühllos er sein konnte.

Sofort änderte er seine Taktik. »Okay, fahr nur«, sagte er. »Ich werde Nisha und Ali bei mir behalten.« Er mußte das Erschrekken auf meinem Gesicht erkannt haben, lächelte verschmitzt und erklärte: »Sie werden sich hier nicht wohl fühlen. Sieh zu, daß du rechtzeitig zurückkommst.«

»Sei doch vernünftig, Mustafa«, sagte ich und wußte, daß ich Unmögliches von ihm forderte, »die Kinder wollen nach Lahore. Sie haben sich auf die Reise gefreut. Du mußt sie nicht so von mir trennen.«

»Nein, sie bleiben hier.«

»Was sollen sie denn hier eingesperrt machen? Das ist grausam. Nisha und Ali werden sich unsicher fühlen und Angst kriegen. Sie wissen genau, daß Naseeba und Hamza ihren Spaß haben. Bestraf doch nicht die Kinder, nur weil ich plötzlich krank geworden bin.«

»Ich habe nein gesagt! Sie bleiben hier im Krankenhaus bei mir. Du hast rechtzeitig zurückzusein.«

Unsicherheit hatte ihn überwältigt, und wieder nahm er meine Kinder als Geisel. Mir tat dieser Mann leid, der es nicht zulassen konnte, daß ich mit ihm glücklich war. Ich richtete mich nach jeder seiner Launen, und er reagierte mit ständig wachsender Gefühllosigkeit – als sei er wild entschlossen, mich von sich wegzustoßen. Vielleicht meinte er, ich würde am Ende doch einer Operation in Multan zustimmen, aber ich war inzwischen stärker, als ihm klar war. Ich fuhr mit Naseeba und Hamza nach Lahore.

◇

Als ich in den Operationssaal geschoben wurde, fühlte ich mich allein und im Stich gelassen von dem Mann, dem zuliebe ich die Bindungen an meine Familie aufgegeben hatte. Entgegen den Anweisungen meiner Mutter hielten meine Großmutter und Zarmina zu mir. Für ihre Freundlichkeit wurden sie geächtet.

Ich blieb eine Woche im Krankenhaus und zog dann, um mich von dem Eingriff zu erholen, ins Haus meiner Großmutter. Ich beobachtete, wie sie auf ihrer Gebetsmatte weinend für mich um Erlösung von den Nöten bat, die ich seit meiner Kindheit hatte ertragen müssen. Sie sorgte für mich und umgab mich mit ihrer Liebe, als könne sie so das Fehlen aller anderen menschlichen Bindungen ausgleichen.

An dem Tag, als ich nach Multan zurückkehren sollte, berichteten die Morgenzeitungen, Mustafa sei in der Nacht nach Rawalpindi verlegt worden. Das klang wirklich bedrohlich, denn dort hatte man Bhutto hingerichtet.

Ich berief eine Pressekonferenz ein und verurteilte Mustafas Verlegung. Ich hatte meine Lektionen in politischer Rhetorik gut gelernt: Ich verwies auf das Herzleiden meines Ehemanns und äußerte meine Besorgnis darüber, daß die lange Fahrt nach Rawalpindi gefährlich für ihn sein könne. Dann stellte sich heraus, daß er tatsächlich ins Adyala-Gefängnis in einem Außenbezirk von Islamabad verlegt worden war.

Am nächsten Tag, dem 2. August 1987, hatte Mustafa

Geburtstag, und die Kinder und ich flogen – in Begleitung anderer Mitglieder von Mustafas Familie – nach Islamabad, um Mustafa im Büro des Gefängnisdirektors zu sehen. In meiner Brieftasche steckte, sozusagen als Friedensangebot und Geburtstagsgeschenk, ein Foto von mir, aber Mustafa nahm es nicht an. Er war wütend auf mich, aus welchen wirklichen oder eingebildeten Gründen auch immer. Ständig schaffte er es, im Mittelpunkt zu stehen. Ich hatte weder die Kraft, noch war ich die Richtige, um ihn zu besänftigen, und war froh, daß wir uns an einem öffentlichen Ort befanden.

Mustafa bat den Gefängnisdirektor um Erlaubnis für uns, ihn zu seiner Zelle zu begleiten. Das wurde ihm gestattet, und wir alle gingen in sein Zimmer. Mustafa bat seine Verwandten und unsere Kinder, draußen zu warten, er wolle unter vier Augen mit mir sprechen. Ein Bambusvorhang außen an der Gittertür sollte so etwas wie Privatheit vortäuschen.

Er wollte mit mir schlafen. Der ganze Bereich um die Operationsnähte war noch empfindlich. Ich jammerte, es ginge mir nicht gut, ich bräuchte noch sechs Wochen Schonzeit, aber darum kümmerte er sich nicht. Um seine Annäherungsversuche abzuwehren, erinnerte ich ihn daran, daß seine Familie, unsere Kinder – und die Gefängnisbeamten – direkt vor der Tür saßen. Hinter dem Bambusvorhang konnte ich die Familie plaudern hören. »Gleich muß ich rausgehen und ihnen gegenübertreten«, sagte ich, »das kann ich nicht.« Er hörte gar nicht hin. »Mustafa«, zischte ich ihm zu, »ich schwöre bei Gott, ich schwöre beim Propheten, wenn du es wagst, mich zu berühren, werde ich nie wiederkommen und dich nie wieder besuchen. Ich werde dich verlassen. Ich werde die Scheidung einreichen!«

Er zwang mich dazu. Der Schmerz war schlimmer, als ich befürchtet hatte, und die Demütigung war noch entsetzlicher. Aber ich litt schweigend.

Als ich ihn endlich wegschieben konnte, stieß ich hervor: »Du bist krank – total abartig! Du Schweinehund!«

Sofort versuchte er, alles ungeschehen zu machen, und stammelte: »Verzeih mir –«

»– mit dir verheiratet zu sein, das kann sich niemand vorstellen.«

»Verlaß mich nicht, solange ich hier drinnen bin«, bat Mustafa. »Um Gottes willen, tu das nicht. Was soll dann aus mir werden? Du gehst weg, und ich bin hier eingesperrt. Ich habe so viele Sorgen. Du bist der einzige Mensch, den ich liebe, der mich liebt. Du bist für mich die einzige Hoffnung. Wenn du mich verläßt, bleibt mir nichts mehr.«

Ich warf ihm einen wütenden Blick zu.

»Gib mir dein Foto, Tehmina«, sagte er, »ich kann mir kein schöneres Geburtstagsgeschenk vorstellen.«

Ich nahm das Foto aus der Handtasche. Mit ruhigen Bewegungen zerriß ich es und verstreute die Teile in der Zelle.

Kapitel dreizehn

Ich war im Haus meiner Großmutter in Lahore und formulierte gerade mit großer Sorgfalt einen Einschreibebrief an Mustafa, in dem ich ihn um die Scheidung bat. Die Türklingel schrillte, und ich ging hin, um zu öffnen. Eine hübsche junge Dame stand draußen und lächelte mich an.

»Tanya?!« schrie ich.

Wir umarmten uns und brachen in Tränen aus. Meine Großmutter, Naseeba, Nisha, Ali und Hamza vernahmen unsere Freudenschreie und liefen herbei, um mitzufeiern. Meine älteste Tochter war zurück! Warum? Und für wie lange? Ich hatte so viel zu fragen, wollte aber den passenden Zeitpunkt abwarten.

Später sprachen Tanya und ich dann über die Zukunft. Mein weiteres Leben lag wie üblich völlig im Ungewissen, aber sie wußte recht genau, was sie wollte. »Ich hasse das Leben in Amerika«, sagte sie. »Ich hasse es, bei meiner Stiefmutter zu leben.« Sie war nur für die Ferien nach Pakistan gekommen, aber sie wollte bleiben und bei mir leben.

Ich war gleichzeitig freudig erregt und besorgt. Dann erzählte ich ihr von dem Brief, an dem ich in dem Moment geschrieben hatte, als sie eintraf. »Ich habe nicht die leiseste Ahnung, was nun geschehen wird«, gestand ich. »Aber du kannst bleiben –«, ihr Gesicht strahlte, »– zumindest eine Zeitlang.« Sie zog ein langes Gesicht. »Tanya, ich weiß es wirklich nicht«, erklärte ich. »Wir müssen abwarten.«

Zwei Tage später stieß der Gefängnisdirektor bei der Durchsicht der Gefangenenpost auf meinen Einschreibebrief an Mustafa, und so kamen unsere Schwierigkeiten ans Licht der Öffentlichkeit. Die Nachricht über mein Scheidungsgesuch erschien auf den Titelseiten der Zeitungen und schockierte alle. Viele verdammten mich als herzlos und schwankend. Mein armer, leidender Ehemann quälte sich hinter Gittern, und ich ließ ihn im Stich. Noch gehässigere Gerüchteköche behaupteten, ich wolle jetzt meine Freiheit, um mit anderen Männern zusammensein zu können. Noch wenige Tage zuvor war ich die tapfere

Ehefrau gewesen, die einen gerechten Feldzug führt, nun war ich die Frau, die jeder aus tiefstem Herzen haßte.

Mit jedem weiteren Tag wuchs der Druck. Tanya war an ein ruhiges Leben gewöhnt, fern vom prüfenden Blick der Öffentlichkeit. Nun bestand der Tag aus einer endlosen Folge von Telefongesprächen mit hartnäckigen Reportern und aus Besuchen politischer Drahtzieher, die ihre jeweiligen Machtspiele betrieben. Tanya sehnte sich nach Normalität. Die konnte ich ihr nicht bieten.

Wir wußten beide, was die Konsequenz war, aber ich sprach es schließlich aus: »Tanya, du gehst in New Jersey in eine gute Schule. Dein Vater liebt dich, und er kann dir Sicherheit bieten. Ich kann dir gar nichts bieten – noch nicht. Ich weiß nicht, was Mustafa mit mir machen wird. Du mußt zu deinem Vater zurück.«

Wiederum klammerte sie sich an mich, und wiederum war ich gezwungen, sie wegzustoßen. Ich fragte mich: Wie oft müssen wir diese Szene noch spielen? Bis wir sie richtig hinbekommen?

Mitten in all diesem familiären Aufruhr starb Mustafas jüngerer Bruder Rehmani an einem Herzanfall. Er war erst dreißig Jahre alt, und ich erinnerte mich voll Sympathie an ihn; er hatte eine Zeitlang bei uns gelebt und war mir gegenüber immer respektvoll und höflich gewesen. Als sein Leichnam aus London eintraf, flog ich von Lahore nach Islamabad, um ihm die letzte Ehre zu erweisen. Mustafas Bruder Ghazi und sein Sohn Abdur Rehman empfingen mich liebenswürdig.

Mustafa wurde die Teilnahme am Begräbnis in Kot Addu gestattet, und ich erfuhr, er habe wie ein Kind geweint. Ich fragte mich, ob diese Tränen seinem Bruder oder mir galten. Seit wir geheiratet hatten, war dies das erste Mal, daß ich in einer solchen Zeit der Qualen nicht an seiner Seite war.

Nusrat Jamil – besser bekannt unter dem Namen Nuscie – arbeitet als Journalistin für die englischsprachige Tageszeitung »The Nation«. Sie rief an, stellte sich vor und bat mich um ein Interview; sie wollte einen Artikel über die Belastungen schreiben, die eine Politikergattin erlebt, wenn ihre Ehe auseinandergeht. Ich erklärte mich bereit, mit ihr zu sprechen. Nuscie veränderte mein Leben.

Ich fand sie intelligent und bewunderte sie für ihr gutes Aussehen und ihre Fähigkeit, sich klar und direkt auszudrücken. Sie interviewte mich zu Hause und lud mich dann für den selben Tag zum Abendessen zu sich ein. Ich ging hin, denn inzwischen hatte ich die Scheidung eingereicht und fühlte mich dadurch plötzlich nicht mehr an Mustafas Anordnungen gebunden. Die Umgebung, in die ich nun eintrat, war völlig anders als alles, das mir bisher in Pakistan begegnet war. Ich ordnete Nuscies Stil der Haushaltsführung als »stilvoll-lockere Unordnung« ein. Offensichtlich kam es ihr mehr auf den Inhalt an als auf Äußerlichkeiten. Ich lernte auch ihren Mann kennen, den alle einfach J. J. nannten, außerdem Yousuf Salahuddin, den Enkel des pakistanischen Dichters Allama Iqbal. J. J. erwies sich als ein sehr offener Mann, der verständnisvollste, den ich je kennengelernt hatte. Wir interessierten uns beide für Freud, Jung und die Psychoanalyse. Er glaubte an die heilsame Wirkung von Gesprächen und unterstützte mich bei meinem ersten vorsichtigen Versuch, einige der Rätsel in meinem Kopf zu lösen.

Nuscie wußte, daß ich ein strikt vorbestimmtes Leben geführt und mit einem wesentlich älteren Mann zusammengelebt hatte, der fest in seiner Feudalherren-Mentalität verwurzelt war. Meine Wertvorstellungen waren konventionell, dennoch sah sie in mir Kräfte zur Rebellion. Nuscie spürte, daß ich bisher nur wenig mit der modernen Welt in Berührung gekommen war, und sie riet mir sehr, in diese Welt einzutreten, dies aber vorsichtig und Schritt für Schritt zu tun. Sie zeigte mir, daß es ein Leben auch nach der Scheidung gab. »Gesellschaftlich akzeptiert sein zu wollen reicht als Begründung nicht aus, um eine Ehe aufrechtzuerhalten, die schon in Fäulnis übergeht«, sagte sie. Solche

Sätze, die aus einer mir unbekannten Lebenswelt stammten, machten mich neugierig. Das waren Menschen meiner Generation, aber sie dachten Gedanken, an die ich mich nie gewagt hätte.

Nach dem Abendessen fuhren wir in ein Straßencafé, um *kulfi*, hausgemachtes Eis, zu essen. In der Gesellschaft meiner Begleiter hatte ich mich zwar ein wenig entspannt, fühlte mich aber immer noch so nervös und gehemmt, als würde ich die Schule schwänzen. Meine neuen Freunde hatten keine Eile, und so blieben wir vor dem Café im Auto sitzen, bis Mitternacht vorüber war. Die späte Stunde erschreckte und erregte mich zugleich. Ich fühlte mich herrlich ungehorsam, allein mit fremden Menschen, ohne Dai Ayesha als Anstandsdame, und dabei, gegen Mustafas Ausgehverbot zu verstoßen. Ich hatte fast das Gefühl, als stünde er hinter mir und blicke mir mißbilligend über die Schulter. Bestimmt würde er von meiner Nacht in der Stadt erfahren; er fand immer alles heraus. Aber spielte das eine Rolle? Ja, allerdings.

Freiheit war immer noch keine einfache Sache.

◇

Meine Rechtsanwältin suchte Mustafa auf. Er spielte die Rolle des sitzengelassenen Ehemanns, erklärte seine unsterbliche Liebe zu mir und bat die Anwältin eindringlich, mich zur Rückkehr zu bewegen. Das schlimmste war, daß er sich hartnäckig weigerte, in die Scheidung einzuwilligen. Ich hatte keine Wahl, ich mußte *khul* beantragen (wörtlich: »Selbstfreikauf«). *Khul* als eine der Scheidungsmöglichkeiten für Frauen nach islamischem Recht setzt voraus, daß die Frau ihre Eigentumsansprüche teilweise oder ganz aufgibt. Mustafa konnte mich nicht zwingen, die Ehe fortzuführen, aber er konnte mich mittellos zurücklassen.

An Geld dachte ich dabei überhaupt nicht. Während meines vierunddreißigjährigen Lebens war Geld einfach ständig dagewesen. Das lag immer in der Verantwortung eines Mannes: zunächst der meines Vaters, dann der von Anees, dann der

Mustafas. Alles, was ich zu dieser Zeit wußte, war, daß das Guthaben auf unserem gemeinsamen Bankkonto ausreichen würde, um mir für mehrere Monate den Lebensunterhalt zu sichern. Was danach kam – wer konnte das schon vorhersagen?

Ich sah für mich in Lahore keine Aufgabe mehr. Der Medienrummel hatte dazu geführt, daß ich der Partei nicht mehr nützlich sein konnte, und Mustafa hatte meiner Leidenschaft für die Politik vorläufig ein Ende gesetzt. Meine alten Freunde hatte ich verloren, und ich mußte der unangenehmen Wahrheit ins Auge sehen, daß sie alle Mustafas Verbündete und Freunde waren – unsere sozialen Kontakte waren in das Netz der Politik verwoben. Ich zog nach Süden um, nach Karachi. Mein Vater hatte dort eine Wohnung für mich gekauft, und dort ließ ich mich mit den Kindern und meinem Hausmädchen Shugufta nieder. Anfangs langweilte ich mich sehr. Durch mein ereignisreiches Leben an der Seite eines Exilpolitikers war ich an eine eintönige, ganz normale Existenz überhaupt nicht mehr gewöhnt.

Aber bald kamen Nuscie und J. J. nach Karachi und luden mich in das Dorf Bhit Shah ein, das in der Provinz Sind liegt, um gemeinsam mit ihnen das *urs*-Fest des berühmten Sufi-Heiligen Shah Abdul Latif Bhitai zu begehen. (*Urs*, wörtlich: »Hochzeit«, ist eine Feier zum Gedenken an den Tod eines Heiligen – und somit zum Gedenken an seine Wiedervereinigung mit Gott.) Das war ein religiöser Festtag mit starken politischen Anklängen. Seit der Machtergreifung von General Zia ul-Haq und insbesondere seit Bhuttos Hinrichtung war die *urs*-Feier in Bhit Shah zu einer Massenversammlung der Menschen aus der Sind-Provinz geworden. Hier trafen sich bei zunehmendem Mond unter einem Baldachin aus Mystizismus militante Sindi und brachten durch ihre Musik und ihre Tänze ihren Protest zum Ausdruck. Der Heilige war ein bedeutender Dichter gewesen, der in feinsinnigen Schriften vom Schutz gegen eine unterdrückerische Ordnung und von der Befreiung sprach.

In den innersten Regionen der Provinz bedecken alle ehrenhaften Frauen ihr Gesicht mit einem *chador*, so daß nur Augen und Brauen sichtbar bleiben. Zu diesem Zweck benutzten Nuscie und ich *ajruk*-Stoff, ein traditionelles, mit Pflanzenfarben gefärbtes Sindi-Gewebe.

In Bhit Shah herrschte Karnevalsstimmung. Düstere, aber stolze Gesichter erblickten wir durch die Autoscheiben. Im ganzen Dorf brodelte es, und das Fest war anders als alles, was ich je zuvor gesehen hatte. Alle Normen waren außer Kraft, kein Maßstab galt mehr. Wir schlenderten inmitten der Menge über den improvisierten Bazar, spazierten vorbei an Wahrsagern und machten uns immer wieder taub gegen den werbenden Singsang von *bhang*-(Opium-)Verkäufern. Von Opium hatte ich natürlich schon gehört, hatte es aber noch nie gesehen. Die pakistanischen Gesetze verboten Opiumgenuß, wie wahrscheinlich auch das islamische Recht, aber das war nach wie vor ein strittiger Punkt. Viele der spirituell bedeutenden Fakire behaupten, daß das Opium ihre religiöse Entrückung steigert.

Wir warfen verstohlene Blicke in schäbige Cafés, wo Eunuchen, in hautenge goldene Bodysuits gekleidet, anzügliche Tänze aufführten und den Gästen geschmacklose Zeichen gaben. Einer von ihnen stolzierte einher wie Michael Jackson, während er die *urdu*-Fassung eines Rock-'n'-Roll-Songs herauskrakeelte. Diese halb männlichen, halb weiblichen Unterhaltungskünstler bilden eine der rätselhaftesten Klassen unserer Gesellschaft. Niemand scheint zu wissen, woher sie kommen, nur bei speziellen Anlässen tauchen sie in der Öffentlichkeit auf. Selten sieht man einen sehr jungen oder einen sehr alten Eunuchen. Behauptet wird, sie lebten in abgeschiedenen Gemeinschaften, die von sozialen Intrigen durchzogen sind und wo sie sich ihren leidenschaftlichen Liebesaffären auf ihre eigene, rätselhafte Art und Weise hingeben. Dieses Spektrum von Männern, die für sich eine weibliche Rolle übernommen hatten, ließ die ganze Scheinheiligkeit unserer männlich dominierten Gesellschaft noch deutlicher hervortreten.

Wir besuchten einen Zirkus in einem großen Zelt, der mit ein paar von Flöhen geplagten, gelangweilten Elefanten und Löwen ausgestattet war. Die Trapezkünstlerinnen waren Eunuchen, die über ihren Trikots Pumphosen mit Rüschen trugen.

Wir schwelgten in der Musik und beobachteten das Kreiseln der *soong*-Tänzer, wirbelnde Derwische in safrangefärbten Festgewändern.

Wir übernachteten in einem einfachen Gasthof in Bhit Shah zusammen mit anderen Freunden von J. J. und Nuscie. Ich war überrascht und ein wenig schockiert, als sechs von uns – Männer und Frauen – gemeinsam in einem Zimmer schlafen wollten. Für mich war unvorstellbar, daß ich im selben Raum mit drei Männern schlafen sollte, von denen keiner mit mir verheiratet war. Aber meine Begleiter sahen das ganz locker, und ich machte mir insgeheim Vorwürfe, weil ich so prüde war.

In den frühen Morgenstunden des nächsten Tages besuchten wir das Grabmal von Shah Abdul Latif, das zu den schönsten Heiligtümern des Orients gehört. Bittsteller, erschöpft von den Festlichkeiten der letzten Nacht, lungerten im Hof herum; ihre ausgehungerten Augen blickten uns an wie Tausende entgegengestreckte Bettelschalen. Fakire skandierten einen schaurigen, aber harmonischen Sprechgesang, in dem sie darum flehten, endlich möge die Morgenröte über der Nation aufgehen. Einer von ihnen, mit zu Dreadlocks geflochtenem Haar, tanzte in rauschhafter Raserei.

Als wir vor dem Grab des großen Heiligen standen, wußte ich nicht, um was ich beten sollte. Mein Verstand drehte sich wie die *soong*-Tänzer. Plötzlich überwältigten mich Schuldgefühle. Wie konnte ich für mich beten, während mein Mann im Gefängnis schmachtete? Unter dem Schleier meines *chador* bat ich stumm um Mustafas Befreiung.

Nach zwei Tagen in Bhit Shah, als der Vollmond wieder abnahm und damit das Fest beendete, fuhren wir nach Karachi zurück. Ich saß auf dem Rücksitz des Wagens zwischen J. J. und einem anderen Mann. Während der ganzen Fahrt war ich ängstlich darum bemüht, nicht versehentlich einen der Männer zu berühren – worüber alle anderen nur schmunzelten.

Nuscie und J. J. luden mich nach Lahore ein, um gemeinsam mit mir die Parties zu besuchen, die dort anläßlich des Cricketturniers um den World Cup 1987 gegeben wurden. Wieder war ich zugleich aufgeregt und ängstlich bei der Vorstellung, ohne meinen Mann Parties zu besuchen. Ich fuhr mit den Kindern nach Lahore, wo wir bei meiner Großmutter wohnten. Ich war fest entschlossen, mich zu amüsieren. In Nuscies Clique lernte ich selbstsichere junge Mädchen kennen, die in engen Jeans und Miniröcken über das Parkett wirbelten und in aller Öffentlichkeit mit Männern herumtollten, die nicht mit ihnen verheiratet waren. Es schockierte mich, daß sie ihre Beine zur Schau stellten – wir waren hier in Pakistan und nicht in London –, und außerdem schockierte mich, daß außer mir niemand schockiert war. Das war die Generation, die in Zia ul-Haqs Zeiten herangewachsen war. Ihre Idole hießen nicht mehr Che, Mao oder Sukarno, sondern Madonna, Iaccoca und Trump. Armut bedeutete für sie: eine Wohnung ohne Klimaanlage. Die »Benachteiligten« unter ihnen fuhren Suzukis. Die Auswirkungen des Afghanistankrieges und des Drogengeschäfts machten sich bemerkbar. Moderne Frauen waren inzwischen so weit nach vorn geprescht, daß ihre Schwestern im Hinterland, abseits der Städte, schon wie Gestalten aus einer vergangenen Zeit erschienen.

Mir wurde klar, daß die Zeit an mir vorbeigegangen und ich in meinem Denken immer noch an das Alte gefesselt war. Zum erstenmal in meinem Leben ging mir durch den Kopf, daß ich selbst merkwürdig war, daß es auf der Welt andere, ganz normale Menschen gab, die nicht bereit waren, alles schweigend zu erdulden, und die sich gegen Ungerechtigkeit wehrten. Meine Ansichten über Leben und Ehe waren altmodisch und beschränkt. Ich erkannte, daß Mustafa und meine Familie mich in ihre Welt hineingezogen und alle Fenster verschlossen hatten.

Ich genoß meine Rolle als distanzierte Beobachterin, hielt mich aber am Spielfeldrand. Die Musik war laut und überdröhnte jede Unterhaltung, und ich hatte nicht vor, mich in intime Flüstereien verwickeln zu lassen. Ich verstand unter einer Party eine Einladung zum Abendessen, wo alle an einem Tisch sitzen und man einander kennenlernt. Nichtsdestotrotz genoß ich diese Glitzerwelt.

Auf dem Höhepunkt des Cricketfiebers besuchte ich Yousuf Salahuddin in seinem *haveli* (einem Wohnhaus im traditionellen Stil in der von Mauern umgebenen Altstadt von Lahore) und begegnete dort einigen Männern, die es sich im Innenhof bequem gemacht hatten. Niemand erhob sich, um uns zu begrüßen. Wie merkwürdig, dachte ich, in meiner Welt steht ein Gentleman unbedingt auf, wenn eine Dame eintritt. Yousuf lehnte ausgestreckt auf einem Marmor-Diwan und beobachtete mit einem Hauch königlichen Hochmuts die Heerschar minoberockter Frauen, die dort herumschwirrten und ihre Punk-Frisuren präsentierten. Außen waren die Mauern über und über mit Plakaten beklebt, die zur Wiederherstellung der Demokratie aufriefen, innen zelebrierte Yousuf das perfekte Ebenbild eines Großmoguls, den personifizierten Genußmenschen.

Einer der auf dem Erdboden liegenden männlichen Körper wurde mir vorgestellt, Imran Khan, ein bekannter Cricketstar. Ich versuchte mein Glück mit einer Cricketplauderei und platzte heraus: »Ich habe gesehen, wie Sie die Inder an die Wand gespielt haben.« Aus kleinen, zusammengekniffenen Augen schaute er mich irritiert an, und mir wurde klar, daß mir wohl die richtigen Begriffe fehlten. Dann lernte ich einen Mann namens Mubashar kennen, der mich aufforderte, ihn bei seinem Spitznamen Moby zu nennen. »Moby«, fragte ich, »sind Sie auch Crikketspieler?« Woher sollte ich wissen, ob er nicht das Zeug zu einem Star hatte? Ich lernte den flotten Omer Farooq und seine Frau Minna kennen. Omer war unter verschiedenen Spitznamen bekannt, zum Beispiel »Goldi« (für »Goldfinger«). Wegen seines guten Gespürs in Geldangelegenheiten hieß es, alles, was er berühre, verwandele sich in Gold. Andere nannten ihn »Mario Falichi«, was wohl auf die Aura eines Mafia-Bosses anspielen sollte, die er bewußt durch seine maßgeschneiderten, gutsitzenden Designeranzüge betonte.

Im Lauf der Zeit lernte ich all diese Menschen besser kennen und stellte fest, daß ich sie mochte. Imran stellte sich als ein

Mann von hohen Prinzipien heraus, dessen ausgeprägtes Ehrgefühl sich mit Kampfgeist verband und der so auf sportlichem Gebiet unserem Land gute Dienste erwies. Moby war ein eher stiller, kräftiger Typ, mit der seltenen Gabe, sich auch durch Schweigen mitzuteilen. »Goldi« war sehr zuverlässig. Yousuf steckte voller Späße und Spiele. Es bedeutete eine große Leistung für mich, neue Beziehungen anzuknüpfen, ohne daß Mustafa sie bestimmte. Diese Menschen sahen mich als eigene Persönlichkeit, nicht als das Anhängsel eines Politikers.

Ich stellte fest, daß sich ihre Lebensgeschichten zwar in vielen Aspekten von meiner unterschieden, aber trotzdem war jeder von ihnen ein Überlebenskünstler. Jeder in dieser Gruppe hatte Notzeiten und Kämpfe durchgemacht und war gestärkt daraus hervorgegangen. Entscheidender Faktor in ihrem Gesundungsprozeß war, daß sie ihr Leben einer Prüfung unterzogen hatten und in der Lage waren, ihre eigenen Fehler zu korrigieren. Diese Erkenntnis flößte mir Hoffnung für meine eigene Zukunft ein.

Wer aber war der Mensch, der *ich* sein wollte?

◇

Ich schien meine arme Großmutter fast an die Grenze des Wahnsinns zu treiben. Manchmal bat ich sie, für Mustafas Entlassung aus dem Gefängnis zu beten, und manchmal wollte ich, daß sie für meine Befreiung von ihm betete. Oft schlug sie die Hände über dem Kopf zusammen und rief verzweifelt: »Soll ich ihn nun lieben, oder soll ich ihn hassen? Entscheide dich endlich! Sogar den Allmächtigen verwirrst du, wenn du das selbst nicht weißt. Du läßt Ihm keine Zeit, dein Gebet zu erhören. Sobald Er zur Antwort bereit ist, hat sich dein Ansuchen schon wieder geändert.« Auf ihrer Gebetsmatte rief sie Allah an und bat Ihn, meinem rastlosen Geist Ruhe zu schenken.

Genau darum ging es: Ich war furchtbar verwirrt. Mir winkte ein neues Leben, aber die alte Lebensweise hielt mich fest umklammert. Was sollte ich tun? Was wollte ich tun? Ich wußte es nicht.

Eine Luftveränderung schien angeraten, und ich beschloß, mit den Kindern gemeinsam nach London in unsere Wohnung zurückzukehren und mir die Zeit zu gönnen, die ich brauchte, um mein zerrissenes Wesen wieder zusammenzufügen. Als ich die Reise verschieben mußte, um noch einige Angelegenheiten zu erledigen, riet mir meine Anwältin, ich solle nicht zuviel Zeit verstreichen lassen, sonst könne Mustafa von meinen Plänen erfahren und einen »Bleibebefehl« erwirken, um meine Kinder an der Ausreise zu hindern. Es sei besser, meine drei älteren Kinder vorauszuschicken und selbst später nachzukommen. Hamza, der jüngste, würde bei Shugufta im Haus meiner Großmutter bleiben.

Ich rief meine Schwester Minoo in London an und bat sie, die Kinder vom Flugplatz abzuholen und sich bis zu meiner Ankunft ein paar Tage später um sie zu kümmern. Minoo stimmte sofort zu, wollte mir sehr gern helfen und war begeistert, meine Kinder wiederzusehen. Wir wußten beide, daß unsere Mutter wütend würde, wenn sie erfuhr, daß Minoo mir half. Seit ich mich zum letztenmal mit Mustafa versöhnt hatte, war jeder Kontakt zwischen Mutter und mir abgerissen.

Naseeba, Nisha und Ali saßen schon im Flugzeug auf dem Weg nach Großbritannien, als Minoo verzweifelt zurückrief. Unsere Mutter hatte von meinem Vorhaben erfahren und Minoo befohlen, sich herauszuhalten. Mutter behauptete, diesmal hätte ich die Kinder entführt, und sie war fest entschlossen, mich zu bestrafen. Wieder einmal waren meine Kinder die Schachfiguren im Spiel anderer.

Was sollte ich machen? Wer würde die Kinder vom Flugplatz abholen? Ich hatte zwar noch viele Freunde in London, aber ich wollte sie nicht in meinen Familienstreit verwickeln; die meisten von ihnen würden sich ohnehin scheuen, in irgendeiner Weise gegen Mustafa Partei zu ergreifen.

Einer plötzlichen Eingebung folgend, rief ich wieder Minoo an und schlug ihr vor, sie solle den PIA-Manager anrufen und ihn bitten, die Kinder vom Flugplatz abzuholen und mit dem Taxi zu ihr nach Hause zu schicken. »Dann stehen sie auf deiner

Türschwelle«, erklärte ich verschwörerisch. »Du rufst Mami an und sagst ihr, daß die Kinder da sind und daß du sie schlecht wegschicken kannst.«

Als meine Kinder nachts um halb elf aus dem Flugzeug stiegen und ihre Tante nicht da war, um sie abzuholen, bekamen sie Angst. Zum Glück kümmerte sich der PIA-Angestellte um sie. Er setzte sie in ein Taxi und gab dem Fahrer einen Zettel, auf dem Minoos Adresse gekritzelt war. Der Fahrer verfuhr sich und schimpfte dann mit meinen vor Panik erstarrten Kindern, weil sie nicht wußten, wohin sie fahren sollten. Naseeba fürchtete schon, er würde sie irgendwo in einer dunklen, unbekannten Straße absetzen. Alle drei Kinder schluchzten vor Angst.

Schließlich fand der Fahrer das Haus. Minoo holte die drei heimatlosen Kleinen herein und machte es ihnen gemütlich. Dann rief sie unsere Mutter an, um die »unerwartete« Ankunft zu melden. Mutter war furchtbar wütend und befahl Minoo, die Kinder ins nächste Flugzeug zurück nach Karachi zu setzen. Aber Minoos Ehemann Ali weigerte sich, seine Zustimmung zu einer so herzlosen Aktion zu geben.

Mutter rief früh am nächsten Morgen an und erklärte, wenn Minoo und Ali nicht dazu bereit wären, werde sie eben selbst die Kinder sofort nach Pakistan zurückschicken. Bestürzt rief Minoo mich an und erstattete Bericht. Mutter hatte damit gedroht, sie zu verstoßen, wenn sie nicht einwillige; die Kinder müßten verschwinden.

Nuscie war dann unsere Rettung. Sie rief ihre Schwester Chinni in London an und bat sie, sich bis zu meiner Ankunft der Kinder anzunehmen. Die konsternierte Chinni konnte das irrationale Verhalten meiner Familie nicht fassen. Sie hatte zwar selbst Kinder, um die sie sich kümmern mußte, aber freundlich gewährte sie meinen dreien vorübergehend Zuflucht. Über die große Entfernung hinweg fand ich an der pakistanischen Botschaft eine wunderbare Frau, die tagsüber auf die Kinder aufpaßte, während Chinni ihre Kurse an einer Fachhochschule besuchte. Die Kinder fühlten sich fehl am Platz und unbehaglich, weil sie bei fremden Menschen leben mußten. Sie bemerkten sehr wohl, welche Unannehmlichkeiten sie Chinni durch ihre Anwesenheit bereiteten.

Ein paar Tage später flog ich mit Hamza nach London, der nach Shugufta heulte, weil wir sie daheim lassen mußten, und wir ließen uns in unserem Apartment in Holland Park häuslich nieder. Für die älteren Kinder fand ich Plätze in einem Internat in Kent, das von Libanesen nach islamischen Richtlinien geführt wurde. Das erlaubte mir hervorragend, Mustafas altem Vorwurf zu begegnen, die Kinder würden dem degenerierten westlichen Lebensstil ausgesetzt.

Mustafas Geist verfolgte mich ständig. Sein Bruder Arbi rief an und berichtete, Mustafa sei gebrochen und außer sich, er weine unausgesetzt nach mir und den Kindern. »Er wird im Gefängnis sterben«, prophezeite Arbi. »Er ißt und schläft überhaupt nicht mehr. Er ist von dir besessen.«

Die Nachricht, die Mustafas Sohn Abdur Rehman übermittelte, klang noch bedrohlicher: »Er ist bereit, jeden nur denkbaren Kompromiß einzugehen, um freizukommen. Er wird nach England fliegen und die Kinder zurückholen.« Ich war vor Angst wie gelähmt, daß er jemanden mit dem Befehl nach London schicken könnte, mich umzubringen.

Ich war ein Flüchtling. Wie weit und wie lange sollte ich noch fliehen?

◇

Der Spiegel zeigte eingefallene, leblose Augen mit Funken von Zorn und Trotz. Augen, die das Träumen verlernt hatten; Augen, die mich durch meine Londoner Wohnung verfolgten, mir höhnisch fehlende Ausdauer vorwarfen, die mich verspotteten, weil ich mich vor einer nicht vollendeten Aufgabe drückte; Augen, die mir finstere Blicke zuwarfen und mich anklagten: Du warst ein Teil des Kampfes für das pakistanische Volk, du warst entschlossen, diesen armen Menschen zu helfen, sich aus ihren erbärmlichen, elenden Lebensbedingungen zu erheben. Du hast die Leute betrogen, genau wie alle anderen.

Ich quälte mich durch schlaflose Nächte, verfolgt vom Bild des in seinem Gefängnis schmachtenden Mustafa. Daß ich ihn verlassen hatte, war gar nicht so entscheidend, der Zeitpunkt war es: Ich hatte ihm einen Fußtritt versetzt, als er sich nicht wehren konnte.

Mustafa Khar war zwar nicht mehr mein Ehemann, aber er blieb mein politischer Führer. Ich wollte unsere Träume verwirklichen, aber ich war nicht dafür gerüstet, in mein Land zurückzukehren und selbst politischen Widerstand zu leisten. Ich malte ihn mir aus, allein, gebrochen und von jeder Hoffnung verlassen. Es war seine Natur, die ihn in diese verzweifelte Lage gebracht hatte, seine Natur, aufgrund derer er mich weggestoßen hatte. Aber der simplen Wahrheit, daß er mich brauchte, konnte ich mich nicht verschließen. Ich wollte nicht in die Geschichte eingehen als eine Frau, die einen Traum zerstört hatte.

Die Botschaft von Faiz Ahmad Faiz' menschlich-poetischem Meisterwerk konnte ich nicht beiseite schieben:

Frag nicht nach der Leidenschaft,
mit der ich dich einst geliebt ...
Ich wende mich wieder und wieder dem Schmerz zu.
Du bist immer noch schön, so schön –
doch – der Schmerz

Hatte ich das Glück der Massen meinem privaten Seelenfrieden geopfert? In meinem Kokon in Großbritannien war ich sicher, aber da war doch der Schmerz.

Ich dachte an die Kinder auf jener furchtbaren Krankenstation im Nishtar-Hospital in Multan. Ich versuchte mir klarzumachen, daß ich durch das Geldsammeln und die Medikamentenspende etwas getan hatte, aber ich wußte auch, daß ich genau wie alle anderen in einer hoffnungslosen Situation die Flucht ergriffen hatte.

Ich kehrte zu einem Hobby aus meiner Kindheit zurück: Ich begann zu malen, und meine Gemälde wiesen mir den Weg. Ich malte Straßenkinder, deren Rippen schon fast ihre straff darüber gespannte Haut durchstießen und deren Vergangenheit, Gegenwart und Zukunft sich auf riesigen Müllhaufen abspielte. Ich malte den Gesichtsausdruck von Müttern, deren Brüste keine Milch mehr hatten. Ich malte alte Männer und Frauen in einer engen Gasse, mit vor Erschöpfung gebeugten Köpfen. Ich malte nur in Schwarz, Beige und Braun.

Noch ein Gedicht von Faiz erschien auf meiner Leinwand:

Ich vermache mein Leben den Gassen
und Pfaden meines Landes,
wo das Ritual des Schweigens stolziert.
Wo niemand seinen Kopf erhoben trägt.
Und nächtens Furcht wandelt.

Ich malte Frauen mit aufgelöstem Haar, als wenn sie in Trauer wären. Einfache Menschen in ihrem begrenzten Streben beherrschten meine Gedanken und tauchten auf meiner Leinwand auf.

Bilder aus Gefängnissen überschwemmten mich. Ich hatte Frauen im Gefängnis gesehen, vergewaltigt von Gefängnisbediensteten. Manche von ihnen hatten die Gefängniswärter später weggebracht und aus Angst vor Entdeckung zur Abtreibung gezwungen, um den Beweis für das Verbrechen zu beseitigen. Andere von ihnen hatten den illegitimen Nachwuchs einer pervertierten Gerechtigkeit zur Welt gebracht. Ich malte sie, Mütter und Kinder gemeinsam hinter Gittern, voller Furcht, in eine feindselige und ungewisse Welt entlassen zu werden.

Jeder Pinselstrich brachte mich der Entscheidung zurückzukehren näher. Mein schriftliches Gelöbnis auf den Koran ließ mich nicht los: »Ich werde zu Mustafa halten, solange er im Gefängnis ist, und sei es ein Leben lang.«

Nach nur einem Monat Aufenthalt in London begann ich zu packen.

Wir landeten in Islamabad. An dem Tag, als die Kinder gingen, um Mustafa zu besuchen, hatte er einen Gerichtstermin und war unter Polizeibewachung. Viele Pressefotografen erschienen, um über die tränenreiche Wiedervereinigung des Löwen mit seinen Jungen zu berichten.

Ich besuchte ihn am nächsten Tag und sah, daß er stark abgenommen hatte. Unser Gespräch blieb oberflächlich, bis schließlich er das Eis brach: »Laß uns in unserer Ehe noch einmal neu beginnen«, flehte er mich an. »Ich will mich bemühen, dich zu verstehen. Und du mußt dich bemühen, mich zu verstehen. Laß uns einfach vergessen, was geschehen ist.«

Mustafa erzählte, er habe sich sehr schlecht gefühlt, während ich weg war, er habe seine Tage auf der Gebetsmatte verbracht und so laut geweint und geklagt, daß die Wärter von seinem Schmerz gerührt waren. Sie waren, genau wie ich, davon überwältigt, diesen starken mächtigen Mann gramgebeugt und gebrochen zu sehen.

Bildliche Darstellungen des Propheten und seiner Begleiter sind im Islam verboten. Dieses Bilderverbot war erlassen worden, um die Götzenverehrung zu verhindern. Aber unter Schiiten (einer der beiden Hauptgruppen des Islam), besonders im Iran, ist es weitverbreitet, ein Bild von Hazrat Ali bei sich zu haben, einem Vetter des Propheten, der auch von den anderen Glaubensrichtungen verehrt wird. Mustafa hatte solch ein Bild in seiner Zelle. Hazrat Ali ist der große Fürsprecher, das Symbol für Stärke und Schutz, an den sich Muslime in Zeiten der Not mit Leidenschaft und Inbrunst wenden. Mustafa sagte, immer wenn ihn das Gefühl der Hilflosigkeit überwältigt habe, hätte er dieses Porträt von Hazrat Ali hervorgeholt und ihn um sein Eingreifen gebeten. »Hätte ich meinen Glauben nicht gehabt, wäre ich zerbrochen«, gab Mustafa zu. »Schon sein Name allein strahlt große Kraft aus, und diese Kraft hat mich am Leben erhalten.«

Er gestand, daß seine Selbstprüfung zwar schmerzhaft, aber notwendig gewesen sei. Nun sei ihm klar, daß er mir Furchtbares zugefügt habe, und die Erinnerungen an seine Gewalttaten wirkten auf ihn wie eine göttliche Züchtigung. Oft, sagte er, habe ihn mein gequältes Gesicht im Traum heimgesucht.

Er sprach über seine Affäre mit Adila und war überzeugt, damals sei er vom Teufel besessen gewesen. Er wußte, daß er mich, als er noch frei war, in die Gefangenschaft der Einsamkeit gestoßen hatte, und nun, so glaubte er, habe Gott ihn mit dieser Gefangenschaft bestraft, während ich mich frei bewegen konnte. Er hatte geglaubt, er habe mich für immer verloren und alles, was ihm bliebe, sei diese Zelle und Gott. Nun erkannte er, wie ich mich zum Zeitpunkt von Alis Geburt gefühlt haben mußte, als ich allein und isoliert war. Außerdem hatte er unter der Vorstellung gelitten, daß ich jung und attraktiv war und leicht einen anderen Mann kennenlernen und mit ihm ein neues Leben beginnen könnte. Er hatte über meine Tage in Freiheit Gerüchte gehört und war wahnsinnig eifersüchtig. »Endlich habe ich deinen Schmerz verstanden«, sagte er, »– durch meinen eigenen Schmerz.«

Er versprach, sich zu ändern.

Zum erstenmal glaubte ich ihm aufrichtig. Aber konnte ich es wagen, mein Handeln auf diesen Glauben zu gründen? Gewißheit gab es nicht – dennoch hatte ich meine Entscheidung getroffen, als ich die Rückflugtickets nach Pakistan gekauft hatte.

Ich kümmerte mich nicht darum, was die anderen dachten. Wenn mich die Presse aufforderte, mein inkonsequentes Verhalten zu rechtfertigen, griff ich darauf zurück, was Mustafa mich über die Kunst, andere zu überzeugen, gelehrt hatte: Die Menschen sind Schafe; sie folgen dir, wenn du ihnen das Gefühl geben kannst, du kennst den Weg – und ich erwiderte auf solche Fragen: »Es war meine Entscheidung, ihn zu verlassen, und es ist meine Entscheidung zurückzukehren. Ich werde die Kampagne für die Freilassung meines Ehemanns genauso hartnäckig fortsetzen wie früher.«

Immer wenn ich Mustafa besuchte, unterhielt er mich mit Geschichten aus dem Gefängnisleben. »Es gibt hier einen gut funktionierenden Schwarzmarkt«, erzählte er. »Für Geld kriegst du alles. Die Gefängnisverwaltung ist wie eine Mafia. Der Gefängnisdirektor ist der Pate. Was hier vorgeht, ist sonnenklar, und eines Tages werde ich das alles mit der Wurzel ausrotten.« Er betrachtete die anderen Häftlinge als seine Familie; er war der väterliche Feudalherr, der sich ihrer Schicksale aus Überzeugung annahm. Die Augen der anderen Häftlinge verfolgten mich im Traum. Mir war bewußt, daß sie Mustafa als Quelle ihrer Hoffnung verehrten.

Mustafa enthüllte: »Der Gefängnisdirektor nimmt von allen Häftlingen Schutzgelder. Wöchentlich ist eine bestimmte Summe fällig. Jeder Häftling, der diese Zwangssteuer nicht bezahlen kann oder will, wird bestraft. Entweder werden sie gnadenlos verprügelt oder in Fesseln gelegt. Viele Häftlinge kriegen Essensentzug, weil sie nicht zahlen können. Ganze Familien müssen dafür büßen und ächzen unter der Last der Schulden.« Er kannte alle Foltermethoden, und manche davon waren zu schrecklich, um sie zu beschreiben.

Mustafas Augen wurden hart, als er die Zustände im Gefängnis beklagte: »Tehmina, der Gefängnisdirektor preßt den armen Häftlingen pro Monat zwischen fünfzig- und achtzigtausend Rupien ab. Einen Teil dieses Geldes verteilt er wie Kriegsbeute unter seinen Untergebenen. Das ist kein Gefängnis, das sich reformieren läßt, das ist ein Sklavenlager, dessen Ungerechtigkeit immer neue Verbrecher hervorbringt. Und das ist der Grund, weshalb ich Politik mache. Ich werde nicht innehalten, bis dieses unmenschliche System dem Erdboden gleichgemacht ist.«

Ich selbst war empört, als ich Zeugin einiger der Greueltaten wurde. Ich begegnete weiblichen Häftlingen, die mißbraucht und vergewaltigt worden waren. Ich sah die bittenden Augen Unschuldiger, die aufgrund von Falschaussagen verurteilt worden waren. Wenn es eine Hölle auf Erden gab, dann war sie hier zu finden.

Mustafa lobte mein Mitgefühl und sagte im Scherz: »Wenn ich an der Macht bin, mache ich dich zum Justizminister.«

»Daran werde ich dich zu gegebener Zeit erinnern«, erwiderte ich nicht ohne einen gewissen Ernst.

Eines Tages unterbrach ein schriller Schmerzensschrei unser Gespräch. Ich sagte zu Mustafa: »Das klingt, als würde jemandem die Seele aus dem Leib gerissen.« Ich hielt mir mit den Händen die Ohren zu und versuchte, durch lauteres Sprechen das furchtbare Geschrei zu übertönen, weil mir klar war, daß wir keine Hilfe leisten konnten.

Mustafa konnte seine Empörung kaum bezähmen. Eine Zeitlang wartete er ab, dann schnellte er von seinem Sitz hoch. Er marschierte zu der mit einem Vorhängeschloß verriegelten Zellentür, schlug mit der Faust dagegen und befahl: *»Kholo!«* (»Aufmachen!«) Ein eingeschüchteter Wärter öffnete sofort die Tür und salutierte. Mustafa wischte ihn wie eine Fliege zur Seite und strebte mit großen Schritten in die Richtung, aus der das Kreischen zu uns drang. Ich eilte hinter ihm her, der Wärter folgte in einigem Abstand, die Angst vor den Folgen seines Handelns war ihm anzusehen.

Wir erreichten einen offenen Gefängnishof, in dem viele Häftlinge in einem Kreis kauerten und zur Abschreckung einem grausamen Lehrstück beiwohnen mußten. Einer ihrer Mitgefangenen lag mit ausgestreckten Armen und Beinen in der Mitte am Boden. Mehrere Polizisten traten mit ihren Stiefeln nach ihm und schlugen ihn mit Knüppeln. Er blutete stark und war nur noch halb bei Bewußtsein, stieß aber weiterhin seine furchtbaren Schreie aus. Zwei Wärter ergriffen seine Beine und zerrten sie soweit es nur ging auseinander. Der Mann schrie erneut auf und verlor das Bewußtsein. Dann trat eine schreckliche, tödliche Stille ein.

Mustafa schoß wie ein Blitz aus heiterem Himmel auf den stellvertretenden Gefängnisdirektor zu. Er griff den Beamten am Kragen und schlug ihn mehrmals heftig. Der Mann war fassungslos, wagte aber keine Gegenwehr. Mustafa Khar mochte zwar ein Gefangener sein, aber er war kein Mann, mit dem man so einfach umspringen konnte. Mustafa donnerte ihn an: »Wenn ich auch nur noch einen einzigen Schrei höre, schlage ich dich zu Brei!« Er lockerte seinen Griff am Kragen des Mannes und stieß ihn, so daß er nach hinten fiel und die Beine in die Luft streckte. Mustafa drehte sich um und schritt in seine Zelle zurück. Hätten die anderen Gefangenen den Mut gehabt, hätten sie Beifall geklatscht, aber so begnügten sie sich damit, mit den Augen ihre stille Bewunderung auszudrücken.

Bald danach betrat der stellvertretende Gefängnisdirektor in Begleitung von drei Polizisten Mustafas Zelle. Er murmelte leise: »Sir, Sie hätten mich vor all diesen Häftlingen nicht schlagen dürfen. Jetzt haben die ihre Achtung vor mir verloren. Wir müssen sie unter Kontrolle halten, und das wissen Sie genau.«

»Deren Achtung verdienen Sie doch gar nicht«, versetzte Mustafa befehlsgewohnt und wegwerfend. »Mit Furcht und Gewalt können Sie nicht herrschen. Ich werde für Ihre Entlassung sorgen. Sie Schweinehund werden keine Gnade finden. Raus mit Ihnen! Meine kostbare Zeit verschwende ich nicht an ein Gespräch mit Ihnen. Sie werden schon noch rechtzeitig drankommen.«

Der Gedemütigte nuschelte eine Entschuldigung und verließ zerknirscht die Zelle.

Ich war sehr stolz auf meinen Mann. Ich fragte: »Wie bist du nur darauf gekommen, das zu tun? Du bist ihr Gefangener, aber du hast den Spieß umgedreht.«

Er erzählte mir eine Geschichte, die er einst unter Bhuttos Anleitung gelesen hatte: »Napoleon Bonaparte stieß eines Tages seine Gefängnistür auf und verkündete seinen sprachlosen Wärtern, er sei Napoleon. Das reichte schon. Sein Ruf eilte ihm voraus. Denk daran, Politik beruht auf Überzeugungskraft! Was ich getan habe, war richtig. Moralisch gesehen war ich der Überlegene. Wäre mein Selbstvertrauen auch nur für eine Sekunde ins Wanken geraten, hätte der Mann Vergeltung geübt. Von cleveren und selbstsicheren Hochstaplern kann man eine Menge lernen. Sie rechnen mit der Leichtgläubigkeit ihres Opfers, präsentieren ein aufrichtiges Gesicht und geben sich ernst und seriös. Wir können es uns nicht leisten, irgendeine Schwäche zu zeigen.«

Mustafas erfolgreiches Eingreifen wurde im Gefängnis bald Legende. Der Haß des stellvertretenden Gefängnisdirektors gegen ihn wuchs von Tag zu Tag, blieb aber durch Mustafas zunehmende Beliebtheit wirkungslos. Die Behörden wußten, daß der Löwe vom Punjab mit einem einzigen Wort eine Revolte auslösen konnte, wie ein Tropfen Öl auf glimmender Holzkohle.

Nun begann meine politische Ausbildung richtig. Mustafa hatte erkannt, daß die Politik der Köder war, der mich zurückgelockt hatte, und er förderte die Idealistin in mir. Er ermutigte mich, Fragen zu stellen, und ich spürte, daß ich ihn manchmal zwang, eine Haltung zu Themen zu formulieren, die er noch nie angesprochen hatte. Sein Verhalten mir gegenüber war untadelig wie noch nie zuvor. Ihm war klar, daß wir uns beide auf einen spektakulären Wiedereintritt in die pakistanische Politik vorbereiteten, und er wußte, wie wichtig es für einen Führer war, mit gutem Beispiel voranzugehen. Er unterwies mich in seinem Handwerk, erklärte mir die Strategie und widmete sich meiner politischen Ausbildung. Er trainierte mich darauf, *seine* Rolle auf der Bühne der Welt außerhalb des Gefängnisses zu spielen. Seine Freilassung sollte durch die Kombination aus seinem Verstand und meiner völligen Ergebenheit in die Sache gesichert werden.

Er erläuterte mir seine Zukunftsvisionen: Seinen Ausgangspunkt bildete das Volk. Die Wünsche und Erwartungen des einfachen Mannes waren von selbstsüchtigen Politikern verschachert worden. Er sprach über Ausbeutung, über die unheilige Allianz zwischen der zivilen und militärischen Bürokratie und den feudalen und städtischen Machthabern. Die Kraft des Volkes, führte er aus, sei der weiche Unterleib der jetzigen Politikerclique.

Mustafa betonte die Bedeutung organisatorischer Arbeit an der Basis. Seine Zielvorstellung war ein politisches System, wo die Macht von unten nach oben fließt. »Wir werden die Hierarchie umkehren«, sagte er voraus. Er befürwortete eine Rückkehr zu den frühen Prinzipien des Islam. Er erklärte und diskutierte den Marxismus, strich seine Mängel heraus und bewunderte zugleich seine weltweite Anziehungskraft. »Wir müssen unsere knappen Ressourcen vom Militär, diesem Ungeheuer, abziehen«, predigte er. »Unser Volk braucht Nahrung, ein Dach über dem Kopf, Kleidung, medizinische Versorgung, Trinkwasser und Bildung. Die Armee hat den Reichtum unseres Landes verschlungen. Sie bedeutet Verschwendung von Arbeitskräften. Wenn ich an der Macht bin, werde ich die Soldaten zum Bau von Straßen und Brücken einsetzen. Das Heer ist eine ständige Bedrohung für die verfassungsmäßige Regierungsform.«

Er war ein glühender Befürworter des »Bruderbündnisses« mit der Sowjetunion. Zia ul-Haqs Haltung gegen den sowjetischen Einmarsch in Afghanistan lehnte er strikt ab und war gegen die Aufnahme afghanischer Flüchtlinge in Pakistan. »Zia ul-Haq opfert für kurzfristige Gewinne unsere Zukunft«. Die Amerikaner sind keine zuverlässigen Verbündeten. Sie benutzen uns nur so lange, bis sie ihre eigenen Absichten durchgesetzt haben.«

Abgesehen von der Sowjetunion sollte sich Pakistan nach seiner Überzeugung von den Machtblöcken distanzieren. Das Land sollte, zumindest für einen begrenzten Zeitraum, eine blockfreie Position einnehmen, um den Sinn für die Unabhängigkeit zu stärken.

Er war der geborene Erbe seines politischen Lehrmeisters. Bhutto hatte eine unvollendete Erbschaft hinterlassen. Er war ein Populist mit den richtigen Losungen gewesen, um das Volk aufzurütteln, aber seine Zeit hatte nicht ausgereicht, die erforderlichen Reformen umzusetzen. Mustafa glaubte, nun besitze er diese Gelegenheit.

Endlich spürte ich, wie in ihm der Mann zum Vorschein kam, den ich mir immer gewünscht hatte. Da stand ein selbstloser Politiker vor mir, der mich in seine Gedankenwelt einlud und mir den Weg zur Wahrheit wies. Ihn umgab eine messianische Aura, die durch seinen Status als Häftling nur noch verstärkt wurde.

Eher unterschwellig bereitete mich Mustafa auf ein Leben unter den Augen der Öffentlichkeit in einem Land vor, wo die äußere Erscheinung und das Auftreten, besonders bei einer Frau, eine wichtige Rolle spielen. Er benutzte seinen ausgeprägten Sinn für Humor diesmal ohne jede Boshaftigkeit, wenn er mich wegen meines Äußeren aufzog und mir zeigen wollte, wie ich es am wirkungsvollsten ändern solle. Bei vielen Gelegenheiten lobte er mich und sagte, ich sähe aus wie ein Mannequin, das gerade den Seiten einer Modezeitschrift entsprungen sei. Darüber freute ich mich sehr, aber dann wies er lachend darauf hin, daß mein Äußeres für die Ehefrau eines vielbeachteten politischen Gefangenen wohl ein wenig unangemessen sei.

Einmal überraschte ich ihn mit eingefärbten kupferfarbenen, goldenen und aschblonden Strähnchen in meinem braunen Haar. Er lachte laut los und riet mir dann, doch lieber zu dem »langen braunen Feenhaar« zurückzukehren, das ihn fünfzehn Jahre zuvor »eingefangen« hatte. Als ich mir eine Dauerwelle machen ließ und mit langen wippenden Locken auftauchte, war er schockiert: »Was ist das denn? Züchtest du Sprungfedern auf deinem Kopf?« fragte er.

Einmal betrat ich seine Gefängniszelle, unmittelbar nachdem ich an einem politischen Treffen in Gujrat teilgenommen hatte. Ich war heiter gestimmt; die Versammlung war ein voller Erfolg gewesen. Ich trug die traditionellen, weiten, schwarzen Hosen, ein schwarzweißes Strickhemd mit rotem Kragen und Manschetten und über den Schultern ein langes rotes Cashmere-Cape, mein offenes Haar rieselte locker den Rücken herunter. Mustafa blickte mich nur einmal kurz an und sagte dann: »Weißt du, wie du heute aussiehst? Du siehst aus wie Margaret Thatcher im *chador*. Wo kommst du denn her? Aus Birmingham oder Southall oder aus Gujrat?« Ich grinste verlegen und gab zu, daß ich mich wohl für diesen Anlaß hätte angemessener kleiden sollen.

Ein anderes Mal schüttelte er den Kopf, als er mich ohne *dupatta* (Schleier) den Gefängnishof betreten sah. »Daß ich das noch erleben muß«, klagte er, »meine Frau kommt ohne *dupatta* ins Gefängnis, und drumherum diese ganzen Männer.«

»Habe ich vergessen«, sagte ich achselzuckend.

»Wie kann man so etwas vergessen?« fragte er scharf, aber eher in pädagogischer Absicht denn boshaft gemeint. »Da hast du aber etwas sehr Grundlegendes vergessen. *Dupatta* steht für *sharam* (Schamgefühl) und *haya* (weiblichen Anstand) einer Frau.«

Ich zuckte zusammen. Mustafa hatte mir etwas sehr Wichtiges vor Augen geführt: Freiheit bedeutet nicht, daß alles erlaubt ist.

Ich hatte mich schon immer für kräftige Farben begeistert; aber plötzlich änderte sich meine Einstellung, und ich entschloß mich, von nun an nur noch einfache weiße Baumwollkleidung zu tragen. Als ich Mustafa von dieser Entscheidung erzählte, war er keineswegs überrascht, er schien das sogar erwartet zu haben. Genau das hatte er gewollt, damit ich nicht attraktiv wirkte auf die männliche Gesellschaft, in der ich mich nun bewegte. Aber er hatte gewußt, daß er mir das nicht aufzwingen konnte. Ich wiederum fühlte mich, als sei mir eine große Last von den Schultern genommen. Meine weiße Baumwollkleidung sollte nicht bloß eine symbolische Geste sein; sie war Endpunkt und Abschluß eines langen und schmerzhaften Prozesses der Selbstfindung. Daß ich meiner Faszination für schöne Kleidung freien Lauf gelassen und geglaubt hatte, immer gut aussehen zu müssen, war ein Erbe meiner Kindheit, die ich als Garderobenmädchen meiner Mutter verbracht hatte. Während meines Erwachsenenlebens hatte ich diese Erfahrung immer zu meinem Vorteil nutzen können. Mit meinem Aussehen hatte ich Mustafa angelockt und gefesselt, und dann war ich in meiner eigenen Falle gefangen. Durch meine Kleidung hatte ich versucht, ihn zu halten, und Adila hatte versucht, ihn mir durch ihr Äußeres zu entreißen. Ich hatte meine Kleidung eingesetzt, um öffentlich Eindruck zu machen – die strahlende Ehefrau eines politischen Gefangenen war ans Licht getreten und hatte das übliche unscheinbare, triste Bild der Frau ersetzt. Das Bedürfnis, entweder durch meinen Besitz oder durch mein Äußeres zu beeindrukken, war verflogen. Ich wollte mich von nun an auf meine Persönlichkeit und auf meine Überzeugungen verlassen – die Rangfolge hatte sich umgekehrt. Jetzt bemerkte ich den Widerspruch: Eitelkeit und Luxus trennten mich von dem Volk, das ich zu vertreten suchte.

Während seiner langen Gefängnishaft schrieb Mustafa mir Briefe mit politischen Instruktionen, die er mir jeweils persönlich aushändigen ließ. Er lehrte mich, bei Verhandlungen meine wahren Gefühle nicht zu verraten. »Mach ein ausdrucksloses Gesicht«, riet er mir. »Laß dein Gegenüber im unklaren über deine wahre Reaktion.« Er lehrte mich, höflich aber bestimmt aufzutreten, Fragen zu stellen, aber keine Informationen preiszugeben. Er warnte mich davor, unnötige Kontroversen zu entfachen, und unterwies mich in der Kunst, Fangfragen auf Pressekonferenzen abzuwehren.

Er schmückte seine Briefe jedoch auch mit gefühlvollen Gedanken. Er sagte mir, wie sehr er mich brauchte und wie stolz er auf mich war. »Ohne dich kann ich gar nichts erreichen«, erklärte er. »Ich spüre aber, daß ich alles erreichen kann, wenn du an meiner Seite bist. Ich kann jedes nur denkbare Risiko auf mich nehmen. Schon heute würde ich freudig sterben, wenn ich wüßte, daß du meiner Sache verpflichtet bleibst.«

Ab und zu schlug ich vor, Mustafa solle seine grundsätzliche Sicht schriftlich darlegen, so daß wir Flugblätter und Broschüren veröffentlichen und verbreiten könnten. Ich meinte, das werde die Phantasie der unterdrückten Massen beflügeln. Aber Mustafa sagte: »Unsere Menschen sind Analphabeten, an Flugblättern haben sie kein Interesse. Sie wollen einen Führer, der ihre Forderungen zum Ausdruck bringt, der ihre Bedürfnisse spürt. Du mußt zu ihnen gehen und mit ihnen in einer Sprache sprechen, die sie verstehen. Wenn ich all meine Vorhaben schriftlich niederlege, werden mich die Machthaber beseitigen. Denn sie werden die ersten sein, die aufhorchen und davon Notiz nehmen. Warum sollte ich ihre Aufmerksamkeit erregen? Ich werde sie draußen auf der Straße angreifen, nicht in den Spalten irgendwelcher Druckerzeugnisse.«

Ich mußte ihm zustimmen. Er war prosowjetisch, antimilitaristisch, antifeudal, gegen zwangsweise Industrialisierung und gegen die korrupte Bürokratie. Die herrschenden Kräfte würden eine solche sozialistische Reformplattform niemals akzeptieren. Das Konzept dieses Programms mußte in Mustafas Kopf bleiben. Erst wenn er frei war, wenn er an der Spitze der Massen stand, konnte er der Öffentlichkeit vorsichtig Einblick gewähren. Bis dahin mußte er die reaktionären Kräfte in Sicherheit wiegen.

Wir sprachen oft über die Zukunft und darüber, wie die Erfahrung seiner Haft uns veranlaßt hatte, neue Prioritäten zu setzen. Unsere jetzige politische Strategie würde uns nach der möglichen Erringung der Macht dazu zwingen, unseren Lebensstil bescheidener zu gestalten. Wir gelobten, einfach zu leben, Gott zu fürchten und dem Volk zu dienen. Wir versahen unsere Träume mit allen Attributen der schlichten Lebensweise.

Eines Tages versetzte mich mein eigenes Spiegelbild in Staunen. Ich dachte: Wer ist diese Frau in Weiß? Bin das tatsächlich ich? Mustafa hatte mich zu einem ernsthaften Menschen voller Sendungsbewußtsein gemacht. Ich hatte meine Designerkleider weggepackt und meine Eitelkeit eingemottet. Ich schämte mich meiner Schuhkollektion, die mit der von Imelda Marcos zu wetteifern schien. Meine teuren, farblich dazu passenden Handtaschen blieben leer und unbenutzt. Ich trug nur Silberschmuck wie die Frauen der Ärmsten.

Meine Verwandlung war vollständig. Mustafa wußte, daß ich attraktiv war, aber ihm blieb nur die Wahl, mich seine Schlacht in dieser männlich dominierten Gesellschaft ausfechten zu lassen. Er fühlte sich meiner erst sicher, als er davon überzeugt war, daß er ein politisches Wesen erschaffen hatte, dessen Loyalität und Einsatz über jeden Vorwurf erhaben waren. Er wußte, solange ich von der Rechtschaffenheit seiner Sache überzeugt war, würde ich niemals abirren. Ich mußte ihm glauben, um ihn zu lieben.

Und ich glaubte ihm.

◇

Ich hatte vier Kinder großzuziehen, und sie waren noch zu klein, um zu begreifen, weshalb ihr Vater im Gefängnis saß. Sie wußten nicht, was sie tun sollten, wenn ihre Klassenkameraden sie deswegen hänselten. So gut ich konnte erklärte ich ihnen den Unterschied zwischen einem gewöhnlichen Verbrecher und einem politischen Gefangenen und versuchte, ihnen ihren Vater als einen reinen, guten Mann, der das Böse, Dunkle bekämpft, vor Augen zu führen. Mein Töchter waren etwas älter und verstanden das besser als meine Söhne, aber es fiel ihnen trotzdem sehr schwer, ihre Freundinnen, die aus unpolitischen, großbürgerlichen und feudalen Familien stammten, davon zu überzeugen, daß ihr Vater nur wegen seiner Opposition gegen das Kriegsrecht im Gefängnis saß. Der kleine Hamza war mit der Situation hoffnungslos überfordert. Er war erst acht Monate alt gewesen, als sein Vater ins Gefängnis kam. Er kannte Mustafa nur als einen »großen Mann«, der aus irgendeinem unerklärlichen Grund nicht nach Hause durfte. Jedesmal, wenn wir von einem Besuch im Gefängnis zurückkehrten, fragte Hamza: »Warum dürfen wir ihn nicht mit nach Hause nehmen?«

Sie brauchten einen Vater, mit dem sie sich identifizieren und den sie lieben konnten. Einen solchen Vater versuchte ich ihnen zu erschaffen, indem ich ihnen verschiedene Begebenheiten aus seinem Leben erzählte und dabei meine jetzige eigenartige Rolle als seine Beschützerin herunterspielte. Ich erklärte, daß ich einfach nur seinen Kampf weiterführte, und wenn er aus dem Gefängnis herauskäme, würde er uns alle beschützen. Sie lernten, ihren Vater für seinen Mut gegenüber dem Diktator zu bewundern. Allmählich entwickelte selbst Hamza so etwas wie Stolz auf seinen im Gefängnis sitzenden Vater. Schließlich betrachtete er das Adyala-Gefängnis als Mustafas Palast und Mustafa selbst als den großen Prinzen, der dort unter Polizeischutz lebte.

Ich war wie besessen davon, ihn freizubekommen. Ich sah in ihm den Mann, der dazu bestimmt war, in diesem historischen Moment eine wichtige Rolle zu spielen. Ich dachte: Ein solcher Verstand darf nicht im Gefängnis vermodern.

Ebenso verzweifelt sehnte ich mich nach einem normalen Leben. Unsere gesamte Ehe hatte sich entweder in der gehetzten Ausnahmesituation des Exils oder unter den Beschränkungen der Haft abgespielt. Niemals hatten wir ohne die Belastungen oppositioneller Politik gelebt. Ich war der Meinung, daß Mustafa sich ohne diesen ständigen Druck völlig anders verhalten hätte. Vieles in seinem abnormen Verhalten schrieb ich den abnormen Umständen zu. Mustafa verweigerte mir seine Einwilligung, mich mit Nuscie, J. J. und meinen anderen neuen Freunden zu treffen. »Wenn ich draußen bin, kannst du sie wiedersehen«, erklärte er. »Bis dahin kann ich das nicht gestatten. Schluß mit dem Thema.« Er hielt mich mit der politischen Arbeit so in Atem, daß ich ohnehin wenig Zeit für geselligen Umgang gehabt hätte.

◇

Auf öffentlichen Versammlungen vernahm ich aus meinem Mund Mustafas Stimme und sah die Masse, die auf mich so reagierte, wie sie es bei Mustafa getan hätte. Durch mich hatte Mustafa die Gefängnismauern überwunden.

Ich mußte mit großer Umsicht vorgehen. Mächtige Kräfte hatten gegen ihn Aufstellung bezogen. Wenn sie in ihm eine Bedrohung sahen, könnten und würden sie ihn liquidieren.

Taj ul-Mulk bot mir einen Anbau seines Hauses als Büro an. In dieser Villa war ich Mustafa auf einem Ball vor vielen Jahren einmal begegnet. Parteiaktivisten der Nationalen Volkspartei aus dem Punjab suchten mich gemeinsam auf. Wie Mustafa vorhergesehen hatte, waren sie langsam enttäuscht über die Führerschaft von Jatoi und seinen Gefolgsleuten und strebten nach einem neuen Bezugspunkt. Sajid, der seit 1967 sowohl mit Bhutto als auch mit Mustafa zusammengearbeitet hatte, kam aus Multan, um mich zu beraten und mir zu helfen, Mustafas Strategien umzusetzen. Andere – ehemalige Studentenführer aus den frühen Tagen unserer Ehe, die inzwischen politisch erwachsen geworden waren – schlossen sich unserem Kreis an.

Ich überzeugte unsere Gruppe davon, es sei nun an der Zeit, eine durchschlagende Medienkampagne zu starten. Wir nahmen Kontakte zu finanzkräftigen Sympathisanten auf, die uns Mittel für Plakate und gedruckte Anzeigen zur Verfügung stellten, in denen Mustafas Freilassung gefordert wurde. Ich merkte, daß ich genauso gut wie Mustafa die Parteiarbeiter an mich binden, ihre Aktionen koordinieren und ihre Moral stärken konnte.

Rivalisierende Parteiführer nahmen mir meine zunehmende Popularität übel und streuten Gerüchte. Sie warnten, Mustafa traue mir nicht; sie kritisierten mich, weil ich Mustafa verlassen hatte, und beschuldigten mich der Konspiration mit den Militärs zu dem Zweck, meinen Mann im Gefängnis festzuhalten. »Sie will ihn tot sehen«, beschuldigten sie mich. »Sie will selbst die Macht.« Als Mustafa von der Verleumdungskampagne gegen mich erfuhr, gab er eine entschiedene Stellungnahme an die Presse. »Meine Ehefrau vertritt mich. Alles, was sie sagt und tut, entspricht genau dem, was ich will.«

◇

Gott ließ Mustafa einen weiteren Blick auf die Machtquellen werfen, die darauf warteten, von ihm zum Leben erweckt zu werden. Sein Bruder Ghazi starb plötzlich. Zia ul-Haq gewährte Mustafa die Erlaubnis, am Begräbnis teilzunehmen, und da die Zeit knapp war, überließ er ihm das offizielle Flugzeug des Luftwaffenchefs. Das Flugzeug flog mit Mustafa an Bord nach Lahore, um mich abzuholen. Dann starteten wir nach Multan zum Begräbnis.

Während des Fluges konnte ich spüren, wie stark Mustafa davon erschüttert war, daß der Tod nun auch in seiner eigenen Altersgruppe Einzug hielt. Er versicherte mir: »Ich habe unablässig zu Gott gebetet, er möge mich den heiligen Schrein in Taunsa Sharif besuchen lassen. Ich warte voll Spannung darauf, wann mein Gebet erhört werden wird.« Er wußte, daß er als Häftling keine Möglichkeit hatte, diese Pilgerfahrt zu unternehmen. Aber als wir in Multan ankamen, erfuhren wir überraschend, daß die Begräbnisprozession bereits begonnen hatte, und erhielten die Anweisung, in die Stadt zu fahren, die Ghazi selbst für sein Begräbnis gewünscht hatte – Taunsa Sharif! Mustafa warf sich sofort zu Boden und dankte Gott für dieses Wunder.

Mein Kopf war zwar bedeckt, mein Gesicht jedoch nicht. Für eine Frau war es unerhört, unvollständig verhüllt die heilige Stadt Taunsa Sharif zu betreten, aber Mustafa brach mit dieser Tradition. Sein einziges Zugeständnis war seine Bitte an mich, im Auto auf ihn zu warten.

Eine riesige Menge von Trauernden war wie elektrisiert, als sie das Hupen hörte, mit dem das Herannahen unserer offiziellen Fahrzeugkolonne verkündet wurde. Sie rollte wie eine Welle nach vorn und zerquetschte fast unser Fahrzeug. Mustafa gelang es, sich herauszuwinden, und er verschwand in der Menge. Ich erhaschte nur kurze Blicke auf die Totenbahre inmitten der außer sich geratenen Menge. Ein seltsamer Gegensatz zwischen jubelnder Begeisterung und Totentrauer war zu beobachten – beerdigt wurde ein weiterer Khar, aber ihr Führer war unter ihnen!

Ich dachte: Die Sufis haben so recht. Sie glauben, der Tod eines Heiligen müsse gefeiert werden, weil das der Moment ist, wo seine Seele die Vereinigung mit dem Ewigen Wesen erreicht. Tod und Wiedervereinigung schienen auch bei den Khars zu verschmelzen.

Als wir zum Flugzeug zurückfuhren, das ihn ins Gefängnis bringen sollte, konnte ich spüren, daß Mustafa stärker denn je das Gefühl hatte, daß übernatürliche Kräfte auf seiner Seite standen. Er sah sich in seinem persönlichen Glauben an die Bestimmungen des Schicksals bestärkt.

Kapitel fünfzehn

Im Lauf der Zeit wurde Mustafas Lage im Adyala-Gefängnis sogar noch komfortabler als bisher. Sieben Zimmer waren ihm zugeteilt. Seine Hauptzelle war zum Schutz gegen die sengende Hitze mit einer Klimaanlage ausgestattet, in einem anderen Raum standen ein Kühlschrank und eine Tiefkühltruhe. Er durfte einen Fernseher benutzen, und er hatte unbegrenzten Zugang zu Lesestoff. In seinen Lesegewohnheiten war er sehr sprunghaft und konnte leicht von einem Bericht über Maos »Langen Marsch« zu einem Buch über die Reformen des Kalifen Omar wechseln. Er erzählte mir, er sei durchaus bereit, manche Behauptungen Adolf Hitlers zu akzeptieren, und erklärte: »Jedes politische Programm, das das Leiden verstärkt, aber letztlich den Fortschritt im Auge hat, ist annehmbar.«

Er hatte ein kleines eingezäuntes Stück Land zur Verfügung, das er bald für eine Hühnerfarm nutzte. Einige andere Häftlinge waren damit betraut, sein Haus in Ordnung zu halten und seine Hühner zu versorgen. Mustafa überwachte die Arbeit und entspannte sich dann bei der Zubereitung seiner eigenen Mahlzeiten. Obwohl er ja ein exzellenter Koch war, begnügte er sich hier mit einer einfachen Ernährung aus verschiedenen Gemüsen.

Die Gefängnisvorschriften gestatteten zwar auch ihm keine Besuche unter vier Augen, aber jedesmal, wenn ich kam, wies er den Wächter mit einer Handbewegung aus dem Raum.

Diese Verhältnisse empfand ich als ziemlich verwirrend. In einem Teil meines Denkens und Fühlens war ich der Meinung, daß ein wahrer politischer Führer leiden sollte, um sich selbst zu läutern; zugleich wußte ich, daß diese Gedanken Nachklänge der Katechismusstunden waren, die ich in der Klosterschule hatte erdulden müssen, und konnte sie wieder vertreiben. Ich mußte mich selbst daran erinnern, daß Mustafa ein politischer Gefangener, kein Krimineller war. Die Behörden mußten davon ausgehen, daß der politische Häftling von heute der Führer von morgen sein kann. Es war sehr wahrscheinlich, daß Mustafas Zeit eines Tages kommen würde, und seine Gefängniswärter mußten sich bereits jetzt vor künftiger Vergeltung schützen. Unverschämtheiten duldete er nicht. Er nahm die Haltung eines nur vorübergehend entthronten Monarchen ein. Jeder wußte um seine Vergangenheit, niemand konnte seine Zukunft ignorieren. Seine gegenwärtige Lage verblaßte demgegenüber.

◇

Mustafa Jatoi und andere wichtige Leute bedrängten Zia ul-Haq beständig, Mustafa freizulassen, aber ihre Bemühungen verliefen ergebnislos.

Auf Mustafas Veranlassung traf ich mich mit Führern aus dem gesamten politischen Spektrum Pakistans und bat sie, für die Freilassung aller politischen Häftlinge einzutreten. Mustafa war unter ihnen die einzige Führungspersönlichkeit, aber Hunderte von Parteimitarbeitern litten immer noch in der Haft und brauchten Fürsprache. Zu diesem Thema veranstalteten wir in Lahore und Islamabad Anhörungen, die zwar gut besucht waren und auch viel Presseresonanz erhielten, aber nichts schien die Herrscherclique zu einer Änderung ihrer Haltung zu bewegen. Wir beschlossen, etwas Spektakuläres zu unternehmen.

Mustafa und ich trafen eine Entscheidung von großer Tragweite. Ein Teil meines Herzens hätte es gern gesehen, wenn er den Kampf möglicherweise bis zum Weg an den Galgen fortgesetzt hätte, wie Bhutto es getan hatte. Ein anderer Teil erkannte die Nutzlosigkeit eines weiteren Märtyrertodes und akzeptierte die Notwendigkeit eines taktischen Vorgehens – dem Volk zu dienen, indem zunächst einmal die Freilassung erreicht wurde. Wir beschlossen, einige unserer früheren extremen Grundsätze zu andern und den Versuch zu unternehmen, die Militärführung zu umwerben und damit kompromißbereit zu stimmen. Mustafa, der einst den gewaltsamen Umsturz des Militärregimes angestrebt hatte, suchte nun ein geheimes Bündnis.

Mir wurde ein Gesprächstermin bei General Akhtar Abdur Rehman gewährt, dem Vorsitzenden der Stabschefs aller Armeegruppen. Er war Zia ul-Haqs rechte Hand und zum Zeitpunkt unseres Staatsstreichversuchs Chef der »Inter Services Intelligence« (Oberster militärischer Geheimdienst) gewesen; außerdem war er zuständig für die Mujaheddin-Verbindungen nach Afghanistan. Mustafa bereitete mich sorgfältig vor. Niemand durfte von unserem Verhandlungsversuch mit der Militärjunta erfahren; sowie etwas davon ruchbar würde, könnte das den Verlust von zahllosen Anhängern bedeuten.

Das Treffen fand unter strikten Sicherheitsvorkehrungen statt. Ich sollte an einem bestimmten Tag zu einer bestimmten Uhrzeit in der Hotelhalle des Holiday Inn in Islamabad sein – versteckt hinter einer dunklen Brille. Dort würde ich einen Offizier namens Khursheed treffen, der mich dann zum Treffen mit General Rehman bringen würde.

Wir führten im Büro des Generals ein neunzig Minuten langes Gespräch. Die Unterredung nahm einen problematischen Verlauf. Meine Abneigung gegen die Generäle und ihr Kriegsrecht war tief verwurzelt. Die Vorstellung, mit Zia ul-Haq oder einem seiner Vertreter zu verhandeln, behagte mir nicht. Ich haßte den Gedanken, um Mustafas Freilassung zu betteln, und im Gegenzug hatte ich nicht viel anzubieten. Ich versuchte, ihm die Erkenntnis Mustafas zu verkaufen, daß die Armee für den politischen Entwicklungsprozeß in Pakistan unverzichtbar sei; er sei zu dem Schluß gekommen, daß eine Regierungsform wie in der Türkei – wo sich Politiker und Militär die Macht teilten – auch für unser Land möglich sei.

General Rehman unterbrach mich und erklärte mir, Bhutto hätte ein ähnliches Übereinkommen mit seinen Generälen getroffen und sich dann nicht daran gehalten. Wie könnte ich garantieren, daß Mustafa nicht dasselbe tun würde?

»Mustafa ist nicht Mr. Bhutto«, sagte ich. Ich erinnerte ihn daran, daß Mustafa öffentlich gegen viele von Bhuttos Ideen Stellung bezogen hatte, und ich versicherte, Mustafa werde alle Verpflichtungen einhalten, die er eingegangen sei. Mustafa hatte mir erklärt, daß ich mir in dem Gespräch die Unsicherheiten der Militärs bezüglich der Absichten der derzeitigen Führer von Bhuttos Pakistanischer Volkspartei zunutze machen solle. Ich sagte also, in jeder zukünftigen Wahl werde sich die Volkspartei unter Führung von Benazir Bhutto durchsetzen und für eine gefühlsmäßige Wiedergeburt des Bhutto-Mythos sorgen. Das Volk – vor allem die Sindi und Punjabi – warte nur auf eine Gelegenheit, gegen die Kräfte, die Zia ul-Haq unterstützten, anzutreten.

Genau in dieser Situation, so argumentierte ich, würde die Armee einen Puffer brauchen, einen Mann, den die Anhänger der Pakistanischen Volkspartei akzeptierten, einen Mann, der sie dazu bringen könne, ihre Wut nicht am Militär abzureagieren. Sie brauchten einen Führer mit Wurzeln im Punjab, der die Realitäten der Machtpolitik verstand und der einen großen Teil der Parteimitarbeiter der Pakistanischen Volkspartei hinter sich sammeln könnte. Und dazu sei nur einer in der Lage: Mustafa Khar.

Daß mich der General um ein weiteres Treffen bat, zeigte, daß ich den richtigen Punkt getroffen hatte. Ich verließ das erste Treffen jedoch mit gemischten Gefühlen; der General, ein Spitzenmann des Geheimdienstes, hatte sich keinerlei Blöße gegeben.

Weitere Treffen folgten. Ich besprach sie vorher ausführlich mit Mustafa und kehrte dann, mit neuen Argumenten und Vorschlägen bewaffnet, wieder zum General zurück. Von Mal zu Mal empfand ich ihn als verständnisvoller, zumindest was meine Lage anging. Meine Hoffnungen wuchsen.

◇

Im Mai 1988 flog das Ojhri-Munitionslager in Islamabad in die Luft, die halb geheime, halb öffentlich bekannte Drehscheibe für die heimlichen Waffenlieferungen an die afghanischen Rebellen. Hunderte von Zivilisten wurden verletzt oder getötet. Die ganze Stadt erstarrte in Trauer und Furcht.

Für den nächsten Tag nach diesem schrecklichen Unglück war die Hochzeit von Mustafas Sohn Abdur Rehman geplant, und um der Feier beizuwohnen, hatte man Mustafa einen vierundzwanzigstündigen Hafturlaub bewilligt. Gemeinsam mit den Kindern und Nuscie begrüßte ich ihn am Flugplatz in Lahore, und wir stiegen alle in die Autos eines Konvois ein, der mit heulenden Sirenen zum Haus der Braut aufbrach.

Die Braut war in traditionelles Rot gekleidet, bunte Lichter flackerten überall, und die ersten Gäste waren bereits eingetroffen, als Mustafa alle Anwesenden mit der Ankündigung überraschte, wegen der Tragödie im Ojhri-Camp müsse die Hochzeit verschoben werden. Er sagte, man könne nicht tanzen und feiern, während die Nation zugleich so viel Schmerz zu tragen habe.

Die Familie der Braut reagierte schockiert. Die Braut, mit Edelsteinen geschmückt und die Augen verschämt zu Boden geschlagen, lauschte mit feierlichem Gesicht, als Mustafa erklärte, daß sie in eine ganz besondere Familie einheiratete.

»Ich bin Politiker«, sagte er. »Ich trage für mein Volk in vieler Hinsicht Verantwortung. Man wird mir wegen dieser Hochzeit Fragen stellen, falls sie an einem so unpassenden Tag stattfinden sollte.«

Die Medien lobten Mustafas noble Geste und stellten ihn in einen Gegensatz zu Zia, der einen groben taktischen Fehler beging. Da er eine Untersuchung dieses angeblichen Sabotageaktes befürchtete, entließ Zia ul-Haq den von ihm persönlich bestellten Premierminister Mohammad Khan Junejo, löste das Unterhaus des Parlamentes auf und installierte eine geschäftsführende Regierung.

Bei einem weiteren Treffen mit General Rehman legte ich Mustafas Bewertung dieser Entwicklung dar: Das Problem sei nicht gelöst, Zia ul-Haq habe lediglich ein Vakuum geschaffen. Die geschäftsführende Regierung werde sich nicht durchsetzen können, und die Pakistanische Volkspartei werde in die entstehende Lücke stoßen. Mustafa schlug vor, man möge ihm gestatten, als freier Mann die Absichten der Pakistanischen Volkspartei zu durchkreuzen. Er brauche Zeit, um Benazir Bhuttos Machtzuwachs zu begrenzen.

Der General versprach, diese Angelegenheit mit Zia ul-Haq zu besprechen.

Ich war stolz auf mich und den Erfolg meiner Geheimverhandlungen. Ich war mir sicher, Zia ul-Haq und seine Berater seien nun bereit, diesen Überlegungen zu folgen.

◇

Eine Woche später, am 17. August 1988, explodierte unter mysteriösen Umständen im Luftraum über Bahawalpur ein Militärflugzeug. General Zia ul-Haq, der elf Jahre lang das Schicksal Pakistans bestimmt hatte, befand sich an Bord. Meine erste Reaktion war riesige Freude: Der Diktator war tot! Dann erinnerte ich mich daran, daß im Flugzeug auch andere Menschen gesessen hatten, die ich gekannt hatte. Einer davon war mein neugewonnener Freund General Rehman, der wohl nah daran gewesen war, Mustafas Freilassung zu bewerkstelligen. Der andere war der Offizier Khursheed, der mich häufig zu den Treffen gebracht oder mich dort abgeholt hatte.

Aber ich mußte alle Gedanken an die menschliche Tragödie beiseite schieben. Zia ul-Haqs plötzlicher Tod veränderte die gesamte politische Landschaft in Pakistan. Ghulam Ishaq Khan, Senatsvorsitzender und ein enger Verbündeter Zia ul-Haqs, wurde als Präsident vereidigt.

»In diesem Stadium dürfen wir nichts tun, was die Armee provozieren könnte«, riet Mustafa. »Das beste ist, abzuwarten.«

Wir beschlossen, durch friedlichen Protest möglichst viel Aufmerksamkeit auf unsere Zwangslage zu lenken. Unsere mutigen Parteifreunde begannen einen Hungerstreik vor dem Senatsgebäude, während dieser tagte. Die erste Gruppe wurde sofort unter dem Vorwurf des »Selbstmordversuchs« verhaftet.

Wir versuchten, zum Senat zu marschieren, und trugen Transparente und Plakate gegen das Kriegsrecht und für die Freilassung der politischen Häftlinge, aber die Polizei griff ein und verhaftete die Demonstranten.

Zwei Senatoren luden mich in das Senatsgebäude ein und stellten mich einigen ihrer Kollegen vor. Ich verursachte einiges Aufsehen, als ich in den Saal spazierte und darauf drang, man möge umgehend die Frage der politischen Gefangenen diskutieren.

Unser Hungerstreik wurde fortgesetzt. Wir fanden zwar großes Interesse bei den Medien, aber die Regierung ging wieder zur Tagesordnung über, unbeeindruckt und ungerührt.

Wir suchten nach einem noch auffälligeren Ort für den Hungerstreik und wählten die Faisal-Moschee in Islamabad. Wir glaubten, eine Regierung, die ständig das Bekenntnis zum Islam im Munde führte, würde davor zurückschrecken, Hungerstreikende innerhalb der heiligen Bezirke der Moschee zu verhaften. Und wenn sie es täte, würde die Presse über sie herfallen. So oder so hätten wir einen Punkt gewonnen.

Die Hungerstreikenden hatten sich zum Gebet niedergelassen, als die Polizisten auftauchten. Ich stellte mich dem Polizeiaufgebot entgegen und erklärte, sie könnten doch die Arbeiter während ihres Gebets nicht verhaften. Die Polizei zögerte und wartete auf die Beendigung der Gebete. Aber die klangen unentwegt durch die Räume fort. Es gab einen Menschenauflauf, alle wollten sehen, welche Seite als erste nachgeben würde. Die Arbeiter ließen sich nicht zermürben, aber die Polizeibeamten verloren die Geduld. Schließlich stürmten sie in die Moschee und verschleppten die Betenden ins Gefängnis, die auf ihrem Abtransport Parolen gegen die Regierung und für die Freilassung der politischen Gefangenen schrien. Wir und die Presse sorgten dafür, daß die gesamte Nation über die Entweihung der Moschee durch die Handlanger einer sogenannten islamischen Regierung erfuhr.

Weitere Hungerstreiks folgten, alle an vielbesuchten öffentlichen Plätzen in Islamabad: erneut vor dem Senat, vor dem Haus des Präsidenten, in anderen Moscheen; selbst in Einkaufszentren. Die Hauptstadt war plötzlich Schauplatz gewaltfreier Proteste, und ich stand im Mittelpunkt des Geschehens. Dann entschied ich, daß die Familie des politischen Führers selbst auch Opfer bringen müsse. Bis dahin waren es immer die Arbeiter gewesen, die sich der Verhaftung aussetzten. Ich überredete Mustafas zwei Söhne Abdur Rehman und Bilal an einem der

Hungerstreiks teilzunehmen. Sie wurden vor dem Senat festgenommen.

Unsere Aktionen fanden große Beachtung und viel Sympathie. Aber immer noch mußten Mustafa und Tausende anderer politischer Gefangener im Gefängnis ausharren.

Wie aus dieser Sackgasse herauskommen?

Ich schlug Mustafa vor, ich selbst wolle in den Hungerstreik treten. Mir war natürlich bewußt, daß diese folgenschwere Entscheidung meinen Tod bedeuten könnte, denn rückgängig machen konnte ich sie nicht. Aber ich war zuversichtlich, daß meine Aktion großes nationales, sogar internationales Medieninteresse hervorrufen würde, und die Regierung dazu veranlassen müßte, wollte man nicht meinen Tod in Kauf nehmen, die politischen Gefangenen freizulassen. Ich wußte, daß mich die Presse freundlich behandeln würde. Meine Rolle als Ehefrau, die für die Freiheit ihres Mannes kämpfte, machte sich in den Zeitungen gut, und die Reporter waren zunehmend gespannt darauf zu erfahren, was ich als nächstes tun würde. Ich hatte viele gut ausgebildete Journalisten einer neuen Generation kennengelernt, die sich der Sache der Gerechtigkeit in Pakistan verpflichtet fühlten. Ich wußte, sie würden auf meiner Seite stehen.

Außerdem wußten sowohl Mustafa als auch ich, daß mein Vater sofort aktiv werden würde, wenn ich in Lebensgefahr geriet. Er hatte viele einflußreiche Freunde in der Armee und im Senat und würde sicher großen Druck auf sie ausüben.

Wir trafen unsere Vorbereitungen. Ein Ärzteteam würde bereitstehen und sich um mich kümmern. Auf Mustafas Vorschlag hin wurde Dr. Sultan, ein am Adyala-Gefängnis beschäftigter Arzt, einbezogen, so daß auch Mustafa selbst über meinen Zustand immer gründlich informiert sein würde.

Ich hatte zwar große Angst, war aber dennoch entschlossen, in den Hungerstreik zu treten. Doch dann ergab sich plötzlich eine neue Situation: Der Präsident verkündete die Freilassung einiger politischer Gefangener. Mustafa war zwar nicht darunter, aber ein Anfang war gemacht. Wir schoben meinen Hungerstreik erst einmal auf.

Ich sprach mit jedem Politiker und General, den ich zu fassen bekam. Einer von ihnen brachte die herrschende Meinung auf den Punkt: »Mustafa ist ein Verräter! Ich kann niemandem helfen, der mein Land verraten hat.«

Die politischen Wirren verstärkten sich noch, als Wahlen angekündigt wurden. Ohne Vorankündigung hatte sich unser alter Freund Mustafa Jatoi dem islamischen IJI-Parteienbündnis – der sogenannten »Islamischen Demokratischen Allianz« – angeschlossen, das Zia ul-Haq zusammengeführt hatte und das die Macht innehatte – und er stellte Mustafa vor die Wahl: Würde Mustafa annehmen, dann würden sich die Gefängnistüren für ihn auf der Stelle öffnen. Mustafa sehnte sich danach, herauszukommen und eine Rolle bei den Wahlen spielen zu können, und er zog einen solchen Handel in Erwägung.

Zahllose Anrufer wollten mich überreden, meinen Mann dazu zu bringen, sein Glück in den Reihen des gegenwärtigen politischen Establishments von Pakistan zu suchen.

Ich hatte mich weiterentwickelt. Nach dreizehn Ehejahren funktionierte ich nicht mehr als ein von Mustafa programmierter Roboter; ich war eine selbständige, denkende Frau und zu unabhängigem Handeln fähig. Ich wies alle Vorschläge zurück, Mustafa solle sich dem IJI-Bündnis anschließen, und sagte ihm auch weshalb: Wenn er beitrete, würde er alles verraten, wofür er stand. Das waren die Parteien, die an der Macht geblieben waren, indem sie pausenlos vor Zia ul-Haq dienerten, widernatürliche Auswüchse einer Politik, die sich am Leben hielt, indem sie Bhuttos Blut saugte. Sich mit dem IJI-Bündnis zusammenzutun, würde bedeuten, seinen Kampf gegen das Kriegsrecht und seinen langen Kampf für Demokratie zu verleugnen. Außerdem wäre der Übertritt demütigend, denn dem IJI-Bündnis stand Nawaz Sharif vor, ein Mann, den Mustafa in der Öffentlichkeit lange Zeit als politischen Zwerg dargestellt hatte. Ich sagte meinem Mann, ich würde jedes Fünkchen Respekt vor ihm verlieren, wenn er sich auf diesen faulen Handel einließe. Ich betonte: »Es ist besser, für ewig im Gefängnis zu bleiben und geachtet zu werden, als frei zu sein und sich demütigen zu lassen.«

Mustafa erwog die Alternativen: Er konnte binnen vierundzwanzig Stunden aus dem Gefängnis freikommen oder seine Ehre und seine Ehefrau behalten. Er beschloß, Jatois pragmatisches Angebot zurückzuweisen, und lobte mich: »Deine Stärke hat mir diese Entscheidung möglich gemacht. Ich bin froh, daß ich dich getroffen habe. Abkürzungswege zur Macht sind unehrenhaft.«

In Mustafas Namen verfaßte ich eine Pressemitteilung, in der er Jatois Schritt mißbilligte und seine Trennung von ihm bekanntgab, um die »Khar-Gruppe, Nationale Volkspartei« zu bilden. Zur Erläuterung zitierte ich Nelson Mandelas Worte: »Gefangene können nicht verhandeln. Mustafa ist kein freier Mann.«

Wir beschlossen, Mustafa solle von der Gefängniszelle aus für das Parlament kandidieren! Er wollte seine Kandidatur für zwei Sitze in der Nationalversammlung und drei Sitze in der Provinzversammlung anmelden und erst dann, gegen Ende des Wahlkampfes, entscheiden, worauf er seine Anstrengungen konzentrieren wollte. Die wichtigste Konfrontation stand in Lahore bevor, wo er Nawaz Sharif herausfordern mußte, den derzeit amtierenden Regierungschef des Punjab. Mit der Ankündigung seiner Kandidatur übernahm Mustafa erneut die Rolle des tapferen, mutigen Löwen vom Punjab, dessen Kraft auch hinter Gefängnismauern nicht zu brechen war.

Aber der Wahlkampf sollte nicht leicht werden. Mustafas eigene Brüder beschlossen, in seinem Heimatwahlkreis in Muzaffargarh gegen ihn anzutreten, und sie sicherten sich die Unterstützung einflußreicher Gruppierungen aus der Regierung. Ich reichte die für Mustafas fünf Kandidaturen erforderlichen Papiere ein, wußte jedoch, daß wir einer starken Übermacht gegenüberstanden.

Ich zog als Mustafas Stellvertreterin in den Wahlkampf. In Muzaffargarh sah ich mich der schwierigen Aufgabe gegenüber, zu einer verblüfften Menschenmenge sprechen zu müssen. Mustafa hatte eine Frau geschickt, um für ihn zu reden? Warum nicht seinen Bruder oder einen Sohn? Mustafa hatte diese

Schwierigkeit vorausgesehen und mir ein passendes Argument an die Hand gegeben. Ich hob meinen Arm und rief: »Die *sardars* (»Stammeschefs«) aus dieser ganzen Gegend verstecken ihre Ehefrauen vor den armen und unterdrückten Menschen ihrer Dörfer. Sie verstecken sie hinter dem *chador*, so daß ihr, die ihr doch von ihrem Boden stammt, ihre ›Ehre‹ mit euren Augen nicht verletzen könnt. Wenn diese Herren sich jedoch in den großen Städten aufhalten, dann lassen sie ihre Frauen den Schleier ablegen und sich unter fremde Männer mischen. Mustafa läßt euch sagen, daß er nicht zu dieser Sorte von Männern gehört.«

Die Menschen klatschten laut und skandierten Sprechchöre für Mustafa Khar.

Ich fuhr fort: »So wahr, wie ich hier vor euch stehe, hat Mustafa bewiesen, daß ihr die Menschen seid, die seine Frau anschauen dürfen, denn ich bin für euch eine Tochter, eine Mutter oder eine Schwester. Ihr seid seine Familie. Er will seine Frau nicht vor euch verstecken. Heute bricht er mit einer falschen und scheinheiligen Tradition – für euch!«

Die Menschen antworteten mit großer Zustimmung und beteten für Mustafas Befreiung – und für seinen Wahlerfolg.

Seine Brüder fuhren starke Geschütze gegen mich auf und behaupteten, ich sei eine Schande für ihre Familienehre. Manche sagten, ich wolle Mustafa an den Galgen bringen.

In Lahore traf ich mich mit zahlreichen Parteimitarbeitern. Sie alle begrüßten Mustafas Entscheidung, aber wir wußten, daß ihm nun die Unterstützung aller wichtigen politischen Kräfte versagt bleiben würde. Wir dachten über Möglichkeiten für andere Bündnisse nach. Sollten wir von neuem der Pakistanischen Volkspartei die Hand reichen? Sollten wir mit dem entlassenen Premierminister Junejo Kontakt aufnehmen und ein Bündnis suchen?

Mustafa bat mich, mit Benazir Bhutto zu sprechen. Ich nahm Kontakt zu einem ihrer Berater auf und erkundigte mich nach der Möglichkeit, daß Benazir Bhutto und ihre Pakistanische Volkspartei Mustafa unterstützten. Der Berater überbrachte mir die rätselhafte Botschaft: »Ich denke, wir sollten Herrn Khars Freilassung abwarten«.

Nach diesem Statement war mir klar, daß Benazir Bhutto nicht mit Mustafas Freilassung rechnete und daß sie keinen Mann unterstützen wollte, den die Armee ablehnte. Vielleicht wollte sie ja, daß ihr alter »Onkel« im Gefängnis blieb und ihren eigenen Plänen so nicht im Weg stehen konnte.

Den Wahlkampf als Stellvertreterin Mustafas allein zu führen, bedeutete eine zu große Last für mich. Mustafa meinte, der einzige Weg, in seiner Abwesenheit im entscheidenden Bezirk von Lahore genügend Unterstützung zu sammeln, sei die alte Methode des Klinkenputzens. Wenn seine Ehefrau persönlich die Wähler um Unterstützung bäte, berühre das die Menschen. Aber ich empfand das als peinlich. Anders als die sehr emotional eingestellten, des Lesens und Schreibens unkundigen Menschen in Muzaffargarh kannte mich die Wählerschaft in Lahore nicht genug; die Leute begegneten mir mit Unsicherheit. Ich spürte, daß ich für diese Wähler keine angemessene Stellvertreterin meines Mannes abgab, vor allem nicht im Kampf gegen den Regierungschef in seinem Stammwahlkreis. Es war wirklich dringend erforderlich, Mustafa aus dem Gefängnis freizubekommen, weil nur er die Wirkung erzielen konnte, die für solch einen Wahlsieg nötig war.

Ich suchte beim Geheimdienst Inter Services Intelligence um eine Unterredung mit dem Leiter, General Hameed Gul, nach; aber der stellvertretende Oberkommandierende, Stabsoffizier Imtiaz, sagte, für ein Treffen müsse ich mit ihm vorliebnehmen.

Unser Gespräch in der ISI-Zentrale uferte zu einem fünfstündigen Marathon aus; es war eine Befragung. Der Mann hatte ein umfassendes Dossier über Mustafa und seine verhängnisvollen indischen Verbindungen vor sich liegen. Angesichts dieser Beweise sah er in meinem Mann einen Landesverräter.

Ich versuchte, Mustafa als einen Patrioten, der seinen eigenen

Weg beschritt, darzustellen, aber Imtiaz ließ sich nicht überzeugen. Als ich ihm von meinen Gesprächen mit General Rehman berichtete, war er sehr überrascht, das ISI hatte davon nichts gewußt.

Wir trafen uns noch mehrmals, bevor mir schließlich die Gelegenheit zu einem Gespräch bei General Gul gewährt wurde und ich zu diesem Treffen nach Islamabad flog. Ich wußte, daß das unsere letzte und zugleich wichtigste Hoffnung war. Die Unterredung verlief kompliziert. Der General hörte sich aufmerksam an, was ich vorbrachte, aber seine Reaktion konnte ich nicht einschätzen. Schließlich bat ich ihn verzweifelt, sich persönlich mit Mustafa zu treffen. Ich war überzeugt, daß sich Mustafa mit seinen rhetorischen Fähigkeiten aus dem Gefängnis in die Freiheit reden würde.

Ich war überrascht und begeistert, als General Gul zustimmte. Ich sah darin einen Hinweis, daß in unserem Land fast alles im Fluß war; es war für einen so hochrangigen Mann sehr ungewöhnlich, sich mit einem Häftling zu treffen.

Niemand durfte davon wissen – nicht einmal Mustafa. Um Mitternacht brachte mich der Offizier zum Adyala-Gefängnis. Im Büro des Gefängnisdirektors traf ich General Gul. Dann wurde ein völlig verblüffter Mustafa hereingebracht.

Zu meiner Bestürzung wirkte Mustafa befangen und unecht, so als sei er der Meinung, sein Gegenüber wüßte um seine intimsten Geheimnisse. Der General trat charismatisch, gewandt und direkt auf; Mustafa war nur Mittelmaß. Mein Ehemann, mein politischer Führer, schrumpfte vor meinen Augen zusammen.

Mach schon, Mustafa, dachte ich. Du brauchst nur das Richtige zu sagen. Du mußt das sagen, was sie dazu bringt, dich herauszulassen. Das ist deine einzige Chance, deine letzte Chance.

Aber gegen Ende des Gesprächs ließ der General deutlich erkennen, daß seine Entscheidung schon vorher gefallen war. Er nickte in meine Richtung, lächelte und sagte zu Mustafa: »Sie hätten keine bessere Botschafterin Ihrer Sache finden können.«

Mit Nachdruck antwortete Mustafa: »Ohne Tehmina hätte ich es niemals geschafft!«

Am nächsten Tag ordneten die Gerichte Mustafas Freilassung an, nach über zwei Jahren Haft.

◇

Neben die Freude traten neue Sorgen. Genau zu dieser Zeit erreichte mich nämlich ein aufwühlender Anruf von meinen Schwestern Zarmina und Rubina: Vater hatte sich in eine andere Frau verliebt. Mutter war völlig außer sich. Die andere Frau war Sabiha Hasan. Sie hatte für meinen Vater während seiner Tätigkeit als Leiter der Staatsbank gearbeitet. Meine Schwestern wollten ein Familientreffen einberufen, um die Ehe unserer Eltern zu retten. Meine Mutter war bereit, mich wieder in den Schoß der Familie aufzunehmen, um ihr über diese schreckliche Zeit hinwegzuhelfen. Ich konnte dieses merkwürdige Zusammentreffen von Freude und Leid, die im selben Augenblick über uns hereingebrochen waren, kaum fassen. Mein Leben veränderte sich wie ein Kaleidoskop in den Händen eines zappeligen Kindes.

Kapitel sechzehn

Den Frühflug um sechs Uhr dreißig von Lahore nach Islamabad hatte ich über ein Jahr lang jeden Sonntag genommen. Aber heute, am 4. November 1988, war alles etwas anders. Als ich mit meinen vier Kindern zum Tor des Flugplatzes ging, war ich in Hochstimmung. Den Ärger darüber, daß unsere Papiere geprüft und wir einer Leibesvisitation unterzogen wurden, dämpfte das Hochgefühl, etwas erreicht zu haben.

Das Bodenpersonal begrüßte uns lächelnd. Im Flugzeug machte uns die Crew ausfindig, um uns zu gratulieren. Als ich es mir bequem gemacht hatte und gerade eine Zeitung las, lehnte sich ein anderer Fluggast zu mir herüber und sagte: »Bestimmt ist Ihr Ehemann auf Sie sehr stolz ...« Ich lächelte freundlich; ich wußte, daß unser Kampf jetzt erst richtig begann.

Während des Fluges sah ich aus dem Fenster hinaus in die Ferne. Ein einzelner Wolkenfetzen, scheinbar im Nichts verankert, verfärbte sich glutrot, als die ersten Sonnenstrahlen ihn trafen. Ich wurde immer aufgeregter. Zwei Epochen meiner Ehe lagen hinter mir: Zuerst das Exil, mit Ehebruch, Verrat und Gewalt; damals hatte ich mich gefühlt wie im Zentrum eines Wirbelsturmes gefangen und ständig ums Überleben kämpfend. Dann kam Mustafas Inhaftierung, die für mich Frustration, Einsamkeit und Erschöpfung bedeutete, mir aber auch praktische politische Erfahrung und politische Reife gebracht hatte; aus reiner Notwendigkeit war ich unabhängig geworden.

Nun standen Mustafa und ich an der Schwelle einer neuen Periode, einer Zeit gemeinsamer Freiheit und gegenseitigen Vertrauens. Wir hatten alle Widrigkeiten überstanden und hatten zum erstenmal ein ganz normales Leben vor uns.

Im Flughafen von Islamabad herrschte überschäumender Jubel. Gesichter, die ich die ganzen Jahre über nur mit entschlossenem, ernstem Ausdruck gesehen hatte, zeigten jetzt ein Lächeln. Menschen kamen auf mich zu und blieben dann in respektvollem Abstand stehen. Ich wollte ihnen für ihre Unterstützung danken und sie umarmen, aber vor mir standen Männer, und wir waren vom Islam bestimmt, von Traditionen erstickt: Eine Frau zeigt keine Zuneigung für einen Mann, der nicht entweder ihr Vater, Bruder oder Ehemann ist. Ich versuchte, meine Wertschätzung und Dankbarkeit in Worten zum Ausdruck zu bringen, wußte aber gleichzeitig, daß das zuwenig war.

Bald saßen wir in einem Auto, an der Spitze einer Fahrzeugkolonne, die dem vertrauten Weg folgte. Andere Autofahrer hupten; Fußgänger riefen uns ermutigende Worte zu. Wir fuhren am Rawalpindi-Zentralgefängnis vorbei, wo Bhutto gehängt worden war. General Zia ul-Haq hatte vor seinem Tod den Abriß dieses Gefängnisses angeordnet, da es nun dem Andenken an einen Märtyrer diente.

Wir passierten das Armeehauptquartier, und der Anblick des Panzers vor dem Tor entlockte mir ein Lächeln. Früher hatte mich dieser Panzer, das Symbol der Militärherrschaft in Pakistan, eingeschüchtert. Heute schien er machtlos. Die Macht des Volkes hatte über das Diktat der Kanonen gesiegt.

Der Konvoi bog in die Adyala-Road ein. Unser Fahrzeug schob sich langsam an der langen Menschenkette entlang, die den Weg zum Gefängnis säumte und uns am Weiterfahren hinderte. Gesichter blinzelten durch die Fenster des Autos, und Menschen drückten sich die Nasen am Glas platt. Manche Leute machten mit zwei Fingern das V-Zeichen für Sieg, andere trommelten auf die Motorhaube, um ihre überschwengliche Freude zu zeigen. Das waren die Massen, über die Mustafa und ich so häufig gesprochen hatten. Ihr Schicksal war es, das wir gestalten helfen mußten. Vor nicht allzu langer Zeit waren diese Menschen für mich noch abstrakt gewesen, nur Thema endloser Salondiskussionen; heute waren sie Wirklichkeit. Auf sie kam es an. Sie waren nicht von uns abhängig; wir hingen von ihnen ab. Das niedergetretene Volk von Pakistan, jahrhundertelang unterdrückt, hatte begonnen, sich zu erheben.

Ich wagte nicht, ein Fenster zu öffnen. Immer wieder hob ich meine Hand an die Stirn zum traditionellen Gruß, und die Massen winkten zurück.

Das Adyala-Gefängnis wirkte zerbrechlich und nicht mehr uneinnehmbar angesichts der Menschentrauben, die dort zusammenströmten. Die hohen Mauern, die mir immer eine ungute Vorahnung eingeflößt hatten, waren heute nicht furchterregend.

Mustafas Freunde und Kollegen aus ganz Pakistan waren hier und demonstrierten ihren Zusammenhalt gegen die Überreste des Zia-ul-Haq-Regimes. Viele von ihnen hatten viel längere und härtere Gefängnisstrafen als Mustafa abgesessen. In ihren schwärzesten Stunden war dies der Augenblick gewesen, von dem sie geträumt hatten.

Der Freudentaumel der Masse wuchs, als der entscheidende Moment näher rückte. Gruppen junger Männer tanzten *bhangra* und *luddie*, die beliebtesten Tänze im Punjab. Der von überallher widerhallende Trommelrhythmus wurde immer intensiver.

Dann plötzlich war er da, trat aus dem Gefängnistor heraus: Mustafa Khar, der Verfechter der Sache der Unterdrückten, der mutige Löwe vom Punjab, der politische Messias.

Selbst in diesem einzigartigen Augenblick schweiften meine Gedanken ab. Ich sorgte mich um meinen Vater und meine Mutter. Meine Ehe konnte nun weiterbestehen, die ihre zerbrach. Außerdem dachte ich an die ehemaligen Mitgefangenen von Mustafa, die ihren Beschützer vor Ort verloren. Ich tröstete mich mit dem Gedanken, daß Mustafa eines Tages mit einer Gefängnisreform zu ihnen zurückkehren würde. Oft hatte ich mich gefragt, weshalb so viele politische Führer, die selbst im Gefängnis gesessen und die unmenschlichen Haftbedingungen erlebt hatten, sich nie der Sache der Häftlinge annahmen, auch dann nicht, wenn sie später an die Macht gelangten. Mustafa hatte versprochen, das Elend der Gefangenen nicht zu vergessen.

Die Masse machte Platz, um das Auto mit mir und den Kindern durchzulassen, so daß wir an seine Seite treten konnten, als er winkte, um den Jubel der Menge zu erwidern. Nun endlich konnten unsere Kinder meine Predigten verstehen: Ihr Vater war kein Verbrecher, heute war er ein Held!

Er verkörperte die Hoffnung. Er war der Mann, der sich gegen eine moralisch bankrotte Gesellschaft stellte, in der Ungerechtigkeit, Korruption, Ausbeutung der Schwachen und schlimmste Armut zur Normalität geworden waren. Er hatte für sein Volk gelitten. Er hatte jahrelang den Sonnenuntergang nur im Exil sehen dürfen. Er war im Gefängnis gewesen, aber er hatte sich nicht gebeugt.

Als wir uns langsam auf einen Jeep zubewegten, bahnten sich alte Männer mit faltigen Gesichtern den Weg in die vorderen Reihen, um ihm die Hand zu küssen, um sein Gesicht zu berühren. Sie weinten. Worte waren überflüssig.

Wir standen im Jeep und lehnten uns aus dem offenen Verdeck. Das Fahrzeug kroch im Schrittempo voran, die ekstatische Menge machte uns Platz. Von allen Seiten streckten Menschen die Hände nach Mustafa aus. Auf jedem Dach und in jedem Fenster sahen wir Gesichter, die einen Blick erhaschen wollten. Rosenblüten rieselten herab und umhüllten uns mit ihrem Duft.

Mustafa wandte sich mir sichtlich überwältigt zu und sagte: »Tehmina, du weißt, ich würde hier nicht stehen, wenn es dich nicht gäbe.«

◇

Wir fuhren zum Hauptquartier der Nationalen Volkspartei in Rawalpindi, wo Mustafa auf der überfüllten Straße eine Rede hielt. Voller Pathos und Gefühl skizzierte er das Programm, das er während der letzten Jahre so oft mit mir diskutiert hatte. Häufig versagte ihm die Stimme, seine Zuhörer fühlten mit ihm und brachen in Weinkrämpfe aus.

Während Mustafa sprach, gab ich Autogramme. Kleine Jungen hielten mir Papierfetzen, Notizbücher – sogar Geldscheine – entgegen, auf denen sie meine Unterschrift haben wollten. Ich merkte, daß ich meine ganz persönliche Anhängerschaft um mich versammelt hatte. Sie alle schwärmten für mich! Ich versuchte, sie dazu zu bringen, mit dem Geplapper aufzuhören und Mustafas Rede zuzuhören, aber das interessierte sie nicht.

Wir brachen nach Islamabad auf und erreichten schließlich

das Anwesen von Siddique Butt – einem der politischen Weggefährten Mustafas –, das mir während der letzten stürmischen Monate als Hauptquartier gedient hatte. An diesem Abend erleuchteten Myriaden bunter Lichter das Haus. Hier erwartete uns eine neue Menschenmenge zusammen mit einer weiteren Abordnung des Pressekorps. Wiederum sprach Mustafa zur sehnsüchtig lauschenden Menge Worte voller Inspiration. Er wußte, daß er morgen in allen Zeitungen auf der Titelseite erscheinen würde.

An diesem Abend fielen wir erschöpft, aber euphorisch ins Bett.

Am nächsten Morgen brachen wir nach Lahore auf. Normalerweise bedeutet das eine Fahrt von fünf Stunden, aber wir mußten unterwegs wegen der Kinder mehrere Zwischenstopps einlegen. Sie wollten nichts davon hören, getrennt von uns im Flugzeug dorthin zu fliegen – sogar der kleine Hamza protestierte. Angesichts ihrer Hartnäckigkeit gab ich nach. Immerhin waren sie, anders als andere Kinder ihrer Klasse, gut vorbereitet auf Strapazen und Ausnahmesituationen.

In der verschlafenen Kleinstadt Gujjar Khan waren die Geschäfte geschlossen und die Straßen in eine Bühne für Mustafa umgewandelt. Hier kannte und verehrte man ihn, aber diese Anbetung war keinesfalls blinde Liebe. Hier erwartete ihn eine politisch aufgeweckte Menge, die nur dann bereit war, Mustafa zu unterstützen, wenn er Frieden mit der Pakistanischen Volkspartei schloß. Inzwischen war klar, daß Benazir Bhuttos Partei als die wirkliche Macht in Pakistan hervortreten würde. Die Leute von Gujjar Khan wollten Mustafa in der Nationalversammlung sehen, aber nicht als abweichende Stimme aus einer winzigen Partei, nicht als Opponenten gegen Bhuttos populäre Tochter. Transparente wurden uns entgegengeschwenkt, die zur Unterstützung der Volkspartei von Benazir Bhutto und des Löwen vom Punjab aufriefen. Männer sprangen auf das Trittbrett unseres Jeeps und appellierten an Mustafa, sich Benazir Bhutto wieder anzuschließen.

In Jhelum war die Stimmung ähnlich. Mustafa redete sich in

die Herzen seiner Zuhörer, aber ebenso verliehen sie ihrer Haltung Nachdruck. Es war deutlich: Das Volk wollte, daß Mustafa in den Schoß Bhuttos zurückkehrte.

Als unser Konvoi in Gujranwala einfuhr, war es bereits dunkel, aber wir erhielten trotzdem einen glanzvollen Empfang. Wir lagen dreieinhalb Stunden hinter dem Zeitplan, doch die Menschen hatten auf diesen Augenblick elf Jahre gewartet. Mustafa mußte durch ein Meer außer sich geratener Bewunderer waten, die schoben und drängelten, nur für das Vorrecht, ihn zu berühren. Als er schließlich auf der Rednerbühne erschien, brach die Menge in Begeisterungsrufe aus.

Während Mustafa das Publikum mit einer weiteren Rede elektrisierte, gab ich Autogramme. Inzwischen hatte ich mich an dieses neue Phänomen gewöhnt.

Erst sehr spät nachts, nach einem langen Tag auf der Straße, erreichten wir Lahore, die Stadt, die Mustafa einst regiert hatte und die hinter ihm gestanden hatte, als er gegen Bhutto angetreten war. Wir waren erschöpft. Meine weiße Kleidung hatte sich rot gefärbt von den vielen Rosenblüten, die im Laufe des Tages auf uns niedergegangen waren. Der Staub der Landstraße vermischte sich mit Schweiß auf unseren Gesichtern. Als wir endlich ankamen, weinte Mustafa wie ein Kind.

Wir bestiegen einen Lastwagen. Lautsprecher dröhnten, Cheerleader stimmten einen Begrüßungsgesang für ihn an. Überall auf dem Platz waren Transparente entrollt, und ich errötete, als ich eines sah, auf dem stand: »Löwin – wir gratulieren! Dir ist es gelungen, den Löwen zu befreien.«

Wir hielten am Grabmal des Sufi-Heiligen Data Gangh Buksh, das sich majestätisch nahe dem alten Flußbett des Ravi erhebt. Der Heilige gilt im Volk als Beschützer der Stadt Lahore und wird von allen Glaubensrichtungen für seinen Humanismus verehrt. Dort fand eine Massenversammlung statt, und rings um uns herum hallte die inzwischen vertraute Losung wider: »Schließ dich wieder der Pakistanischen Volkspartei an. Setz den Spannungen ein Ende, die die Seele und den Geist des Volkes spalten.« Mustafas Anhänger hatten ein großes Porträt von ihm aufgestellt, und andere hatten eines von Benazir Bhutto, genau gleich groß, daneben plaziert. Das Symbol war eindeutig. Fotografen bestanden darauf, Mustafa möge Benazir Bhuttos Porträt hochhalten, und das tat er unter schallenden Begeisterungsrufen. Ich spürte, daß ihm unbehaglich zumute war; die Masse zwang ihn, ein kleines Mädchen als seine Führerin zu akzeptieren, das ihn immer noch »Onkel« nannte.

Er schlug einen versöhnlichen Ton an: »Ich werde für das Volk tun, was immer ich kann, für die Arbeiter, die mich politisch am Leben gehalten haben. Die Pakistanische Volkpartei ist meine Partei. Die Arbeiter dieser Partei sind meine Brüder. Ich habe gegen die Partei und gegen die Aktivisten überhaupt nichts. Ich habe Differenzen mit der Parteiführung. Diese Differenzen können überwunden werden.«

In derselben Nacht stand uns eine weitere Pilgerfahrt bevor, zum Haus meiner Großmutter, meiner Zufluchtsstätte. Es ging ihr nicht gut, aber ihre Augen leuchteten, als sie uns sah. Wieviel Zeit in ihrem Leben hatte sie damit verbracht, für mein Glück zu beten! Während der vergangenen zwei Jahre hatte sie unzählige Stunden in ihrem Haus auf dem Gebetsteppich verbracht, weinend und bettelnd, Allah möge Mustafa aus dem Gefängnis befreien, damit ich ein normales Leben führen könne. Und nun endlich waren wir nach Hause gekommen. Mustafa war frei in seinem eigenen Land. Alles andere war egal.

◇

Bis zur Wahl im November 1988 blieben uns nur noch zwölf Tage; wir hatten keine Zeit zu verlieren. Früh am nächsten Morgen besuchten Mustafa und ich den Distrikt, wo er gegen Regierungschef Nawaz Sharif im Wahlkampf antreten sollte. Ich war verzagt angesichts dieser enormen uns bevorstehenden Aufgabe. Hier hatte ich mich im Klinkenputzen versucht, mit wenig Erfolg. Und nun reagierten dieselben Menschen, die ich nicht hatte mobilisieren können, überschwenglich auf Mustafa.

Die Nachricht über seine Ankunft verbreitete sich wie ein

Lauffeuer. Die Menschen versammelten sich, und Mustafa war in seinem Element. Er plauderte so unbefangen mit ihnen, als habe er sie erst gestern verlassen und nicht vor elf Jahren. Ohne jedes Zeichen von Arroganz oder Distanzierung vermittelte er den Eindruck lockerer Kameradschaft. Er brauchte die Menschen nicht um ihre Stimme zu bitten; sie boten sie ihm selbst an, zusammen mit einer Umarmung. Ein Händeschütteln bestätigte die Vereinbarung.

Hier gab Mustafa eine Stellungnahme ab, die berühmt werden sollte: Er bezeichnete sich als Diener Bhuttos. Mustafa wußte, daß dieser Distrikt eine Hochburg der Pakistanischen Volkspartei war, und es bestand die Gefahr, daß er und der Kandidat der Pakistanischen Volkspartei die Wählerstimmen spalten und so der gemeinsame Gegner Nawaz Sharif den Sieg davontragen würde. Mustafa hatte gehofft, seine Bewerbung würde den Kandidaten der Pakistanischen Volkspartei zum Rückzug zwingen; aber als dieser gemäß Benazir Bhuttos Direktive seine Kandidatur aufrechterhielt, entschied sich Mustafa zum Rücktritt. Er sagte mir, er verschiebe lediglich seine unausweichliche Konfrontation mit Sharif.

Aber es gab noch andere Wahlausscheidungen, und wir brachen in den Distrikt Multan auf, um dann weiter nach Muzaffargarh zu reisen. Wir würden unseren Wahlkampf auf die entlegenen südlichen Distrikte des Punjab konzentrieren.

In Multan kündigte Mustafa der Presse an: »Ich werde die Richtung der Politik in diesem Land ändern ... Ich beabsichtige mit der Unterstützung des Volkes, den Punjab von einem Mann zu befreien, der die Provinz mit Korruptionsgeldern von den Generälen aufgekauft hat.«

In Muzaffargarh trafen wir in völliger Dunkelheit ein. Tausende Silhouetten tanzten, klatschten und jubelten im flackernden Licht von Laternen und Fackeln. Die Menschen waren aus ihren armseligen Hütten gekommen, um uns ihr aufrichtiges Herz unter ihrer abgerissenen Kleidung zu zeigen. Sofort wußte ich: Dies waren die Gesichter der Verzweiflung, die mich aus meinen Bildern heraus angestarrt hatten. Ich hatte mein Leben diesen Männern, Frauen und Kindern gewidmet; dies war die Masse, die meine Rückkehr nach Pakistan, zu Mustafa, rechtfertigte.

Hier war er wirklich zu Hause. Viele Gesichter in der Menge begrüßte er mit vertrauten Namen. Mich beeindruckte, wie viele Frauen die Traditionen brachen und ihn begrüßten. Die Männer stießen sich nicht daran; Mustafa war Vater, Bruder, Sohn eines jeden. Ihre Begeisterung war die Reaktion auf seine Botschaft, die ich ihnen zuvor überbracht hatte.

Wir errichteten unser Wahlkampfhauptquartier im Haus von Mustafas verstorbenem Bruder Ghazi. Aber Mustafas Siegeszuversicht in diesem Distrikt war so groß, daß er keinen Wahlkampf im üblichen Sinne führte. Überall, wo er auftauchte, rannten Menschen aus allen Richtungen zusammen, um ihn zu sehen. Er verschmähte formelle Reden und konzentrierte sich auf ruhige Gespräche mit dem einfachen, ehrlichen Volk. Er legte Wert darauf, selbst die entlegensten Gegenden seines Wahlkreises aufzusuchen.

Drei seiner Gegenkandidaten waren Mustafas eigene Brüder. Murtaza war der direkte Gegner – aber auch Rabbani und Arbi waren Rivalen. Mustafa schickte mich ins Feld, die Kampagne gegen alle drei zu führen. Die Massen auf dem Lande reagierten auf mich ebenso leidenschaftlich wie auf Mustafa. Ich war seine Löwin und deshalb Objekt großer Verehrung.

Mein Leitthema war Betrug. Ich klagte das Moslembündnis an, Zia ul-Haqs Schöpfung zu sein, und sagte den Menschen, Mustafas Brüder hätten ihre eigenen Blutsbande verraten, als sie sich dem Lager des Feindes anschlossen. Sie hätten sich während der Gefangenschaft ihres Bruders kompromittiert. Ich berichtete meinem aufmerksamen Publikum, Mustafas Brüder hätten sich nie darum bemüht, ihn im Gefängnis regelmäßig zu besuchen. Ich, eine Frau, hätte mein Heim verlassen und die Schlachten meines Ehemannes schlagen müssen. Ich erklärte, eine Wählerstimme für die Moslem-Liga käme einer Billigung des Regimes gleich, das Mustafa elf Jahre lang von seinem Volk ferngehalten hätte.

Der Wahltag verlief ohne besondere Spannung. Ich blieb wach, um die Ergebnisse im Fernsehen zu verfolgen, aber Mustafa schlief ein. Er war sich sicher, daß er eine große Mehrheit gewinnen würde, und so war es auch. Er hatte alle Sitze in der Nationalversammlung und den Provinzversammlungen errungen, für die er angetreten war. Selbst Murtazas eigene Dienerschaft stimmte für Mustafa.

Trotz Mustafas überwältigendem Wahlsieg als unabhängiger Kandidat unterstützten die meisten Wahlkreise im Punjab die Moslem-Liga, so daß sicher war, daß Mustafas Rivale aus Lahore, Nawaz Sharif, weiterhin Regierungschef bleiben würde. Aber die Pakistanische Volkspartei feierte in der Nordwestprovinz und im Sind triumphale Erfolge – selbst Mustafa Jatoi verlor seinen Sitz. Das bedeutete, daß der Bundesregierung in Islamabad ein neuer Premierminister vorstehen würde, die Tochter des zum Märtyrer gewordenen »Helden von Pakistan«. Durch diese Wahl wurde Benazir Bhutto zur mächtigsten Persönlichkeit in Pakistan.

◇

Seit meiner Rückkehr nach Pakistan hatte ich keinen Kontakt zu meinen Eltern gehabt. Es kränkte mich immer noch, wie Mutter meine schutzlosen Kinder in London behandelt hatte. Aber ich wollte mit einem schmerzlichen Kapitel meines Lebens abschließen, und Mutter litt eigene schlimme Qualen: eine andere Frau. Für eine Frau, die nur vom äußeren Schein lebte, war das der endgültige Gesichtsverlust. Ihr früheres herzloses Verhalten mir gegenüber konnte ich nicht vergessen, aber im Grunde meines Herzens war ich bereit, ihr zu verzeihen. Ich fühlte mich zu ihr hingezogen. Bevor die Nationalversammlung zusammentrat, wollten wir meine Familie in Karachi besuchen.

Rubina holte uns vom Flugplatz ab. Auch Adila und ihr Ehemann Matloob waren mit ihren zwei Kindern, Leena und Mohanad, gekommen. Seit ihrer Hochzeit hatte ich meine jüngste Schwester nicht mehr gesehen.

Als wir im Haus meiner Mutter eintrafen, fanden wir sie gramgebeugt vor. Ihre Selbstsicherheit und ihr befehlsgewohntes Auftreten waren kaum mehr zu entdecken. Sie berichtete, unser Vater habe die andere Frau geheiratet.

Die Neuigkeit war ein großer Schock für uns. Trotz der Probleme in unserer Familie war für uns doch die Ehe unserer Eltern immer eine unerschütterliche Gewißheit.

Nun mußten wir feststellen, daß sie lediglich all deren Mängel vor ihren Kindern verborgen hatten, ebenso wie sie unsere Fehler vor den Augen der Welt hatten verstecken wollen.

Für mich war es immer ein Rätsel geblieben, wie erfolgreich Mutter mit ihrer Persönlichkeit über Vater herrschte. Aus der verschwommenen Erinnerung an meine Kindheitsjahre tauchte das Bild auf, wie er jeden Tag begeistert und voller Leben von der Arbeit nach Hause zurückkehrte. Und wirklich war er für eine kleine Tochter überlebensgroß gewesen, in seinen konservativen Anzügen und den gestreiften Hemden. Aber in dem Augenblick, wo er unser Haus betrat, schien er zu welken. Seine Haltung wurde gezwungen, wenn er die Einzelheiten seines Tages Mutter in knappem, steifem Englisch berichtete, als suche er ihre Billigung. Wenn er einen Witz riskierte, wurden ihre Lippen schmal. Von Natur aus war Vater temperamentvoll, wenn aber Mutter und wir dabei waren, schien er sich zu zwingen, seine Gefühle scharf zu kontrollieren. Genau wie wir mußte auch er nach ihren Regeln leben: kein unentschuldigtes Ausbleiben bis in den späten Abend hinein und kein Alkohol – nie. Seine Verwandten waren einfache Leute, und wir alle liebten sie, außer Mutter, die sie ungehobelt und ordinär fand. Sie durften in unserem Haus nur kurze, formelle Höflichkeitsbesuche abstatten.

Während ihrer gesamten Ehe hatte Vater meine Mutter verwöhnt. Nie hatte es ihr an irgend etwas gefehlt; in Wirklichkeit hatte sie immer zuviel von seinem schwerverdienten Geld ausgegeben, und sie schien nie irgend etwas zurückzugeben.

Zuzusehen, wie dieser mächtige Regierungsbeamte sich dem ewigen Nörgeln und Drängeln unterwarf, war uns schwergefallen. Manchmal hörte ich nachts meine Eltern hinter verschlossenen Türen streiten; sie klang immer aggressiv und er immer rechtfertigend. Mutter dehnte ihre Herrschaft sogar auf sein Büro aus: Wenn der Kühlschrank oder die Klimaanlage zu Hause defekt waren, rief Mutter im Büro an und forderte, jemand solle kommen und das Gerät reparieren, sofort. Die Büroangestellten schienen sie ebenso panisch zu fürchten wie wir.

Einmal beobachtete ich, wie Vaters Kammerdiener, Amir Khan, ihm eine Flasche Cola brachte. Vater trank sie in einem Zug aus und bat um noch eine. Als er einen Augenblick aus dem Zimmer ging, konnte ich meine Neugier nicht beherrschen. Plötzlich kam er zurück und erwischte mich, als ich gerade mit der Zunge den Inhalt berührte. Zu meiner Überraschung enthielt die Flasche ein alkoholisches Getränk. Im Verschwörerton sagte er zu mir: »Dir kann ich trauen, du erzählst Mutter nichts.« Das stimmte, aber es machte mich traurig mit anzusehen, daß ein so starker und mächtiger Mann in seinem eigenen Haus seinen Drink verstecken mußte.

Mir war klar, daß er eines Tages unter der Belastung zerbrechen würde, und nun war das offensichtlich geschehen.

Als ich Gelegenheit hatte, mit meinem Vater zu sprechen, legte er mir seine Gründe dar. Er beklagte sich, meine Mutter hätte ihn an der Entfaltung seiner Persönlichkeit gehindert und ihn eingeengt. Er sagte, das Leben mit ihr sei für ihn eine ständige Maskerade gewesen. Etwas gequält lächelnd, verkündete er, seine neue Ehefrau, Sabiha Hasan, akzeptiere ihn so, wie er sei: »Bei ihr muß ich nicht den großen Mann spielen, zu dem mich deine Mutter machen wollte«, sagte er. »Ich war kein großer Mann.«

Ich verstand seine einfachen Worte und meinte, das ganze sei Torschlußpanik. Dennoch fand ich es unverantwortlich von ihm, plötzlich zum zweitenmal zu heiraten, nun, wo seine eigenen Kinder groß waren und er achtzehn Enkelkinder hatte.

Ich erwog alle Gesichtspunkte und stellte mich instinktiv auf die Seite meiner Mutter; ich konnte mich sehr gut in eine ungerecht behandelte Frau einfühlen, auch wenn ich mich des Gedankens nicht erwehren konnte, daß es sich in diesem Fall um ausgleichende Gerechtigkeit handelte. Irgendwie war Mutter besser dran als ich, denn die andere Frau bedeutete für sie nicht den Verlust ihrer gesamten Familie. Dennoch war ihr Selbstwertgefühl erschüttert, und sie mußte die Angst vor öffentlicher Demütigung erfahren, genau wie ich.

Die Versuchung, mit meinen Erfahrungen vor Mutter zu protzen, war groß, aber vor allem wollte ich sie unterstützen, den Unterschied zwischen richtig und falsch klarzustellen.

Vater ließ sich von meinen Ansichten nicht beeindrucken. »Willst du, daß ich die letzten paar Jahr meines Lebens eine Lüge lebe, nur einem Trugbild zuliebe?« fragte er. »Nun endlich ist mir mein Leben wichtiger geworden als eure Meinung von mir. Nur einmal in sechzig Jahren habe ich gehandelt, und das weißt du.«

Das einzig Positive an diesem deprimierenden Besuch in Karachi war Adila. In ihr fand ich die kleine Schwester, die ich mir immer gewünscht hatte. Sie überschüttete mich mit Zuneigung und tat alles für mich. Sie sagte, sie wolle mir genauso nah sein wie Zarmina und Minoo. Über mein neues Image runzelte sie die Stirn und konnte nicht verstehen, warum ich all meine »wunderschönen« Kleidungsstücke abgelegt hatte und nur noch weiße Baumwolle und Silberschmuck trug. Sie bestand darauf, ich solle mir das Gesicht schminken und mir die Nägel rot lackieren. Ihre Haltung Mustafa gegenüber konnte man als so etwas wie schwesterliche Zuneigung bezeichnen; sie hielt zu ihm eine angemessene Distanz ein.

Ich freute mich, daß meine Familie mich jetzt als Tehmina Khar akzeptierte, als die Frau, die einen unnachgiebigen und letztlich erfolgreichen Kampf für die Freiheit ihres Mannes ausgefochten hatte. Ich hatte eine Ausstrahlung entwickelt, die sie beeindruckte. Auch Mustafas Wandel bemerkten sie. Vor aller Augen überhäufte er mich mit Wertschätzung, Achtung und Liebe.

Wir kehrten nach Lahore zurück und überließen es meiner Familie, ihre neuesten Schwierigkeiten selbst in Ordnung zu bringen. Mustafa traf sich zum erstenmal mit Regierungschef Nawaz Sharif und äußerte hinterher seine Meinung über diesen Mann: »Daß ich da war, machte ihn sichtlich nervös. Er versprach mir alles mögliche. Sie wollen, daß ich das IJI-Bündnis unterstütze, weil sie befürchten, ich könnte sonst der Pakistanischen Volkspartei beitreten. Aber was haben sie mir anzubieten? Der einzige Posten, der mich interessieren würde, ist der, den Nawaz Sharif selbst innehat. Und das wissen sie auch.«

Tatsächlich tendierte Mustafa zum IJI-Bündnis. Zu Benazir Bhutto, dem »jungen Ding«, das Premierministerin »kraft ihres Familiennamens« geworden war, hatte er kein Vertrauen. Er lachte über ihre erste Fernsehansprache und verkündete: »Sie schafft es nie. Es ist ihr nicht gelungen, irgendwelche Gefühle für den toten Premierminister wachzurufen. Was für eine Gelegenheit hat sie da verschenkt!«

Ich versuchte, ihn von seiner Haltung abzubringen, die in meinen Augen opportunistisch war. Ich schlug vor, er solle zu *beiden* Parteien Distanz halten. Ich riet ihm, die aktuell brennenden Themen anzusprechen, die Mängel in der politischen Struktur aufzuzeigen und die Torheiten beider Parteien anzugreifen. Es war offensichtlich, daß die beiden großen Parteien auf Kollisionskurs gingen, und das verschaffte Mustafa als unabhängigem Kandidaten eine hervorragende Position. Alles, was er tun mußte, war, die Tatsachen zu benennen und seine eigenen Lösungen vorzutragen, um das unfähige und korrupte System zu ändern, das uns die britische Herrschaft hinterlassen hatte. Ich wußte, diese Haltung würde ihm zu erneuter Popularität verhelfen und, was noch wichtiger war, ihm unerschütterliche Glaubwürdigkeit verleihen.

Leider mußte ich erkennen, daß Mustafa nicht daran interessiert war, das Gewissen der Nation zu sein; er wollte Macht, und zwar sofort.

Einen der beiden Sitze in der Nationalversammlung, die er gewonnen hatte, mußte er abgeben, und er beschloß, Mustafa

Jatoi als Nachwahlkandidaten für seinen Parlamentssitz im Wahlkreis Kot Addu vorzuschlagen. Ich war schockiert, denn Jatoi war ein Kandidat des IJI-Bündnisses, und die Wahlen hatten wir eben dadurch gewonnen, daß wir die Allianz verdammten. Das würde ein mühseliger Kampf werden. Jatoi kam aus dem Sind – ein klarer Außenseiter im Punjab. Mustafa würde sich kräftig ins Zeug legen müssen, um die Menschen zur Stimmabgabe für seinen fremden Freund zu motivieren.

Die Jatoi-Kandidatur war – in Absprache mit den Führern des IJI-Bündnisses – als offensichtliches Druckmittel geplant und zielte darauf ab, die Regierung der Pakistanischen Volkspartei zu schwächen. Ich spürte, daß sie außerdem als scharfe Antwort von Mustafa an die Parteiführung gemeint war, weil diese seine zur Versöhnung ausgestreckte Hand nicht ergriffen hatte. Mustafa wollte signalisieren: Ich schaffe es, im Punjab einen Sindi wählen zu lassen; und ich schicke ihn ins Parlament als brauchbare Alternative zu Ihnen, Frau Bhutto.

◇

Allmählich begann ich, Mustafas Groll gegen mich und meine neue Popularität zu spüren. Wenn Reporter ihn nach mir und meiner Zukunft in der Politik fragten, schien er sich unbehaglich zu fühlen und fand jedesmal eine Möglichkeit, um der Frage auszuweichen. Ich war für ihn keine Bedrohung – ich war sogar durchaus zufrieden damit, in den Schatten zurückzutreten, aus dem ich kam, aber er schien unser beider politisches Leben als Konkurrenz aufzufassen. Das wurde nach einer Pressekonferenz besonders deutlich, als ein ausländischer Journalist im Spaß kommentierte: »Ihre Frau spricht eine sehr klare Sprache. Ihre Pressekonferenzen sind besser als Ihre, Herr Khar.« Wenn Blicke jemanden vertreiben könnten, hätte dieser Reporter im nächsten Flugzeug gesessen, das Pakistan verließ.

In der Öffentlichkeit verschwieg Mustafa durchgängig die Rolle, die ich bei seiner Freilassung gespielt hatte. Er wollte, daß die Erinnerung an mich beim Volk verblaßte. Das merkte nicht nur ich; mehrere Mitarbeiter und Journalisten wiesen darauf hin, daß ihn jeder Hinweis auf mich oder meine Leistungen irritierte.

Ich beschloß, Mustafa die Arena zu überlassen, und enthielt mich politischer Auftritte. Ich sah, wie sich in seine Arbeit Schwächen einschlichen. Er hatte begonnen, ganz offen und unverhohlen Kompromisse einzugehen. Er wußte, daß ich das ablehnte. Immer mehr Opportunisten – Gesichter, die man in den vergangenen zwölf Jahren nie gesehen hatte – erschienen plötzlich an seiner Seite. Seine Brüder, die sich zunächst von ihm losgesagt und dann erbittert gegen ihn gekämpft hatten und die er in vielen Presseerklärungen mit den bösen Brüdern von Joseph verglichen hatte, waren plötzlich wieder Verbündete.

Viele Parteimitglieder, die mich in meiner Kampagne für seine Freilassung hingebungsvoll unterstützt hatten, stieß er von sich. Sajid, Choudry Hanif und viele andere Veteranen unseres langen Kampfes tauschten mit mir traurige, bedeutungsschwere Blicke aus. Wir begannen, uns von dem Mann zu distanzieren, auf den wir so lange gewartet hatten.

Kapitel siebzehn

Der Jatoi-Wahlkampf begann mit großem Spektakel. Für uns Neulinge der politischen Demokratie war das ein wunderbares Schauspiel. Jatoi wurde zur Starbesetzung für die Rolle eines mächtigen Oppositionsführers gegen Premierministerin Benazir Bhutto gemacht, und Mustafa betrat die Bühne als der Königsmacher. Auch meine Schwester Adila und ihr Ehemann Matloob, dessen Bruder durch Heirat mit den Jatois verwandt war, wollten in der ersten Reihe Zeugen dieses Feuerwerks werden.

Trotz der kürzlichen Versöhnung mit Adila war mir diese Entwicklung unangenehm. Zu viele Menschen flüsterten über ihre frühere Affäre mit Mustafa – obwohl das ein Tabuthema war. Mir gefiel der Gedanke gar nicht, sie wieder tagtäglich in meinem Leben zu wissen, ich besprach das am Telefon mit Zarmina und sagte ihr, es wäre vielleicht hilfreich, wenn auch sie und ihr Ehemann Riaz kämen. Zarmina meinte, Riaz wäre bestimmt gegen ihre Beteiligung, denn es seien zu viele Männer dabei, daher schlug ich vor, sie solle versuchen, Adila mit demselben Argument abzuraten.

Aber Adila war hartnäckig und setzte tatsächlich durch, daß Zarmina und Riaz auch kamen. Sie sagte, wir drei Schwestern hätten genügend Gesprächsstoff für die Zeit, wenn die Männer im Wahlkampf waren. Außerdem wollte sie die verlorene Zeit aufholen, mir alles über Matloob und dessen Familie erzählen und von meinen ungewöhnlichen Erfahrungen hören. Ich wollte mir kein Zögern anmerken lassen, ihre zur Freundschaft ausgestreckte Hand zu ergreifen, daher willigte ich mit gemischten Gefühlen ein.

Sie traf gegen Mittag ein, mit frisch frisiertem Haar und Chiffontuch. Und führte die neueste Modetorheit vor – getönte Kontaktlinsen. Ihr Äußeres überraschte mich, aber ich versuchte, das nicht zu zeigen.

Matloob wurde schnell aktiv in den Wahlkampf einbezogen, und unser Leben wurde von einem festen Tagesablauf bestimmt. Morgens brachen die Männer auf, um für ihr Programm zu werben. Im Lauf des Tages besuchten uns verschiedene Frauen aus Mustafas großer Familie und beteiligten sich an unseren ausgedehnten Diskussionen über Ehe, Kinder und Familienkrisen. Eines Abends sprachen wir im Scherz davon, wie schön es wäre, unseren versammelten Ehemännern Valium ins Essen zu schmuggeln, damit wir Frauen unter uns die ganze Nacht weiterreden könnten, und wir kicherten über unseren Einfall wie kleine Mädchen.

Adila zog sich jeden Nachmittag in ihr Zimmer zurück, um dann, kurz bevor die Männer zum Abendessen eintrafen, herausgeputzt wieder aufzutauchen – das Gesicht geschminkt, das Haar frisiert, die getönten Kontaktlinsen an ihrem Platz. Sie war gekleidet wie für einen großen Empfang, obwohl wir nur eine einfache Mahlzeit zu Hause einnahmen. Den ganzen Abend lang war sie auf Mustafa eingestellt, der von politischen Anekdoten übersprudelte und völlig von sich eingenommen war.

Ich sagte Adila, nur unseretwegen brauche sie sich nicht so zurechtzumachen. »Aber es ist schön, wenn man sich zum Abendessen umzieht«, antwortete sie. »Du solltest das auch tun. Mustafa soll doch sehen, wie schön du bist. Du siehst langsam wie eine Matrone aus.« Allmählich bemühte ich mich, besser auszusehen. Das war anstrengend, denn ich war nicht mehr daran gewöhnt; diese Phase meines Lebens hatte ich für beendet gehalten, aber ich wollte mich auch nicht von Adila in den Hintergrund drängen lassen.

Beiläufig erzählte ich Adila von den neuen Freunden, die ich kennengelernt hatte, und fügte hinzu, es ärgere Mustafa, wenn sie erwähnt würden. »Er mag sie nicht«, gab ich zu. Abends war ich in einem Nachbarzimmer, als Mustafa sich beiläufig nach unseren heutigen Tagesgesprächen erkundigte. In »aller Unschuld« gab Adila unser Gespräch wieder. Als mich Mustafa später deswegen anknurrte, spürte ich, wie mir ein wohlbekanntes, fröstelndes Gefühl das Rückgrat heraufkroch. Die alten Zeiten kehrten zurück. Das konnte ich spüren.

Mustafa bemerkte meine Angst, und seine erste Reaktion war, mich zu beruhigen. »Ich glaube, sie versucht, zwischen uns Streit zu stiften«, gab er offen zu. »Sie will, daß wir uns zanken. Das sollten wir aber nicht.« Aber im Lauf der nächsten Tage erhärtete sich mein Verdacht. Ich registrierte jeden noch so kleinen Schritt, den Adila in Richtung meines Ehemannes machte. Dann merkte ich, wie er sich immer mehr in ihre Nähe schmuggelte. Ich hatte geglaubt, die Politik und die Zeiten gemeinsam erlittenen Unglücks hätten für unsere Beziehung eine solide Basis geschaffen. Aber dieses Fundament bröckelte. Seine Haltung den eigenen Prinzipien und mir gegenüber hatte mich ernüchtert und dazu geführt, daß ich mich von der aktiven Anteilnahme an seinen Zielen zurückzog. Und Adila griff nun wieder im einzigen noch funktionierenden Bereich unserer Ehe an: unserem persönlichen Verhältnis.

Mustafa begann, sich über meine schlichte weiße Kleidung zu mokieren. Mich beschlich das Gefühl, daß er Adilas Verführungskünsten bald erliegen würde. Die Anzeichen dafür waren zwar winzig klein, aber nicht zu leugnen. Auch andere bemerkten sie.

Am meisten machte mir der Morgen zu schaffen. Adila tauchte jeden Tag recht früh in unserem Schlafzimmer auf. Sie setzte sich aufs Bett und plauderte mit mir, als bemerke sie gar nicht, daß Mustafa auch da war und seine Yogaübungen machte. Mir kam das alles vor wie ein Déjà-vu. Ich hatte mich wirklich bemüht, die Vergangenheit zu vergessen, aber sie schien mich wieder einzuholen.

Ich war traurig und durcheinander. Immer häufiger nahm ich Valium zur Beruhigung.

Bei manchen Gelegenheiten begleiteten wir die Männer im Wahlkampf. Ich beobachtete Mustafa auf der Rednertribüne in Kot Addu, flankiert von Zia ul-Haqs Protegé Nawaz Sharif und dem IJI-Kandidaten Mustafa Jatoi. Mitten unter ihnen, die er früher öffentlich zu seinen politischen Gegnern erklärt hatte, versprach Mustafa eine bessere Zukunft für die erniedrigten Massen. Er erklärte, wenn die Wähler seinen Respekt und ihre Ehre nicht verlieren wollten, dürfe »Herr Jatoi nicht weniger Wahlstimmen bekommen, als ihr mir gegeben habt«. Diese

Worte wirkten auf mich hohl, dennoch antwortete die Menge mit Jubel.

Mustafa drängte mich häufig, ich solle doch vor Frauengruppen sprechen, aber ich wollte nicht mehr auf der politischen Bühne erscheinen.

◇

Am Wahltag bestand Mustafa gegen meinen Wunsch darauf, mit uns herumzufahren und die Wahllokale zu besuchen. Matloob saß auf dem Vordersitz neben ihm, Adila und ich auf der Rückbank.

In den Wahllokalen erlebte ich einen anderen Mustafa. Er stellte seine Macht und sein Charisma vor Adila zur Schau, aber er machte dabei den Eindruck eines mittelmäßigen Schauspielers. Trotzdem funktionierte es. Adilas Augen leuchteten, meine verfinsterten sich. Sie ließ sich von Glanz und Aufregung packen; ich hatte mich gerade von dieser Macht freigekämpft. Deutlich war Adilas Verachtung für den langweiligen, machtlosen Matloob zu spüren.

Die Heimfahrt schien eine Ewigkeit zu dauern. Ich wollte mich einigeln und vor der Gegenwart verstecken, die mich so sehr an die Vergangenheit erinnerte. Sobald wir zu Hause einen Augenblick allein waren, fragte Mustafa ärgerlich: »Was fehlt dir? Immer hast du miese Laune. Ständig beklagst du dich. Nie bist du glücklich.«

»Darum geht es gar nicht«, konterte ich. »Mir gefällt dein Benehmen nicht. Ich kann zwei und zwei zusammenzählen. Ich bin unglücklich, und dazu habe ich guten Grund.«

Er schaute mich für einen kurzen Moment argwöhnisch an und stampfte dann aus dem Zimmer.

Die Abendessenszeit rückte heran, und ich ging in mein Zimmer, um mich in einen mehr oder weniger vorzeigbaren Zustand zu versetzen. Aber anstatt mich vor den Spiegel zu stellen – was Adila, wie ich wußte, in genau diesem Moment machte – fiel ich auf das Bett und begann zu weinen.

Einige Augenblicke vergingen – ich weiß nicht, wie lange ich weinte –, dann trat Adila schweigend ein. Ich blickte auf und sah, daß sie frische, helle Satinkleidung trug. Die Kontaktlinsen verdeckten wie eine Maske den Ausdruck von Schuld in ihren Augen. Bevor wir sprechen konnten, kam Mustafa herein und teilte mir ärgerlich mit, es seien schon Gäste eingetroffen. Ich brummte ihn an und trug ihm auf, die Gäste um einen Moment Geduld zu bitten; dann forderte ich ihn und Adila auf, mein Schlafzimmer zu verlassen. Mustafa erwiderte feindselig, ich hätte kein Recht, irgend jemanden aus unserem Zimmer zu schicken.

»Warum denn nicht?« fragte Adila sarkastisch. »Es ist ihr Schlafzimmer. . .«, sie hielt einen Moment ein, um einen dramatischen Effekt zu erzielen, und setzte dann hinzu: ». . . oder etwa nicht?«

Beide starrten mich an, und obwohl sie das Gesicht nicht verzogen, war unter dieser Tarnung ihr Grinsen sichtbar, als ob sie sich über meine Verzweiflung lustig machten.

Nach all den Jahren voller Qualen war dies der Augenblick, der mir den Rest gab.

Irgendwie gelang es mir, mich zusammenzureißen und mit unseren Gästen höfliche Konversation zu treiben, obwohl sich in meinem Herzen ein Sturm zusammenbraute. Die Wolken waren dunkel und unheilverkündend. Die Menschen um mich herum nahmen meinen Zustand nicht wahr.

Beim Essen hörte ich plötzlich Mustafas Stimme: »Tehmina, ehrlich, in diesen weißen Kleidern siehst du aus wie eine Nonne.« Spielte er mit dem Wort »Nonne« auf etwas Sexuelles an? Wollte er vielleicht Adila sagen: Soweit es sich um Tehmina dreht, lebe ich im Zölibat?

Unsere Gäste gingen, aber Adila blieb und wurde Zeugin unseres schon lange anstehenden Kampfes.

Mustafa erklärte in leicht gestelztem Ton: »Tehmina, mit dir kann ich nicht mehr zusammenleben. Mit deinem ewigen Schmollen ruinierst du mein Leben. Ich fühle mich schlecht mit dir.« Das war nicht der bezaubernde Mustafa. Ich merkte, daß er diese Worte für Adila und nicht für mich sagte, um ihr zu zeigen, daß er bereit und willens war, ihre Affäre wieder aufzunehmen. Seine Worte hingen noch im Raum, als er hinausging.

In diesem Moment wurden Trommeln geschlagen und Jubel erfüllte die Luft. Jatoi hatte die Wahl mit sechzigtausend Stimmen gewonnen. Das war genau der Stimmenvorsprung, den auch Mustafa erzielt hatte, und es war eine machtvolle Bestätigung dafür, wie fest der Löwe sein Volk im Griff hielt.

Nach einem kurzen, recht merkwürdigen Augenblick der Feierlichkeit nahm mich Mustafa beiseite, achtete aber darauf, daß Adila nicht in der Nähe war. Plötzlich lenkte mein Ehemann ein. »Ich werde mich nie wieder danebenbenehmen«, sagte er unter Tränen. »Dies war deine Stunde. Ohne dich wäre nichts davon möglich gewesen. Jatoi hätte nicht gewonnen. Das ist dein Sieg. Ich verdanke dir alles. Verzeih mir, ich war erregt. Vielleicht lag das daran, daß Adila dabei war. Vielleicht ist die schlimme Vergangenheit wieder in unser Leben eingedrungen. Das hat uns beide an die dunklen Zeiten erinnert. Wir sollten diese Frau vor die Tür setzen, sie ist böse. Laß uns unser Leben von neuem beginnen.«

Er ließ Adila rufen. Als sie eintrat, lag er mir zu Füßen und bat um Verzeihung. Er wandte sich an Adila und sagte: »Alles verdanke ich Tehmina. Nichts kann mich dazu bringen, das zu vergessen.«

Was sollte ich machen? Welchem Mustafa sollte ich glauben?

Ich brauchte keine Bedenkzeit für meine Entscheidung. Mit diesem Mann hatte ich viele, viele Jahre verbracht, seine Beschimpfungen und seine Torheiten ertragen. Vier Kinder hatte ich ihm geboren. Unermüdlich hatte ich mich eingesetzt, um ihn aus dem Gefängnis zu befreien, denn selbst wenn ich nicht länger an den Mann glaubte, so glaubte ich doch fest an seine Botschaft. Seine Verpflichtung gegenüber dieser Botschaft wurde zwar zusehends verschwommener, aber meine war immer noch unerschütterlich. Konnte ich all das beiseite lassen? Durfte ich die Zukunft meiner Kinder aufs Spiel setzen?

Bei dieser letzten Frage überlief mich ein Schauer. Wenn ich

Mustafa verlassen würde, nach all dem, was sollte aus den Kindern werden? Ich hatte gesehen, wozu er unter Mißachtung der englischen Gesetze fähig war, und hier waren wir in Pakistan, wo die öffentliche Meinung den Besitzanspruch des Vaters auf die Kinder für selbstverständlich hält. Überall um mich herum waren die Zeichen seiner Macht zu sehen. Ich griff nach dem letzten Strohhalm: Ich würde mich nach Kräften bemühen, dem reumütigen Mustafa zu glauben, denn ich konnte nicht fort.

◇

Um den Wahlsieg zu feiern, fuhren wir am nächsten Tag alle von Kot Addu nach Multan. Mustafa und ich waren im Haus von Sajids Bruder und dessen Frau Shahida zu Gast, wo ich eine Zeitlang mit den Kindern gelebt hatte. An diesem Abend bestand Adila darauf, uns Gesellschaft zu leisten, obwohl ihr Baby krank war und wir alle uns lange genug gesehen hatten. Ich saß in unserem Schlafzimmer auf dem Sofa, und Mustafa lag auf dem Bett, als Adila hereinspazierte, in grünen Satin gekleidet, der farblich zu den Smaragden paßte, die um ihren Hals und an ihren Ohren baumelten. Mustafa machte ihr überschwengliche Komplimente. »Nun bist du eine Frau«, erklärte er.

Adila richtete mir aus, meine Schwägerin wolle mich draußen sprechen. Ich bat Adila, sie ins Schlafzimmer zu bringen.

Adila meinte, das hätte sie schon versucht, aber die Dame bestehe darauf, sie müsse mich allein sprechen.

Ich wollte Adila und Mustafa nicht im Schlafzimmer allein lassen, und zugleich wollte ich meine Angst nicht zugeben. Ich ging hinaus, traf Shahida und schickte sie schnell hinein, als inoffizielle Anstandsdame. Aber es war schon zu spät. In den wenigen Augenblicken, die Adila und Mustafa allein gewesen waren, war etwas passiert. Als Shahida eintrat, verstummte ihr Gespräch abrupt.

Am selben Abend hatte ich irgend etwas verlegt. Mustafa reagierte wie früher, er hob seine Stimme im gleichen alten, diktatorischen Befehlston. Ich zuckte zusammen, als er mich mit

Schimpfworten überhäufte, sagte aber nichts – zumindest im Moment nicht.

Als Adila gegangen war, verlor ich die Beherrschung, aber Mustafa erklärte, er wolle von meinem »ewigen Gejammer« nichts mehr hören. Er brüllte: »Ich stehe unter großem Druck, Tehmina. Ich muß ernsthafte Arbeit leisten und darf mich durch eine hysterische Frau nicht davon abhalten lassen.« Er schaltete die Nachttischlampe aus und drehte sich um.

Ich war furchtbar durcheinander und todunglücklich. Ich schloß mich im Badezimmer ein und weinte so lange, bis ich keine Tränen mehr hatte. Was ging hier vor? Ich wußte nicht mehr, wie ich mit diesem Chamäleon von einem Mann umgehen sollte. Ich dachte, ich hätte mich geändert. Ich dachte, wir hätten uns geändert. Nun war plötzlich der alte Mustafa wieder da, und darauf war ich nicht gefaßt.

Dann begann ein kalter Krieg. Im Flugzeug zurück nach Lahore am nächsten Tag war Mustafa wieder der unglückliche Ehemann. »Wieder bist du voll Mißtrauen gegen mich«, beschwerte er sich. »So kann ich nicht weitermachen. Ich will mit meiner Frau friedlich zusammenleben.«

»Wie kannst du friedlich leben, wenn du mich ohne jeden Grund verletzt?« fragte ich. »Du weißt, daß ich unglücklich bin. Ich kann dir nicht vertrauen. Alles, was du tust, ist verdächtig.«

»Du kannst mir vertrauen«, sagte er liebevoll und ergriff meine Hand. »Weißt du, was Adila gesagt hat, als du gestern draußen warst?« Ich starrte ihn an, unsicher, ob ich das wirklich wissen wollte. »Sie sagte, ich sollte nichts essen, was du mir vorsetzt«, fuhr er fort. »Sie sagt, du hättest vor, mich zu vergiften.«

Ich war konsterniert. Als Mustafa die Geschichte ausführlicher erzählte, wurde mir klar, daß Adila unser unschuldiges Gespräch während des Wahlkampfes völlig verzerrt wiedergegeben hatte, als wir Frauen untereinander – einschließlich Adila – im Scherz davon gesprochen hatten, unseren Männern Valium zu geben. Adilas raffinierter »Charme« war wieder am Werk. Nach all dem, was wir durchgemacht hatten, ließ Mustafa ihr immer noch Raum für ihre Intrigen. Ich war empört.

Als ich wieder in Lahore zurück war, zog ich mich mehr und mehr in meine Malerei zurück, besonders, nachdem Mustafa beschlossen hatte, Shugufta zu entlassen, weil er sie nicht so im Griff hatte, wie das bei der armen Dai Ayesha der Fall gewesen war. Ich sandte sie nach Karachi, wo sie in die Dienste meiner Mutter trat. Wir alle waren todtraurig, besonders der kleine Hamza; aber wenigstens wußte ich, daß Shugufta in ein Heim kam, wo sie unter zivilisierten Menschen mit guten Manieren lebte.

Das Ehedrama meiner Mutter ging weiter. Minoo war in London, und so beschlossen meine übrigen drei Schwestern und ich, Sabiha Hasan aufzusuchen, die neue Frau im Leben unseres Vaters, um herauszufinden, ob sich die Sache irgendwie klären ließ. Zarmina und ich flogen nach Karachi, wo Rubina uns abholte. Während wir in Rubinas Haus auf Adilas Ankunft warteten, besprachen wir, was sich während der Wahlkampagne in Kot Addu angebahnt hatte. Wir alle waren empört über Adilas Verhalten und dennoch rückblickend nicht besonders überrascht. Wir warteten ziemlich lange auf unsere jüngste Schwester. Schließlich versuchten wir, sie zu Hause anzurufen, aber die Leitung war ständig besetzt.

Einer plötzlichen Eingebung folgend, wählte ich Mustafas Nummer in Lahore. Auch diese Leitung war besetzt. Ich zog meine Schlüsse.

Trotzdem, wir hatten uns für diesen Tag etwas vorgenommen. Adila traf endlich ein, und als wir auf dem Weg zu der »anderen Frau« waren, dachte ich: Ist das nicht grotesk, daß ich in Begleitung der »anderen Frau« in meinem Leben versuche, mich für Mutter stark zu machen. Niemand – am wenigsten Mutter – hatte sich je für mich stark gemacht.

Während des Treffens mit Sabiha Hasan versuchten Rubina, Zarmina und ich, ihr diplomatisch klarzumachen, daß sie drauf und dran war, das Heim zu zerstören, für dessen Bestand unsere

Mutter so lange und so hart gearbeitet hatte. Nur Adila tanzte aus der Reihe und versuchte, Sabiha zu einer harten Linie zu provozieren.

Auf der Rückfahrt zum Haus von Rubina machten wir unserem Ärger über Adila Luft. Ihr ausgeklügelter Plan wurde uns immer klarer: Wenn Vater Mutter sitzenließe, hätte Adila eine Ausrede, um ihre Affäre mit Mustafa wieder aufzunehmen und meine Ehe zu zerstören. Sie würde das als Vergeltung auslegen. Sie würde sagen, daß sie unserem Vater nichts schuldig sei. Wenn er in der Familie Chaos schuf, indem er sie verließ, dann durfte sie das auch. Warum sollte sie sich um die Familienehre scheren, wenn er das auch nicht tat? Wir wußten, daß Mutter für Adila Partei ergreifen würde, deren Begründungen würde sie niemals mißtrauen. Adila war die einzige Tochter, auf die sich Mutter als Verbündete gegen unseren auf Abwege geratenen Vater verließ. Vater war zwar die Zielscheibe, aber im Kugelhagel würde ich gefangen sein.

Das alles war sehr eigenartig. Unsere Familie mit ihren Sticheleien, Gemeinheiten und Intrigen war wie ein Mikrokosmos der Gesellschaft Pakistans. Die Regel lautete ganz einfach: Mach ruhig alles, was du willst, laß dich nur nicht erwischen.

Hinter den Kulissen prallte alles aufeinander und brach in Stücke.

Die Präsidentschaftswahlen fanden kurze Zeit später statt. Die beiden Kandidaten hießen Ghulam Ishaq Khan und Nawabzada Nasrullah Khan. Der eine, Ghulam, war ein reaktionärer Bürokrat mit weit zurückreichenden Verbindungen zu den Zia-Kräften. Der andere, Nawabzada, war ein wirklich progressiver Mann, der an demokratische Ideale glaubte und uns während Mustafas Gefängnishaft sehr unterstützt hatte. Als Mustafa von der Stimmabgabe zurückkehrte, versicherte er mir, er habe seinen Stimmzettel für Nawabzada abgegeben.

Das Telefon klingelte. Der Anrufer war Ghulam Ishaq Khan,

der sich bei Mustafa für dessen Stimme bedankte. Mustafa hatte mich angelogen, aber noch entscheidender war für mich, daß er erneut seine Prinzipien verraten hatte. Dieser Vorfall ließ meinen Glauben an seine politischen Zielvorstellungen weiter bröckeln.

◇

Wir fuhren von Pakistan nach Saudi-Arabien, mit dabei waren die Familien Jatoi und Khar, ein Schwarm von Brüdern und deren Ehefrauen. Wir wollten eine Pilgerreise nach Mekka machen, zum Dank für Jatois Erfolg bei der Wahl in Kot Addu.

Meine Gebete hatten allerdings einen anderen Inhalt. Ich rief Allah an wegen meiner ständigen Probleme mit Mustafa. Ich betete um Gnade, denn mir war bewußt, daß ich keine Kraft mehr hatte, um Betrug und Beschimpfung länger zu ertragen.

Nach der Pilgerfahrt flogen Mustafa und ich nach London, um eine schwierige geschäftliche Angelegenheit zu regeln. Mr. Garret, der Anwalt, der mich während der Entführung gegen Mustafa vertreten hatte, verklagte uns auf Honorarzahlung. Meine Eltern hätten ihn bezahlen sollen, sie weigerten sich aber, als Mustafa und ich uns wieder versöhnten. Garret hatte uns fünfzigtausend Pfund in Rechnung gestellt und damit gedroht, auf unsere Besitztümer in Großbritannien zurückzugreifen – eine Wohnung in der Innenstadt und das Landhaus –, wenn wir nicht zahlen würden.

Ich beobachtete Mustafa, wie er dem Anwalt in der Kanzlei gegenübersaß und feilschte, als sei der Mann ein Bazarhändler. »Ich bezahle Sie für überhaupt nichts«, setzte Mustafa an. »Ist Ihnen die absurde Situation nicht klar? Ihre Klientin sitzt hier zusammen mit mir. Weder haben Sie es geschafft, mich verhaften oder ausliefern zu lassen, noch konnten Sie meiner Frau ihre Kinder zurückbringen. Sie mußte zu mir zurückkehren.«

Garret blieb fest und erinnerte Mustafa daran, daß das Gesetz auf seiner Seite war. Wenn wir nicht zahlten, würde er unsere Besitztümer unter unseren Händen weg verkaufen.

Mustafa forderte einen Preisnachlaß, da Garret es nicht »geschafft« habe, den Fall zu gewinnen. Sie einigten sich auf einen Betrag von fünfunddreißigtausend Pfund.

Obgleich es um unser gemeinsames Geld ging, fand ich es außerordentlich erfreulich, daß Mustafa für die Schwierigkeiten, die er verursacht hatte, nun bezahlen mußte. Endlich wurde er in gewisser Weise für sein Verhalten zur Rechenschaft gezogen. Innerlich lachte ich darüber, daß er für seinen eigenen Haftbefehl zahlte! Und als er den Scheck ausstellte, dachte ich: Wie beruhigend zu wissen, daß ich diesem Mann fünfunddreißigtausend Pfund wert bin.

Wieder zurück in Pakistan, erfuhren wir, daß meine Großmutter bald an Lungenkrebs sterben würde. Ihr blieben vielleicht noch zwei Monate zu leben, und alle versammelten sich in Lahore im Haus meines Onkels mütterlicherseits, Asad, wo die Matriarchin der Familie das Ende ihrer Tage erwartete.

Adila hatte kein Gespür für ihr unpassendes Benehmen. Selbst jetzt, als das Leben unserer Großmutter zu verlöschen drohte, machte sie sich zurecht und putzte sich heraus, achtete darauf, daß nur ja alle Accessoires zusammenpaßten. Daß sie da war, ging mir zwar auf die Nerven, aber eine Zeitlang fiel mir nichts Besonderes ein, was dagegen sprach.

Eines Tages sollte Mustafa mich um fünf Uhr nachmittags bei Onkel Asad abholen, aber er rief an und sagte, er würde wegen wichtiger politischer Dinge aufgehalten. Erst da bemerkte ich, daß Adila eine Stunde zuvor in Großmutters Auto weggefahren war. Zarmina und ich befragten den Fahrer, der ohne sie zurückgekehrt war. Er berichtete, er habe Adila bei einer Buchhandlung abgesetzt, und sie habe ihm gesagt, er brauche nicht zu warten, sie käme allein zurück. Das war sehr eigenartig. Niemand aus unserer Familie, auch nicht die, die in der Innenstadt von Lahore wohnten, würde jemals ohne eigenes Auto herumfahren. Meine Blicke trafen sich mit denen von Zarmina.

Ich verschwand ins Badezimmer und schluckte zwei Beruhigungstabletten. Adila kam etwa um halb acht zurück, und Mustafa traf kurz nach ihr ein. Ich konnte ihnen nicht ins Gesicht sehen.

Mein Vater sagte, ich sähe aus, als stünde ich unter Drogen. Sogar meine kranke Großmutter bemerkte meinen verstörten Zustand – sie war die einzige, die meine sorgfältig verheimlichten Gefühle immer erraten konnte – und fragte, was geschehen sei. »Bete für mich«, antwortete ich. »Ich brauche deine Gebete dringend. Ich weiß nicht, was geschieht.«

Plötzlich sah meine Großmutter grauer und zerbrechlicher aus als je zuvor. Sie wußte Bescheid. Sie spürte, was in der Luft lag: Adila war wieder da!

Ich hatte den Eindruck, daß Mustafa auf den Tod meiner Großmutter wartete. Dann konnte er endlich die Frau, zu der ich im Laufe der Jahre geworden war, systematisch angreifen und zerstören. Mustafa Khar konnte einfach nicht mit einer erwachsenen Frau zusammenleben, die imstande war, ihr Leben selbst zu regeln. Er würde mich wieder in ein neurotisches, eingeschüchtertes Mädchen zurückverwandeln. Adila war das passende junge und attraktive Werkzeug, mit dem er mich zum Rückzug auf meine alte Position veranlassen konnte. Ich mußte von neuem unterworfen werden.

Während Großmutters Tod nahte, steuerte meine Ehe auf ihr Ende zu. Großmutter wurde ins Krankenhaus gebracht. Ich saß in ihrem Zimmer und versuchte ihr zu vermitteln, wie sehr ich sie liebte, ich beobachtete ihren Kampf gegen die Schmerzen. Als ich zu Hause anrief, geriet ich plötzlich mitten in ein anderes Telefongespräch. Ich konnte Mustafas Stimme hören, wie er mit jemandem sprach, aber ich konnte nicht hören, wer das war. »Da ist jemand in der Leitung«, sagte Mustafa zu dieser Person. »Ich rufe dich gleich zurück.« Sofort schickte ich Zarmina und Riaz in ihr Haus zurück, wo meine Mutter und Adila wohnten. Dort nahmen sie den zweiten Telefonhörer auf. Ich blieb bei Großmutter, hielt ihre Hand und betete zugleich dafür, meine Verdächtigungen mögen nicht zutreffen.

Als Zarmina zurückkehrte, setzte sie sich zu mir und erzählte, die Anruferin sei nicht Adila gewesen. Dabei blickte sie schnell beiseite und wurde bleich. Flüsternd flehte ich sie an, mir die Wahrheit zu sagen. »Doch, du hattest recht«, gab Zarmina schließlich zu. »Sie war es. Sie haben verabredet, wo sie sich heute abend treffen könnten, während unsere Großmutter im Sterben liegt.« Zarmina lief ins Badezimmer und übergab sich.

Aber Adilas Pläne wurden durchkreuzt. Großmutter spürte, daß ihre Zeit gekommen war, rief die Familie zusammen und erklärte, als alle da waren: »Wenn irgend jemand Tehmina ein Leid antut, so bete ich zu Gott, er möge diesen Menschen mit Geschwüren bestrafen, die auf seinem Herzen wachsen sollen. Er möge leiden, wie er es sich jetzt nicht einmal vorstellen kann.« Sie blickte zur Decke empor, durch die Decke hindurch, und rief aus: »Ich übergebe Tehmina Deinen Händen, o Allah. Erhöre mich. Sie hat niemanden mehr, der sie beschützen kann. Auch ich bin abberufen worden, und ich komme willig zu Dir, aber meine Seele fleht um die Gewißheit, daß Du Tehmina beschützen wirst.«

Sie gab Mustafa ein Zeichen näher zu treten, nahm seine Hand und sprach frei heraus: »Tehmina ist mit dir sehr unglücklich gewesen, aber sie hat gekämpft und hat zu dir gehalten während deiner Tage der Qual. Heute bitte ich dich, mir einen Gefallen zu tun. Bitte, sei gut zu ihr. Sei ihr ein guter Ehemann. Sie darf nie wieder unglücklich sein. Das ist mein letzter Wunsch an dich. Das ist mein letzter Wunsch an alle Menschen, die ich auf dieser Erde zurücklasse.« Ihre Stimme wurde schwächer, während sie um ihre letzten Worte rang: »Wenn du allein, ohne Tehmina gehst, so wird jeder Schritt, den du unternimmst in dem Gedanken, er werde dir Ehre einbringen, dich entehren. Du wirst nach Ruhm und Macht und Achtung streben, aber du sollst nichts als Schande ernten. Wenn sie bei dir ist, wird Gott dich unangefochten herrschen lassen. Dies ist mein Gebet für dich.«

Mustafa antwortete flüsternd: »Mach dir keine Sorgen. Ich werde mich um Tehmina kümmern. Das verspreche ich.«

Großmutter fiel ins Koma. Wir wechselten uns an ihrem Bett

ab, immer einer zur Zeit, während der ganzen trostlosen Nacht. Jeder von uns hatte ihr etwas zu erzählen, ungeachtet ihrer tiefen Bewußtlosigkeit. Als ich an der Reihe war, weinte ich und sagte sanft zu ihr: »Diesmal wirst du nicht mehr da sein. Diesmal werde ich nicht mehr deine Gebete zur Seite haben. Diesmal werde ich nicht in dein Haus kommen können. Wohin soll ich gehen? Wohin?« Ihr ausdrucksloses Gesicht gab keine Antwort. Großmutter verließ mich, und ich mußte mich der schmerzvollsten Situation stellen, die ich mir nur vorstellen konnte. Mir war klar, daß ich in meinen Eltern keinen Rückhalt hatte; sie würden nur darum bemüht sein, das gesellschaftliche Ansehen, das ihnen übriggeblieben war, aufrechtzuerhalten. Ich wußte nicht, ob Großmutter mich hören konnte, aber ich sprach weiter: »Nun verläßt du mich, wo es wieder losgeht. Ich bin so allein. Warum mußt du gehen? Warum?« Ich schluchzte hysterisch.

Ich riß mich zusammen und versuchte, ihr etwas Beruhigendes zu sagen: »Mach dir keine Sorgen«, flüsterte ich. »Ich schaffe das schon. Das verspreche ich. Ich bin stark. Du weißt, daß ich stark bin.«

Langsam zog ich mich zurück von dem Menschen, der immer die Familie für mich gewesen war.

Nach mir war Adila an der Reihe, sich von Großmutter zu verabschieden. Aber meine jüngste Schwester war nur wenige Augenblicke allein mit Großmutter im Zimmer, als sie wieder herausgerannt kam und rief: »Irgend etwas ist mit ihr los. Sie wirft den Kopf hin und her. Sie kämpft. Das ist furchtbar. Kommt und seht.«

Ich wußte, was geschehen war. Selbst im Koma konnte Großmutter Adilas Anwesenheit nicht ertragen.

Bald danach starb sie. Noch zu Lebzeiten meiner Eltern war ich zur Waise geworden.

◇

Ich fiel in mein altes Ich zurück, ohne zu merken, worauf ich zusteuerte. Ich verbrachte die Tage damit, am zweiten Telefonhörer zu lauschen, in seinen Hemden ihr Parfüm aufzuspüren, nach Spuren von Lippenstift zu suchen. Wieder einmal war ich auf die Gebetsmatte zurückgekehrt.

Ich haßte ihn, aber ich versuchte, ihn zu halten. Lag das daran, daß mir das Herz brach oder daß mein Ich erschüttert war? Inmitten dieser Qual konnte ich das nicht voneinander trennen.

Einmal waren Adila und ich zufällig mit den anderen Familienmitgliedern zusammen, und ich beobachtete, wie verlegen sie war. Ich vermutete, daß sie mit Mustafa verabredet war. Sie lief im Zimmer auf und ab und erfand verschiedene Ausreden, warum sie jetzt gehen müsse. Schließlich eilte sie davon und sagte, sie wolle eine Freundin treffen – irgendeine »Sara«, die aus Karachi gekommen sei.

Ich sprach mit Tasneem, Adilas Schwägerin. Adila wohnte in ihrem Haus. »Von einer Freundin aus Karachi hat sie nichts erzählt«, sagte Tasneem bestimmt. »Es gibt wirklich eine Sara, von der sie oft gesprochen hat, aber die ist im Ausland.« Zu meiner Überraschung und Erleichterung merkte ich, daß ich eine Verbündete hatte. Tasneem wußte, was vorging. »Dein Mann holt sie hier ab und bringt sie wieder zurück«, berichtete sie. »Ich kann mit meinem Bruder darüber nicht sprechen. Er würde mir das nicht glauben.«

Mustafa kam um halb elf Uhr abends nach Hause, klitschnaß vor Schweiß. Sein Hemd war mit knalligem rosa Lippenstift verschmiert. Er sagte, er sei auf einer öffentlichen Versammlung gewesen, wo »es so heiß war, daß sogar meine Schuhe durchnäßt sind«. Nach dieser Erklärung schlief er sofort ein.

Ich lag neben ihm noch länger wach und überlegte, was ich machen sollte. Dann schlich ich mich nach unten, rief Tasneem an und fragte sie, wann Adila zurückgekommen sei. »Ungefähr um halb elf«, meinte Tasneem. »Sie war total durchnäßt. Sie wich mir aus und rannte sofort nach oben, für den Fall, daß ich irgendeinen Verdacht gegen sie hätte. Aber ich habe gesehen, wie er sie in einem beigen Pajero hier abgesetzt hat.« Unser Auto!

Wie betäubt ging ich zurück ins Bett.

Mustafa stand um drei Uhr morgens auf und nahm ein Bad. Dann begann er zu beten.

Er bemerkte nicht, daß ich wach war – ich hatte immer noch nicht geschlafen –, und er erschrak, als ich ihn verspottete: »Ich habe immer gedacht, du wolltest mich zum Narren halten, aber das tust du ja gar nicht. Du versuchst, Gott zu betrügen.« Er beachtete mich nicht und fuhr mit den Gebeten fort, aber ich tobte weiter: »Du trittst vor Sein Angesicht, nachdem du gegen alle Seine Gebote verstoßen hast. Du hast heute etwas getan, das Er ausdrücklich verboten hat und wofür du um Vergebung gebeten hast. Wieder hast du Ihn betrogen. Was sagst du nun zu Ihm, Mustafa? Daß es dir wieder leid tut? Glaubst du wirklich, du kannst Ihn zum Narren halten? Glaubst du das? Wenn du sogar glaubst, du kannst Ihn zum Narren halten, dann zähle ich ja gar nicht. Ich will nicht mehr gegen dich kämpfen. Er wird diesen Kampf aufnehmen. Ihn hast du viel mehr verletzt als mich ...«

»Hör auf mit dem Blödsinn!« befahl Mustafa und unterbrach seine Gebete. »Du drehst wahrscheinlich durch. Ich habe überhaupt nichts getan. Du bist geisteskrank. Du bildest dir das alles ein.«

Ich mußte weinen und griff instinktiv nach dem Bild meines Beschützers Hazrat Ali und umklammerte es. Dieser Heilige hatte auch Mustafa während der Gefängniszeit beschützt. Mustafa hatte ihn zwar in dem Augenblick, als er aus dem Gefängnis kam, sofort vergessen, er wußte aber, daß mein Glaube keine Einbildung war.

Mustafa ging auf mich zu und entwand mir das Bild. »Meinst du, das kann dir helfen?« knurrte er und starrte das Bild des Heiligen voller Verachtung an. Er riß es in Fetzen und stürmte aus dem Zimmer.

Ich bat Gott weinend um Vergebung, während ich die Fetzen des geweihten Papiers auflas.

◇

Von diesem Augenblick an jagte ich ihn. Nuscie und ich telefonierten, wenn er weg war, und planten, wie wir ihn in flagranti erwischen könnten. Weil ich nicht jederzeit das Haus verlassen und auch nicht selbst Auto fahren konnte, wurde Nuscie zur Detektivin. Es erschütterte sie, wie ich immer schwächer wurde; statt mich aus dieser Ehe zu lösen, verstrickte ich mich immer tiefer und wurde von ihrem Gift aufgezehrt. In meinem verzweifelten Versuch, das zerschlagene Porzellan aufzusammeln und zu kitten, brachte ich mir nur Wunden und Schnitte bei. Ich ließ keinen Rat gelten, für mich gab es keine Wahl. Ich konnte nichts tun, bevor ich den Beweis für Mustafas Untreue hatte.

Jeder andere Ehemann wäre übervorsichtig geworden, wenn er gemerkt hätte, wie mißtrauisch ich war. Nicht so Mustafa. Am nächsten Abend ging er um sieben Uhr weg und sagte, er sei um neun zurück. Sobald er weg war, rief ich Tasneem an und ließ mir meinen Verdacht bestätigen, daß auch Adila zwischen sieben und neun ausging. Später rief ich noch mal an. Diesmal berichtete sie mir, Mustafa habe meine Schwester abgeholt.

Ich wußte nicht, wo Nuscie steckte. Schnell bat ich eine Cousine um Unterstützung. Wir fuhren in Richtung auf Tasneems Haus und parkten an einer Ecke, von der aus wir das Gelände im Blick hatten. Es war Viertel vor neun, als der beige Pajero vor dem Haus hielt. Mustafa saß hinter dem Steuer. Adila sprang auf der Beifahrerseite heraus, von meinem Platz, und eilte ins Haus. Ich entdeckte Tasneem, die hinter der Gardine hervorlugte.

Meine Cousine und ich rasten nach Hause und kamen vor Mustafa dort an. An diesem Abend hatte ich nicht die Kraft, ihn zu stellen. Ich hatte keine Lust zu hören, wie er alles ableugnen würde, und eine Bestätigung brauchte ich nicht mehr

Am nächsten Tag flogen wir zu Großmutters *chelam* (der feierlichen Zeremonie am Ende der vierzigtägigen Trauerzeit) ins Dorf der Vorfahren meiner Mutter. Ich beschloß, meiner Mutter alles zu erzählen. Sie war völlig schockiert und sprach später mit Adila, ohne mich als ihre Informantin preiszugeben. Adila gestand, sie sei mit Mustafa dreimal ausgegangen, aber sie behauptete, nichts sei geschehen, und Mutter glaubte ihr.

»Was meint sie damit, nichts ist geschehen?« tobte ich, als meine Mutter mir Bericht erstattete. »Wie konntest du dich damit zufriedengeben? Wie konntest du dasitzen und dir anhören, wie sie ihr Rendezvous mit dem Ehemann ihrer eigenen Schwester rechtfertigt? Wie kannst du nur so ruhig und so passiv sein? Du weißt, daß sie mit ihm eine Affäre gehabt hat. Du weißt, daß es jetzt wieder losgegangen ist. Und trotzdem glaubst du ihr, trotz der Beweise, die du kennst? Ich kann es nicht fassen. Sie sündigt und verletzt das Gesetz und hat außerdem noch die Stirn zu behaupten, sie habe überhaupt nichts getan? Würdest du Sabiha glauben, wenn sie eine Verabredung mit deinem Ehemann hätte?« Für sich selbst hatte Mutter aber andere Maßstäbe. Das war schon immer so gewesen.

Ich konnte nicht aufhören zu weinen. Alle bemerkten das, aber sie dachten, ich weinte um meine Großmutter.

In Mutters Beisein stellte ich schließlich Adila zur Rede. Ich sagte ihr, ich wüßte alles. Dann erklärte ich: »Ich möchte euch beide davon in Kenntnis setzen, daß es euch gelungen ist, meine Familie zu zerstören, die ich verzweifelt zu retten versucht habe, trotz eurer Anfeindungen. Und ihr habt nicht nur mein Heim zerstört, sondern auch das Heim meiner vier Kinder. Aber ich warne euch beide: Diesmal seid ihr an die Falsche geraten. Vielleicht lebt ihr immer noch in dem Irrtum, ich wäre dieser Wurm, den ihr aus London kennt, den ihr beinahe zertreten hättet. Aber es gibt einen großen Unterschied zwischen ›Tina‹ und ›Tehmina Khar‹, und ich werde gegen euer Verbrechen kämpfen – selbst wenn ich sterben müßte.«

Ungerührt warf Adila ihr langes Haar über die Schulter und fragte: »Du weißt wohl gar nicht, was ich für dich getan habe? Wenn du es wüßtest, würdest du mich nicht nur eine Schwester nennen, sondern einen Engel. Ich bin diejenige, die deine Ehe gerettet hat.« Sie erklärte, Mustafa liefe ihr zwar nach und wolle sie heiraten, aber sie wolle meine Ehe nicht kaputtmachen.

War das möglich? Ich war der Meinung, sie hätte ihm nie erlauben dürfen, ihr nahe zu kommen. Warum verteidigte sie sich, wenn nichts geschehen war? Ich versuchte, Mustafa vor dem Zorn Gottes zu warnen. »Er prüft dich, siehst du das nicht?« fragte ich. »Er prüft, ob deine Bitte um Gnade angesichts dieser Sünde im Gefängnis ernstgemeint war. *Tauba* ist ein Vertrag mit Gott für alle Zukunft. Damit kannst du nicht so leichtfertig umgehen.« Ich flehte ihn an, sich nicht ins eigene Fleisch zu schneiden. »Du wirst alles zerstören, dich selbst, mich, um deren Rückkehr du so gekämpft hast, die Kinder, die du nach deinen eigenen Worten so liebst – auch die Politik wird darunter leiden. Mich kennt man in der Öffentlichkeit wegen meiner Rolle in deinem Leben. Die Menschen werden dich nicht schonen.«

Nichts wirkte. Seine Augen und Ohren waren verschlossen. Manchmal fand er tröstende Worte für meinen »zunehmenden Wahnsinn«, und manchmal stieß er mich wegen meiner »hysterischen Unsicherheit« zur Seite. Er sagte, ich litte unter den Wechseljahren. »Das kommt vor bei Frauen, die es nicht akzeptieren können, alt zu werden«, meinte er selbstgefällig.

◇

Mustafa gab sich jugendlich. Er kehrte zu T-Shirts und Jeans, Safarianzügen und Krokodillederschuhen zurück.

Ich schaute in den Spiegel und sagte mir traurig, ich müsse mich vielleicht auch ändern: Ich muß aussehen wie sie. Ich muß mich anziehen wie sie. Ich muß meine gesamte Persönlichkeit verändern, um ihr ähnlich zu werden. Das ist die einzige Chance, vielleicht funktioniert die Ehe dann. Schau dich doch an, in deinen weißen Kleidern und mit deinen hehren Idealen. Du bist nicht sein Typ Frau. Adila ist sein Typ. Und trotzdem sagt er, er liebt dich. Das sagt er, immer wieder.

Im Geist hörte ich Mustafas bedrohliche Stimme: »Keine andere Frau kann so sein wie du. Aber ich will, daß du bist wie eine Sechzehnjährige. Ich will wieder Romantik.«

Ich schauderte. Das kann ich nicht, dachte ich. Ich bin nicht sechzehn. Ich bin Mutter von fünf Kindern. Ich bin sechsunddreißig. Wie kann ich bei einem Mann auf romantische Ideen kommen, der mit meiner Schwester eine Affäre hat? Wie denn?

Ich wandte mich Gott zu. Ich besuchte heilige Stätten. Ich betete auf jede mir bekannte Art und Weise: »Bitte laß nicht zu, daß mein Heim zerbricht. Bitte bewahre meine Kinder vor diesem Ende.« Ich weinte und flehte.

Dreh nicht durch, ermutigte ich mich selbst. Du darfst auf keinen Fall durchdrehen. Geh doch eine Weile woanders hin. Du brauchst jetzt Abstand.

Eine andere Frau hätte ich akzeptieren können. Ich wäre mit ihr fertig geworden und wäre daran gewachsen. Aber nicht meine Schwester, nicht Adila.

Ich wußte, daß ich Mustafa verlassen mußte, aber ich wußte nicht wie, und ich wußte nicht wann. Ich brauchte Beweise. Obwohl sie Bescheid wußten, hielten sich alle aus meiner Familie an die Version von Mustafa und Adila und waren überzeugt, das alles sei nur meine Einbildung. Sie bestanden darauf, ich sei verunsichert und auf dem besten Wege, den Verstand zu verlieren. Wieder war ich ein machtloses Nichts in seiner Hand.

◇

Eines Nachts wollte Mustafa mit mir schlafen, und aus seinem ganzen Verhalten war mir klar, daß er keine Weigerung akzeptieren würde. Ich mußte es geschehen lassen. Ich unterdrückte meine Haßgefühle und versuchte, an etwas anderes zu denken. Ich starrte über seine Schulter an die Decke und bat Gott darum, ihn zu bestrafen: Gott, das ist Inzest. Du hast verboten, daß ein Mann gleichzeitig mit zwei Schwestern Beziehungen hat. So steht es in Deinem Koran. Wenn Du diese Regel aufgestellt hast, dann wirst Du nicht zulassen, daß mir dies noch einmal zugefügt wird. Verbiete diesem Mann, mich je wieder zu berühren. Laß ihn nie wieder die Dreistigkeit besitzen, gegen Deine Gebote zu verstoßen. Ich kann nichts tun, aber Du kannst dem Einhalt gebieten.

Ein Wunder geschah. Nach dieser Nacht berührte mich Mustafa nie wieder. Jede Nacht stieg er ins Bett, legte seinen Kopf auf das Kissen und schlief sofort ein. Das war ein Wink Gottes.

Kapitel achtzehn

Es war der 24. Juni 1989. Mustafa bereitete sich auf die Jagd vor. Er trug dieselbe Kleidung wie damals, als ich mich in ihn verliebt hatte: Khakihosen, in die Schaftstiefel gesteckt, eine grüne Jacke mit Patronentasche, die an seiner Seite hing, und eine Mao-Kappe auf dem Kopf. Ich beobachtete, wie er aus seiner umfangreichen Waffensammlung ein Gewehr auswählte. Ich saß ruhig da, als er sich umwandte und mir zum Abschied zulächelte. Ich sah seinen Rücken, während er zur Tür ging und aus meinem Leben schritt – ganz ähnlich, wie er einst in mein Leben getreten war.

Mit meinen Kindern hatte ich ein schmerzhaftes Gespräch, in dem ich ihnen die Situation erklärte. Ihr junges Leben hatte schon genug dramatische Ereignisse gesehen, und ich hätte es nicht ertragen können, sie wieder der Gefahr einer Entführung auszusetzen; ich wollte ihnen unter diesen schrecklichen Umständen ein noch einigermaßen behütetes Leben ermöglichen. Sie weinten verzweifelt, als ich ihnen von meinem Entschluß erzählte, und ich wußte, daß sie lange brauchen würden, um mich zu verstehen. Ich wußte aber genau, daß ich erst dann zufrieden sein würde, wenn auch sie dem Gefängnis entflohen wären, das Mustafa hieß. Doch ich mußte als erste gehen.

Ich ließ die Kinder in der Obhut von Mustafas Schwägerin. Dann holte Zarmina mich ab, und ich verließ Mustafa Khars Haus zum vierten- und letztenmal. Auf dem Weg in die Freiheit hatte es schon zu viele fehlgeschlagene Versuche gegeben, diesmal war mein Beschluß unwiderruflich.

Wieder einmal wurde mein Leben auf Schlagzeilen in Zeitungen reduziert, wieder einmal brandmarkten mich alle als schwankend und illoyal. Die Presse war neugierig, kam aber in dieser Saga über eine der bekanntesten Politikerehen des Landes nie hinter die Rolle, die Adila darin spielte.

Mit Bestürzung mußte ich feststellen, daß Mustafa mein Handeln vorausgesehen und alles Geld von unserem gemeinsamen Bankkonto abgehoben hatte. Ich hatte noch nie mittellos gelebt;

ich empfand es als demütigend, als ich plötzlich gezwungen war, mich auf die Mildtätigkeit von Verwandten zu verlassen. Meine Tante Samar und mein Onkel Akhtar nahmen mich bei sich auf und versuchten, mir dieselbe seelische Stärkung zuteil werden zu lassen, die mir meine Großmutter nun nicht mehr geben konnte.

Zuerst gelang es mir noch einigermaßen, mir trotz meiner schwachen Position Schwung und Mut zu bewahren; aber dann mobilisierte meine Mutter die gesamte Familie, und alle redeten auf mich ein, ich solle meine Haltung ändern. Meine Helfer zogen sich einer nach dem anderen von mir zurück, und ich rutschte wie auf einer schiefen Ebene immer tiefer nach unten, in eine Hölle von Verrat, Ungerechtigkeit, Armut und Leid. Trostlosigkeit und Einsamkeit wurden so groß, daß sie mich regelrecht lähmten. Es gab keine Gegenwart und keine Zukunft – nur die Vergangenheit, die mein ganzes Wesen in Besitz nahm.

Mustafa weigerte sich, mich die Kinder sehen zu lassen. Zwei Wochen später nahm er sie nach Karachi mit, um die Situation mit meinen Eltern zu besprechen. Adila war auch im Haus, und daß meine Eltern sie bei dem Gespräch nicht hinausschickten, traf mich am tiefsten. Meine Kinder liefen verwirrt im Haus herum. Ich wurde richtig wütend, als ich hörte, sie hätten ganz unschuldig mit ihrer Tante Adila gespielt, während man mir den Kontakt mit ihnen verweigerte.

Mustafa wollte meinen Vater dazu bringen, in unseren Streit einzugreifen und mich zur Rückkehr zu überreden. Er behauptete, ich hätte mir die ganze Adila-Geschichte nur zusammenphantasiert, und der einzige Grund für mein Scheidungsgesuch sei, daß ich mich an die Freiheit gewöhnt hätte und mich von neuen Freunden beeinflussen ließe, die ich während seiner Gefängnishaft kennengelernt hatte. Mutter ergriff für Mustafa Partei – und auch für Adila, obwohl sie sämtliche Einzelheiten genau kannte. Sie wollte eine Scheidung um jeden Preis verhindern, denn es gab zu viele Leute, die nach den Ursachen fragen würden. Ein Skandal braute sich zusammen, und um ihn abzuwenden, war mein Leben bloß ein niedriger – vielleicht überhaupt kein Preis.

Aber mein Vater wußte genau, was sich abspielte, und sagte Mustafa, er solle ernsthaft in sich gehen und mir die Scheidung gewähren, damit die Angelegenheit in aller Stille beendet werden könnte.

◇

Naseeba rief an ihrem zwölften Geburtstag an. Sie weinte am Telefon und bat mich inständig dabeizusein, wenn sie die Geburtstagstorte anschneiden würde. Da Mustafa verreist war, beschloß ich, zu der Party zu gehen. Auch einige von Mustafas Brüdern und Freunden waren mit ihren Ehefrauen und Kindern dort. Naseeba war ganz aufgeregt, und als wir zusammen die Torte anschnitten, griff sie meine Hand so fest, daß ich meinte, sie würde mich nie wieder loslassen. In ihrer Unschuld suchte sie Kraft bei mir, die ich doch selbst so schwach war.

Unerwartet kam plötzlich Mustafa, zumindest für mich unerwartet. Wir begrüßten uns höflich. Er trat auf mich zu und sagte ruhig: »Könntest du bitte mit mir nach oben kommen? Ich muß mit dir sprechen.« Im Haus waren viele Gäste, und ich wollte keine Szene auf Naseebas Geburtstagsparty. Ich willigte ein, denn ich erwartete nicht, daß Mustafa bei so vielen Menschen im Haus die Beherrschung verlieren würde. Ich folgte ihm nach oben und ging in das Zimmer, das früher unser Schlafzimmer war. Als er dann aber blitzschnell hinter mir die Tür abschloß, war mir klar: Ich saß in der Falle.

»Du kannst jetzt nicht raus«, bestätigte er mit drohendem Ton. »Du wirst jetzt zwei Monate lang mit mir zusammenleben, und in dieser Zeit werde ich dafür sorgen, daß du für immer bei mir bleibst. Deine Mutter hat auch gesagt, du sollst bei mir bleiben. Morgen werde ich dich ins Dorf bringen.«

Ich geriet in Panik. Früher hatte er meine Kinder entführt, nun sollte ich entführt werden. Wann würde dieser Wahnsinn endlich ein Ende haben? Ich versuchte, meine Furcht zu verbergen und mich diesem Tyrannen entgegenzustellen.

»Mustafa«, rief ich, »du machst jetzt sofort die Tür wieder auf, oder ich schreie das ganze Haus zusammen. Dir ist wohl nicht klar, daß du mit mir nicht umspringen kannst wie früher!«

»Schrei doch, das macht mir gar nichts aus«, sagte er. »Schrei das ganze Land zusammen, wenn es dir Spaß macht.«

Ein schriller Ton bildete sich tief unten in meiner Kehle und wuchs zu einem lauten, hohen Hilferuf.

Im Nu war er bei mir. Er packte mich an den Handgelenken und stieß mich ins Badezimmer, knallte die Tür zu und schloß ab.

Ich schrie weiter und hoffte, meine Schreie würden zu irgend jemandem durchdringen – die Dienstboten, unsere Nachbarn, seine Freunde und Familienangehörigen würden mich hören.

Mustafas Schwiegertochter Marikha kam nach oben gerannt, andere folgten ihr. Ich hörte, wie sie rief: »Daddy, das kannst du nicht tun!«

»Raus mit euch, verlaßt das Zimmer!« brüllte Mustafa. »Hier hat sich keiner in meine Privatangelegenheiten einzumischen.« Marikha verschwand lautlos.

Ich wartete einige Augenblicke und versuchte, mich zu sammeln. Ich war wirklich in Gefahr: Er konnte mich in den Gebieten verschwinden lassen, die an das von den Khars beherrschte Dorf Kot Addu angrenzten, und er würde das auch tun und mich dort als seine Gefangene halten, bis – ja, bis wann? Vielleicht für immer. Niemand hatte ein Interesse daran, mich vor diesem Schicksal zu bewahren, außer Nuscie, Zarmina und Minoo – und was konnten sie tun? Es gab unzählige Frauen, die ein solches Leben in Gefangenschaft und Verzweiflung leben mußten. In dieser Lage könnte er mich leicht dazu zwingen, die Scheidung zurückzunehmen. Ich redete durch die verschlossene Tür mit ihm und versuchte, bestimmt, aber vernünftig zu klingen:

»Mustafa, das kannst du mir nicht antun«, rief ich. »Meine Rechtsanwältin wird dafür sorgen, daß du verhaftet wirst.«

»Das kann ich , und das mache ich auch. Deine Eltern stehen hinter mir.«

»Dann laß mich mit ihnen reden. Das sollen sie mir selber sagen.«

»Nein.«

Meine Tante und mein Onkel machten sich Sorgen, weil ich von Naseebas Geburtstagsfeier noch nicht nach Hause gekommen war. Onkel Akhtar rief an. »Tehmina kommt nicht zurück«, sagte Mustafa zu ihm. »Sie hat beschlossen, hier zu bleiben.«

Onkel Akhtar witterte Verrat. Kurz darauf rief zufällig meine Schwester Minoo aus London an, und er berichtete ihr über die neuesten Ereignisse. Minoo handelte rasch. Sie rief den Regierungschef des Punjab in seinem Privathaus an und versuchte, Regierungsstellen zum Einschreiten zu bewegen. Dann nahm sie Kontakt zur Presse auf. Bald erreichte die Nachricht meiner »Geiselnahme« meine Rechtsanwältin, Asma Jehangir. Sie wollte gleich am nächsten Morgen wegen Freiheitsberaubung und versuchter Entführung einen Haftbefehl gegen Mustafa beantragen.

Von all dem, was draußen in der Welt vor sich ging, ahnte ich nichts. Ich wußte nur, daß in diesem Moment sein Sohn Bilal Vorbereitungen für unsere Abreise nach Kot Addu traf.

Mustafa öffnete die Badezimmertür. Ich war völlig verängstigt, versuchte das aber zu verstecken. Er nahm zwei Tabletten aus einer Flasche Valium zehn und hielt sie mir hin. Ich wehrte mich, aber er machte es genauso wie bei seinen Hunden: Er hielt mich fest, stieß mir die Tabletten in den Rachen, hielt mir die Nase zu und goß so lange Wasser nach, bis ich schlucken mußte.

Das Valium führte zu einer paradoxen Reaktion: Ein paar Minuten später war ich nahezu überdreht. Mustafa hatte großes Zutrauen zu den Tabletten, und als er dachte, ich hätte mich etwas beruhigt, erlaubte er mir, meine Mutter anzurufen. »Erzähl ihr, daß du freiwillig geblieben bist«, befahl er.

Als Mutter sich meldete, rief ich sofort: »Wenn du mich zwingst, bei diesem Mann zu bleiben, bringe ich mich um. Was bist du bloß für eine Mutter? Ich werde der ganzen Welt erzählen, daß du mich fast in den Tod getrieben hast.«

Sie sagte: »Ich weiß überhaupt nicht, wovon du sprichst. Was ist denn los?«

Mustafa schnappte sich den Hörer und sagte: »Ich brauche

deine Hilfe. Es wird ihr gut ergehen, wenn ich sie von hier wegbringe.«

Nach dem Telefonat forderte ich ihn auf, sich hinzusetzen und versuchte es mit Ernsthaftigkeit: »Hör gut zu«, sagte ich. »Setz mir gegenüber nicht wieder eine Taktik ein, die du früher schon oft genug ausprobiert hast. Deine Taktiken taugen alle nichts, und das weiß ich. Mach deine Spielchen mit jemand anderem, der sie noch nicht gespielt hat.«

Er schüttelte ungläubig den Kopf und murmelte: »Was ist bloß aus dir geworden, Tehmina?«

Mit einem überlegenen Lächeln gab ich zurück: »Ich bin wie du geworden, Mustafa.«

Jemand schlug mit der Faust gegen die Tür. Mustafa machte auf, und das Zimmer füllte sich mit Brüdern und Schwägerinnen. Alle versuchten, Mustafa dazu zu überreden, daß er mich gehen ließ. »Mischt euch nicht in meine Ehe ein«, brüllte er.

»Was denn für eine Ehe?« rief ich. »Unsere Ehe war nach dem Koran zu Ende, als du mit meiner Schwester geschlafen hast. Ich habe mit dir in Sünde gelebt. Der Ehevertrag ist schon lange null und nichtig.«

Mustafa wurde ans Telefon gerufen, und am anderen Ende war zu seinem Schrecken ein Reporter und stellte unangenehme Fragen. Niemand von uns wußte, wie sich die Nachricht verbreitet hatte. Ich wollte um jeden Preis hier weg. Nichts in diesem Haus, das ich mit so viel Liebe eingerichtet und geschmückt hatte, interessierte mich noch. Mein gesamter Hausrat, alles, was ich im Laufe der Jahre in verschiedenen abgelegenen Gegenden Pakistans erworben hatte, war mir egal. Jeder Gegenstand in diesem Haus hatte seine eigene Bedeutung gehabt, aber nun konnte mich nichts mehr zum Bleiben bewegen. Mit meiner Liebe zu Mustafa war auch die Liebe zu der Umgebung, die wir geteilt hatten, verschwunden. Ich dachte nicht an das Martyrium, das mir als geschiedene Frau bevorstand und das für mich bereits begonnen hatte: Die Redensart, es sei einfacher, im Haus des Ehemannes Geschirr abzuwaschen als in der Welt draußen, galt zwar auch für mich, aber das spielte keine Rolle mehr. Von dieser Ehe war nichts mehr übriggeblieben – und auch von diesem Mann nicht.

Mein Vater rief an, und Mustafa gab mir den Hörer. Vater sagte, es gebe ein furchtbares Mißverständnis: Mustafa habe ihm erklärt, er könne mich von der Wiederaufnahme der Ehe überzeugen, wenn er die Gelegenheit dazu hätte. Nur so weit und keinen Schritt weiter unterstützten sie ihn. Ich schrie in den Hörer, Mustafa wolle mich zum Bleiben zwingen, und zwar gegen meinen Willen. Vater wollte Mustafa sprechen und sagte in aller Entschiedenheit zu ihm: »Laß sie raus. Sofort.«

Mustafas Reaktion verblüffte mich: Er war einverstanden. Als ich ging, blieb er mit seiner Familie im Zimmer zurück und wählte eine Telefonnummer. Ich war auf der halben Treppe nach unten, als ich merkte, daß ich bei meinem überstürzten Aufbruch meine Handtasche vergessen hatte. Als ich zurückkam und die Tür öffnete, hielt ich inne. Mustafa telefonierte mit meiner Mutter. »Sie hat ein ganz großes Problem mit dir«, sagte er. »Sie fühlt sich unsicher, weil ich dich so sehr achte und verehre. Du und Adila, ihr beide seid für sie inzwischen zu Ungeheuern geworden. Mit mir hat das alles nichts zu tun.«

Er unterbrach das Telefongespräch, weil ich in diesem Moment den Raum betrat. Ich nahm meine Handtasche, wandte mich an Mustafa und sagte so laut, daß es auch durch das Telefon zu hören sein mußte: »Du bist ein gefährlicher und kranker Mensch. Und meine arme Mutter hast du so zum Narren gehalten.«

◇

Mein Vater kam zu uns und wollte die Ehe beenden, bevor alles auf Adila zurückfallen konnte. Mustafa forderte das Sorgerecht für die Kinder und die Übertragung aller unserer Besitztümer auf ihn – das Landhaus in England und unsere Wohnung in London, die auf uns beide eingetragen waren, und das Haus in Lahore, das auf den Namen meiner Töchter lief. Vater akzeptierte diese Bedingungen mit den Worten eines Ehrenmannes:

»Dann laß sie eben ohne einen Pfennig. Von dir braucht sie sowieso nichts. Ich kann für sie sorgen.« Eine weitere Bedingung, die beiden Männern gleichermaßen am Herzen lag: Ich sollte eine Presseerklärung abgeben und charakterliche Unvereinbarkeit als Scheidungsgrund nennen; außerdem unterzeichneten wir beide eine Vereinbarung, daß keiner von uns darüber hinaus mit der Presse sprechen würde. Der letzte Punkt in unserem Vertrag legte fest, daß ich meine Kinder täglich sehen durfte.

Am nächsten Morgen traf Mustafa zur Unterzeichnung der Scheidungspapiere ein. Ich fand es empörend, daß er unsere Kinder ins Zimmer rief. Tränenüberströmt sagte er zu ihnen: »Ich möchte, daß ihr, meine Kinder, Zeugen seid: Ich möchte nicht, daß eure Mutter uns verläßt. Ich möchte, daß sie meine Frau bleibt. Ich liebe sie, aber sie will mich verlassen.«

Grimmig lächelnd dachte ich: Was bist du nur für ein großartiger Schauspieler.

Er unterzeichnete die Papiere und übergab sie mir; die Kinder weinten und bettelten mich an, unser Heim nicht zu zerstören.

Mein Gesicht blieb ausdruckslos und meine Augen trocken, als ich unterschrieb.

Ich war eine ungeheure Last losgeworden. Ich war nicht mehr Tehmina Khar.

Ich sah Mustafa fest an und sagte: »Du hast mir alles genommen. Aber von heute an kannst du nie mehr sagen, Tehmina sei deine Frau. Du hast dem Handel zugestimmt und bist mich los.«

◇

Bis die Scheidung endgültig rechtskräftig war, würde es noch drei Monate dauern. Dieser Zeitraum ist im islamischen Recht vorgesehen und wird *idda* genannt; er soll den beteiligten Parteien Zeit geben, ihre Entscheidung sorgfältig zu überdenken, um gegebenenfalls davon Abstand nehmen zu können.

Mustafa nutzte die drei Monate für eine gezielte Kampagne, um mich zur Rückkehr zu veranlassen. Er rief an und bettelte um Verzeihung. »Ohne dich kann ich nicht leben«, erklärte er. »Ich war verrückt, daß ich dich habe gehen lassen. Ich habe deine Unterstützung und deine Geduld nicht vergessen. Bestraf mich bitte nicht so grausam. Gib mir eine letzte Chance.«

»Nein!« rief ich, »Ich bin kein Opfer mehr. Das geht nicht mehr, nicht mal für einen Tag.«

Bald danach traf er mit einer Abordnung von Brüdern und Schwägerinnen im Haus von Tante Samar ein, um mich »im Interesse der Kinder« um meine Rückkehr zu bitten. Ich sah ihm fest in die Augen und forderte ihn auf, doch so mutig zu sein und seiner Familie den wahren Grund für unsere Trennung mitzuteilen. Er sagte nichts, natürlich, und so erzählte ich die Geschichte in allen Einzelheiten.

»Das bildest du dir alles bloß ein«, unterbrach er.

Ich stand auf und wies ihm die Tür. Ich ließ meiner Wut freien Lauf: »Komm erst wieder, wenn du dich wirklich traust, jede kleine Einzelheit deiner Beziehung mit meiner Schwester zu gestehen. Sonst lauf mir nie wieder über den Weg, oder ich werde dich zertreten, wie du es dir nicht einmal vorstellen kannst.«

Ich schritt die Treppe hinauf und ließ Mustafa und seine Familie mit offenen Mündern zurück.

Die Presse druckte einen reißerisch aufgemachten Bericht über Mustafas Beziehung zu Adila. Als Quelle für diese Story wurde ich genannt, aber ich stritt das ab und äußerte in Adilas Interesse eine Lüge, die mir weh tat: Ich sagte, ich liebe meine Schwester, und das alles sei nur üble Nachrede. Ihre Ehe wollte ich auf keinen Fall zerstören.

Mutter wurde von allen Seiten bedrängt und versuchte verzweifelt, den Ruf ihrer Familie zu wahren. Sie bat mich, mit Adilas Ehemann Matloob und dessen Familie zu sprechen und sie davon zu überzeugen, ich hätte mir die Ausrede mit der Adila-Affäre ausgedacht, weil ich Mustafa unbedingt hatte verlassen wollen. Mutter warnte mich und sagte, andernfalls würden sie und mein Vater mich finanziell nicht länger unterstützen. Ich weigerte mich aber, weiter zu lügen.

◇

Ich war ohne eigenes Dach über dem Kopf, besaß keine finanziellen Mittel und hatte Angst. Während ich mich bemühte, langsam vom Boden hochzukommen, manövrierte sich Mustafa geschickt in die Nähe von Prominenz und Macht. Benazir Bhuttos Rückhalt in der Regierung war schwach. Ihre Achillesferse war der Punjab, den Nawaz Sharif und die sogenannte Moslem-Liga kontrollierten. Mustafa verfügte als einziger über genügend Unterstützung im Punjab, um sich an die Spitze einer wirkungsvollen Kampagne gegen Nawaz zu stellen. Nun war die Gelegenheit gekommen, ein Sitz in der Provinzversammlung war frei geworden, und eine Nachwahl wurde angesetzt. Die Pakistanische Volkspartei war dringend darauf angewiesen, daß ihr Kandidat diesen Sitz gewann, und umwarb deshalb Mustafa. Sie wollten, daß er sich nach all den Jahren wieder der Partei anschloß, den Wahlkampf führte und Nawaz klarmachte: Bhuttos Vermächtnis lebt im Punjab noch.

Mustafa besaß die Dreistigkeit, mich aus Islamabad anzurufen und um meine Gebete zu bitten. Er wollte demnächst seine Entscheidung bekanntgeben, wieder der Pakistanischen Volkspartei beizutreten. »In dieser Zeit solltest du zu mir stehen«, sagte er, »dieser Erfolg gehört mehr dir als mir.« Und ich betete tatsächlich im vollen Ernst und ohne jede Arglist im Herzen, Gott möge ihm den rechten Weg zeigen.

Die öffentliche Erklärung über Mustafas Wiedereintritt in seine alte Partei wurde mit Jubel aufgenommen. Viele Parteimitglieder spürten die Kraft des Löwen in ihrem Blut. Mustafa war nun die zweitstärkste Kraft der Partei, direkt nach Benazir selbst. Er hatte sich erfolgreich in eine Position gebracht, von der aus er ganz an die Spitze gelangen konnte.

Jatoi, der ja dank Mustafas Unterstützung in der Nationalversammlung saß, war zum Oppositionsführer ernannt worden. Das IJI-Bündnis lancierte ein »Mißtrauensvotum« gegen Benazir Bhutto, bei dessen Erfolg Jatoi der verfassungsmäßig gewählte Premierminister geworden wäre. Aber Mustafa versagte seinem alten politischen Verbündeten die Unterstützung und spielte beim Scheitern des Mißtrauensvotum eine entscheidende Rolle – und bewies Benazir Bhutto damit zugleich seinen Einfluß und seine Loyalität.

Onkel Asad wollte mich zur Rückkehr überreden: »In der ganzen schweren Zeit hast du zu ihm gehalten. Jetzt ist der Augenblick gekommen, wo du die Früchte deiner Mühen ernten kannst. Sei nicht dumm. Um deiner Kinder willen, kehr zurück zu ihm. Das Schlimmste ist vorüber.«

Aber ebenso wie es mir unmöglich gewesen war, einen gestürzten, um seine Freiheit kämpfenden Mann zu verlassen, war es mir nun nicht möglich, zu einem freien Mann zurückzukehren, der auf dem Weg zur höchsten politischen Macht war. Ich konnte die Rückkehr in eine Ehe, in der alles verloren war, nicht rechtfertigen. Ich hielt mich daran, was mir mein Herz riet, während alle um mich herum versuchten, mich davon abzubringen.

Onkel Asad wollte gern bei den bevorstehenden Nachwahlen auf der Liste der Pakistanischen Volkspartei kandidieren, und deswegen war es ihm sehr peinlich, daß irgend jemand aus seinem Zweig der Familie mir gegen Mustafa Recht gab. Als alle anderen Methoden versagt hatten, befahl er seiner Schwester, meiner Tante Samar, mich aus ihrem Haus zu weisen.

»Sie kann doch zu den Verwandten ihres Vater gehen«, sagte er, »wirf sie bloß bitte sofort raus.« Aber Onkel Akhtar beugte sich nicht. »Ich werde dir ein Hotelzimmer buchen«, bot Onkel Asad an. »Ich will nicht, daß meine Familie jetzt in irgendeiner Weise mit dir in Verbindung gebracht wird.«

»Ich bin nicht darauf angewiesen, daß du mir einen Gefallen tust«, gab ich zurück. »Du vertrittst genau die Mentalität, die die Frauen verkrüppelt. Eben hast du den Grund genannt, der Frauen zu schlechten Ehen verdammt. Deine Haltung finde ich ehrlos.« Und dann setzte ich mit Entschiedenheit hinzu: »Diese Runde geht an dich, aber laß dir gesagt sein, daß ich am Schluß Sieger bleiben werde.«

Ich beschloß, meine Gastgeber nicht länger in Verlegenheit zu bringen. Für einige Wochen zog ich in das Haus eines anderen Onkels um. Während dieser Zeit kam Mustafa vorbei, um mit mir eine ernsthafte Unterhaltung zu führen. Unter vier Augen, nur mit mir, seinem eigenen Gewissen und Gott als Zeugen, gestand er schließlich die Wahrheit über Adila. Er sagte, der Teufel habe von ihm Besitz ergriffen, die Wollust habe ihn überwältigt. Er weinte und bat mich um Vergebung. »Das war Gottes Prüfung, ob meine Reue im Gefängnis aufrichtig war.«

»Ich habe dir vergeben«, sagte ich.

»Dann kehr zu mir zurück«, sagte er sofort.

Mir wurde deutlich, wie leicht es ihm immer gefallen war, das ganze Durcheinander, das er verursachte, als ungeschehen anzusehen. Es war immer dasselbe Muster: Er entschuldigte sich, ich verzieh ihm, und dann konnte er mit weißer Weste wieder neu anfangen. Aber seine Verbrechen türmten sich in meinem Herzen bereits zu einem ansehnlichen Berg, und für noch mehr war kein Platz. »Ich werde nie zu dir zurückkehren«, schwor ich ihm, »was auch immer geschieht.«

Ich versank rasch und tief in dem Chaos, das meine Familie und Mustafa geschaffen hatten – bis zu dem Tag, an dem sie plötzlich alle nicht mehr wichtig für mich waren und ich die innere Kraft fand, für mich selbst zu kämpfen. Es war klar, daß niemand sonst das tun würde.

An *ashura* (dem zehnten Tag des islamischen Jahres, dem Gedenktag der Tragödie von Kerbela, als der Enkel des Propheten, Imam Husain, und seine Familie durch den tyrannischen Kalifen Yazid brutal ermordet wurden) rief ich meine Mutter an und sagte: »Du sollst wissen, daß ich diese Schlacht nun Gott überlassen habe. Der Islam verlangt nicht, daß die Kinder allein die Verantwortung für Liebe und Pflichterfüllung zu tragen haben, wenn die Eltern ihnen schweres Unrecht zufügen. Der Islam bekämpft die Ungerechtigkeit. Wenn du auf der richtigen Seite stehst, wirst du rein aus der Sache hervorgehen. Wenn nicht, werde ich mich aus dem Grab erheben, das ihr für mich gegraben habt. Ich verfluche alle, die mir Unrecht getan haben, und ich werde zu Gott beten, mich zu rächen, wie Er Imam Husain an Yazid gerächt hat.« Ich sagte meinen Eltern, ich wolle sie nicht mehr länger kennen.

Ich rief Mustafa an und erklärte: »Die Verpflichtung, die mein Vater dir gegenüber eingegangen ist, ist widerrufen. Ich kenne keinen Herrn Durrani mehr. Ich habe meine Familie verstoßen. Alle Vereinbarungen in bezug auf mich, die du mit ihnen getroffen hast, sind null und nichtig.«

Ein Vetter stellte mir für einen Monat seine Wohnung zur Verfügung, als er verreist war, und so zog ich wieder um und fühlte mich langsam wie eine Streunerin. In der Wohnung gab es kein Telefon, und ich hatte kein Fahrzeug. Shugufta hatte die Intrigen und Ungerechtigkeiten meiner Mutter und meiner Schwester Adila gegen mich beobachtet; nun stieg sie in den Zug, ließ alles, was ihr gehörte, zurück und kam wieder zu mir und Hamza. Als sie an der Tür klingelte, waren Hamza und ich einen Moment lang sprachlos, dann fielen wir uns um den Hals und weinten. Hamza schöpfte neuen Lebensmut, und ich merkte, daß einen zwar manchmal die eigene Familie im Stich läßt, aber eine arme Hausangestellte Partei für einen ergreift und um der Gerechtigkeit willen sogar auf ein bequemes Leben verzichtet.

Zarminas Schwiegervater, Onkel Sadiq, war schockiert, als er von meiner finanziellen Situation erfuhr, und sandte mir zehntausend Rupien. Ich hockte auf meiner Gebetsmatte, weinte und entbot wie eine Bettlerin Dankgebete für sein Mitleid. Man berichtete mir von Matloobs Beschuldigungen gegen mich: Ich würde Adila, seine unschuldige Ehefrau, durch mein Verhalten in Schwierigkeiten bringen. Meine gesamte Familie distanzierte sich von dieser Angelegenheit, die sie als eine »zu gefährliche und kostenintensive Beziehung« bezeichnete. Meine Mutter war wütend auf mich, und der Rest meiner Familie hatte sich ihrer Gemütsverfassung zwangsläufig anzupassen.

Ich fühlte mich ausgelaugt, konnte es mir aber noch nicht leisten, mich auszuruhen. Ich steckte immer noch im dichtesten Getümmel einer Schlacht, die schon fast vierzehn Jahre währte – vielleicht sogar mein ganzes Leben lang.

Seit meiner Scheidung waren zwei Monate vergangen, als ich über Onkel Sadiq Mustafa aufforderte, mein Haus in Lahore zu räumen. Mustafa war klar, daß er in keiner starken Position war, da ich den Handel, den mein Vater arrangiert hatte, mit Erfolg anfechten konnte, also versuchte er zu feilschen. Er sagte, das Haus in Lahore überlasse er mir nur im Gegenzug für unsere Besitztümer in England. Doch im Lauf der Jahre hatte ich einiges von ihm gelernt, und so spielte ich sein Spiel: Ich unterschrieb eine Handlungsvollmacht und stimmte der Übertragung unseres Besitzes in Großbritannien auf Mustafa zu. Da aber nicht mehr ausreichend Zeit war, die Papiere in der britischen Botschaft beglaubigen zu lassen, und weil sie ohne Beglaubigung vor keinem englischen Gericht Bestand haben würden, bat ich Onkel Sadiq, für meine Verpflichtungserklärung als Bürge einzutreten. »An die Zusage ihres Vaters hat sie sich auch nicht gehalten«, sagte er mißtrauisch zu Onkel Sadiq, »dann wird sie auch nicht zu deiner stehen.«

Ich erwiderte: »Du weißt genau, daß ich Zarmina nie in eine peinliche Lage bringen werde. Wenn ich mir nicht sicher wäre, daß ich diese Verpflichtung einhalte, hätte ich niemals Zarminas Schwiegervater mit hineingezogen.«

Onkel Sadiq sagte Mustafa seine vollständige Unterstützung für den Fall meines Rücktritts von der Vereinbarung zu. »Diesmal bin ich mit dabei«, sagte er. »Ich werde nicht zulassen, daß sie mir Schande macht.« Auch Zarmina und Riaz bestätigten Onkel Sadiqs Bürgschaft, so daß Mustafa schließlich überzeugt war und zustimmte.

Mustafa zog in unser großes altes Haus am Kanal um, und ich hatte mein Heim wieder zurück.

Als ich durch die Tür trat, bemerkte ich, wie sehr ich die rustikale Inneneinrichtung liebte. Ich spürte endlich wieder die Sicherheit eines eigenen Dachs über dem Kopf. Hamza, Zarmina, Shugufta und ich schauten uns begeistert um.

Zwar war Mustafa selbst in diesem Haus nicht mehr zu sehen, aber seine Anwesenheit war noch stark spürbar. Ich vermißte Dai Ayesha und meine Kinder.

◇

Die *idda*-Zeit (die dreimonatige Wartezeit vor der Scheidung) war vorüber, die Scheidung war endgültig und rechtskräftig.

Meine Kinder fühlten sich bei ihrem Vater nicht mehr wohl. Mustafa setzte alles daran, sie gegen mich einzunehmen, weil ich ihr Zuhause zerstört und ihn verleumdet und schlechtgemacht hätte, und dadurch auch sie.

Unsere Besuchsregelung legte er immer enger aus. Wenn die Kinder zu mir kamen, stand eine Wache draußen an der Pforte, damit keine anderen Besucher hineinkonnten. Eins von Mustafas Dienstmädchen war abgestellt, die ganze Zeit bei uns zu sitzen und über unsere Gespräche Bericht zu erstatten.

Dieser Druck war den Kindern anzumerken, und es brach mir das Herz, daß sie immer noch in dem Gefängnis ausharren mußten, dem ich entflohen war. Mustafa benutzte die Kinder als Werkzeug, um mich an die Kette zu legen. Diese Fessel wollte ich unbedingt abschütteln. Aber wie? Auf diese Frage hatte ich noch keine Antwort.

Außerdem besaß ich nur wenig Geld, und dieses wenige Geld wurde für Essen gebraucht. Shugufta arbeitete viele Monate lang ohne Gehalt; außerdem lieh sie bei ihren Verwandten Geld, als wir dringend welches benötigten.

Mit Hilfe verschiedener Freunde versuchte ich Mustafa klarzumachen, daß die Kinder ihre Mutter brauchten und daß wir versuchen müßten, für sie eine normale Umgebung zu schaffen. »Bitte, gib ihnen die Chance für ein besseres Leben«, bat ich. Aber Mustafa blieb starr. Seine Macht über mich hatte er gerade aufgeben müssen, aber zumindest die über seine Kinder wollte er behalten.

Durch das verdächtige Verhalten seiner Frau wachsam geworden, zapfte Matloob seinen eigenen Telefonanschluß an und schnitt stundenlange belastende und eindeutige Gespräche zwischen Mustafa und Adila mit. Dann fuhr mein Schwager ziellos durch Karachi und hörte die Bänder auf dem Cassettengerät in seinem Auto ab. Er wartete ab, bis unsere Mutter aus London zurückkam, und als er sie zusammen mit Adila vom Flugplatz nach Hause gebracht hatte, spielte er den beiden entsetzten Frauen diese Bänder vor. Schließlich kam er dann, versehen mit den Beweisen für den Ehebruch, nach Lahore und ließ auch mich und andere Verwandte die Bänder hören. Das war nun der endgültige Beweis für meine geistige Gesundheit.

Matloob hatte selbst die Einstellung eines Feudalherrn, und die Sitte hätte ihm geboten, zur Wiederherstellung seiner Ehre ein schreckliches Verbrechen aus Leidenschaft zu begehen. Aber statt dessen zeigte er eine fortschrittliche Haltung und reichte erstmals in der Geschichte Pakistans eine Klage ein, in der ein einflußreicher Feudalherr einen anderen Mann aus seiner Klasse des Ehebruchs bezichtigte. So etwas ereignete sich in unserer Gesellschaft tagtäglich – und alle wußten das –, aber noch nie hatte jemand das ans Tageslicht gebracht. Um eine Verhaftung zu vermeiden, schickten unsere Eltern Adila sofort in ihr Haus in London, bis sich der Sturm im Blätterwald gelegt hätte.

Leider war der Zeitpunkt der Anzeige schlecht gewählt. Mustafas Hilfstruppen behaupteten, die Klage sei ein schmutziger Trick, um den Löwen vom Punjab zu verleumden, mitten in seiner Kampagne gegen Nawaz. Sie erörterten öffentlich die Frage, wie hoch wohl das Schmiergeld gewesen sei, daß Matloob von Mustafas politischen Gegnern bekommen hätte. Mustafa gab eine Stellungnahme ab, in der es hieß: »Nun werde ich meinen Gegner bekämpfen wie ein verletzter Löwe. Ich bin gefährlicher als je zuvor.« Jeder Richter hätte einen armen Mann für ein Verbrechen dieser Art sofort ins Gefängnis gesteckt, aber Mustafa blieb gegen Zahlung einer Kaution auf freiem Fuß, ein Umstand, der in Pakistan einem Freispruch gleichkommt. Mustafa, der Held, wurde auf den Schultern Parolen skandierender Führer und Mitarbeiter der Pakistanischen Volkspartei aus dem Gerichtssaal getragen.

◇

Die Pakistanische Volkspartei gewann die Nachwahl, und Mustafa konnte sich dies als Verdienst auf seine Fahnen schreiben. Als nächsten Schritt gab er seinen Sitz in der Nationalversammlung auf, um für einen frei gewordenen Sitz im Provinzparlament zu kandidieren; er wollte in die Provinzversammlung im Punjab und Nawaz dort stellen. Sein Ziel war, Regierungschef im Punjab unter einer Regierung der Pakistanischen Volkspartei zu werden.

Ich war nun sozial und politisch geächtet. Menschen, die ich früher für integer gehalten hatte, wollten mich nicht mehr kennen. Mich schauderte beim Gedanken an die Lage, in die eine Frau nach der Scheidung gerät – besonders, wenn ihr ehemaliger Mann eine Person des öffentlichen Lebens ist. Ich verstand zunehmend besser, warum Frauen häufig der Mut zur Trennung fehlt. Immer stärker litt ich selbst unter einem demütigenden Mangel an Selbstvertrauen und Selbstwertgefühl. Doch auch wenn ich oft nachts im Bett weinte, den Tag hielt ich mit Entschlossenheit durch.

Auf dem Höhepunkt seiner politischen Laufbahn, als er nahezu ohne Gegenstimme als einzige Alternative zum Regierungschef des Punjab galt – einem Regierungschef, der sehr fest im Sattel saß –, gab Mustafa plötzlich seine siebte Eheschließung bekannt; die Braut war eine zweiundzwanzigjährige geschiedene Frau, die er erst seit einem Monat kannte. Den Medien gegenüber ging er in die Offensive und besaß die Dreistigkeit, seine zahlreichen Ehen mit denen des Propheten Mohammed zu vergleichen.

Ich schüttelte ungläubig den Kopf, als er mir sagte: »Sie liebt mich mehr, als du mich geliebt hast.« Seine Oberflächlichkeit erschütterte mich, denn ich hatte ihn geliebt, trotz seiner Fehler. Und seine neue Frau kannte ihn noch nicht einmal.

Ich führte mir seinen politischen Wankelmut vor Augen: Er hatte Bhutto im Stich gelassen, war ins Exil gegangen, hatte seinen Deal mit den Generälen verleugnet, mit dem indischen Geheimdienst geflirtet, ein Komplott gegen die bewaffneten Streitkräfte seines eigenen Landes geschmiedet – um dann später mit ihnen Kompromisse einzugehen –, war über Benazir Bhuttos Beliebtheit beleidigt und hatte eine Fülle weiterer politischer Hinterhältigkeiten begangen. All das versteckte er hinter seiner hohlen Rhetorik und seinem Charisma. Was andere für Intelligenz und Einsicht hielten, war nichts als Berechnung und Gerissenheit. Hätte er im Exil oder im Gefängnis ausgehalten, ohne seine Prinzipien zu verraten, wäre ich vielleicht bei ihm geblieben. Aber ich hatte zu oft erlebt, wie er um der Macht willen seine Ideale benutzt hatte, um Leichtgläubige damit zu ködern.

Allmählich verstand ich, daß der Mustafa Khar, für den ich mich engagiert hatte, nur in meiner Vorstellung existiert hatte. Ich hatte ihn so wahrgenommen, daß er meinen eigenen Idealen entsprach. In der Wirklichkeit hatte es ihn nie gegeben.

Mustafa lud mich zum Mittagessen ein und wollte mit mir besprechen, welche Auswirkungen seine neue Ehe auf unsere Kinder hätte. Als ich durch das Tor seines teuren Hauses ging, das auf einem großen Grundstück in einem exklusiven Stadtviertel gelegen war, dachte ich an all die Träume, die wir um dieses Haus geträumt hatten. Nachdem wir ins Exil gegangen waren, hatten die Militärs es beschlagnahmt, und es war ziemlich verwahrlost. Anläßlich von Mustafas Freilassung hatte ich es wieder instand setzen lassen. Jetzt erinnerte ich mich an das Versprechen, das wir einander gegeben hatten: in unserem kleinen Haus wohnen zu bleiben. Auch dieses Gelöbnis hatte er gebrochen, wie so viele andere.

Mustafa war mächtig und frei. Er hatte sechzehn Hausbedienstete, er hatte seinen Wohlstand wiedererlangt, und seine politische Position war gefestigter denn je. Er war die zweitstärkste Kraft in der Pakistanischen Volkspartei. Ich hatte alles verloren – selbst die Kinder. Ich ging durch die Korridore meines früheren Heims und merkte, daß er mir wirklich alles weggenommen hatte. Das war der Unterschied zwischen Mann und Frau.

Als ich eintraf, sprach er gerade am Telefon mit Benazir Bhuttos Ehemann Asif Zardari. Er riß einen Witz und lachte. Nach dem Telefongespräch orderte er das Essen. Eine Zeitlang machten wir politischen Small talk.

Ich fragte: »Mustafa, merkst du eigentlich, daß du mir alles genommen hast – vierzehn Jahre meines Lebens, meine Familie, meine Kinder, meine Jugend und alles, woran ich geglaubt habe? Ich muß wieder ganz von vorn anfangen.« Er hörte genau zu, als ich fortfuhr: »Ich weiß nicht, was ich machen soll. Vielleicht kann ich irgendwo eine Arbeit finden, mich im Wohltätigkeitsbereich engagieren. Was ich gelernt habe und empfinde, will ich nicht verkümmern lassen.«

Er reckte sich und seufzte, dann antwortete er kühl und verächtlich: »Tehmina, nun bist du endgültig ein Nichts. Einst warst du Begum Tehmina Mustafa Khar. Jetzt bist du bloß noch Tehmina Durrani. Wenn du mit Leuten telefonierst, mußt du dich als meine Ex-Ehefrau vorstellen. Du hast keine eigene Identität, niemand kennt dich. Die Leute treffen sich bloß deswegen mit dir, weil sie glauben, du könntest ihnen etwas Interessantes über mich erzählen. Aber dein Vorrat an Geschichten wird bald erschöpft sein, dann hast du überhaupt nichts mehr zu berichten. Und dann wirst du all deine sogenannten Freunde verlieren. Es wird denen mit dir zu langweilig werden. Die Frauen werden dich nicht mehr in ihre Wohnung lassen, weil du eine Bedrohung für ihre Ehe bist. Jetzt denkst du zwar noch, du könntest politisch aktiv werden, aber man wird dich vor verschlossenen Bürotüren stundenlang warten lassen, weil du deinen Namen von meinem getrennt hast.« Ich schluckte meine Tränen hinunter und ließ mir nicht anmerken, wie sehr er mich getroffen hatte.

Als ich abends allein zu Hause war, bohrten sich Mustafas Worte in mein Herz. Ich überdachte mein Leben und versuchte, mir meine Lage klarzumachen: Ich war nicht mehr Mrs. Mustafa Khar. Ich war ausrangiert, ausgespuckt wie abgekautes Zuckerrohr. Er hatte alles getan, um mich zu zerstören, und beinahe wäre es ihm gelungen. Nur noch einige wenige Dosen Mustafa mehr, und mein Geist wäre für immer gestorben. Viele hatten mir vorgeschlagen, seinen Familiennamen beizubehalten, denn unter diesem Namen war ich bekannt. Mich stieß dieser Gedanke ab, und ich wollte mich auf keinen Fall an eine Säule lehnen, die mir über dem Kopf zusammengebrochen war, statt mich zu stützen. Aber wenn ich nicht Mrs. Mustafa Khar war, wer war ich dann? Die Tehmina Durrani meiner Kindheit war für mich zu einer Fremden geworden, diesem verwirrten kleinen Mädchen war ich entwachsen. Zu ihr fand ich keine Beziehung. War in mir drinnen eine neue Tehmina Durrani, älter und trauriger, aber auch klüger?

Allein mit meinen in alle Richtungen strebenden Gedanken, vermutete ich, daß mich das Schicksal zu einem bestimmten Zweck auf diesen mühseligen Pfad geschickt hatte. In unserer Gesellschaft galt es als obszön, wenn eine Frau ihre intimen und persönlichen Geheimnisse an die Öffentlichkeit brachte, aber wäre nicht Schweigen ein noch größeres Verbrechen? Schweigen führt dazu, daß Ungerechtigkeit widerspruchslos geduldet wird, daß sich Unterwürfigkeit ausbreitet und bösartige Heuchelei um sich greift. Auf dem Boden des Schweigens gedeihen Mustafa Khar und ähnlich eingestellte Feudalherren aufs prächtigste und werden immer mehr. Islamische Frauen sollten lernen, ihre Stimme gegen die Ungerechtigkeit zu erheben. Mir schien Politik im klassischen Sinne nicht mehr die passende Antwort.

In Pakistan ist das ganze System darauf angelegt, diejenigen, die ohnehin ausgebeutet werden, fortgesetzt zu benachteiligen. Ich erkannte, daß ich meinem Land und unserem Volk keinen größeren Dienst erweisen konnte, als die Tarnung aufzudecken.

Ich war entschlossen, vierzehn Jahre meines Lebens nicht zu vertun.

Ich beschloß, einen Stein gegen die Heuchelei zu erheben.

Ich beschloß, dieses Buch zu schreiben und das traditionelle Schweigen zu brechen.

Epilog

Da es ihm nicht gelang, Mustafa auf juristischem Weg zur Rechenschaft zu ziehen, wandte sich Matloob in echt feudaler Manier wieder dem Leben zu, das er kannte. Er flog nach London, versöhnte sich mit Adila und leugnete die Existenz der belastenden Tonbänder. Meine Eltern verziehen ihm. Die Versöhnung mit Matloob galt ihnen und Adila als Beweis für deren Unschuld.

◇

Schließlich brachte Mutter den Mut auf und vertraute ihren Kindern an, daß unser Vater alkoholkrank war. Sie sagte, deshalb sei sie gezwungen gewesen, ihn ständig zu beherrschen und zu überwachen. Sie habe so hart sein müssen, um ihn vor der Selbstzerstörung zu bewahren. Wenn das stimmte, konnten wir das Opfer verstehen, das sie für die Familienehre gebracht hatte, aber der Preis war zu hoch. Als sie meinen Vater an eine andere Frau verlor, war sie sechzig Jahre alt, und es war bereits zu spät, die verheerenden Schäden wiedergutzumachen.

Mein Vater unterhält nun zwei Haushalte in Karachi und versucht, mit jeder seiner Ehefrauen gleich viel Zeit zu verbringen.

◇

Die Pakistanische Volkspartei war über Mustafas Entscheidung entrüstet, lieber zu heiraten als »Nawaz fertigzumachen«. Mustafas politischer Stern sank, und eine Zeitlang entschwand er den Augen der Öffentlichkeit.

Benazir Bhuttos gewählte Regierung wurde am 6. August 1990 durch Zia ul-Haqs Protegé, Präsident Ghulam Ishaq

Khan, aufgelöst. Mustafa Jatoi wurde als Übergangspremier Pakistans vereidigt. Ich sah mir die Fernsehberichte an und war traurig angesichts des Todes der Demokratie durch einen zivilen Staatsstreich. Als die Kamera schwenkte, stoppte sie bedrohlich lange bei einem Gesicht. Ich erstarrte. Mustafa Khar wurde als Bundesminister für Wasser- und Energieversorgung vereidigt. Diesmal war er der Pakistanischen Volkspartei in den Rücken gefallen und hatte einen Salto rückwärts zu Jatoi und den IJI-Leuten gemacht.

Er rief mich später an und hielt mir vor: »Tehmina, du hast mir nicht gratuliert.«

Ich erwiderte: »Mustafa, wenn das alles ist, was du wolltest, warum hast du dann nicht gleich mit General Zia ul-Haq zusammengearbeitet? Neun Jahre im Exil und zwei im Gefängnis sind ein zu hoher Preis für ein lächerliches kleines Ministerium in einer Übergangsregierung. Du hast deinen wichtigsten Aktivposten verloren – die Arbeiter der Pakistanischen Volkspartei. Du hast deine Unterstützung und deine Glaubwürdigkeit verloren. Ich glaube, es wäre eher angebracht, dir mein Beileid auszusprechen. Du bist soeben politisch gestorben.«

Der politische Zerfallsprozeß hatte begonnen. Mustafa beging einen politischen Fehler nach dem anderen. Die neuen Wahlen brachten ihm zwar seinen Parlamentssitz zurück, aber sein Gegner Nawaz Sharif wurde anstelle von Jatoi Premierminister. Binnen eines Jahres waren sowohl Mustafa Jatoi als auch Mustafa Khar wieder inmitten jubelnder Mengen zu sehen, sie hatten sich erneut mit Benazir Bhutto zusammengetan, die den langen Marsch nach Islamabad anführte, um die Regierung zu Fall zu bringen und Nawaz zu stürzen.

◇

Schließlich, nachdem Mustafa ein weiterer Sohn geboren worden war, entschloß ich mich zu einem kühnen Schritt. Ich berief eine Pressekonferenz ein und gab bekannt, Mustafa sei ein verantwortungsloser Vater und nicht in der Lage, vier Kinder ohne ihre Mutter großzuziehen. Ich berichtete, daß ich durch persönliche Verhandlungen versucht hatte, die Rückkehr meiner Kinder zu erreichen, aber all meine Bemühungen, die Sache in aller Ruhe beizulegen, nur dazu geführt hätten, daß Mustafa sein »Gesetz des Dschungels« durchsetzte. Nun ging ich in dieser Angelegenheit in die Offensive und war bereit, das Sorgerecht für die Kinder im Kampf gegen ihn durchzusetzen, unter den wachsamen Augen der Öffentlichkeit. Faktisch, so erklärte ich, hatte ich das Sorgerecht nun inne.

Ich brachte die Kinder zu mir ins Haus, schloß alle Türen ab, rief Mustafa an und sagte: »Wenn du uns noch einmal in die Quere kommst, werde ich dich bekämpfen, selbst wenn es mein Leben kostet. Inzwischen sollte dir klar sein, daß ich mein Wort halte und meiner Überzeugung folge, koste es, was es wolle.« Er hörte schweigend zu, als ich ihn warnte: »Wenn es zum Kampf kommt, werden ungleiche Gegner aufeinanderprallen, denn ich bin bereit zu sterben, und du willst um jeden Preis leben.«

Mustafa zog sich vom Schlachtfeld zurück. Wir hörten sechs Monate lang nichts mehr voneinander. Dann rief er an und akzeptierte ohne Widerworte ein Besuchsrecht. Die Kinder nahmen wieder herzliche Beziehungen zu ihrem Vater auf. Mustafa hat heute zwei kleine Söhne, um die sich nach wie vor die arme Dai Ayesha kümmert, der er nicht erlaubt, uns zu besuchen.

◇

Ich weigerte mich, meiner Verpflichtung gegenüber Onkel Sadiq nachzukommen, und dieser verstand die Schwierigkeiten, die ich zu bewältigen hatte, um die Kinder ohne Unterhaltszahlungen und ohne eigenes Einkommen aufzuziehen. Mustafa mußte einwilligen, als mein Anwalt aus London ihm eine außergerichtliche Regelung anbot. Widerspruchslos übertrug er das Apartment in London auf meinen Namen, während ich im Gegenzug das Landhaus auf seinen umschreiben ließ.

◇

Meine älteste Tochter Tanya schloß in den Vereinigten Staaten die Highschool ab und kehrte nach Pakistan zurück. Endlich konnte ich sie in meinem Haus willkommen heißen. Inzwischen lebt sie mit uns zusammen, als sei sie niemals weg gewesen. Sie ist eine begabte Künstlerin und würde gerne die Laufbahn einer Grafikdesignerin einschlagen.

Naseeba ist eine vielversprechende Nachwuchspolitikerin. Sie plant, in Mustafas Wahlkreis für das Parlament zu kandidieren, um die Versprechen zu erfüllen, die ihr Vater den Menschen von Kot Addu gegeben hat. Nisha überlegt, Jura zu studieren und sich für die Armen einzusetzen.

Ali, »mein kleiner Feudalherr«, zeigt eine große Neigung für Mathematik und »Schießen«.

Hamza ist der Sanfte, das Kleinkind und erinnert sich nur noch verschwommen an das Leben mit Mustafa.

Alle fünf Kinder unterstützen meinen Weg ausdrücklich.

Nuscie und J. J. mit ihren Kindern Nadia und O. J. besuchen uns sehr häufig, wie Mitglieder einer Großfamilie, und versuchen uns dabei zu helfen, eine neue Form des Zusammenlebens in einer anachronistischen Gesellschaft zu gestalten. Sie sind meine stärkste Stütze.

Shugufta ist für mich inzwischen ein richtiges Familienmitglied.

◇

Dieses Buch erschien im Jahr 1990 zuerst in Pakistan. Die ersten Kritiken waren extrem ablehnend. Viele sagten, es sei ein Skandal, einfach Müll, bloß um öffentliche Aufmerksamkeit zu erzielen. Einige nannten es obszön und pornographisch. Trotzdem zweifelte niemand in Pakistan die dargestellten Fakten an. Einige Kritiker spekulierten, ich hätte von Mustafas politischem Rivalen, Nawaz Sharif, ein Schmiergeld angenommen. In einem Land, wo die Loyalität des Parlaments so häufig an den Meistbietenden verschachert wird, kann ich niemandem, der so etwas glaubt, daraus einen Vorwurf machen.

Mein Vater teilte der Presse schriftlich mit, er habe mich

verstoßen und enterbt. Er untersagte mir, seinen Namen zu führen. Diese Stellungnahme beantwortete ich mit einer eigenen Presseerklärung, in der ich meine Enterbung akzeptierte als die natürliche Folge unkonventionellen Verhaltens. In dieser Isolation liegt der Grund für das Schweigen der Frauen in unserer Gesellschaft. Aber ich weigerte mich, meinen Namen aufzugeben. Seither haben meine Eltern mit mir weder gesprochen noch mich gesehen. Auch die meisten meiner anderen Familienmitglieder sind aus meinem Leben verschwunden. Die einzigen, die während dieser Zeit meiner Not fest zu mir hielten, sind meine Schwestern Zarmina und Minoo und ihre Ehemänner Riaz und Ali sowie meine Cousine Bina und ihr Ehemann Aslam Quraishi.

Nach dem Erscheinen des Buches wurde in zwei Fällen Anklage gegen mich erhoben. Im ersten Fall ging es um Landesverrat wegen meiner Beihilfe bei Mustafas Kontakten zu indischen Geheimdienstagenten. Diese Anklage verursachte allerhand Partyklatsch, blieb aber folgenlos. Ich wurde nicht einmal von Untersuchungsrichtern der Regierung verhört, und Mustafa, der viel tiefer in diese Sache verstrickt war, blieb Parlamentsmitglied. Bei der anderen Anklage ging es um Ehebruch. Nach der *hudud*-Vorschrift kann dieses Delikt mit Tod durch Steinigung bestraft werden; aber bis jetzt war niemand gewillt, den ersten Stein zu werfen.

Allmählich trat die negative Presseresonanz in den Hintergrund, und mein Bericht wurde mehr und mehr in dem Sinne aufgenommen, den ich beabsichtigt hatte: als Einblick in die soziopolitische Unordnung in unserer Gesellschaft. Ich galt zwar noch als Außenseiterin, wurde aber wieder akzeptiert. Mein Name ist inzwischen in Pakistan weithin bekannt; feudal eingestellte Ehemänner benutzen ihn, wenn sie ihre rebellischen Ehefrauen schelten: »Versuch nicht, Tehmina zu sein.«

Als in einer knappen Zeitungsmeldung die bevorstehende internationale Veröffentlichung von »Mein Herr und Gebieter« bekanntgegeben wurde, rief Mustafa mich an. Er war wütend, behielt aber die Beherrschung und fragte: »Was ist das für ein Unsinn, den ich da über das Buch höre?«

Ich konnte nicht umhin, ihn an unsere Unterhaltung zu erinnern, als er gesagt hatte, ich hätte keine eigene Identität und müsse mich überall als Mustafa Khars Ex-Ehefrau vorstellen. Ich sagte: »Mustafa, bald wird dich die ganze Welt nur noch als den Ex-Ehemann von Tehmina Durrani kennen.«

Anhang

Familienverhältnisse in Mein Herr und Gebieter

Tehmina Durrani
* 18. 2. 1953

Vater:	Shakirulla Durrani, Leiter der Staatsbank, Pathane		
Mutter:	Samina aus der Hayat-Familie, Khattar-Stamm		
Schwestern:	Rubina	dunkelhäutig	
	Minoo	hellhäutig	Fotografin
	Zarmina	dunkelhäutig	Modeschöpferin
	Adila	hellhäutig	
Bruder:	Asim	hellhäutig	

1. Ehe mit Annees Khan 1971
2. Ehe mit Mustafa Khar vom Kharral-Stamm, geschlossen am 25. 7. 1976

Kinder:	Tanya	* 1973 (aus 1. Ehe)
	Naseeba	* 29. 7. 77
	Nisha	* 27. 12. 79
	Ali	* 23. 1. 81
	Hamza	* 85/86

Die (bisher . . .) sieben Ehen Mustafa Khars:

1. Frau:	Wazir
	Sohn Abdur Rehman
2. Frau	Firdaus
	Sohn Billoo
3. Frau	Safia
	Sohn Bilal
4. Frau	Naubahar
5. Frau	Shahrazad »Sherry«
	Tochter Amna
6. Frau	Tehmina Durrani
	zwei Töchter, zwei Söhne
7. Frau	?
	zwei Söhne

Daten zur politischen Entwicklung in Pakistan, Indien und Bangladesh 1947–1990

Jahr	*Pakistan*	*Indien*
1947	Mit Duldung d. Regierung dringen islamische Krieger nach Kaschmir ein. Als d. Maharadscha seinen Staat d. Indischen Union anschließt, Einsatz ind. Luftlandetruppen. UNO-Resolution zu Kaschmir erfolglos.	Verfg. Vers.: Fürsten werden ur ter Garantie v. Privilegien u. Ap nagen zur Aufgabe souveräner Rechte bewegt. Konflikte um H derabad, Junagad u. Kaschmir.
1948	Nach dem Tod d. Staatsgründers Mohammed Ali Jinnah innenpol. Unsicherheit u. rasch wechselnde Reg. Gegensatz Ost-/Westpakistan zeichnet sich ab. Reguläre pakist. Gruppen greifen in Kaschmir ein.	30. 1. Ermordung v. Mahatma Gandhi durch Hindu-Fanatiker 17. 9. Einmarsch ind. Truppen i Hyderabad. Nehru erklärt Bündnisfreiheit.
1949	1. 1. Durch UNO-Vermittlung Waffenstillstand, der Volksabstimmur für Kaschmir vorsieht. Streit um Verfahrensfragen: Kaschmir bleibt geteilt in »Azad Kashmir« (»Freies K.«) und »Jammu und Kaschmi (ind.).	
		26. 11. Indien konstituiert sich a Republik.
1950		26. 1. Ind. Verf. tritt in Kraft. (Off. Ende d. brit. Oberhoheit)
1951	Erneute Spannungen um Kaschmir.	Wahlen: Nationalkongreß Zweidrittelmehrheit.
1953	Pakistan erkennt sog. Durand-Linie nicht an (v. d. Briten festgelegte Grenze zw. P. u. A.)	Aug.: Sturz u. Verhaftung d. kaschm. Min.Präs. Scheich Abdullah.

Harry Truman Präs. d. USA.
Beginn d. Indochinakriegs gegen Frankreich.
Bürgerkrieg in China.
Marshall-Plan f. Europa.

April: Gründung d. NATO.
1. 10. Mao ruft in Peking die VR China aus.

Chin. Truppen besetzen Tibet.
Juni: Krieg in Korea (bis 1953).

Verstaatlichung d. Anglo-Iran. Ölges. im Iran.

20. 1. Dwight D. Eisenhower Präs. d. USA.
5. 3. Tod Stalins.
Waffenstillstand in Korea.
Iran: Min.Präs. Mossadegh wird gestürzt.
Sept.: Nikita Chruschtschow ZK-Sekretär d. KPdSU.

Jahr	*Pakistan*	*Indien*
1954		Chin.-Ind. Freundsch. Vertr. Delhi verzichtet auf Interessen i Tibet.
1955	Zweite Vergf. Versammlung. Verschärfung d. Spannung Ost-/Westpakistan.	Neuordnung d. Bundesstaaten.
1956	23. 3. Islamische Republik Pakistan. Aber weiterhin prov. Regierung, keine Wahlen.	
1957		
1958	Okt.: Kriegsrecht. Generalstabschef Mohammed Ayub Khan als Hauptkriegsrechtsverwalter. Nach Rücktritt v. Präs. Iskander Mirza auch Staatspräs. Stabilisierung im Innern; ausgewogene Außenpolitik.	
1959		März: Dalai Lama flüchtet nach Indien.
1960		
1961	Neue Verf.: Gleichberechtigung d. beiden Teile Pakistans.	Ind. Truppen marschieren in Go ein.
1962		Okt.: Ind.-chin. Krieg. Im NO weite Gebiete v. chin. Truppen besetzt; Stellung Nehrus angeschlagen.

7. 5. Fall d. frz. Festung Dien-Bien-Phu. Teilung Vietnams: Ngo-Dinh-Diem im Süden, Ho Chi-minh im Norden.
8. 9. Gründung d. SEATO.

April: Bandung-Konferenz d. Staats- u. Reg.Chefs v. 29 Ländern d. dritten Welt. Prowestl. Kurs d. Schah v. Iran.
14. 5. Warschauer Pakt.

Febr.: 20. Parteitag d. KPdSU. Chruschtschows Geheimrede.
Okt.: Aufstand in Ungarn u. Suezkrise.

USA entschließen sich zur verstärkten Zusammenarbeit mit Staaten d. Nahen Ostens.

Sept.: Chruschtschow besucht die USA.

Abschuß der U 2.

20. 1. John F. Kennedy Präs. d. USA. Iran: Schah will wachsende polit. u. soz. Unzufriedenheit durch Reformen auffangen. Aufteilung v. Krongütern an Bauern.
Aug.: Bau der Mauer in Berlin.

Okt.: Kuba-Krise.
US-Militärberater in Vietnam.

Jahr	*Pakistan*	*Indien*
1963		
1964		Freilassung d. kaschm. Nation- helden Scheich Abdullah. Ver- söhnungsversuch mit Pakistan. 27. 5. Tod Nehrus. Lal Bahadu Schastri Min.Präs.
1965	Ayub Khan in freien Wahlen als Präs. bestätigt. 6.–23. 9. Krieg um Kaschmir.	Unruhen in Südindien. Sprach- streit Hindi/Drawidisch. Verbannung Scheich Abdullah nach Südindien.
1966	Jan.: Indo-pak. Friedenskonferenz in Taschkent.	11. 1. Schastri stirbt in Taschk Indira Gandhi Min.Präs. Probleme mit Nahrungsmittel- versorgung.
1967		Stimmenverluste d. Kongreß- partei. Mit Zakir Husain erstmals ein Moslem Präsident.
1968		Der seit d. Krieg mit China bestehende Ausnahmezustand aufgehoben.

Iran: Kampf gegen Korruption. Reformen; »Weiße Revolution«; Alphabetisierung; Frauenemanzipation.
Ruhollah Khomeini in d. Irak verbannt.
2. 11. Putsch in Südvietnam. Präs. Diem ermordet.
22. 11. Kennedy in Dallas erschossen.
Lyndon B. Johnson Präs. d. USA.

Iran unterstützt Pakistan gegen Indien.
Aug.: Zwischenfall v. Tonking.
Okt.: Leonid Breschnew ZK-Sekr.

Beginn d. Luftkriegs gegen Nordvietnam.
US-Truppen greifen in d. Kämpfe ein.
Gescheiterter KP-Putsch in Indonesien.
Schrittweise Entmachtung Sukarnos d. Gen. Suharto.

Mai: Beginn d. Kulturrevolution in China.
Aufrüstung Irans z. größten Militärmacht d. Region. Nach Rückzug d. Engländer, US-Berater in d. Golfregion.

Aug.: Einmarsch sowj. Truppen in d. ČSSR.
»Pueblo«-Zwischenfall; Kriegsgefahr in Korea.
Tet-Offensive in Vietnam.
Präs. Johnson verzichtet auf Wiederwahl u. bietet Hanoi Verhandlungen an.

Jahr	*Pakistan*	*Indien*
1969	Wachsende Opposition gegen Ayub Khan, der krank zurücktritt. Gen. Yahya Khan ruft Ausnahmezustand aus u. wird Präs. Versuch einer Dezentralisierung d. Verwaltung.	Innenpol. Unruhen: Bombay, Andhrapradesh u. Bengalen. Nach Tod v. Präs. Husein u. Spannungen mit d. eigenen Pa tei: »Neuer Kongreß« unter In ra Gandhi.
1970	7. 12. Wahlen: Awami-Liga unter Mujibur Rahman wird stärkste Kraft in Ostpakistan (Nationalvers.).	Auflösung d. Parlaments.
1971	Pakistanische Volkspartei unter Zulfikar Ali Bhutto in Westpakistan: Boykottiert Einberufung d. Nationalvers. Bengal. Nationalistenführer Mujibur Rahman fordert Unabhängigkeit. März: Armee soll Lösung v. Ostpakistan aus d. Staatsverband verhindern. Dez.: Flüchtlingsstrom nach Indien hat Einmarsch indischer Truppe in Ostpakistan zur Folge. 16. 12. Kapitulation d. pak. Truppen. 27. 12. Yahya Khan tritt zurück. Bhutto wird Staatspräs.	Neuwahlen. Indira Gandhi schließt Freundschaftsvertrag m d. UdSSR. Abschaffung d. Fürstenprivilegien.
1972	Austritt aus d. Commonwealth of Nations.	Juni: Indira Gandhi und Präs. Bhutto treffen sich zu Friedensverhandl. in Simla
1973	Blutige Unruhen in NW-Pakistan u. Belutschistan. 12. 4. Bhutto unterzeichnet neue Verfassung: Zweikammersystem. Islam wird Staatsreligion. Bhutto Prem.Min.	Verstaatlichung d. Weizenhandels. Lebensmittelverknappung Inflation. Wachsende innere Unruhen.

ngladesh	*Vergleichsdaten*
	20. 1. Richard M. Nixon Präs. d. USA; Außenmin. Henry Kissinger. Konflikt Iran/Irak um Schatt al-Arab. März: Kämpfe zwischen chin. und sowj. Truppen am Ussuri. 20. 7. Landung auf d. Mond. Nov.: Bekanntwerden d. Massakers v. My Lai; Massendemonstrationen gegen Vietnamkrieg.
tkatastrophe in Ostbengalen.	April: US-Truppen in Kambodscha. Sturz Sihanouks, Bildung einer kamb. Exil-Reg. in Peking.
3. Mujibur Rahman verhaftet; seinem Namen proklamiert ajor Ziaur Rahman am 26. 3. unabhängige Volksrepublik ngladesh. Beginn des bewaffne- Volksaufstands.	Juli: v. Pakistan vermittelter Überraschungsbesuch Henry Kissingers in Peking; Beginn d. chin.-amerik. Rapprochements.
ckkehr Mujibs aus pakist. haft. ngladesh wird Mitglied d. mmonwealth.	Febr.: Präs. Nixon in China.
ujibur Rahman gelingt es nicht, enpolitische Schwierigkeiten lösen. Wirtschaft bricht sammen.	27. 1. Waffenstillstandsabkommen f. Vietnam. 29. 3. Der letzte US-Soldat verläßt Vietnam. Mai: Watergate-Affäre. Breschnew in d. USA. 1. 7. Berufsheer in USA.

Jahr	*Pakistan*	*Indien*
1974	22. 2. Pakistan erkennt Bangladesh an.	Unruhen in Gujarat. Studente unruhen in ganz Indien. Zündu d. ersten v. Indern entwickelte nuklearen Sprengsatzes.
1975		Febr.: Versöhnung Indira Gandhis mit Scheich Abdullah u. Rückkehr d. Verbannten als Ch min. nach Kaschmir. Start d. ersten ind. Satelliten in UdSSR. Annexion d. Kg.reichs Sikkim. 12. 6. Indira Gandhi v. Gericht Allahabad wg. korrupter Prakt ken im Wahlkampf verurteilt; v Oberstem Gericht bestätigt. 26. 6. Indira Gandhi proklami d. Notstand u. läßt alle Oppositionsführer verhaften.
1976		
1977	März: Bhuttos Volkspartei erringt überwältigenden Wahlsieg. Volksaufstand d. Opposition wg. angebl. Wahlbetrugs. Gen.stabschef Zia ul-Haq gelangt am 5. 7. durch unblutigen Staatsstreich an die Macht.	März: Wahlen. Indira Gandhi verliert ihren Parlamentssitz. Janata-Partei unter Moraji Des stellt d. Regierung.
1978	Kriegsrecht. Prozeß gegen Bhutto. Todesurteil. 16. 9. Zia ul-Haq auch Staatspräs. Einführung d. Scharia.	»Indira-Kongreß« spaltet sich »Neuen Kongreß« ab. 5. 11. Indira Gandhi kehrt ins Parlament zurück, im Dez. abe zu 1 Woche Haft verurteilt. Verliert ihren Sitz erneut. Janata-Partei wirtschaftet imme mehr ab.

ngladesh	*Vergleichsdaten*
hwere Flutkatastrophe.	Mai: Impeachment-Verf. gegen Präs. Nixon. 9. 8. Rücktritt. Gerald R. Ford Präs. d. USA.
rf. Änderung: Mujibur erhält umschränkte Vollmachten. ntfremdung der Armee. . 8. Staatsstreich. Mujibur u. ine Familie werden ermordet. achfolger: Khondakar Mushtag nmed, später Abu Sadat ohammed Sayem.	Iran: Institutionalisierung d. Einparteiensystems. Wachsende Opposition gegen d. Schah-Regime.
yems Berater Gen. Ziaur ahman erringt die Macht.	7. 1. Tod Chou En-lais. März: US-Militärbasen in Thailand geschlossen. Mai: Ford u. Breschnew unterzeichnen in Moskau Atomkontrollabkommen. 8. 9. Tod Mao Tse-tungs.
	20. 1. Jimmy Carter Präs. d. USA. Juli: Deng Xiaoping rehabilitiert. Schahpur Bakhtiar fordert Ende d. Schah-Diktatur. Schiitische Geistlichkeit wendet sich Khomeini zu, der aus Paris agitiert.
aur Rahman durch Volksabimmung als Präs. bestätigt. bkommen mit Indien über Verilung d. Ganges-Wassers. orsichtige Hinwendung z. emokratie.	Iran: Blutige Unruhen in Ghom. Kriegsrecht. Generalstreik. Schwerstes Erdbeben in d. Geschichte Persiens. Sept.: Sadat u. Begin in Camp David. Nov.: Khomeini u. d. Nationale Front gründen in Paris Iranisch-Islamische Nationalbewegung.

Jahr	*Pakistan*	*Indien*
1979	4. 4. Hinrichtung Bhuttos. Blutig unterdrückte Unruhen. Wahlen auf unbestimmte Zeit verschoben.	Desai tritt zurück. Übergangsre unter Charan Singh.
1980	Jan.: Konf. d. Außenmin. v. 36 islam. Staaten in Karachi, die sowj. Überfall auf Afghanistan verurteilen. Pakistan bringt fortan für d. »Islamische Konferenz« auf allen UN-Vollversammlungen Resolutionen gegen Anwesenheit sowj. Truppen in Afgh. ein, die i. a. 120 gegen 20 Stimmen gebilligt werden. US-Beistandsgarantie, Waffenlieferungen u. US-Wirtschaftshilfe.	Jan.: Indira Gandhi gewinnt Wahlen mit Zweidrittelmehrhei
1981	Dez.: Zia ernennt Pseudo-Parlament »Majlis-e-Shoora«, dem nur beratende Funktionen zugestanden werden.	Unruhen in Assam. Im Punjab fordern Sikhs autono men Unionsstaat (»Khalistan«)

ngladesh	Vergleichsdaten
ationalpartei gewinnt allg. ahlen.	1. 1. Washington u. Peking nehmen dipl. Beziehungen auf. Januar: Bakhtiar in Teheran m. Reg.bildung betraut. Schah Reza Pahlewi verläßt d. Land. 1. 2. Rückkehr v. Ayatollah Khomeini; Mehdi Bazargan Min.Präs.; Selbstauflösung v. Parlament u. Streitkräften. Bakhtiar flieht. 26. 3. Präs. Sadat unterzeichnet Friedensvertrag mit Israel. 1. 4. Ausrufung d. Islam. Republik Iran. 4. 11. Besetzung d. US-Botschaft in Teheran. Studenten fordern Auslieferung d. Schahs. Bazargan tritt zurück.
	25. 1. Bani Sadr Präs. d. Islam. Rep. Iran. April: Versuch v. Geiselbefreiung. Verhältnis zu USA spitzt sich zu. Mai: Wahlsieg d. streng relig. Islamisch-Republikanischen Partei. 22. 9. Mit d. irakischen Invasion in Khusistan beginnt d. irakisch-iranische Krieg.
). 5. Ermordung v. Präs. Ziaur ahman durch Offiziere. Abdus ıttar Präs.	20. 1. Ronald Reagan Präs. d. USA. Teheran: Freilassung d. Geiseln. Bani Sadr flieht nach Paris. Verstärkung d. US-Wirtschaftssanktionen gegen UdSSR. Libanonkrieg eskaliert. 6. 10. Präs. Anwar as-Sadat v. Ägypten ermordet.

Jahr	*Pakistan*	*Indien*
1982	Erneut Kriegsrecht. 3,5 Mrd. $. US-Hilfe. 15. 6. Beginn d. »indirekten Afghanistan-Gespräche« zwischen d. Außenmin. Kabuls u. Islamabads in Genf.	Jarnail Singh Bhindranwale ru zum Kampf gegen Delhi auf. V schanzt sich im Goldenen Tem v. Amritsar. Sept.: Kaschm. Chefmin. Abdu lah stirbt; sein Sohn Dr. Faruk Abdullah tritt Nachfolge an.
1983	Blutige Unruhen bei Kommunalwahlen in d. Prov. Sindh.	Verluste d. Kongreßpartei bei Regionalwahlen. Unruhen in Assam. »President's Rule« im Punjab.
1984	Dez.: Volksabstimmung über Islamisierungspolitik, die Zia mit einer Bestätigung als Staatspräs. f. weitere 5 Jahre verbindet. Die v. d. Opposition boykottierte Abstimmung erbringt eine angezweifelte Mehrheit f. d. Präs.	5./6. 6. Erstürmung d. Tempels Amritsar d. Unionstruppen. 31. 10. Indira Gandhi ermorde Rajiv Gandhi neuer Min.Präs. Dez.: 8. allind. Parlamentswahlen: Kongreßpartei erringt Dre viertel-Mehrheit.
1985	Febr.: Wahlen unter Ausschluß politischer Parteien. April: Mohammed Khan Junejo zum Prem.Min. d. ersten Zivilregierung seit Bhutto ernannt. Dez.: Aufheb. d. Kriegsrechts.	Attentatsversuch auf Rajiv Gandhi. Krise in d. Kongreßpartei. Kabinettsumbildungen. Aufsta d. Sikh-Extremisten fortgesetzt. Fast tägliche Terroristenanschlä ge u. Morde imm Punjab.
1986	Aug.: Rückkehr v. Benazir Bhutto aus d. Londoner Exil. »Bewegung für die Wiederherstellung der Demokratie« (MRD). Sept.: Spaltung d. Pakistanischen Volkspartei. Ghulam Mustafa Jatoi gründet eine eigene Partei.	Schleichender Verschleiß d. Rajiv-Gandhi-Regierung.

angladesh	*Vergleichsdaten*
4. 3. Militärputsch. Gen.Stabs- ıef Hussain Mohammed Ershad Oberster Kriegsrechts- erwalter«.	
	10. 11. Tod Breschnews.
au eines indischen Grenzzauns ıhrt zu Schwierigkeiten zwischen ıdie u. B.	9. 2. Tod Andropows.
ov.: Opposition verhindert Vahlen durch Boykott-Andro- ung; Gen. Ershad in Volksab- immung als Präs. bestätigt.	10. 3. Tod Tschernenkos. Michail Gorbatschow Gen.Sekr. d. KPdSU, Eduard Schewardnadse Außenmin. Nov.: Präs. Reagan u. Gen.Sekr. Gorbatschow beschließen in Genf Wiederaufnahme d. Abrüstungsdialoge.
Iai: Wahlen z. Nationalver- ımmlung. Okt.: Präs.-Wahlen. Beide v. rshad u. »Jatiya«-Partei m. roßer Mehrheit gewonnen.	Deng Xiaoping verbessert Beziehungen z. UdSSR. Grenzverhandlungen wiederaufgenommen. Dazu Rede Gorbatschows (28. 7.) in Wladiwostok mit Ankündigung d. Truppenabzugs aus d. Mongolei u. Afghanistan. Okt.: Treffen Gorbatschow/Reagan in Reykjavik. Nov.: Iran-Contra-Affäre um geheime US-Waffenlieferungen an Iran u. illegale Abzweigung v. Geldern an Contras in Nicaragua. Dez.: Wachsende Probleme d. sowj. Nationalitätenpolitik.

Jahr	*Pakistan*	*Indien*
1987	Jan.: Blutige Volkstumskämpfe in Karachi. Nov.: Kommunalwahlen, PPP erhält nur noch 20 % d. Stimmen. Dez.: Arrangierte Eheschließung Benazir Bhuttos mit pak. Baulöwen Asaf Ali Zardari schadet ihrem Ansehen in d. PPP.	Kongreßpartei verliert Landtag-nachwahlen in Kerala, Westbengalen u. Haryana. April: Notstand im Punjab proklamiert: d. direkten Kontrolle Zentralreg. unterstellt. Juli: Zerwürfnis Rajiv Gandhis mit Staatspräs. Zail Singh sowie Finanz- u. Verteidigungsmin. Vishwanath Singh, der neue Oppositionspartei gründet. Aug.: Abkommen mit d. Regierung in Sri Lanka; Einsatz ind. Streitkräfte z. Entwaffnung d. Tamilen u. Beendigung d. Volkstumskämpfe.
1988	29. 5.: »Kalter Staatsstreich« Zia ul-Haqs: Min.-Präs. Junejo u. Kabinett werden entlassen, Nationalversammlung und Provinz-Parlamente aufgelöst u. Neuwahlen binnen 90 Tagen versprochen, an denen sich – anders als 1985 – Parteien beteiligen sollen. Juni: Zia ul-Haq Reg.-Chef in Übergangskabinett. Gesetz z. verstärkten Islamisierung in Rechtsprechung, Wirtschaft u. Erziehung. 17. Aug.: Zia ul-Haq stirbt bei einem Flugzeugabsturz. Nov.: Bei d. Parl.-Wahlen erringt PPP 45 % d. Stimmen. Benazir Bhutto wird Premierminist., Ghulam Ishaq Khan Staatspräs.	Juni: Vishwanath Singh gewinnt Nachwahlen in Allahabad, d. früheren Wahlkreis v. Jawaharlal Nehru u. Indira Gandhi, u. profiliert sich als ernstzunehmender Rivale für Rajiv Gandhi bei d. 1989 bevorstehenden 9. allind. Wahlen. Aug.: Bildung d. Demokratischen Volkspartei als Zus.-schluß mehrerer Oppositionsparteien, unter dem früheren Minister V. P. Singh.

angladesh	*Vergleichsdaten*
pposition inszeniert eine Dauer- rie v. Generalstreiks. ez.: Ershad löst Nationalver- mmlung auf. Streiks werden rtgesetzt.	Unruhen in Alma Ata. Tataren fordern »Autonome tatarische Republik« auf der Krim; es gärt im islam. Süden. März: Gorbatschow löst Frage d. Mittelstreckenraketen aus d. Verbindung mit SDI. April: Rede Gorbatschows in Prag z. doppelten Null-Lösung. Verstärktes Engagement d. USA in d. Golfregion. Geleitschutz für kuweitische Tanker. Mai: Irak. Angriff auf US-Fregatte »Stark«. Juli: Gorbatschow bietet weltweite Null-Lösung bei atomaren Mittel- u. Kurzstrekkenraketen an. Aug.: Moskau u. Peking einigen sich auf Grenzverlauf an Amur u. Ussuri. Dez.: Besuch Gorbatschows in USA. Abrüstungsabbkommen unterzeichnet.
lärz: Neuwahl d. Nationalver- mmlung; »Jatiya«-Partei be- auptet Mehrheit. Anhaltende olitische Unruhen. uni: Der Islam wird Staatsreli- on.	Febr.: UdSSR beginnt mit dem Abzug d. Mittelstreckenraketen mittlerer Reichweite aus der DDR. Mai: Beginn d. sowj. Truppenabzugs aus Afghanistan. Juni: Besuch Reagans in Moskau. Sept.: Gorbatschow startet Abrüstungsinitiative f. d. asiat. Raum. Die COCOM-Liste f. d. Ausfuhren strateg. wichtiger Güter wird gelockert.

Jahr	*Pakistan*	*Indien*
1989	Okt.: Pakistan wieder im Commonwealth.	Nov.: D. Kongreßpartei verliert b. d. Parl.-wahlen d. Mehrheit. Gandhi tritt zurück, Premierminist. wird V. P. Singh.
1990	Aug.: Ishaq Khan löst das Parl. auf u. entläßt die Regierung Bhutto. Okt.: Vors. d. Islamischen Demokratischen Allianz, Mian Nawaz Sharif, wird nach d. Wahlen neuer Regierungschef.	Bei Wahlen in versch. Bundesstaaten weitere Verluste d. Kongreßpartei. Nov.: Nach Rücktritt von V. P. Singh wird C. Shekar (Führer d abgespalteten linken Flügels d. Demok. Volkspartei) neuer Premier. Minderheitsreg. mit Unterstützung d. Kongreßpartei. Zunahme blutiger Unruhen im Punjab.

ngladesh	*Vergleichsdaten*
ıg.: Regierungsumbildung: emierminist. Ahmed.	Jan.: Das Wiener KSZE-Folgetreffen endet mit d. Unterzeichnung eines Dokuments über Menschenrechte u. Abrüstung. März: Beginn d. Verhandlungen über d. konvent. Streitkräfte in Europa (in Wien). Juli: Pariser Weltwirtschaftsgipfel beschließt d. Unterstützung d. Reformbewegungen in Ungarn u. Polen. Okt.: Neuer Börseneinbruch in New York u. an den Börsen Asiens u. Europas. 9. Nov.: Öffnung d. Berliner Mauer. Dez.: Treffen Bush–Gorbatschow vor Malta.
kt./Nov.: Blutige Unruhen b. ıer Kampagne d. Opposition ır Absetzung Ershads. ez.: Ershad verhängt Ausnah- ezustand u. tritt zurück.	Mai: Gipfeltreffen Bush–Gorbatschow in den USA mit Gesprächen über d. Abrüstung chem. Waffen u. strateg. Atomwaffen. 2. Aug.: Irakische Truppen besetzen Kuwait. Irak annektiert am 8. Aug. Kuwait als 19. Provinz. 8. Aug.: Nach Beschlüssen d. UN-Sicherheitsrats erste amerik. Truppen an den Golf. 31. Aug.: Einigungsvertrag zw. DDR u. Bundesrepublik Deutschland unterzeichnet. 3. Okt.: Die DDR tritt der Bundesrepublik bei. Nov.: Der UN-Sicherheitsrat fordert Irak bis zum 15. 1. 1991 zum Verlassen Kuwaits auf u. droht andernfalls mit militär. Eingreifen. Nov.: Die KSZE-Gipfelkonferenz in Paris gilt als die notarielle Beendigung d. Kalten Kriegs.

CHINA
TIBET
IRAN
AFGHANISTAN
Kabul
Islamabad
Lhasa
BHUTAN
Kathmandu
NEPAL
PAKISTAN
Neu Delhi
Indus
Ganges
BANGLADESH
Dacca
Kalkutta
BURMA
Karachi
INDIEN
Golf von Bengalen
Arabisches Meer
Bombay
0 400 km
AFGHANISTAN
Pishin
Quetta
Sibi
Nushki
Dahar
Kalat
Kharan
BELUTSCHISTAN
Khuzdar
Larkana
IRAN
Panjgur
Dadu
Turbat
Uthal
Gwadar
Karachi
Thatta
Arabisches Meer

CHINA
8611
K2
Chitral
Gilgit
PROVINZ
Indus
Karakorum
8126 Nanga Parbat
Dasu
Dir
JAMMU
UND
KASCHMIR
Saidu
Malakand
Mansehra
Mardan
Abbottabad
Peshawar
Khyber Pass
Murree
Parachinar
Attock City
Islamabad
Kohat
Gujjar Khan
Rawalpindi
Himalaya
Bannu
Jhelum
NORDWEST-
Mianwali
Gujrat
Sialkot
Sargodha
Gujranwala
Indus
Dera
Shekhupura
Chenab
Lahore
Ravi
Faisalabad
Jhang
Kot Addu
Kasur
PUNJAB
Sahiwal
Multan
Sutlej
Dera
Vihari
Muzaffargarh
Bahawalnagar
Bahawalpur
Indus
Neu Delhi
himyar Khan
INDIEN
as
PAKISTAN
Staatsgrenzen
Provinzgrenzen
Distriktgrenzen
0
200km
Karte: A. Skowronski